Wohlfahrtspolitik und Gesellschaftstheorie

Herausgegeben von Bernd Marin

Europäisches Zentrum Wien

[Ba]nd 1

Der sor

Ba

Abram de Swaan

Der sorgende Staat

Wohlfahrt, Gesundheit und Bildung in Europa und den USA der Neuzeit

Aus dem Englischen von Hans Günter Holl

Campus Verlag
Frankfurt/New York

Die Originalausgabe erschien 1989 unter dem Titel »Zorg en de staat; Welzijn, onderwijs en gezondheidszorg in Europa en de Verenigde Staten in de nieuwe tijd« by Bert Bakker, Amsterdam.
Die englische Ausgabe erschien 1988 unter dem Titel »In Care of the State. Health Care, Education and Welfare in Europe and the USA in the Modern Era« by Polity Press in association with Basil Blackwell, in den USA by Oxford University Press, New York

Die deutsche Übersetzung wurde gefördert vom Nederlands Literair Produktie - en Vertalingenfonds, Amsterdam.

Die Deutsche Bibliothek - CIP-Einheitsaufnahme

Swaan, Abram de:
Der sorgende Staat : Wohlfahrt, Gesundheit und Bildung in Europa und den USA der Neuzeit / Abram de Swaan. Aus dem Engl. von Hans Günter Holl. - Frankfurt/Main ; New York : Campus Verlag, 1993
(Wohlfahrtspolitik und Gesellschaftstheorie ; Bd. 1)
Einheitssacht.: Zorg en de staat <dt.>
ISBN 3-593-34961-2
NE: GT

Umschlaggestaltung: Atelier Warminski, Büdingen
Satz: Michael Eigner, Europäisches Zentrum, Wien
Druck und Bindung: Druckhaus Beltz, Hemsbach
Gedruckt auf säurefreiem und chlorfrei gebleichtem Papier.
Printed in Germany

Inhalt

Vorwort

Wissenschaft beginnt mit Phantasien. Gewöhnlich stellen Gelehrte am Anfang ihrer Bücher ein völlig fiktives geistiges Umfeld und Familienleben dar. So tragen sie ihre sozialen Schulden mit dem Papiergeld einleitender Widmungen ab. In meinem Fall jedoch waren die geneigten Kollegen, die anderen Vorworten zufolge uneigennützig ermutigen, sorgfältig prüfen, eifrig kritisieren oder selbstlos anregen, meist mit ihren eigenen Projekten befaßt. Wenn ich sie trotzdem bat, 'mal ein Kapitel zu lesen, taten sie das zwar, aber ihre Vorschläge schienen mir ebenso oft abwegig wie nützlich. Die meisten nannten mir Quellen – ein vergiftetes Pralinee, das ich pflichtbewußt schluckte –, also weitere Artikel oder Bücher, die ich suchen, lesen und auswerten mußte. Da ich selber nicht darauf gestoßen war, bewiesen sie obendrein noch, daß ich die Literatur nicht voll überschaute. Ich hatte jedoch beschlossen, einen großen Bogen zu spannen – wollte die Entwicklung vielfältiger Institutionen in fünf Ländern über ein halbes Jahrtausend verfolgen –, mußte also das herangezogene Material begrenzen. Archive mied ich, konzentrierte mich statt dessen auf Sekundärquellen und – sofern vorhanden – auf tertiäre Schriften von Historikern und Sozialwissenschaftlern, die dem Wust monographischer Texte bereits eine gewisse soziologische Ordnung aufgeprägt hatten. Mein Beitrag ist demnach »quartärer« Art. Da der Bogen weit gespannt ist, habe ich ihn fest verankert, und mich auf die Arbeit vieler anderer Forscher gestützt – manche von ihnen sind tot, andere leben, manche sind fern, andere nah.

Am meisten fühle ich mich Norbert Elias verpflichtet, der für mich noch mit über neunzig Jahren das Musterbeispiel des Gelehrten war. Mein Freund und Kollege Johan Goudsblom hat nahezu das gesamte Manuskript in frühen Phasen gelesen, so daß ich mir seine strengen Maßstäbe zueigen machen konnte. Kollegen aus der »Forschungsgruppe zur Soziogenese des Wohlfahrtsstaates« haben einige Kapitel in frühen Entwürfen mit mir erörtert und mir geholfen, den richtigen Ton zu finden. Sir Arthur Knight und Robert Pinker von der London School of Economics, Maarten Brands, Derek Philips, Piet de Rooy von der Universität Amsterdam und Willem Frijhoff von der Erasmus-Universität Rotterdam lasen je einzelne Kapitel, um sie kritisch zu kommentieren. In der Endphase ermutigte mich Joel Krieger sehr engagiert, und als ich letzte Hand anlegte, unterstützten mich die Lektoren der Polity Press.

Selbstverständlich gehen die verbleibenden Fehler auf mein Konto, zumindest die kleineren. Bei den größeren dürfte sich eines Tages herausstellen, daß ihnen die ganze »Paradigmagemeinschaft« aufsitzt, die untersucht, wie es zur Staatsbildung und zur Kollektivierung der Fürsorge kam.

Ich habe keiner Schreibkraft oder Sekretärin zu schmeicheln; seit der technische Fortschritt die Büroarbeit als eine Separatsphäre der akademischen Arbeitsteilung aufhob, können sich viele junge Frauen – hoffentlich – dankbareren Aufgaben widmen. Trotzdem bin ich Marijke Jalink für ihre Hilfe verpflichtet.

In der Welt der Vorworte ist auch das Familienleben mustergültig. Der Autor vermutet, daß ihn die Seinen bei der Arbeit schmerzlich vermissen, und muß gleichzeitig einräumen, daß sie in der Freizeit viel Geduld mit ihm aufbringen. Obwohl meine Frau Ellen Ombre an eigenen Schriften arbeitet, stellte sie mich diesem Buch zuliebe von sonstigen Verpflichtungen frei. Allerdings mußte ich, um des Schreibens willen, meinem Sohn Meik viel Zeit entziehen. Da wir beide etwas geopfert haben, möchte ich ihm dieses Buch widmen.

Einführung

In modernen Gesellschaften gelten die Behandlung der Kranken, die Ausbildung der Unwissenden und die Unterstützung der Armen als ein kollektives Anliegen: Sie fallen in die Domäne der bürokratischen Verwaltung unter der Herrschaft des Nationalstaates. Im folgenden untersuche ich die Kollektivierung im Gesundheits-, Bildungs- und Fürsorgewesen, allerdings aus dem ungewohnten Blickwinkel einer historisch vergleichenden Soziologie, verbunden mit der Theorie kollektiven Handelns; meine Studie reicht vom Beginn der Neuzeit bis zur Gegenwart und verwertet Entwicklungen in Großbritannien, Frankreich, Deutschland, in den Niederlanden und den Vereinigten Staaten.

Eigentlich fällt das Thema »Produktion von Kollektivgütern« in die Wohlfahrtsökonomik, aber dort bleibt meist der historische Kontext unberücksichtigt. Ich hingegen analysiere speziell den Prozeß der Kollektivierung in der Geschichte der untersuchten Gesellschaften. Viele Historiker und Soziologen haben das Gesundheits-, Bildungs- und Fürsorgewesen im jeweiligen Kontext erforscht, ohne jedoch die Dynamik der Kollektivierung genügend zu berücksichtigen, der sich unser heutiger Sozialstaat verdankt. In dieser Studie geht es mir um eine – streckenweise detaillierte – historische Rekonstruktion, die sich durchweg an einem spezifischen theoretischen Modell des kollektiven Handelns orientiert.

Ein solches Buch greift stark auf Ergebnisse anderer zurück, soll also nicht primär neue Fakten enthüllen, sondern Entwicklungen in verschiedenen Epochen, Sphären und Nationen gegenüberstellen, um Zusammenhänge und Ähnlichkeiten aufzuspüren, die den Spezialisten entgangen sein könnten. Bei meiner Auswahl der verglichenen Länder habe ich besonders darauf geachtet, ob genügend Spezialliteratur vorlag. Daher boten sich Großbritannien, Frankreich, Deutschland und die Vereinigten Staaten an. Die Niederlande kamen hinzu, weil ich als Holländer privilegierten Zugang zu den relativ unbekannten Schriften über dieses Land habe. Bei der Recherche folgte ich der Devise, keine Primärquellen heranzuziehen, Monographien zu meiden, historisch breit angelegte Analysen zu mehreren institutionellen Feldern pro Land, möglichst aber länderübergreifende vergleichende Studien zu bevorzugen, und mich stets an eine sozialgeschichtliche oder soziologische Betrachtungsweise zu halten.

In diesem Buch gehe ich folgender Frage nach: *Wie und warum kamen Menschen dazu, kollektive, landesweite, verbindliche Arrangements gegen Risiken und Defizite zu treffen, die sie einzeln zu bedrohen und individuelle Lösungen zu erfordern schienen?*

Zur Antwort verhelfen zwei Gedankenstränge aus unterschiedlichen geistigen Traditionen. Der eine entstammt der Wohlfahrtsökonomik mit ihrem Konzept der »externen Effekte«. Im vorliegenden Kontext sind damit mittelbare Folgen individueller Risiken und Defizite für nicht direkt Betroffene gemeint. Dieses Konzept leitet über zu einer eher formalen Analyse divergierender, aber interdependenter Gruppeninteressen. Der andere Argumentationsstrang ist eng mit der historischen Soziologie von Norbert Elias und seinen klassischen Vorläufern verknüpft. Er besagt, daß sich »Interdependenzketten, die Menschen aneinander binden«, im Lauf der Zeit ausweiten und festigen, wobei das Konzept der »Figurationen von Menschen« eine zentrale Rolle spielt. »Figuration« steht für ein strukturiertes, sich wandelndes Muster voneinander abhängiger Menschen. Dieser etwas ungewöhnliche Begriff bindet die Interdependenz in den Prozeß ein und soll differenzieren helfen, indem er zugleich Individuen und die von ihnen gebildeten sozialen Komplexe bezeichnet.[1] Die Idee der »generalisierten Interdependenz« erklärt den Wandel gewisser Verhaltensnormen und Erlebensweisen mittels langfristig bedeutsamer sozialer Transformationen. Betrachten wir etwa, wie sich die Einstellungen der gesellschaftlich Etablierten gegenüber den Armen veränderten. Diesen Vorgang erkläre ich damit, daß die Bildung von Nationalstaaten und der Aufstieg des Kapitalismus die Balance der wechselseitigen Abhängigkeiten verschoben. Anders gesagt: Die Wohlfahrtsökonomik wird hier benutzt, um komplexe Konstellationen von Interdependenzen, die historische Soziologie hingegen, um den Einfluß externer Effekte auf die gesellschaftlichen Entwicklungen zu analysieren.

Den historischen Erklärungshintergrund dieser Studie liefern die Staatenbildung, das Aufkommen des Kapitalismus und die parallelen Prozesse der

Urbanisierung und der Säkularisation. Staaten bauten konkurrierend zueinander bürokratische Netze auf, worin sie Menschen als Steuerpflichtige, Rekruten, Schüler, Patienten, Anwärter oder Wähler miteinander verknüpften und damit zu Bürgern im modernen Sinne machten. Ebenso konkurrierend organisierten kapitalistische Unternehmer die Fertigung und begründeten Märkte, die Menschen als Arbeitnehmer und Konsumenten zu Netzwerken der Produktion und des Warentauschs verbanden. Das steigerte die Interdependenz, wodurch individuelle Risiken und Defizite neuartige, weiterreichende externe Effekte entfalteten. Dadurch aufkommende Konflikte veränderten die Gruppenzugehörigkeiten, und es entstand ein neues Bewußtsein dafür, wie diverse Gruppeninteressen einander beeinflussen.

Die Interdependenzen zwischen Reichen und Armen oder Mächtigen und Machtlosen spielen im Kollektivierungsprozeß eine zentrale Rolle. In den Feudalgesellschaften bargen die Armen für die Etablierten sowohl Gefahren als auch Chancen: Den Reichen drohten gewaltsame Angriffe auf Leib, Leben und Eigentum, sie konnten die »kräftigen Armen« aber auch für sich arbeiten lassen oder als Soldaten in den Machtkämpfen mit konkurrierenden Eliten einsetzen. In den späteren Phasen der Staatenbildung und der kapitalistischen Entwicklung sah man die Armen als eine Gefahr für die öffentliche Ordnung, den sozialen Frieden und sogar die öffentliche Gesundheit an, zugleich jedoch als eine Reservearmee mit potentiellen Arbeitern, Rekruten, Konsumenten oder politischen Anhängern.

Doch aus eigener Kraft konnten die Etablierten weder die von den Armen ausgehende Gefahr abwehren noch deren Potentiale ausbeuten. Die externen Effekte der Armut betrafen sie ebenso kollektiv wie deren mögliche Vorteile. Daraus resultierte ein Dilemma, das wir aus der Wohlfahrtsökonomik kennen: Jede gemeinsame Anstrengung von Reichen, die »Externalitäten« der Armut einzudämmen oder diese zu nutzen, diente auch jenen Etablierten, die nichts dazu beigetragen hatten.[2] Als nun die mittelbaren Folgen der Armut weitere Kreise zogen, verstärkten sie zunehmend die Interdependenz unter den Reichen selbst. Für die Etablierten ist Armut in erster Linie ein Problem kollektiven Handelns. Die Dynamik der Kollektivierung im Fürsorge-, Gesundheits- und Bildungswesen ging weitgehend auf Konflikte zwischen den Eliten zurück, die bei der Bereitstellung von Kollektivgütern und bei der Kostenzuteilung entstanden.

Das veranschaulichen die städtischen Cholera-Epidemien während des 19. Jahrhunderts. Man erkannte rasch, daß der Ausbruch von Seuchen mit den Lebensbedingungen der Armen zu tun hatte. Die Wohlhabenden konnten ja für sich entscheiden, in gesündere Viertel umzuziehen, was sie auch massenhaft taten. Als – weitgehend unvorhergesehenes – Gesamtresultat dieser individuellen Schritte gliederte sich der urbane Raum in sozial homogenere Viertel, von Wohngebieten bis zu Slums. Doch wenn die Wohlhabenden verhindern wollten, daß Seuchen von den Armenvierteln übergriffen und die ganze Stadt lahmlegten, mußten sie unausweichlich durch kollektives Bemühen die sanitären Verhältnisse verbessern.

Gegen Mitte des 19. Jahrhunderts bildete sich unter den Experten ein Konsens über die notwendigen Maßnahmen heraus: Man mußte für fließendes Wasser sorgen und die Abwässer beseitigen. Das jedoch erforderte immense Anstrengungen und beachtliche Steuererhöhungen, bis an die Grenzen der verfügbaren Verwaltungskapazitäten und der vorhandenen Zahlungsbereitschaft. Daraus erwuchsen tiefe Konflikte zwischen den städtischen Eliten.

In den neu gebildeten Reichenvierteln erhielten zahlende Anwohner fließendes Wasser und wurden an Kanäle angeschlossen. Das war ein öffentliches, aber privat zuteilbares Gut. Erst nachdem kreuz und quer Hauptrohre verliefen und fast das gesamte Stadtgebiet sanitär erschlossen war, bezog man auch die verbleibenden Slums ein, meist per Dekret, aus öffentlichen Mitteln. Dadurch wurden die sanitären Netze schließlich zu einem wahrhaft öffentlichen Gut. (Vgl. dazu Kapitel 3.)

In dieser Studie versuche ich zwar, die historische Soziologie mit der Wohlfahrtsökonomik zu verknüpfen, gehe aber nicht eklektisch vor. Vielmehr formuliere ich die Theorie des kollektiven Handelns im Sinne der Soziogenese kollektiver Komplexe um und zeige, daß die Konflikte des kollektiven Handelns meist von den Theoretikern selbst erfunden werden. Die Hauptschwäche der Wohlfahrtstheorie liegt nicht darin, daß sie gesellschaftliche Prozesse auf individuelle Entscheidungen reduziert, wie ihre Kritiker oft behaupten. Im Gegenteil: Formale Spielmodelle sind durchaus geeignet, das Wechselspiel zwischen Sozialstruktur und individuellen Wünschen darzulegen. Was die formale, »dezisionistische« Theorie »ungeplante Gesamtresultate« individueller Handlungen nennt, entspricht im übrigen genau den »blinden Prozessen« der historischen Soziologie.[3] An der bestehenden formalen Theorie ist vor allem zu bemängeln, daß sie nicht mit Prozessen umgehen kann – mit Wandlungen im Zeitablauf. Ein soziogenetischer Ansatz könnte die Reduktion der Dynamik auf Statik überwinden. In der soziologischen Analyse löst sich das logische Paradox auf: ein Paradigmenwechsel.[4]

Die Wohlfahrtsökonomik setzt voraus, daß Güter wie militärischer Schutz – bzw. öffentliche Sanitäranlagen – kollektiver Natur sind und daß Kollektive,

Nationen oder Städte, sie teils bereitstellen, teils nicht. Soziogenetisch betrachtet, gehören die Konflikte des kollektiven Handelns zu den Übergangsphänomenen, denn sie fallen in eine Zwischenphase: Die Handelnden sind bereits interdependent und dessen gewahr, ohne daß ihr Tun jedoch schon auf der höheren Ebene eines Kollektivs koordiniert wäre. Im weiteren Verlauf bringt kollektives Handeln sowohl ein Kollektiv hervor, das die Schritte der Mitglieder wirksam zu koordinieren vermag, als auch ein dieser Ebene entsprechendes Kollektivgut, das aber nicht unabhängig davon bestehen kann.

Die innere und die äußere Sicherheit sind insofern Musterbeispiele für Kollektivgüter, als sich prinzipiell kein Mitglied des Kollektivs davon ausschließen läßt. (Da dies manche verleiten könnte, sie zum Nulltarif zu beanspruchen, muß man Zwangssteuern erheben.) In der Tat bietet es sich an, gewaltsame Angriffe als eine Bedrohung für die ganze Gemeinschaft aufzufassen, die kollektiv abzuwehren ist, sei es durch die Polizei oder, sofern sie von außen kommt, mittels der Armee.

Doch die Idee eines Kollektivgutes setzt ein Trägersubjekt voraus. Bei der Verteidigung wird die Existenz eines Nationalstaates, der mehr oder weniger effizient auf Sicherheitsrisiken reagieren kann, selbstverständlich angenommen. Doch faktisch sind Militäreinheiten erst im Lauf gewaltsamer Konflikte entstanden, als die Beteiligten einander zwangen, zu paktieren und aufzurüsten, woraus größere und stabilere Gebilde erwuchsen. Zuvor mochte die Bedrohung einzelner Familien oder Dörfer als ein Unglück gelten, das nur die jeweilige Gruppe traf und die übrigen kaum tangierte. Als die militärischen Einheiten größer und stabiler wurden, galt jeder Angriff auf einen Teil davon dem Ganzen und war demgemäß zu erwidern. Das wiederum veränderte die Natur bewaffneter Konflikte bis hin zu den heutigen Kriegen zwischen Nationen oder gar »Supermächten«. Da die Idee der einigen, unteilbaren Nation das Denken inzwischen sehr beeinflußt, scheint es im Wesen militärischer Einrichtungen zu liegen, daß sie auf nationaler Ebene kollektiv sind. Doch wie die Verteidigung an sich nichts Kollektives ist – schließlich werden einzelne Menschen verstümmelt und getötet oder verbreiten das Unheil –, so sind auch andere Vorkehrungen, etwa für Gesundheit, Erziehung oder Fürsorge, an sich und ihrem Wesen nach weder individuell noch kollektiv.

Kollektivierte Verteidigung wirkt seit langem selbstverständlich, da Nationalstaaten seit Jahrhunderten als kollektive militärische Einheiten bestehen. Die im großen Stil betriebene Kollektivierung der Krankenpflege, Ausbildung der Unwissenden und Unterstützung der Bedürftigen ist dagegen neueren Datums, kaum älter als ein Menschenleben. Deshalb überrascht es nicht, daß der kollektive Anspruch des Gesundheits-, Erziehungs- und Fürsorgewesens noch kontrovers beurteilt wird.

Die Kollektivierung mag, wie oft zu beobachten, auf Irrtümer und Illusionen zurückgehen oder auf Eingriffe von »Großakteuren« – seien sie ausländische Usurpatoren oder inländische Vorreiter. Sie kann aber auch auftreten, wenn die zwanglose Einflußnahme zwischen den Beteiligten langsam zunimmt, etwa durch Gerüchte, Ächtungen oder andere Formen des wachsenden sozialen Gruppendrucks. Insofern ist effizienter Kollektivismus eine emergente Eigenschaft sozialer Aggregate. Doch der Prozeß bleibt in jeder Phase reversibel, bis die Kollektivierung so weit fortgeschritten ist, daß Ausscherer angemessen bestraft werden können; doch sogar dann kann sie sich jederzeit wieder auflösen.

Das veranschaulicht besonders die mittelalterliche Armenhilfe auf Gemeindeebene. Gesunde Bedürftige, die laufen, also auch arbeiten und kämpfen konnten, waren als Banditen gefürchtet, aber manchmal brauchte man sie als Landgehilfen. Außerdem konnten sie von Hof zu Hof, von Weiler zu Weiler ziehen. Geizige Bauern erregten ihren Zorn, großzügigere Haushalte waren rasch von Bettlern überflutet. Da sie Sicherheit und eine Reservearmee von Arbeitern wünschten, unterstützten die Reichen wenigstens einen Teil der Besitzlosen. In dieser Figuration gingen alle davon aus, daß alle anderen die christliche Lehre der Barmherzigkeit achteten. Priester traten als »Wohlfahrtsunternehmer« auf und deuteten – oft fälschlich – an, daß die Großzügigkeit eines Bauern auch seine Nachbarn zum Spenden bewegen werde, während bei Geiz Verdammung im Jenseits und soziale Ächtung im Diesseits drohe.

Manchmal pendelte sich die Wohltätigkeit ein: Bauern durften davon ausgehen, daß alle gleich hohe Beträge gaben und man die Geizigen gemeinsam ächten konnte. Spenden wurde zu einem höchst sichtbaren, zeremoniellen Akt, einem der bedeutsamsten kollektiven Ereignisse im sozialen Leben der aufkommenden Kirchengemeinde. Anders gesagt, die Gemeinde bestand weder vor noch unabhängig von der kollektiven Spendenkasse; sie entsprach weitgehend kollektiven Bemühungen, den Armen zu helfen. Erst nachdem sich die Wohltätigkeit eingependelt hatte, galt Geiz als eine Sünde, nicht so sehr gegen die Armen wie gegen die Kirchengemeinde, wurde also durch Mißbilligung seitens der Standesgenossen und der Pfarrer bestraft. (Vgl. hierzu die ersten Abschnitte von Kapitel 3.)

Die Wohltätigkeit konnte nur bestehen, solange alle voraussetzen durften, daß ihre Standesgenossen ebenso mildtätig waren: daß man nicht allein blieb – ohne etwas auszurichten und am Ende verarmt –, da auch andere helfen würden. Dies jedoch setzte bei denen das gleiche Vertrauen voraus. Trotzdem mochte allgemeine Wohltätigkeit manche verleiten, sich ihrer Christenpflicht zu entziehen. Sogar die Barmherzigkeit geriet in das Dilemma des kollektiven Handelns: Die Tugend jedes einzelnen setzte die aller anderen voraus. Daher ist Barmherzigkeit ebenso wenig bloß eine persönliche Regung wie eine individuelle Bereitschaft, sondern das Unterstellen gleicher Impulse bei allen anderen.

Die Konflikte der Barmherzigkeit und der Fürsorge setzten sich später auf einer höheren Ebene fort.

Da sich die Barmherzigkeit von selbst eingependelt hatte, war das Gleichgewicht sogar auf der lokalen Ebene sehr fragil. Auch wurde es immerfort durch Unruhen in der größeren, regionalen Figuration bedroht, etwa durch Kriege, Hungersnöte, Seuchen, die zur Folge hatten, daß massenhaft Arme umherstreiften und die Nahrungsreserven der Kleinstädte anpeilten. Die Kommunen standen vor einem vertrauten Dilemma: Wenn sie die Armen durchfütterten, riskierten sie einen Ansturm von Bettlern; jagten sie diese jedoch davon, so lieferten sie alle Ernten der Region plündernden Rotten aus.

Mangels einer wirksamen zentralen Koordinationsinstanz wurde das Dilemma durch eine Selbsttäuschung überwunden: die irrige Annahme, man könne die vagabundierenden Massen in Armenhäusern einschließen und für ihren Lebensunterhalt arbeiten lassen. Jede Gemeinde würde ihren Anteil an Vagabunden übernehmen und das Dilemma – ungeachtet dessen, was andere Kommunen machten – mit der für sie optimalen individuellen Strategie lösen.

Dieser Irrtum hatte zur Folge, daß sich auf regionaler Ebene ein labiles Gleichgewicht zwischen örtlichen Armenhäusern ergab. Oft übernahmen große Städte einen unverhältnismäßig hohen Anteil der Armenhilfe, um ihre Versorgungswege zu sichern. Die schwachen Zentralregierungen versuchten, das Gleichgewicht zu wahren, indem sie Verteilungsschlüssel für die Aufnahme von Bedürftigen oder für Abgaben an die zuständigen Kommunalbehörden festlegten. (Vgl. dazu die letzten Abschnitte von Kapitel 1.)

Die Kollektivierung der Fürsorgemaßnahmen hat drei Hauptaspekte. Im Lauf der Zeit schloß ihr *Spektrum* entweder ganze Nationen und alle Bürger ein oder grenzte bestimmte Gruppen formell ab. Immer *kollektiver* wurden die Maßnahmen, als sich ihr Nutzen für die einzelnen Empfänger von deren Beiträgen löste und dafür von den nach amtlichen Schemata beurteilten Lebensverhältnissen abhing. Schließlich wurden die Maßnahmen überwiegend vom *Staat* oder von *öffentlichen* Anstalten getragen. Dadurch gewannen sie genügend Autorität, um sich Respekt und den Verwaltungsapparat zu schaffen, der für ihre Durchsetzung erforderlich war.

Umfassende kollektive Zwangsvorkehrungen gegen Risiken und Defizite setzten sich unter gewissen Bedingungen ziemlich schnell durch: Erstens bei *Ungewißheit* über den *Zeitpunkt* und das *Ausmaß* einer Notlage. Zweitens bei *Ungewißheit* über die *Wirksamkeit* von Gegenmaßnahmen. (Die zweite Unsicherheit wuchs, wo Maßnahmen extrem langfristig zu planen waren oder beträchtliche Auslagen erforderten, etwa bei der Erziehung und Altersversorgung.) Und drittens bei *Ungewißheit* über das Ausmaß und die Reichweite der *externen Effekte* von Risiken und Defiziten für nicht direkt Betroffene.

Die ersten beiden Ungewißheiten lassen sich in breit gefächerten Kollektiven am besten bewältigen. Je größer und vielfältiger die Gruppe, desto wahrscheinlicher kommt es zu einer gleichmäßigen Verteilung der Risiken, wiegt das Wohlergehen vieler jederzeit die Not weniger auf. Aber genau diese Bedingungen – zunehmende Größe und Vielfalt – verschärfen gewöhnlich die Konflikte kollektiven Handelns, da sie der wechselseitigen Kontrolle im Weg stehen und die allgemeine Solidarität schwächen.

Auch wenn Menschen ihrer Ungewißheit durch kollektive Maßnahmen begegnen, müßten diese nicht zwingend sein. Zum Beispiel könnten sie sich zwar kollektiv, aber freiwillig und kommerziell gegen Risiken versichern. Allerdings bekommt man externe Effekte über den Markt oder durch freiwillige Regelungen schwerer in den Griff, da sie – definitionsgemäß – nicht die direkt beteiligten Parteien selbst betreffen.[5]

Stärke und Umfang der externen Effekte hängen davon ab, wie dicht und verzweigt das soziale Netz ist. Je mehr Menschen eine soziale Figuration umfaßt, desto stärker wird die Interdependenz, so daß sich individuelle Risiken und Defizite zunehmend auf nicht direkt Betroffene auswirken. Dies bedeutet jedoch keineswegs, daß alle Beteiligten das Ausmaß und die Folgen dieser Externalitäten verstehen müßten. Das Wissen um solche externen Effekte hängt seinerseits von der sozialen Figuration ab, in der sie auftreten, und deren Struktur kann die Einsicht behindern oder fördern.

Obwohl sich Ungewißheiten und Externalitäten am besten in großen, kollektiven Institutionen bewältigen lassen, werden solche Gebilde mit Konflikten des kollektiven Handelns konfrontiert, die nur über wechselseitiges Vertrauen oder Zwang lösbar sind. Als der Umfang und die Tragweite der externen Effekte zunahmen, waren daher die Vertrauensbande entsprechend zu dehnen, oder die Zwangsbehörden mußten ihre Kompetenzen erweitern – oft erleichterte es den Zwang gegenüber Abweichlern, wenn immer mehr Menschen einander trauten, aber gleichzeitig konnte solcher Zwang auch das wechselseitige Mißtrauen mäßigen.

Die meisten Formalisten lassen den Emergenz-Aspekt von Kollektiven und Kollektivgütern, ihre Historizität, fast unbeachtet. Wenn sie sich ausnahmsweise doch der Geschichte stellen, dann bloß in einer kritischen Auseinandersetzung mit den Altmeistern der historischen Soziologie, Marx, Weber oder Elias, aber ohne die zeitgenössische historische Literatur selbst zu lesen. Sogar Jon Elster[6] ließ sich in der Konfrontation mit dem Marxismus nicht dazu herab, seine dezisionistischen Prämissen historisch zu begründen.

Doch hier geht es nicht explizit um Theorien oder Theoretiker, und ich verzichte weitgehend auf Polemik. Da ich überwiegend implizit argumentiere, entscheidet über die vertretenen Standpunkte allein, ob die darauf basierenden historischen Interpretationen plausibel sind.

Das gilt auch für die Debatte über die Rolle von Ideen und großen Persönlichkeiten in der Geschichte der Fürsorge und der Pädagogik. Europa kannte die christlichen Barmherzigkeitslehren und Heiligen seit mindestens einem Jahrtausend, doch das erklärt nicht, warum Arbeitshäuser gerade in der frühen Neuzeit entstanden oder warum sich die Elementarschulen seit dem 17. Jahrhundert auszubreiten begannen. Religiöse Lehren (oder auch Ideologien) werden ständig revidiert, und voll entwickelte Doktrinen sind so reichhaltig und komplex, daß sie zutiefst widersprüchliche Maßnahmen und Schritte rechtfertigen können. Sie reichen also nicht aus, um zu erklären, warum irgendwann faktisch ein bestimmter Kurs statt eines anderen eingeschlagen wurde. Die soziologische Frage müßte vielmehr darauf abzielen, weshalb sich gewisse Ideen in einer Epoche durchsetzten, während andere unterderhand in Vergessenheit gerieten, wenn nicht Dissidentengruppen sie halsstarrig verteidigten.

Zum Beispiel wehrten sich die Amtskirchen Frankreichs und Englands eisern und mit vollem Arsenal theologischer Argumente gegen Pläne der Zentralbehörden, Elementarschulen einzurichten. Dagegen traten die am Nationalstaat und nationalen Markt orientierten Eliten der »Metropolen« mit ebenso hitzigem religiösen Eifer für öffentliche Elementarschulen ein. Doch damals hätte ihnen der direkte Zugriff auf die Landbevölkerung – als potentielle Arbeiter, Konsumenten und Steuerpflichtige – eindeutig genutzt. Die maßgeblichen lokalen Eliten nahmen als Mittler zwischen ihrer traditionellen Klientel und dem politisch-ökonomischen Zentrum eine Monopolstellung ein. Sie dolmetschten nicht nur zwischen regionalen Dialekten und der Landessprache, sondern verknüpften auch ihre Analphabeten mit dem nationalen Netzwerk schriftlicher Kommunikation. Obwohl man über religiöse und traditionelle Werte stritt, ging es gleichzeitig um die Gegeninteressen der Eliten im gesamten Kommunikationsnetz. Mit der Elementarerziehung sollten ländliche wie städtische Massen in nationale Kodes einbezogen werden: Standardsprache, Alphabetismus, Rechenkenntnisse, »Landesgeschichte« und »Heimatkunde«. Nationen und Nationalstaaten gab es nie unabhängig von diesem Bemühen, das Volk in den nationalen Kommunikationskodes auszubilden – vielmehr wurden sie weitgehend dadurch konstituiert. (Vgl. dazu Kapitel 2.)

Staatsapparate entwickelten sich erst im 19. Jahrhundert so weit, daß ihre interne Dynamik die Kollektivierung entscheidend prägen konnte. Die Sozialversicherung verdanken wir weder organisierten Arbeiterklassen, noch war sie das Produkt einer zwecks Befriedung ausgeheckten kapitalistischen Verschwörung. Wie zuvor spielte zwar auch der Klassenkampf eine Rolle, aber die altbekannten Bündnisse wurden auf den Kopf gestellt.

Die Initiative, alle Arbeiter landesweit gegen Verdienstausfall abzusichern, kam von reformwilligen Politikern und Bürokraten in den Staatsbürokratien. Solche aktivistischen Regimes waren auf die Unterstützung mächtiger Unternehmer oder reformwilliger Gewerkschaftsführer angewiesen, denn beim Mittelstand stießen sie durchweg auf Opposition: gegen die Großindustrie, den Zentralstaat und die Gewerkschaften. Diese Gruppe wollte um jeden Preis mittels eigener Akkumulation für Notfälle und für das Alter vorsorgen. Die Sozialversicherung dagegen beruht auf der zwangsweisen kollektiven Akkumulation von Transferkapital. Sie bietet allen Lohnabhängigen eine gewisse Garantie: rechtlich durchsetzbare Leistungsansprüche, die zwar nicht übertragbar sind, aber aufgrund ihres rechnerisch ermittelbaren Wertes als eine Art Sondervermögen gelten können – »Transfervermögen«.

Die Akkumulation von Transferkapital birgt eine kollektivistische Alternative zur Vorsorgefunktion des privaten Sparens. Deshalb war sie für Angehörige der selbständigen, besitzenden Mittelschichten so schwer hinnehmbar, eignete sich aber bestens als Programm für Koalitionen zwischen aktivistischen Regimes, Großunternehmern und starken Gewerkschaften. (Vgl. dazu Kapitel 5.)

Die Kollektivierung des Gesundheits-, Bildungs- und Fürsorgewesens beeinflußte im Lauf mehrerer Jahrhunderte die Beziehungen zwischen den Menschen und damit auch ihre Interaktion und Grundeinstellung. Solange es keine kollektiven Zwangsregelungen gab, hatte fremde Not direkt das Mitleid oder die Großmut des Zeugen angesprochen, der seinen Impulsen folgen oder sie unterdrücken konnte. Als die Fürsorge jedoch auf Kollektive überging, verlor das Elend seinen unmittelbaren Appellcharakter und galt zunehmend als ein Problem spezieller Institutionen, die es zu unterstützen galt. In neuerer Zeit setzte sich ein »soziales Bewußtsein« durch – ein Wissen um die allgemeine Interdependenz aller Angehörigen eines Volkes. Es geht mit einem abstrakten Verantwortungsgefühl einher, das nicht zum persönlichen Handeln zwingt, sondern fordert, der Staat solle den Bedürftigen aus öffentlichen Steuermitteln helfen.

Durch Kollektivierung der Vorsorge ebneten sich außerdem die raren Gipfel des Überflusses und die häufigen Abgründe der Not im Leben der meisten Menschen ein. Wie ihr Wissen und Handeln, wurde damit auch ihr materieller Wohlstand zunehmend angeglichen. Das Leben verlor etwas von seiner Tragik, manches von seinem Zauber und viel von seiner Religiosität. Doch infolge der Kollektivierung wuchsen die alltäglichen Zwänge – überwiegend »gesellschaftliche Zwänge zum Selbstzwang«. Dabei lernten die Menschen, sorgsam mit Zeit, Geld, Gütern und mit ihrem Körper umzugehen, immer häufiger möglichst viele Bedürfnisse möglichst vieler Anderer einzubeziehen, und für eine immer fernere Zukunft zu planen. Kurz: Sie wurden »zivilisierter« im Sinne von Norbert Elias. Andererseits läuft die Kollektivierung nach wie vor stark über äußeren Zwang, stützt sich also nicht bloß auf menschliche Einsichtsfähigkeit. Kinder müssen zum Schulbesuch ebenso gezwungen werden wie Arbeitnehmer zu Sozialabgaben – dieser Vergleich ist keineswegs aus der Luft gegriffen.

Im Umkreis des ständig wachsenden Staatsapparates bildeten sich neue Mittlereliten heraus. Zwar erreichte der Lehrkörper nie das Prestige oder die Autonomie einer akademischen Elite, aber dank staatlicher Hilfe gelang es ihm, sein pädagogisches Regiment auf immer größere Strecken der Kindheit und Jugend auszudehnen. Ärzte verbanden staatlichen Schutz und akademischen Status erfolgreich zu einem allgegenwärtigen System der medizinischen Überwachung und Auswahl, das immer mehr chronisch Kranke und Alte in »totale« Institutionen verbannt. Andere Berufsstände, etwa Sozialarbeiter, haben das Vorbild der Medizin zwar oft imitiert, aber nie ganz erreicht. So erstreckt sich ein Wohlfahrtsregime über eine Unzahl von Anwärtern und potentiellen Nutznießern der Sozialversicherung. Rechtsanwälte und Steuerberater machen immer weitere Laienkreise ganz von sich abhängig.

Die Ärzteschaft gelangte über einen »widerwilligen Imperialismus« in ihre heutige Position. Einzelne wegbereitende Ärzte erschlossen in gesellschaftlich strittigen Bereichen, wo ihr Eingriff soziale Konflikte auf »medizinische Probleme« reduzieren konnte – von den Beteiligten stillschweigend geduldet – neue Pfründe. Die Führung der Ärzteschaft fürchtete jedoch interne Spaltungen und folgte der Vorhut nur zögernd. So wurden die Mediziner teils in diese neuen Bereiche gezerrt, teils drängten sie hinein. (Vgl. hierzu Kapitel 6.)

Der heutige Staat geht in hohem Maße auf die Kollektivierung des Gesundheits-, Erziehungs- und Fürsorgewesens zurück, die auch das moderne Leben in seinen privatesten und intimsten Aspekten prägt. Die jüngsten Einschnitte ins soziale Netz oder Haushaltskürzungen tangieren den Wohlfahrtsstaat bloß oberflächlich, wenngleich sie einzelne hart treffen und in den Institutionen für Aufruhr sorgen können. Da auch Kürzungen zentrale Eingriffe sind, dürften sie am Ende sogar der Zentralisierung dienen.

Derzeit ist nicht die Finanzierung der kollektiven Institutionen das drükkendste politische Problem, sondern die ständig wachsende Kontrolle des Zentralstaates und seiner weit verzweigten Behörden über immer mehr private Lebensbereiche. Im Rückblick wissen wir, daß die im 19. Jahrhundert entstandenen kleinen selbstverwalteten Hilfskassen auf Gegenseitigkeit zum Scheitern verurteilt waren, da autonome, freiwillige Vereine stets die Bedürftigsten als »zu hohe Risiken« ausschließen. Springt der Staat ein, profitieren davon meist die Gewieftesten, die es am wenigsten nötig haben. (Vgl. dazu Kapitel 4.) Dennoch wäre denkbar, daß der Zentralstaat – aus Gründen der Verteilungs-gerechtigkeit – zwar optimal geeignet ist, um Gelder einzutreiben und auszuschütten, daß man aber die Entscheidung in Einzelfällen und die Organisation der Dienstleistungen besser kleinen selbstverwalteten Privatkooperativen überließe.

Der Kollektivierungsprozeß ist nicht abgeschlossen; weder folgt er je einem zwingend vorschriebenen Pfad, noch lenkt ihn eine unsichtbare Hand oder ein göttlicher Plan. Wenn er in mehreren Ländern ähnlich verlief, so bloß deshalb, weil der kapitalistische Wettbewerb und die Konkurrenz zwischen Staaten überall das gleiche bewirken. Das Dilemma des kollektiven Handelns begleitet uns nach wie vor, ist drückend wie eh und je und reicht hinauf bis zur höchsten Ebene: Die Nationalstaaten – als relativ autonome, aber interdependente Akteure – sind sich ihrer Interdependenzen zwar bewußt, haben aber bislang kein supranationales Kollektiv gebildet, um ihre Maßnahmen wirksam zu koordinieren. Die Probleme der Fürsorge, der Erziehung und der Sanierung einer verseuchten Umwelt setzen sich im globalen Maßstab fort.

Aufbau des Buches

Das Thema dieser Abhandlung ist dreidimensional strukturiert: chronologisch, vergleichend und funktional. Um es linear – und endlich – darstellen zu können, behandle ich die entscheidenden Phasen der jeweiligen institutionellen

Bereiche kapitelweise: Fürsorge, Erziehung und Gesundheitswesen. Die Etappen sind grob in ihrer chronologischen Abfolge dargestellt, Entwicklungen mehrerer Länder jedoch durchweg gemeinsam erörtert; bloß in den Kapiteln 2 und 5, über das Bildungswesen und die Sozialversicherung, wurden den einzelnen Ländern spezielle Abschnitte gewidmet, um die Dynamik politischer Konflikte im jeweiligen nationalen System darzustellen.

Kapitel 1 analysiert, wie Gemeinden des späten Mittelalters eine ausgewogene Wohltätigkeit erreichten und wie dann in der frühen Neuzeit die Armenhäuser entstanden. In Kapitel 2 untersuche ich die Herausbildung nationaler Kommunikationsnetze und den Vormarsch der landesweiten Elementarschulpflicht im 18. und 19. Jahrhundert. Kapitel 3 behandelt städtische Gesundheitsprobleme und das Mitte des 19. Jahrhunderts gestartete Projekt urbaner Wasserversorgung und Kanalisation. Thema von Kapitel 4 sind Aufstieg und Fall der Arbeiterhilfsvereine im späten 19. Jahrhundert. Kapitel 5 betrifft den Aufbau landesweiter gesetzlicher Sozialversicherungskassen ab Ende des 19. Jahrhunderts bis etwa 1930. Im Schlußkapitel 6 werden diese Themen zu einem Resümee verknüpft, und anschließend würdige ich die Entwicklung in den Sozialstaaten von 1945 bis heute. Dann erörtere ich die Transformation der Mittelschicht und stelle dar, wie sich Bürokratisierung und Professionalisierung auf die Formen der kognitiven Orientierung im Alltag (Protoprofessionalisierung), auf die Affektkontrolle (Prozeß der Zivilisation) und schließlich auf die Moralvorstellungen (Emergenz eines sozialen Bewußtseins) auswirken.

Kapitel 1

Kommunale Fürsorge, regionales Vagabundieren und nationale Unterstützung

Wie man die Armen im Lauf der Zeiten auch definierte: Ihnen fehlte es an allem, was lebensnotwendig ist. Manche gingen arbeiten, aber das Geld reichte nicht, viele besaßen gar nichts, standen absolut mittellos da. Doch immer und überall blieb die Lage der Armen auf die ihrer Gegenspieler – der Reichen – bezogen. Oder besser: Die Ärmeren waren zwar auf die Reicheren angewiesen, um überleben zu können, aber diese brauchten auch jene, wollten sie ihren Vorteil wahren.

Armut, Surplus und Eigentum

Solange kein Überschuß existierte und alle für ihr – karges oder üppiges – Auskommen lebten, gab es keine Armut. Man befriedigte lediglich in stetiger Unsicherheit begrenzte Bedürfnisse. »Armut hat weder mit mangelndem Besitz zu tun, noch betrifft sie allein, was man sich erlauben kann, sondern sie ist vor allem eine Beziehung zwischen Menschen, ein sozialer Status, und insofern zusammen mit der Zivilisation entstanden.«[1] Alle Bestände werden sofort nach Erwerb fair oder unfair geteilt. Man akkumuliert weder, noch legt man etwas für Außenstehende oder Notzeiten zurück.

Die Gefahr des Neides, der Bettelei oder des Raubes entsteht nur, wo Vorräte und Ersparnisse angelegt werden. Dann bildet sich die Institution des Eigentums heraus, als ein Amalgam von Rechten und Schutzmaßnahmen, um Forderungen und Angriffe anderer abzuwehren. Demnach ist das Konzept der Armut zweifach an die Institution des Eigentums gebunden: Es setzt die Existenz des Surplus und dessen Ausschlußfunktion voraus. Was einen Überschuß ausmacht, hängt von den Gefühlen und Urteilen der Betroffenen ab, und diese wiederum erwachsen aus den Verhältnissen zwischen den Besitzenden und den Besitzlosen.

Eigentum dient als Bollwerk gegen die Armen und schreibt deren Armut fest. Doch sobald seine Legitimation sogar ihnen sinnvoll erscheint (und vor allem ihnen gegenüber wird es ja legitimiert, da die Besitzenden für sich selber kaum eine Legitimation brauchen), muß man speziell ihren Ausschluß rechtfertigen. Allerdings bringt jede sinnvolle Rechtfertigung mit sich, daß auch für die Armen bestimmte Ansprüche entstehen. Sofern eine moralische Ordnung die Armen einbezieht, die es ja von der Rechtmäßigkeit des Eigentums zu überzeugen gilt, rechtfertigt sie nicht bloß deren Ausschluß, sondern begründet zugleich ihren Anspruch auf einen gewissen Teil des Surplus. Ein und derselbe Gott verbietet den Diebstahl und verlangt Barmherzigkeit. Gibt eine Gesellschaft vor, Leistung zu prämieren, muß sie auch für fehlende Chancen entschädigen. Daher verpflichtet das Nebeneinander von Eigentum und Armut die Reichen, den Armen zu geben oder zu helfen.

Die Idee der Armut ist also in doppelter Hinsicht widersprüchlich: Zum einen bedeutet sie Mangel trotz Überschusses (Surplus), zum anderen rechtmäßige Ansprüche trotz Ausschließung. Jeder Diskurs über die Armut muß also zugleich den Ausschluß – das heißt die Existenz von Eigentumsrechten – und seine Grenzen – das heißt Ansprüche der Bedürftigen – erklären.

Das Hauptproblem der *Armen* besteht im Überleben; dagegen betrifft das Problem der *Armut* vor allem die Reichen: Sie müssen einen Teil des Surplus opfern, ohne etwas an den Regeln seiner Akkumulation und Erhaltung zu ändern. Insofern bietet sich als Lösung an, bloß genügend vom Surplus zu verteilen, um längerfristig die Arbeits- und Reproduktionsfähigkeit der unteren Schichten zu sichern, jene einzuschüchtern und zu beruhigen, die versuchen könnten, gegen die Gesetze der Akkumulation anzukämpfen, und dauerhaft zu verhindern, daß die Plagen der Armut – ob durch Übervölkerung, Ansteckung oder Unzufriedenheit – auf die wohlhabenden Stände übergreifen.

Die Dialektik von Armut und Eigentum setzt bereits ein gewisses Maß an struktureller Interdependenz zwischen den Besitzenden und den Besitzlosen voraus. Ohne wechselseitige Bindungen hätten sie einander ignorieren oder gelegentlich überfallen können wie jene primitiven Stämme, die in einem Zustand »fragmentierter Anarchie« leben.[2] Doch sobald Menschen gemeinsam in einer Region zu siedeln beginnen, Ressourcen ausbauen und Vorräte anlegen, machen sie sich voneinander abhängig. Aufgrund ungleicher Zugangschancen wird die Lage zwar asymmetrisch, aber dadurch vermindert sich die wechselseitige Abhängigkeit nicht im geringsten.

Die Institution des Eigentums blockt zudem mögliche Ansprüche und Übergriffe anderer Reicher dauerhaft ab; das Konzept der Armut gibt diesem Ausschlußsystem einen noblen Anstrich von Verpflichtung und Ehre. Bei einer Figuration mit materiellem Surplus, politischer Autorität und Fügsamkeit, militärisch-ökonomischer Herrschaft und Unterdrückung liegt das Hauptproblem der Armut darin, ein Minimum des gesellschaftlichen Überschusses zu verteilen, ohne die Muster der Abhängigkeit und Ausschließung anzutasten, die nicht nur reich und arm definieren, sondern auch alles dazwischen.

Hinzu kommt, daß die Reichen gewöhnlich nicht konzertiert handeln, weil sie ihre Position gegen ihresgleichen ebenso schützen wollen wie gegen die Armen. Ihnen allen wäre am liebsten, wenn immer nur die anderen für die Armen sorgten. Für die besitzenden Schichten stellt sich Armut letzten Endes als ein Problem des kollektiven Handelns dar.

Wenn Wohlhabende öffentlich vielfach die Armen des Schnorrertums bezichtigten, so attestierten sie privat ihresgleichen eine nicht minder niedere Gesinnung: Andere ließen sie einen Gutteil ihres Geldes für die Armen ausgeben, um selbst auf ihrem Reichtum zu glucken und alle Vorteile des sozialen Friedens kostenlos zu genießen.

Um ihre Bemühungen koordinieren und einander notfalls unter Druck setzen zu können, brauchten die Reichen besondere Regeln für eine partielle Umverteilung des Surplus. Dabei war eine Art Konsens unverzichtbar, denn jedes freiwillige Spendensystem setzt voraus, daß alle Wohltäter einander trauen. Ein barmherziger Geber allein stünde bald Massen von Bittstellern gegenüber und müßte, wollte er nicht bankrott enden, den Riegel vorschieben. Sogar fromme Männer wie die Wanderprediger des frühen Mittelalters legten sich Hunde zu, um die aufdringlichen Armen abzuwehren – ein Brauch, den das Konzil von Mâcon im Jahr 585 verbot.[3]

Zwar hätten die Reichen einander bedingt trauen müssen und gewisse Regeln gebraucht, aber die Realität sah meist anders aus. Wenn sie sich überhaupt auf Regeln einigten, blieben diese oft unbeachtet. Unmittelbar mit dem Massenelend der Armen oder bedrohlichen Rotten konfrontiert, erkannten die etablierten Schichten allerdings, daß sie ihre Kräfte koordinieren mußten – schwierig war nur, wirklich alle einzubeziehen und sich auf eine klare Verteilung der Lasten zu einigen.

Unvermögen, Nähe und Fügsamkeit

Um die Exklusivität des Eigentums zu sichern und zugleich seine Konsequenzen abzumildern, mußte man Regeln für die Umverteilung des Surplus aufstellen und Gruppen von Armen definieren, denen eine gewisse Unterstützung zustand. Obwohl derartige Einstufungen implizit längst gang und gäbe waren, entzündete sich daran im 16. und 17. Jahrhundert eine breite Debatte.[4] An sich besagen sie wenig über die vielfältigen faktischen Lebensverhältnisse der Armen, um so mehr aber darüber, welches Bild sich die Reichen von ihnen machten.

Von früh an enthielten fast alle Klassifikationen der Armut drei Kriterien: Unvermögen, Nähe und Fügsamkeit.

Unvermögen bedeutet, daß jemand seinen Lebensunterhalt nicht aus eigener Kraft bestreiten kann. Es begründet die »Bedürftigkeit«, während die anderen beiden Aspekte den »Anspruch« rechtfertigen. Damit ist das Unvermögen eine notwendige, an sich jedoch selten hinreichende Bedingung.

Streng betrachtet, kann sich bei fortgeschrittener Arbeitsteilung niemand mehr selbst versorgen; im besten Fall nehmen alle aufgrund eigener Leistungen die Hilfe anderer in Anspruch.[5] Deshalb muß man das genannte Kriterum stets im gesellschaftlichen Kontext der Produktions- und Tauschverhältnisse sowie vor dem Hintergrund wandelbarer Arbeitsbedingungen deuten. So allgemein gefaßt besagt Unvermögen, daß jemand als unfähig gilt, Leistungen zu erbringen, die sozial gültige Ansprüche auf Gelder, Vorräte oder Bemühungen anderer begründen würden. Dabei wird stets von Wechselseitigkeit ausgegangen, unabhängig davon, ob man in Geld oder Naturalien leistet. Unvermögen heißt also, nicht am Äquivalententausch teilnehmen zu können. Was die Armen zu bieten haben, sind Ehrerbietung und Dank, Gebete und Segnungen oder – negativ gewendet – Verzicht auf Gewalt, Affronts, Flüche und Verwünschungen.[6] Demnach können moralische oder metaphysische Werte den fehlenden materiellen Ausgleich ersetzen. Man sieht: Scheinbar faktische Zuordnungen wie »Unvermögen« sind gesellschaftlich konstruiert; und Menschen neigen zu Deutungen, die asymmetrische Verhältnisse ausgleichen.

Wo es Landwirtschaft gab, konnten körperlich tüchtige Menschen den Boden beackern oder bei Bauern arbeiten, um einen Teil des Ertrags in Geld oder Naturalien zu verdienen. Doch auch das Kriterium der Tüchtigkeit ist vieldeutig, denn es schließt Viehhüten – wozu man nicht unbedingt viel Kraft oder Behendigkeit braucht – ebenso ein wie Pflügen oder Ernten, beides oft anstrengende Arbeiten, für die man kräftig und ausdauernd sein muß.

Das zweite Kriterium – Nähe – definiert eine soziale Sphäre der Zuständigkeit. Die innerhalb dieses definierten Rahmens situierten Armen fallen den Reichen zur Last, alle außerhalb haben andere oder keine Gönner. Nähe kann sich auf *Verwandtschaft* (Sippschaft) oder den *Wohnort* beziehen. Bis heute gilt Verwandtschaft als Hauptkriterium der Inanspruchnahme – etwa bei der Unterhaltspflicht zwischen Eltern und Kindern, manchmal sogar auf Enkel, Nichten und Neffen ausgedehnt. In kleinen Nomaden- und frühen Agrargemeinschaften mag sie das einzige Kriterium gewesen sein. Als die Landwirte jedoch seßhaft wurden und Familien (Sippen) nicht mehr prinzipiell eng zusammenlebten, kam der Wohnort ins Spiel und ersetzte die Verwandschaft (Sippschaft) sogar teilweise. Jedenfalls schloß das Grundkriterium der Nähe eine Lösung des Armutsproblems definitiv aus: die Armen einfach davonzujagen. Über den Wohnort konnte man jeden Armen einer Sphäre zuordnen, womit die Zuständigkeiten klar feststanden. Auf diesem Prinzip beruhten nicht erst die berühmten elisabethanischen Armengesetze, sondern auch schon die Edikte, die ihnen in Kontinentaleuropa vorausgingen, etwa erlassen von Charles V. für die Niederlande, Belgien und Luxemburg (1531), Ferdinand I. für Österreich (1552), John George für Brandenburg (Preußen) oder vom Pariser Stadtrat (1535).[7] Das Zweite Konzil von Tours (576) bereits hatte das Kriterium des Wohnorts in den wesentlichen Grundzügen festgelegt: »*Ut unaquaeque civitas pauperes et egenos incolas alimentis congruentibus pascat secundum vires*« – daß jede Gemeinde die ansässigen Armen und Bedürftigen ihren Mitteln gemäß ernähren muß.[8] Schon damals fügten die Bischöfe – zu einem Kontinentalkonzil versammelt – ein Motiv hinzu, das seinerzeit den Horizont der einzelnen, isolierten Dorfökonomien überschritt, aber zu Beginn der europäischen Neuzeit erheblich an Bedeutung gewann: »*quo fiet ut ipsi pauperes per civitates alias non vagentur*« – damit die Armen nicht von Gemeinde zu Gemeinde ziehen.[9]

Frühabsolutistische Fürsten wollten eine kommunale Wohlfahrt für bedürftige Anwohner durchsetzen, indem sie zugleich Vagabundieren, Betteln und Almosengeben verboten, sowie rigoros zwischen würdigen und unwürdigen Armen unterschieden. Diese wunderliche Mischung aus Repression und Fürsorge ist geradezu typisch für die Sozialpolitik der frühen Neuzeit.[10] Ihr Scheitern machte Europa wie auch Amerika jahrhundertelang zu schaffen.

Das dritte Kriterium, Fügsamkeit, wurde oft als moralische oder strafrechtliche Wertung bemäntelt. Im Prinzip ging es bloß darum, ob die Armen aktiv auf eine Umverteilung des ihnen vorenthaltenen Surplus drängten oder untätig blieben. Das eine Extrem waren die *pauvres honteux* – anständige, schamhafte Arme –, die ihre Notlage kaschierten und nichts erbaten, Wohltaten annahmen, ohne darum zu betteln.[11] Faktisch mag dies oft eine recht aktive, aber subtile Strategie gewesen sein, versteckt Fürsorge und Almosen zu fordern. Einen Hauch aktiver waren jene Armen, die betteln gingen, auf ihre Notlage hinwiesen und diese dabei überdrastisch zur Schau stellten.[12] Durch feine Gesten und Mienen konnte sich das Bitten um Almosen in eine Forderung, einen Fluch auf den Geizhals oder gar eine offene Androhung von Gewalt, Raub oder Brandstiftung verwandeln. Manche begnügten sich nicht mit Drohungen, sondern stahlen und zerstörten wirklich. Das andere Extrem bildeten jene Armen, die in Banden zusammengerottet Bauern ihrer Region terrorisierten. Solche Nuancen der Passivität und Aktivität – Fügsamkeit und Rebellion – wurden im Sprachgebrauch des 16. und 17. Jahrhunderts, zunehmend pejorativ, moralisch bewertet: von *pauvres impotens et honteux* bis zu *coquins vagabonds*.

Die »geschwächten« Armen versuchten, Mitleid zu erregen, oft auch Furcht zu verbreiten. Entstellte Leprakranke taten, als wollten sie Passanten berühren und dadurch anstecken. Gebrechliche alte Weiber murmelten Segnungen, wurden sie jedoch zurückgewiesen, stießen sie Flüche und Verwünschungen aus. Verkrüppelte Bettler näherten sich humpelnd, stanken nach Fäulnis und besudelten, wen sie auch berührten. Sogar Kinder konnten damit drohen, noch mehr scheußliche Wunden zu entblößen, als sie bereits zeigten, verspotteten und beschimpften Umstehende, verfolgten und belästigten sie oder stahlen, was man ihnen verweigert hatte. Arme Schlucker prangerten vor aller Ohren schrill den Geiz und die Hartherzigkeit jener an, die ihnen nichts gaben. Schwache bettelten bevorzugt mit viel Gehabe auf öffentlichen Plätzen oder im Umkreis von Kirchen. Was im Publikum vor allem als ein moralisches Problem galt, stellte sich denen, die vom Betteln lebten, als eine Frage der Technik dar: Aufmerksamkeit und Mitleid zu erregen sowie mit Bloßstellung und – verhohlen – mit Racheakten zu drohen. Die Kunst des Bettelns hat eine lange Tradition, und heute ergründen Sozialgeschichtler wie Aydelotte, Cobb, Geremek, Küther, Salgado und andere ihre Tricks. Jene Armen, die nicht schamhaft zu Hause sitzen und auf milde Gaben warten wollten, sondern ihre Not als eine Art Berufseignung ansahen, konnten ihr täglich Brot nur verdienen, indem sie ihr Elend zur Schau stellten und heftig übertrieben.[13]

Auch die Schwachen konnten gefährlich sein; es erfordert ja nicht viel Mumm, von unbewachten Feldern oder aus Obstgärten zu stehlen, streunende Ziegen zu melken oder, schlimmer noch – eine ständige Furcht –, aus Rache eine Scheune anzuzünden oder einen Brunnen zu vergiften.[14] Doch am wenigsten fügsam und am aktivsten waren die körperlich kräftigen Vagabunden, die sich zusammenrotteten und ganze Landstriche in Angst und Schrecken versetzten. Als Rebellen genossen solche Banditen die heimliche Sympathie mancher der ländlichen Armen. Die von ihnen – in Europa und Amerika bis tief ins 19., vereinzelt sogar 20. Jahrhundert – ausgehenden Gefahren veranlaßten jedoch viele Maßnahmen, aufgrund derer die kommunale Fürsorge schrittweise durch staatliche Systeme der Besserung und Unterstützung abgelöst wurde.

Wenngleich die drei Aspekte Unvermögen, Nähe und Fügsamkeit im engen Zusammenhang standen, blieb Unvermögen das Hauptkriterium, nach dem sich die Möglichkeiten der Armen in den beiden anderen Sphären richteten.

Körperlich tüchtige Erwachsene konnte ihren Lebensunterhalt durch Arbeit verdienen, also auch wandern und kämpfen. Daher setzte man Arbeit, Vagabundieren und Rebellion prinzipiell gleich. Wer laufen konnte, war potentiell Vagabund und somit imstande, eine Gemeinde zu verlassen, aus der man ihn vertrieb, oder als fremder Wanderer einzudringen. Doch »kräftige« Personen konnten auch zupacken und etwas Nützliches tun; ansonsten durfte man ihnen die Unterstützung verweigern, da sie nicht als hilfsbedürftig galten. Wer fähig war, zu arbeiten und zu laufen, konnte jedoch auch kämpfen und stehlen, rauben, vergewaltigen, brandstiften oder plündern. Solche Menschen mußte man beschwichtigen oder einsperren, verjagen oder umbringen. Umgekehrt wurden alle, die über Land zogen, als Bettler oder Diebe verdächtigt; sogar wenn sie einem Gewerbe nachgingen, zum Beispiel als Scherenschleifer, Gaukler oder Wahrsager, konnten sie selten davon leben.[15] Insofern glich ihr Betteln um Almosen oft eher einer Forderung nach Tribut, die nur wenige zurückzuweisen wagten.[16]

Wer keine feste Bleibe hatte, mußte kräftig sein, um wandern zu können.[17] Umtriebiges – und damit strafbares – Verhalten stand allein den körperlich tüchtigen Armen zu Gebote. Noch vor drei, vier Generationen gehörten auf dem Lande brutale Banden von Vagabunden zum Alltag. Sie bedrohten Reisende und terrorisierten abgeschieden lebende Bauern – von der staatlichen Polizei ständig verfolgt, aber selten ausgemerzt. Sie bildeten eine eigenständige Kultur mit ausgeprägten Hierarchien und Abgrenzungen, Loyalitäten und Kodes. Diese Unterschicht war oft ziemlich massiv, auch wenn Zeitgenossen ihre Stärke übertrieben dargestellt haben dürften. Die schwachen Armen konnten sich auf Wanderschaft nur ernähren, wenn man ihnen abnahm, Magier, Zauberer oder Hexer zu sein: So glich die – ihnen zugeschriebene – spirituelle Gabe ihre körperliche Schwäche aus.[18] Insofern könnte der Aberglaube mehr Menschenleben gerettet als gefordert haben, indem er viele Menschen veranlaßte, älteren Wanderweibchen mit Almosen zu helfen.[19] Doch in der Regel schlossen sich die kräftigsten, verzweifeltsten Armen den Banditenrotten an, die in Wäldern versteckt lebten.[20] Küther meint, solche Vagabunden hätten im Deutschland des 17. und 18. Jahrhunderts eine separate Gesellschaftsschicht gebildet, die zuweilen bis zu zwanzig Prozent der Gesamtbevölkerung ausmachte und gut genug organisiert war, um der Staatsgewalt immer wieder Paroli zu bieten.[21]

Mit beginnender Neuzeit gab es in Europa einerseits die schwachen, seßhaften, untätigen Armen, die aus allen drei Gründen unterstützt wurden; andererseits die wandernden, aktiven, kräftigen Armen, die es dreifach zu bekämpfen galt. Zwischen den anständigen Armen auf der einen und den robusten Vagabunden auf der anderen Seite lagen – wie Abbildung 1.1 veranschaulicht – mehrere Zwischenstufen.

Am schlimmsten dürften die invaliden Armen ohne feste Bleibe dran gewesen sein. Traten sie vereinzelt und fügsam auf und bettelten sich durch, half ihnen manche gute Seele. Stieg ihre Zahl infolge von Hungersnöten oder Seuchen, wurden diese schweigenden, elenden Trecks kränklicher, unterernährter Bauern, durch Katastrophen von ihrem Land vertrieben, anfangs bloß mitleidig begafft. Nahmen sie jedoch überhand, zahlreich und verzweifelt genug, um über Städte und Ernten herzufallen, beschworen sie Haß und Angst herauf. »Die ›rechtschaffenen‹ Europäer fühlten sich beim ständigen Anblick von wandernden Besitzlosen regelrecht verfolgt ... Vergebens sucht man eine Spur von Verständnis, einen Anflug von Mitgefühl.«[22] Oft sollten die Stadtmauern ebenso vor den Armen schützen wie vor feindlichen Armeen. Inzwischen wurde das Gespenst an den Rand des europäischen Bewußtseins verbannt, doch Bilder aus fernen Ländern, wo die Einwohner nach wie vor von Hungersnöten und Seuchen geplagt sind, rufen es immer wieder auf den Plan: Solche Bilder auf den Fernsehschirmen der Wohlgenährten im »Kernbereich« der Welt erregen unaufgefordert menschliches Mitleid, jedoch kaum Sorge, und Furcht schon gar nicht.

Jene schwachen Armen, die sich in Dörfern niedergelassen oder in Städten eingefunden hatten, waren ganz von der kommunalen Fürsorge abhängig. Solange sie fügsam blieben, bekamen sie immer als erste Almosen. Falls sie aufsässig wurden, konnte man sie in kleineren Gemeinden leicht überwachen; nicht jedoch in den Städten, wo sie ein Sammelbecken von Bettlern bildeten, aus dem ständig Wogen von Kleinkriminalität, Raub und Prostitution überschwappten.[23]

Gewiß gab es auch kräftige Arme, die außerhalb der Gemeindegrenzen auf dem Lande lebten; andere, die sogenannten *oisifs*, trieben sich ziellos in den

Abbildung 1.1 Die drei Dimensionen der Armut im Europa der frühen Neuzeit

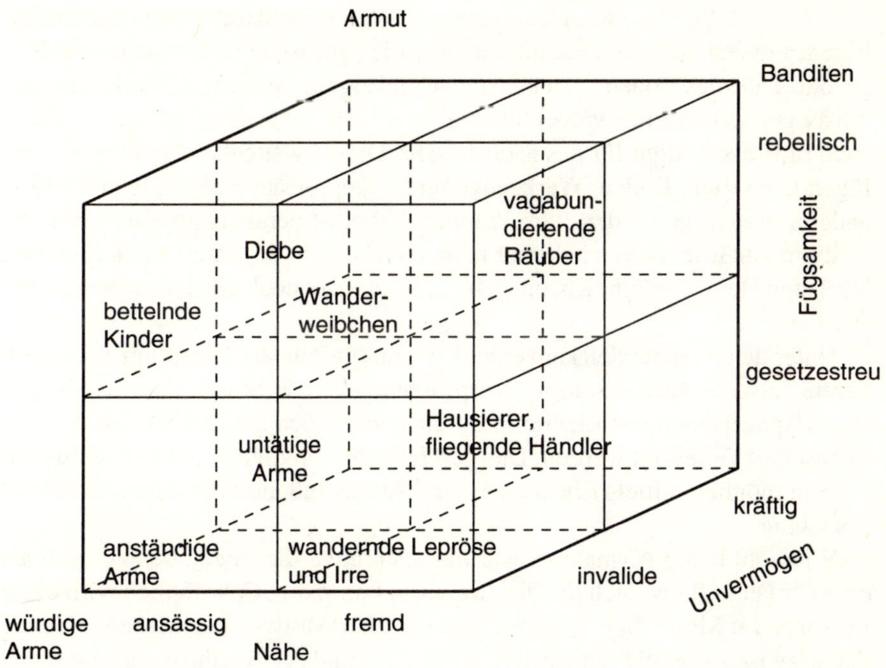

Städten herum und verkörperten alle Laster, die man mit dem Stadtmilieu verbindet. Als Ansässige waren sie auffällig und ausnutzbar. Sofern sie körperlich robust wirkten, galten sie als gefährlich, und man warf ihnen alles vor, was immer sie unternahmen, um ihre Not zu lindern – außer Lohnarbeit. Zudem boten sie ständig Anlaß zu Sorgen und Reformen. Da sie wandern konnten, drohten sie jederzeit zu vagabundieren; umgekehrt nutzten viele Vagabunden die Chance der Seßhaftigkeit und gesellten sich zu ihnen.

Die Elemente Unvermögen, Wohnort und Fügsamkeit ermöglichen zwar eine vorläufige, allgemeine Würdigung der unterschiedlichen Formen von Armut, genügen aber nicht, um ihre vielfältige Manifestationen vom frühen Mittelalter bis heute erschöpfend abzuhandeln. Allerdings entsprechen sie den prinzipiellen behördlichen Abgrenzungen zwischen würdigen und gefährlichen Armen.

Kommunale Wohltätigkeitssysteme und das Problem des kollektiven Handelns

Mit der seßhaften Landwirtschaft entwickelten sich überall relativ beständige Eigentumsverhältnisse. Fast immer hatte die agrarische Lebensweise zur Folge, daß Teile des Bodens, Viehbestände und eigene langlebige Werkzeuge exklusiv genutzt wurden, wobei überschüssige Nahrungsmittel anfielen – sei es auch bloß als Saatgut für das nächste Jahr. Dieses weitgehend exklusive Verfügen über Vieh, Boden, Werkzeuge und Lagervorräte mußte gegen die Gier anderer verteidigt werden.[24] Im Zehnten Gebot ist penibel aufgeführt, welche landwirtschaftlichen Besitztümer man damals nicht begehren durfte: »deines Nächsten Haus ... Weib, Knecht, Magd, Rind, Esel noch alles, was dein Nächster hat«.[25]

Unter den Besitzenden kam es zu Übereinkünften, das Eigentum zu respektieren – also zu wechselseitigen Verpflichtungen oder besser: zu einem Nichtangriffspakt. Doch das Eigentum mußte auch gegen die Mittellosen der Gemeinschaft verteidigt werden. Das geschah über Predigten und Ermahnungen – wenn möglich mittels Einzäunung und Ausschluß, notfalls durch Mord und Totschlag.

Wiewohl keine Ausnahme, war das auch nicht die Regel, denn es galt als eine Christenpflicht, sich um die Armen zu kümmern. Gewöhnlich wird diese Fürsorge im Sinne individueller, altruistischer Motive beschrieben, als eine Sache zwischen zwei Parteien, den Wohltätern und den Begünstigten, zwischen Almosengebern und -empfängern. Doch faktisch war die Unterstützung der Armen von Anfang an das Ziel kollektiven Handelns und diente einem Kollektivgut.

In einer seßhaften Agrargesellschaft mit ihren relativ beständigen Eigentums- und Ausschlußverhältnissen sind die Besitzenden und die Besitzlosen in einer komplementären Beziehung aneinander gekettet. Die Sicherung solcher Rechts- und Ausschlußbeziehungen dient dem Interesse aller Besitzenden einer bestimmten Domäne: Wanderfähige Arme konnten von Hof zu Hof ziehen. Sie waren potentiell nützlich als Arbeiter und potentiell gefährlich als Räuber oder Brandstifter, doch beides betraf nicht bloß einzelne Bauern, sondern alle Güter im engeren Umkreis.[26] In der Begegnung zwischen seßhaften Bauern und Armen versuchten letztere meist, zugleich Mitleid und – verdeckt – Furcht zu erregen. Die Bauern mochten aus Pflichtgefühl und Barmherzigkeit handeln, wollten aber auch die vagen Drohungen abwehren. Beide Seiten wußten, was die christliche Lehre für den Umgang mit solchen Begegnungen vorschrieb, und beide hielten sich daran. Das waren die bilateralen Aspekte des Almosengebens.

Auch andere Funktionen der Wohltätigkeit betrafen die Bauernschaft in ihrer Gesamtheit. Durch Spenden verhinderte man nicht nur, daß die Armen aufständisch und kriminell wurden, sondern auch, daß sie sich, unterernährt, Krankheiten zuzogen, die sie auf andere in der Gemeinschaft übertragen konnten. Wenngleich dies nicht allen bewußt war, spürte man es in den magischen Darstellungen von Schmutz und Ansteckung. Sogar invalide Arme waren mit ihren Verwünschungen und Hexereien zu fürchten, gegen die man sich durch Üben christlicher Tugend zu schützen hatte. Insofern bestand die erste kollektive Funktion der Wohltätigkeit darin, die von den Armen ausgehende Gefahr abzuwehren.

Daneben bildeten die körperlich kräftigen Armen eine Reservearmee von Arbeitskräften, auf die man je nach Jahreszeit oder Umfang der Ernte zurückgreifen konnte. Ließ eine Bauerngemeinschaft zu, daß ihre arbeitsfähigen Armen während der Wintermonate starben, stand sie im Frühjahr ohne Hilfskräfte da. Es lag also im gemeinsamen, in gewisser Hinsicht kollektiven Interesse, diese Reservearmee durchzufüttern.[27]

Außerdem konnte Armenhilfe den seßhaften Bauern selbst als eine Art Versicherung gegen künftige Risiken dienen. Die meisten der invaliden Armen waren teils ältere, teils behinderte Witwen oder Waisen. Wohlhabende Bauern und ihre Familien konnte das gleiche Schicksal heimsuchen wie diese: »*hodie mihi, cras tibi*«. Letzten Endes hatten Almosen auch die magische Funktion, das Schicksal zu besänftigen.

Sogar Bauern, die selber nichts zur Fürsorge beitrugen, konnten mit an der relativen Ruhe und Ordnung teilhaben, die andere durch ihre Gaben erkauften. Auch sie heuerten oft im Frühjahr einige der Armen an, die den Winter dank der Spenden anderer Bauern überlebt hatten. In diesem Sinne schuf das kollektive Handeln der Reichen ein Gesamtgut, von dem alle Bauern profitierten, ob sie etwas dazu beigetragen hatten oder nicht. Die mit Spenden erkaufte Sicherheit war also ein »unteilbares Gut«, von dem man keinen im Dorf mühelos ausschließen konnte. Gleiches galt in gewissem Maße auch für die Ernährung einer Reservearmee von Arbeitskräften, auf die notfalls sogar Bauern zurückgreifen konnten, die den Armen nichts gespendet hatten. Andererseits konnten Hinterbliebene geiziger Bauern zur Vergeltung von der Fürsorge ausgeschlossen werden.

Wohltätigkeit schuf also ein in wesentlichen Belangen unteilbares Gut, das kein Bauer aus eigener Kraft erschaffen konnte, wobei es allerdings auffiel, wenn jemand seinen Beitrag verweigerte. Unter diesen Bedingungen entstand das Dilemma kollektiven Handelns im Rahmen der kommunalen Fürsorge.

Fürsorge war die altruistische Verhaltensweise *par excellence*: Man opferte um anderer willen Geld oder Güter, und davon profitierten nicht nur die Empfänger, sondern auch alle Besitzenden insgesamt. Diese Wohltätigkeit knüpft daher sowohl eine bilaterale Beziehung zwischen Geber und Empfänger, man muß sie aber auch im Kontext des kollektiven Handelns sehen, da sich die Geber für ihre kollektiven Interessen einsetzen, darunter Gefahrenabwehr und Erhaltung einer Reservearmee von Arbeitskräften.

Als sich die seßhafte Landwirtschaft und damit Dorfgemeinschaften ab dem 9. Jahrhundert in ganz Westeuropa als vorherrschende Lebensformen durchsetzten, entstanden unter den etablierten Bauern allmählich wechselseitige Abmachungen zur Ernährung der Armen. Sie reichten quer durch alle Zwischenstufen vom individuellen Almosengeben bis zu Zwangsabgaben für die kommunale Unterstützung. Als bäuerliche Gemeinschaften – nach der großen Wanderungswelle – relativ ruhig und sicher existieren konnten, entwickelten sich Fürsorgesysteme mit mehr oder weniger proportionaler Lastenverteilung und einem Ernährungsniveau, das in aller Regel ausreichte, um die Armen am Leben zu halten.[28] Doch die Armen blieben gleichwohl arm, weil es den Besitzenden offenbar gelang, ihr Land, ihre Werkzeuge und Vorräte zu schützen und relativ stabile Eigentumsverhältnisse herzustellen. Natürlich resultierte diese Stabilität auch aus den militärischen Schutz- und Befriedungsmaßnahmen feudaler Herrscher, die sich gewöhnlich nicht in Angelegenheiten der Bauern – etwa die eigene Armenfürsorge – einmischten, solange diese ihre Grundpachten pünktlich bezahlten.[29]

Zwischen dem 9. und 14. Jahrhundert konnten in vielen Bauerngemeinden weiter Teile Europas kollektive Fürsorgesysteme entstehen. Die etablierten Gemeindemitglieder leisteten Beiträge zu mehreren kollektiven Fonds für ihre »eigenen Armen«, ohne daß Dritte Zwang ausgeübt oder Abgaben erhoben hätten. Die historische Rekonstruktion dieser Einrichtungen wird jedoch dadurch erschwert, daß die wenigen dazu vorhandenen Quellen von Geistlichen stammen, die in diesen Fürsorgeeinrichtungen selber eine Rolle spielten und zu einer speziellen Sicht der Dinge neigten.

Neben den ansässigen Bauern hatten auch die Armen Anrechte auf das Gemeinschaftsland. Auf den unverteilten Gemeindefluren durften sie Hütten bauen, Tiere weiden, Nahrung und Brennholz sammeln. Im übrigen mußten die dörflichen Landwirte gemäß Proporz für die Armen sorgen. Von früh an hatten

Dorfgeistliche darauf zu achten, daß die etablierten Bauern ihre Christenpflicht erfüllten und die Armen anständig ernährten und unterbrachten.[30]

Die einfachste Form der Armenfürsorge bestand darin, daß jeder Hof eine ihm angemessene Anzahl von Bedürftigen am Tisch essen und in der Scheune übernachten lassen mußte. Doch sogar das setzte einen gewissen Konsens darüber voraus, was für jeden Hof angemessen war. Als die Kirche in den bäuerlichen Gemeinden Fuß faßte, führten die Geistlichen regelmäßig Sammlungen durch und verteilten Almosen an die Armen, gewöhnlich in Naturalien – etwa Weizen, Brot oder Bier. Hier und da entstanden Spitäler, meist im Umkreis von Städten, und nahmen Vagabunden und Waisen, Alte und Hungernde, Kranke und Irre auf. Geleitet von Laienbrüdern, besonders auch barmherzigen Schwestern, lebten sie von Spenden und Vermächtnissen.[31] Doch zu dieser Zeit war die Armenfürsorge schon in gewissem Maße institutionalisiert – man führte Buch, und in den Akten tauchten die ersten Klagen über Mißwirtschaft und eigennützige Ausgaben der Regenten und Verwalter auf.[32] Fortan wurde die klerikale Wohltätigkeit zunehmend ritualisiert. Man bestimmte Almosen und Spenden für besondere Anlässe, bei speziellen Feiern waren genau festgelegte Gerichte auszugeben, und die Almosen blieben mehr und mehr einem zeremoniell ausgewählten Personenkreis vorbehalten, der fast ungeachtet seines Bedarfs – oft per Geburtsrecht – bevorzugt wurde, genannt »Immatrikulierte« oder *marguillers*.[33]

In den bäuerlichen Gemeinschaften des Mittelalters blieb die eher kümmerliche Armenfürsorge weitgehend freiwillig. Obwohl die Kirche ihren Zehnten zunehmend zwangsweise erhob und – zumindest auf dem Papier – für Almosen bestimmte,[34] erfolgten weitere Gaben und Spenden für die Verteilungsaktionen und Spitäler aus freien Stücken. Die theologische Bedeutung der Freiwilligkeit lag darin, daß nur Geschenke aus reinem Herzen als wahrhaft barmherzig galten und der Seelenrettung dienen konnten.[35] Ökonomisch dürfte sie bezweckt haben, den Bauern und Handwerkern feste Zahlungen zu ersparen, so daß sie ihre Beiträge der schwankenden Ertragslage anpassen konnten. Da Kirche und Feudalherren ohnehin Mühe genug hatten, Grundrenten und Zehnte einzutreiben, zögerten sie, ihre Zwangsmittel auch zugunsten der Armen aufzubieten.

Im Lauf des 13. Jahrhunderts entstanden – von Spanien und Italien bis nach Belgien, Holland und Luxemburg – auf gemeindlicher Ebene kollektivistische Fürsorgeinitiativen von Laien. Sie sammelten an *tables des pauvres*, organisiert von örtlichen Honoratioren und überwacht von Gemeindepfarrern und Kommunalbehörden, »allgemeine Spenden«. Freiwillige Fürsorgeinitiativen bildeten sich auch in mittelalterlichen Städten, erneut weitgehend mit den drei

Zielen: Sicherheit, Ernährung einer Reservearmee von Arbeitskräften und gegenseitige Hilfe.[36] Gilden, Bruderschaften (*confrèries*) und Sodalitäten gründeten Hilfsfonds für die »eigenen« Armen.[37] Oft wurden Geistliche und kirchliche Stiftungen beauftragt, Spenden zu sammeln und zu verteilen. Bei der Ausgabe fanden sich Berufsbettler von nah und fern ein, um auf Kosten der »anständigen« örtlichen Armen zu hamstern. In manchen Städten des späten Mittelalters wurden Betteln und entsprechend Almosengeben immer wieder verboten, wobei man den kräftigen Armen zu arbeiten befahl, den invaliden Bedürftigen dagegen Unterstützung verhieß.

Fischer folgert: »Es ging von vornherein nicht nur um Gerechtigkeit für die bedürftigen Bettler, sondern auch um den Schutz der Bürgerschaft vor den Bettlern, besonders vor jener Gruppe, die als arbeitsfähig eingestuft und vom Almosenempfang ausgeschlossen wurde.«[38] Wegen fehlender Verwaltungskapazitäten gelang es nicht, die anständigen Armen zu unterstützen und gleichzeitig die kräftigen, aber arbeitsscheuen auszuschließen; im übrigen fanden sich für die kräftigen Armen meist keine Arbeitsplätze.

Auch in vielen Städten des Spätmittelalters entstanden kollektive Fürsorgefonds auf der Basis freiwilliger Beiträge – »eine allgemeine Armensteuer gab es nicht«.[39] Sogar wenn königliche Edikte das Betteln verboten, den Armen vorschrieben, seßhaft zu bleiben, und die Kommunen zwangen, sie zu ernähren, erhoben diese keine Zwangsabgaben.[40]

Obwohl man die Armen meist ihrem Schicksal überließ, sie oft sogar vertrieb, entstand während des Spätmittelalters in ganz Westeuropa eine Vielzahl freiwilliger, kollektiver Fürsorgeeinrichtungen. Historiker, die humanitäre Institutionen auf die religiöse Doktrin jener Zeit zurückführen, überrascht das wenig. Allerdings sollten sie auch alle anderen Fälle – die große Merzahl – erklären können, in denen die Gläubigen trotz der christlichen Lehre nicht für die Armen sorgten. Doch das freiwillige kollektive Handeln stellt die Sozialwissenschaftler ebenfalls vor ein Problem: Wie wurde sein internes Dilemma überwunden?

Wohlfahrtsökonomen – und neuerdings neodarwinistische Ethologen – haben versucht, die Paradoxa des »Altruismus« zu lösen. Haltbare Erklärungen fanden sie nur für den »familialen« und »reziproken« Altruismus, wobei die Gabenempfänger eindeutig identifizierbar sind.[41]

Keiner dieser Ansätze konnte jedoch das altruistische Verhalten in Gruppen angemessen erklären, das heißt die Frage, warum jemand auf individuelle Sicherheit oder ökonomischen Gewinn verzichtet, für einen Vorteil, der allen Mitgliedern eines Kollektivs ungeachtet ihrer jeweiligen Beiträge zufällt.[42]

Alle Theorien des Gruppenaltruismus oder des kollektiven Handelns postulieren zunächst das kleinste Grundelement – den individuellen ökonomischen Agenten oder gar das einzelne »egoistische Gen«, wie Dawkins es nannte[43] – als analytische Einheit, das heißt als Akteur. Sobald das Konzept des Kollektivs oder der Gruppe in die Argumentation eingeführt wird, stehen sie dann aber vor einem Paradox.

Um solche Paradoxa zu vermeiden, muß man das kollektive Handeln im Sinne einer »Figuration« von Menschen analysieren, die durch strukturellen Wettbewerb und durch Interdependenz miteinander verstrickt sind. Sämtliche Informationen, Mittel, Wünsche und Strategien der Menschen, aus denen die Figuration besteht, transformieren sich zusammen mit dieser, meist unbeabsichtigt infolge der Interaktionen. So gesehen, läßt sich das Dilemma des kollektiven Handelns als ein Übergangsphänomen begreifen. Es tritt auf, wenn eine Gruppierung interdependenter, aber nicht koordinierter Menschen in einen koordinierten Verband übergeht, der Maßnahmen wirksam gegen die einzelnen Mitglieder durchsetzen kann. Ähnliches vollzieht sich auf höheren Ebenen, wo etwa Dörfer oder Städte als Grundelemente ihre Maßnahmen regional oder sogar landesweit einheitlich und zielgerichtet koordinieren können. Auf einer noch höheren Ebene beobachtet man den Vorgang zwischen Nationen im Weltkontext.

Das Dilemma des kollektiven Handelns tritt in diesem Übergang von unkoordinierter Interdependenz zu erzwingbarer Koordination auf. Als Zwangsmittel kommen alle möglichen Sanktionen in Frage – ob physischer, finanzieller, religiöser oder magischer Art –, die von einer Zentralbehörde oder von dem Kollektiv insgesamt verhängt werden können. Doch sobald erkannt ist, daß es sich dabei bloß um ein Übergangsphänomen handelt, gilt dieses nicht mehr als paradox, sondern verwandelt sich von einem logischen in ein soziologisches Problem.

Die Probleme kollektiver Fürsorgemaßnahmen betreffen weder das individuelle zielgerichtete Handeln noch die kollektiven Aufgaben allein. Auch genügt es nicht, einen blinden Selektionsmechanismus zu postulieren, der die optimal angepaßten Gebilde begünstigt, wie es Biologen gewöhnlich tun, oder wie Historiker und Soziologen oft implizit annehmen, wenn sie Institutionen aufgrund erfolgreicher Adaption entstehen und überleben lassen, ohne jedoch zu erklären, welche Rolle die beteiligten Menschen dabei spielen.

Die Probleme des kollektiven Handelns, etwa im Fall der Fürsorge, kommen und gehen, weil sich die aneinander gerichteten Erwartungen der Menschen mit ihren wechselseitigen Beziehungen ändern. *Falsche* Erwartungen können dabei katalytisch wirken: Sofern sie weit genug verbreitet sind, mögen sie sich – wie Robert K. Merton im Anschluß an W. I. Thomas gezeigt hat[44] – durchaus erfüllen. Wo die Grundstimmung wechselseitiges Mißtrauen ist, wird sich niemand an kollektiven Projekten beteiligen: eine selbstbestätigende Haltung. Setzt sich jedoch aus irgendwelchen Gründen bei einigen Menschen die Erwartung durch, eine Mehrheit wäre kooperationsbereit, kann das Vertrauen, kollektives Handeln habe gewisse Erfolgsaussichten, auf andere übergreifen.[45] Alle Beteiligten können jedoch weiterhin jederzeit befinden, daß sie sich besser wieder aus dem kollektiven Projekt zurückziehen sollten.

Im Fall der mittelalterlichen Armenhilfe resultierte die Lösung zwar aus dem christlichen Glauben, aber anders als die Gläubigen glaubten. Die Kirche predigte brüderliche Liebe und lehrte, als Lohn der Barmherzigkeit winke die Rettung der Seele im Jenseits: »Gebet, so wird euch gegeben.« An diese Botschaft brauchten noch nicht einmal alle zu glauben; entscheidend war, daß die meisten glaubten, die anderen glaubten daran.

Dabei wirkten die Gemeindepfarrer als »Wohlfahrtsunternehmer«: Nicht nur gaben sie Anstöße und ermahnten, sondern sie schufen vor allem Anlässe für sichtbare, kontrollierbare barmherzige Akte. Damit erreichten sie, daß die Tugend öffentlich, ja augenfällig wurde. Jeder wußte, ob und wieviel sein Nachbar gab; wer seine wohltätigen Pflichten vernachlässigte, wurde von seinen Nachbarn angegriffen, verachtet, gehaßt und nach Kräften geschädigt.[46] Diese Öffentlichkeit der Fürsorge und die entsprechende soziale Kontrolle setzten eine Reihe kollektiver Sanktionen in Gang: Wer seine Pflicht erfüllte, wurde belohnt, wer sie vernachlässigte dagegen bestraft.

Öffentliche Wohltätigkeit wurde auch zur Ehrensache. Die zahllosen Vermächtnisse zugunsten der Armen sollten sowohl dem Verblichenen zur Ehre gereichen als auch das Ansehen seiner Hinterbliebenen in der Gemeinschaft erhöhen. Oft entspann sich sogar ein Wettstreit in der Freigiebigkeit, indem die Wohltäter zwar materielle Opfer brachten, damit aber andere in puncto Ehre übertrumpften, während das Ansehen der Nutznießer (für diese Rolle gibt es keinen Begriff ohne Anklänge von Unehrenhaftigkeit) sank. Offenbar können in menschlichen Gesellschaften mehrere Formen des Wettstreits – sogar gleichzeitig – nebeneinander bestehen, sei es um Geld, Wohlstand, Ehre, Prestige, sei es um Ruhm in der Schlacht.

Hier tritt ein weiteres Phänomen zutage, das in der Theorie des kollektiven Handelns weitgehend übergangen wurde, sofern sie das Kollektiv als ein gegebenes Faktum hinnahm: Das Kollektiv kommt zum Teil erst durch kollektives Handeln zustande. So schlossen sich Bauern zu Schutzgemeinschaften gegen fremde Eindringlinge zusammen und entwickelten Kampfmethoden, die kollektives Handeln erforderten. Nachdem solche festen Bündnisse entstanden waren, behandelten sie Angriffe auf einzelne als solche gegen alle. In der Folge griffen Feinde, da sie nun mit kollektiven Reaktionen rechnen mußten, erst an, wenn sie der Gegenmacht gewachsen waren, was wiederum die Schutzgemeinschaft zwang, ihre Einheit zu wahren und zu festigen.

Im Fall der Armenhilfe führte die kollektive Wohltätigkeit, analog, zur Bildung größerer Gemeinschaften und zwang zu neuen Formen des kollektiven Handelns: Die Befriedung der Armen ging mit relativer Sicherheit einher, was die Freizügigkeit förderte und das Gemeinschaftsleben intensivierte. Daraus wiederum konnten sich neue kollektive Initiativen ergeben. Irgendwann galt die Weigerung einzelner, zu spenden, nicht mehr bloß als individueller Geiz, auf diesen oder jenen Armen bezogen, sondern als Provokation gegenüber dem Gemeinschaftssinn, der das gesamte kollektive Fürsorgesystem stützte.

Kurz: Das Kollektiv war kein gegebenes Faktum, sondern erwuchs aus kollektivem Handeln, das wiederum bei zunehmendem Vertrauen in die gesteigerte Effizienz des Kollektivs leichter fiel.

Die wechselseitig aneinander gerichteten Erwartungen der Menschen lassen eine Spirale der Wohltätigkeit langsam rotieren, deren Drehung jedoch immer durch einseitiges Ausscheren bedroht ist. Manchmal pendeln sich die Lastenverteilung unter den Reichen sowie die Spendenerträge und Bedürfnisse der Armen ein. Doch das Gleichgewicht bleibt stets gefährdet, weil örtliche Feindseligkeiten oder externe Störungen einen Massenexodus auslösen können. Wo falsche Erwartungen an den Lohn der Kooperation sich hochschaukeln, durchbrechen sie meist das Patt wechselseitigen Mißtrauens und wirken dann selbstbestätigend. Letzten Endes beruht alle Tugend auf eigenen Erwartungen an die Tugendhaftigkeit anderer.

Kollaps der kommunalen Fürsorgesysteme

Beim Dämmern der Neuzeit spannte sich ein Netz von Eigentums- und Nutzungsrechten über die bewohnten Teile Europas.[47] In den meisten Regionen pendelte sich zu Friedenszeiten, wenn die Ernten gut ausfielen und keine Seuchen tobten, ein gewisses Gleichgewicht ein: Landstriche wurden nicht von plündernden Soldaten, Veteranen, Pestflüchtlingen oder hungrigen Bauern unsicher gemacht. Wer selbst keinen Grund besaß, mußte auf fremden

Ländereien oder in der Stadt arbeiten. In den jeweiligen Gemeinschaften war meist bekannt, wer vergeblich Arbeit suchte und wer nicht arbeiten wollte oder konnte. Solange die Zahl dieser Personen nicht sprunghaft stieg, ließ sich ein Ausweg finden. Die Kirche unterhielt Heime für Witwen, Waisen, Kranke, besonders Leprakranke, und Irre. Arme Familien empfingen Almosen von der Kirchengemeinde oder von besorgten Nachbarn, und wer nicht auf Wohltaten warten wollte, ging eben Betteln. Selten waren die Verhältnisse idyllisch. Doch solange keine Katastrophen – Pest, Krieg oder Mißernten – auftraten, blieben sie wenigstens relativ stabil.

Allein diese Stabilität ließ ein Verteilungssystem entstehen. Im Lauf der Zeit wurden Vorbilder für Hilfsmaßnahmen geschaffen; da sich langfristige Klientenbeziehungen, dauerhafte Verpflichtungen und zuverlässige soziale Kontrollen herausbilden konnten, war es den Wohlhabenden nun möglich, die Großzügigkeit anderer mit ihrer eigenen zu vergleichen und alle zwangsweise an den Spenden zu beteiligen. Ohne eine derart dauerhafte Stabilität konnte sich keine strukturierte Fürsorge entwickeln: Den Wohltätern erscheint es sinnvoll zu spenden, solange sie gleiches von anderen erwarten können; außerdem setzen sie voraus, daß der kollektive Aufwand die gesellschaftliche Harmonie in gewissem Maße sichern wird, niemand jedoch unverhältnismäßig hohe Opfer bringen muß und kein Geizhals unbotmäßig profitiert, indem er am Lohn – der gesellschaftlichen Ordnung – teilhat, ohne selbst Lasten zu tragen.

Trotzdem boykottierten manche die allgemeine Fürsorgestrategie und schwächten so die Entschlossenheit der übrigen, daran festzuhalten. Aufkommende Fehden machten die labile Solidarität der Reichen rasch zunichte. Brach das Fürsorgesystem zusammen, war es schwer wiederaufzubauen, solange der Fluch des Scheiterns das Verhältnis zwischen den Wohlhabenden belastete. Gewiß spielte die Kirche eine wichtige Rolle, um solchen Boykott zu verhindern oder das Vertrauen und die allgemeine Wohltätigkeit wieder einzupendeln. Das Gleichgewicht der Fürsorge war jedoch prinzipiell unstabil, da es kurzfristig den Abtrünnigen belohnte, der die gesellschaftliche Ordnung kostenlos genießen konnte.

Hier ist zu fragen, weshalb sich die Vermögenden überhaupt um die Armen kümmerten. Warum sie nicht verhungern lassen, töten oder gar fressen? In der Tat ließ man zahllose Arme – Waisen, Leprakranke, Schwachsinnige, Invaliden – einfach dahinsiechen. Und jene unter den Bedürftigen, die kräftig und mutig genug waren, um sich zu wehren, etwas zu fordern, zu stehlen, zu rauben, wurden oft gnadenlos verbannt, bestraft oder getötet. Allerdings hatten die Armen zahlreiche Verbündete, die sich druckvoll für sie einsetzen konnten:

Menschen, die an der Armutsgrenze lebten und wußten, wie dicht sie am Abgrund standen. Schließlich erlitten ja alle Armen, die offenkundig nichts an ihrer Lage ändern konnten – Kinder mit verwitweten Müttern, Kranke, Alte und Krüppel – durch die Bank ein Schicksal, das in einer Welt, wo Krankheit, Unfälle und Tod blind zuschlugen, jeden treffen konnte. Als sich die Geldwirtschaft und das Prinzip der Lohnarbeit immer stärker durchsetzten, bekamen die Arbeiter außerdem zu spüren, daß sie plötzlich ohne eigene Schuld mittellos auf der Straße stehen konnten. Insofern mochten auch sie Erbarmen mit ihren erwerbslosen Kollegen empfinden.[48]

Solange man Armut auf ein unverschuldetes Schicksal zurückführte, das in der breiten Masse fast jeden ereilen konnte, war den Armen das Mitgefühl der unteren Schichten gewiß. Kleinbauern, Tagelöhner oder Arbeiter forderten, den Gestrandeten gastfreundlich und menschlich zu begegnen. Für solche Forderungen stand stets das gemeinsame gebieterische Vokabular der christlichen Nächstenliebe bereit, dem sich auch die Reichen schwer entziehen konnten. Indem sie aufbegehrten und rebellierten, drängten die unteren Schichten zugleich die Wohlhabenden in ein Gegenbündnis. Die allgemeine Gegenoffensive seitens der Reichen mag durchaus ihre Solidarität verstärkt und dadurch kollektive Fürsorgemaßnahmen erleichtert haben. Solche Bemühungen wurden auch durch Ängste gefördert, die angesichts der Rebellion aufgekommen waren.

***

So kann die Analyse, teils als Gedankenexperiment, teils weil sich die Dinge wirklich so abspielten, von einem Gleichgewichtszustand ausgehen, der in dreifacher Hinsicht ausgewogen war.

Erstens gab es relativ geschlossene Gemeinschaften, etwa ländliche Dörfer oder Kleinstädte, die ihre lokalen Handwerksprodukte gegen Erzeugnisse des Umlandes eintauschten. Die Muster der Abhängigkeit und des Warentausches wurden nicht durch größere externe Unruhen beeinträchtigt.

Zweitens waren Angehörige solcher Gemeinschaften, die sich nicht aus eigener Kraft ernähren konnten, komplexe Regelungen mit den Bessergestellten eingegangen und bekamen einen Teil des Surplus in Form von Nahrung oder Geld. Die Regelungen reichten von gelegentlichen Almosen bis zu langfristigen Klientelbeziehungen – teils direkt, teils vermittels religiöser oder säkularer Behörden. Dafür mögen die Armen gewisse Dienste geleistet haben, oder sie bezahlten mit Ehrerbietung und Treue gegenüber ihren Wohltätern. Entscheidend war jedoch: Jeder der Wohlhabenden vertraute darauf, daß seine

Standesgenossen einen ungefähr proportionalen Anteil der Lasten trugen und daß sich Drückebergerei durch Tratsch, Gerüchte, rituelle Bloßstellung, diskrete Hinweise, priesterliche Mahnungen und alle anderen Mittel der gesellschaftlichen Kontrolle in einer festgefügten Gemeinschaft beheben ließ.

Drittens wurden die Armen gerade ausreichend unterstützt, um zu verhindern, daß sie verhungerten, rebellierten oder daß körperlich kräftige, fähige Arbeiter abwanderten, die irgendwann gebraucht werden konnten. Gewiß richteten sich die Maßstäbe der Unterstützung im Lauf der Zeit nach dem verfügbaren Surplus, nach dem Lebensstandard der Erwerbstätigen und der bäuerlichen Grundbesitzer sowie nach den herrschenden Vorstellungen von nachbarschaftlichen Pflichten und Menschenwürde. Allerdings durfte die Unterstützung niemals so üppig ausfallen, daß die Armen verleitet wurden, sämtliche eigenen Anstrengungen einzustellen – etwa auf dem Brachland zu jagen, Nahrung und Brennholz zu sammeln, gelegentlich auszuhelfen oder feste Arbeit zu suchen. Insbesondere durfte die Fürsorge nicht so stark anwachsen, daß sie Fremde an die Fleischtöpfe der Gemeinschaft lockte.

Es bestand also eine dreifache Balance: die relativ ungestörte des Handels zwischen der Gemeinschaft und dem Umland; die ausgewogene Verteilung der Fürsorgepflichten; und eine wohlbemessene Höhe der Unterstützung, so daß die Armen weder durch Hunger dezimiert noch um angelockte Fremde vermehrt, sowie willige und fähige Ansässige nicht vom Arbeiten abgehalten wurden. Auf das erste Gleichgewicht hatte die örtliche Gemeinschaft keinen Einfluß, doch das dritte – die Höhe der Unterstützung – ließ sich bedingt regulieren. Sein Bestand hing von dem des zweiten ab: vom wechselseitigen Vertrauen der Wohlhabenden, daß alle ihren Anteil beitragen würden. Das war keine stabile Konfiguration. Sobald jemand ausscherte, konnte der Konsens über die Wohltätigkeit einbrechen. Doch im Lauf der Zeit mochten traditionelle Bande, wechselseitiges Vertrauen und gesellschaftliche Kontrollen den Bestand des Gleichgewichts sichern.

Am meisten war das Gleichgewicht gefährdet, wenn die Forderungen aufgrund äußerer Störungen sprunghaft stiegen. Die Ursache konnte unbekannt sein, etwa wenn die Weizen- oder Salzpreise schwankten; sie konnte in Epidemien liegen, so daß die Menschen scharenweise flohen (und die Seuche dadurch ausbreiteten); und schließlich gab es noch Mißernten oder Kriegsverheerungen, worauf die Bauern des Umlandes ihre Höfe verließen, um in den Dörfern und Städten Zuflucht zu suchen.

Konnten sich die Wohlhabenden nicht einigen, wie solche plötzlich gestiegenen Lasten zu verteilen waren, schlossen sie sich oft zum Schutz gegen die erhobenen Forderungen zusammen. Zuerst vertrieben sie alle Fremden, die um Nahrung und Unterkunft betteln kamen. Als nächstes mochten sie ihre Hilfen für die wachsende Zahl örtlicher Bedürftiger einschränken, jeden Störungsversuch im Keim ersticken und neue oder aufsässige Arme davonjagen. In solchen Situationen trat die prinzipielle Schwäche der freiwilligen Fürsorge zutage: Individuelles Ausscheren zahlte sich kurzfristig aus oder besser, ersparte Kosten. Zwar mochten wechselseitige Verpflichtungen einem Boykott im Wege stehen, aber derart festverwurzelte Bindungen ließen sich auch nicht ohne weiteres den Erfordernissen der Krisenbewältigung anpassen.

Brach das System irgendwo aufgrund einer äußeren Störung zusammen, drohte der Kollaps aus gleichem Anlaß auch andernorts, wurde sogar durch die Krise der Nachbargemeinden beschleunigt. Nun zeigte sich plötzlich, daß die Kommunen nie voneinander unabhängig waren, daß nur lokale Gleichgewichte die Armen einer Gegend veranlaßt hatten, nicht in die Nachbargemeinden zu strömen. Katastrophen wie Kriege, Hungersnöte und Seuchen führten Dörfern und Städten das gemeinsame Schicksal vor Augen, und später bezogen die Wanderungen der Opfer auch jene Gemeinschaften ein, die von dem ursprünglichen Desaster verschont geblieben waren.[49]

So konnte jeder lokale oder regionale Zusammenbruch das überlokale oder regionale Gleichgewicht kippen, das auf der je eigenständigen Fürsorge aller Kommunen beruhte. Da jedes Dorf kurzfristig Vorteile erringen mochte, indem es seine ansässigen Armen vertrieb und alle Vagabunden abwies, die man aus Nachbardörfern verjagt hatte, war auch das regionale Gleichgewicht gefährdet. Wenn es zu verfallen begann, konnte ein *sauve qui peut* auf allen Ebenen die Folge sein. Wo das Schreckgespenst höherer Lasten drohte, stellten die Reichen ihre Hilfe angesichts des wirklichen oder vermeintlichen Boykotts von Standesgenossen ein. Marschfähige Arme wurden vertrieben oder gingen von selbst, um anderswo ihr Glück zu versuchen. Propheten des Unheils bestätigten sich immer selbst: Wenn Rotten hungernder, kranker Menschen herumzustreunen begannen, fielen sie in alle Orte ein, die für ihre Gastlichkeit bekannt waren, und zerstörten stets jenes Fürsorgesystem, das sie angelockt hatte. Deshalb schlossen Städte und Dörfer in weiser Voraussicht ihre Tore, bevor die Armen sich auch nur nähern konnten. Allein der Umstand, daß die Armen zu wandern und gastlichere Plätze zu suchen begannen, machte deren Gastlichkeit zunichte.

Immer wieder nahmen die Ereignisse diesen Lauf – bis heute, es sei denn, gesetzliche Fürsorgesysteme deckten die ganze Bandbreite der Interdependenzen ab. Ohne eine solche wirksame Zentralverwaltung führt der Zusammenbruch des ursprünglichen und unstabilen regionalen Gleichgewichts zu einer anderen, nun jedoch stabilen Balance: der von Verwahrlosung und Elend.

Auf lokaler Ebene konnte sich das Gleichgewicht der Wohltätigkeit wieder einpendeln, nachdem ein Teil der Armen abgezogen war. Wenn Kommunalbehörden das örtliche Gleichgewicht strikt wahren wollten, indem sie sämtliche vagabundierenden Armen der Gegend aussperrten, trugen sie dazu bei, das regionale Elend zu verfestigen.[50] Keine Gemeinschaft wagte es, aus dieser Balance auszubrechen und den herumstreunenden Armen ihre Tore zu öffnen aus Furcht, von den Horden der Elenden überschwemmt zu werden, die nirgends sonst eine Bleibe fanden. Niemand also verließ einseitig die kollektive Strategie der Aussperrung, und wer es versuchte, wurde rasch von den Einwohnern korrigiert oder nahm, falls es dafür zu spät war, den Zerfall der Gemeinschaft in Kauf. Auf lokaler Ebene kamen derartige Vorschläge somit kaum als Kurs für das kollektive Handeln in Betracht.

Warum zerfiel die Gesellschaft des Spätmittelalters und der frühen Neuzeit nicht in ein Archipel kleiner Festungen – inmitten breiter Landstriche, wo die Armen herumstreunen oder dahinsiechen konnten? Faktisch geschah das, besonders im 14. Jahrhundert nach der großen Pest, in weiten Teilen Europas immer wieder über längere Strecken. Doch manchmal wurden solche verarmten, weithin verwüsteten Gebiete eingenommen oder besiedelt, und neue Herrscher verlangten Abgaben für Schutzmaßnahmen gegen herumziehende Rotten. Dadurch belebten sie die Landwirtschaft und den Handel mit den Städten, was ihnen gleichzeitig neue Einnahmequellen bescherte. Wenn sich nach einer Zeit der relativen regionalen Stabilität in der Gegend eine neue Balance der Fürsorge einpendelte, die gewöhnlich den alten Bahnen folgte, konnte jedes Dorf seine eigenen Armen durchfüttern und die wenigen noch auf freiem Fuß lebenden Vagabunden aufnehmen.

Aufkommen eines regionalen Gleichgewichts der Fürsorge

Während des Mittelalters entstanden Institutionen, etwa Höfe und Klöster, die nicht unmittelbar in kommunale Interessen verflochten waren und selbst Mehrwert akkumulierten. Klöster nahmen Bedürftige auf, wenn Katastrophen ihre Gegend heimsuchten, entlasteten damit die umliegenden Dörfer und Städte, gewährten ihnen eine Atempause, um zu einem Gleichgewicht der Fürsorge zurückzufinden. Ähnlich verfuhren Feudalhöfe, aus gleichem Grund: Es galt zu verhindern, daß das System von Produktion und Handel, auf dessen Abgaben sie angewiesen waren, total zusammenbrach. In Notzeiten benutzten sie also einen Teil des akkumulierten Surplus, um ihre Steuerbasis zu sichern. Religiöse Ermahnungen und Appelle an feudale Verpflichtungen jenseits der lokalen Sphäre mochten Ausbrüche aus dem kommunalen Gleichgewicht der Fürsorge eindämmen und einige Ortschaften veranlassen, einen Anteil der vagabundierenden Armen aufzunehmen. Indem die Gemeinden ihre streng lokale Orientierung überwanden, ihre ökonomischen, politischen und moralischen Mittel nutzten, verhinderten sie vielleicht das fatale Absacken in einen lokalen Isolationismus. Hielten sie dem Ansturm stand, und traute man ihnen dies weithin zu, konnte allein ihr integratives Vorbild dazu beitragen, daß sich die Figuration lokaler Autonomie langsam in Richtung einer institutionellen Koordination auf der regionalen Ebene transformierte.

Eine ähnliche Rolle für das Gleichgewicht der Fürsorge im Umland spielten ab dem 16. Jahrhundert Großstädte wie Amsterdam, London, Paris, Lyon, Berlin, Rom und Wien. Ihre städtischen Armenhäuser nahmen Vagabunden, Notleidende und Bettler zu Tausenden auf und wirkten damit für die autonomen lokalen Gemeinden der Gegend wie Klärwerke oder Pufferzonen. Da sie einen unverhältnismäßig hohen Anteil der Last trugen, wollten sie ihre zentrale, vorherrschende Position im regionalen Netz von Handel und Gewerbe sichern. Alle größeren Städte mußten das Gleichgewicht der Armenhilfe in dem sie ernährenden Umland schützen, um zu verhindern, daß ein Banditentum aufkam und ihre Versorgungswege bedrohte. Außerdem konnten sie als offene Zentren weder den Zustrom von Menschen eindämmen, indem sie alle Bedürftigen an den Toren zurückwiesen, noch jene vertreiben, die der städtischen Fürsorge zur Last fielen. Infolgedessen waren die Großstädte von Hilfsuchenden überflutet.[51]

Im 16. Jahrhundert zielten viele Gesetze darauf, das übergreifende Gleichgewicht der Fürsorge zwischen selbständigen Kommunalbehörden zu stärken. So diente die *le grand renfermement* genannte Bewegung im Frankreich des 16. Jahrhunderts – Foucault zufolge – vor allem dem Bemühen, das Vagabundieren zu beenden, indem man die Armen in örtlichen Anstalten, vielfach stillgelegte ehemalige *léproseries*, einsperrte.[52] In solchen Armenhäusern, Hospizen und Asylen landeten Witwen und Waisen, Alte und Gebrechliche, Invaliden und Mittellose, Irre und Schwachsinnige, Prostituierte, Gauner, Diebe sowie körperlich kräftige Arme, die nichts zum Leben hatten. Zwar entstanden derartige Anstalten in Großstädten, die aufgrund ihres Wohlstandes Arme anlockten und unterstützen konnten, aber sogar dort wollten die

Behörden mittellose Fremde in schlechten Zeiten loswerden und entledigten sich ihrer wo immer möglich.

Die elisabethanischen Armengesetze, kulminierend in dem »Act« von 1601, sollten mit ganz anderen Mitteln ebenfalls das kommunale wie regionale Gleichgewicht der Fürsorge stärken.[53] Das Gesetz von 1601 regelte die Höhe der Unterstützung für Bedürftige und die Beihilfe für körperlich kräftige Arme, und jede Gemeinde mußte von ihren Grundbesitzern eine angemessene Armenabgabe erheben. Dadurch ersetzte es das unstabile örtliche Gleichgewicht der freiwilligen kollektiven Fürsorge durch ein System von Zwangsabgaben. Für die Eintreibung, Koordination und Verteilung waren nun nicht mehr die Kirchenstellen, sondern gewählte örtliche Armenaufseher zuständig. Wichtiger noch: Mittellose Personen wurden der Obhut ihrer Wohn- oder Geburtsorte unterstellt; Gemeinden durften jeden, der ihnen »zur Last fallen« konnte, ausweisen oder an seinen Herkunftsort abschieben. In der Präambel zu dem Gesetz heißt es unzweideutig:[54]

> ...aufgrund einiger Gesetzeslücken dürfen die Armen von einer Gemeinde zur anderen ziehen und sich dort niederlassen, wo es die üppigsten Vorräte, die größten Gemeinde- oder Brachflächen für den Hüttenbau, die dichtesten Wälder zum Abbrennen und Abholzen gibt; wenn sie alles abgegrast haben, ziehen sie in die nächste Gemeinde weiter, und am Ende werden sie Gauner und Vagabunden ...

Das bezieht sich auf die im »offenen Gelände« liegenden Dörfer mit Gemeindeland, die bis weit ins 18. Jahrhundert hinein meist nicht eingefaßt waren. Bis dahin eröffneten sich den Armen außerhalb des Marktsystems und ohne individuelle Besitztitel viele Ressourcen – ein Maß an Unabhängigkeit, das ihnen gesetzte Bürger oft neideten. Mit der Einfriedung verschlechterte sich die Lage: »Wo früher sehr viele Hausstandbesitzer und Anrainer lebten, ist heute bloß noch ein Schäfer mit Hund ...«[55] Diese Entwicklung beschleunigte sich von selbst, denn in der Folge belagerten viele Ausgesperrte das Gemeindeland der verbleibenden »offenen« Dörfer.

Der Kernpunkt des Armengesetzes, mittels Zwangsabgaben finanzierte Fürsorgemaßnahmen,[56] sollte das Dilemma der freiwilligen kollektiven Hilfe in den Gemeinden lösen. Geremek hat die allgemeine Strategie treffend dargestellt. Urbane Reformen, ob dauerhaft und wirksam oder nicht, setzten immer die gleichen Methoden ein – man erstellte Listen der Bedürftigen, vertrieb die meisten davon als Vagabunden, bestimmte die zu unterstützenden Bettler und markierte sie, brachte Asyle und Heime unter die zentrale Aufsicht der städtischen Behörden und sicherte die Finanzierung der Maßnahmen, meist durch Sonderabgaben.[57] Anzufügen ist, daß es Bürgern ungefähr gleichzeitig verboten wurde, den Armen direkt Almosen zu geben oder Obdachlose aus eigenem Antrieb aufzunehmen.[58]

Im kolonialen Neuengland arbeiteten die Wählerversammlungen ähnliche Regelungen nach elisabethanischem Vorbild aus.[59] Für Steuern und Beihilfen blieben die Kommunalbehörden zuständig. Die Kolonialregierung erließ allgemeine Anweisungen für Unterstützung, Höhe der Abgaben, Richtlinien der Eintreibung und Verwaltung, und sie regelte – wichtiger noch – die Verteilung der Fürsorgelasten, indem sie alle Bedürftigen ihren Wohn- oder Geburtsorten zuordnete. Doch es blieb verlockend, die Armen zu vertreiben und Nachbargemeinden aufzubürden, zumal man sie nach den neuen Richtlinien kaum wieder loswurde, sobald sie formal unter die Obhut der örtlichen Kommune fielen.

Im Lyon des 17. Jahrhunderts verjagten *archers* und *chasse-gueux* wandernde Bettler. Im kolonialen Neuengland wurden Vagabunden von städtischen *Konstablern* »verscheucht« oder »abgeführt«.[60] »Diese Entscheidung war jedoch kurzsichtig. Zwar hatte die Stadt sich des Übels entledigt, aber ohne jede Rücksicht darauf, daß es anderswo grassierte.«[61] In Preußen eskortierten deutsche und österreichische Soldaten, gestützt auf das ältere Heimatrecht, ganze Trupps von Landstreichern aus den Fürstentümern, zurück an ihre vermeintlichen Geburtsorte, wo man sie oft nicht einließ und wieder wegschickte. Daraus ergaben sich farcenhafte Dispute, die meist in Tragödien für die deportierten Armen endeten.[62] Da solche Verbannung die Landstreicher bloß zur nächsten Gemeinde trieb, wiesen die Holländischen Generalstaaten ihre Generalitäten an, alle Armen, die man anderswo verbannt hatte, aus der gesamten Provinz zu vertreiben, wodurch sie das Problem nur noch erheblich verschärften.[63] Trattner folgert: »Die Probleme der ›nicht seßhaften Armen‹ in Krisenzeiten bewirkten, daß man die Praxis der örtlichen Zuständigkeit erstmals grundlegend änderte.«[64]

Das elisabethanische Armengesetz und seine Ableger im kolonialen Amerika sowie die urbanen Asyle Frankreichs trugen erheblich dazu bei, das Dilemma der kommunalen Fürsorge zu überwinden. Aber sie brachten auch, so Foucault, eine Säkularisierung – *laïcisation* – der Armenhilfe und eine systematische Unterdrückung der Armen mit sich. Foucault fährt fort: »Nachdem man die Armut lange religiös verklärt hatte, wurde sie nun moralisch verdammt.«[65] Wenn sich die Auffassungen wandelten, mag das eng damit zusammenhängen, daß ein Gleichgewicht der Fürsorge dank gesetzlich erzwingbarer Steuern an die Stelle freiwilliger Spenden unter wechselseitiger gesellschaftlicher Kontrolle trat. Denn diese neue Zwangsregelung verdrängte meist die religiöse Barmherzigkeit und ersetzte sie durch das bürgerliche Pflichtgefühl.

Der neue kommunale Umgang mit Armut gewährleistete jedoch auf der regionalen Ebene kein stabiles Gleichgewicht. Nach wie vor lohnte es sich, die Mittellosen auszusperren oder gar zu exilieren. Ab dem 17. Jahrhundert herrschte in England und andernorts »absolute Provinzialität«.[66] Allerdings stärkten die neuen Gesetze das lokale Fürsorgesystem und minderten insofern auch das Risiko regionaler Zusammenbrüche. Zudem stabilisierten sie das regionale Gleichgewicht, indem sie das Erfordernis der Ansässigkeit als allgemeine Zuordnungsregel einführten. Daß nun alle Gemeinden ihre Armen selbst ernähren sollten, wurde – auch wenn diese Regel sehr vieldeutig war – zu einer »fokalen Lösung«,[67] da sich die Beteiligten, von Störungen abgesehen, stillschweigend der Einhaltung annäherten. Diese Regelung schloß jedoch nicht aus, daß Personen zuzogen, die ihrer neuen Gemeinde einmal zur Last fallen würden. Als Manufaktur und Bergbau aufkamen und die Einfriedungen zunahmen, verstärkte sich der Personenverkehr, wobei es unmöglich war, körperlich tüchtige Arbeiter auf Stellensuche von kräftigen Bettlern zu unterscheiden, die sich als solche ausgaben. Außerdem konnten auch Arbeiter im Lauf der Zeit verarmen.[68]

Die Auswirkungen des Armengesetzes in England, des Asylsystems in Frankreich und der Maßnahmen von Wählerversammlungen im kolonialen Amerika riefen zunehmend obere Behörden auf den Plan. Seit sie die Armengesetze erlassen hatten, wurden sie wiederholt zu Änderungen oder Angleichungen gedrängt, und bei den Magistraten häuften sich Klagen betreffs der Zuordnung von anspruchsberechtigten Armen zu dieser oder jener Ortschaft. Wenn Kommunen von den Zentralbehörden verpflichtet wurden, konnten sie immer einwenden, die Anweisungen wegen fehlender Mittel oder der Flut von Anträgen nicht ausführen zu können. Das bewirkte gelegentlich Gesetzesänderungen oder Zuschüsse der oberen Behörden, sofern diese nicht versuchten, die Last auf mehrere Gemeinden zu verteilen oder größere Einheiten zu bilden.[69]

Indem sie sich zur Sache äußerten und Kriterien festlegten, wurden die Zentralbehörden mitverantwortlich für die Durchsetzung ihrer Vorschriften und zunehmend direkt in die Verwaltung der Armenhilfe einbezogen.[70] Doch eine einheitliche, effiziente nationale Politik ging erst im 19. Jahrhundert aus diesen Bemühungen hervor.

Während des 18. Jahrhunderts nahm das Problem der Landstreicherei immer größere Ausmaße an, zum Beispiel in Frankreich:

Um 1780 schwoll die Zahl der Landstreicher, die infolge der starren Gesellschafts- und Wirtschaftsstruktur des Ancien Régime bereits stattlich war, durch Bevölkerungswachstum und ökonomische Krisen immer weiter an. Im Pariser Umland griffen die Streitkräfte 1788 und 1789 hart gegen sie durch, um die Straßen offenzuhalten. Nicht anders im Languedoc, wo Straßenräuber und Banditen überhand nahmen.[71]

Die Landstreicherei nahm nicht nur zu, sondern war auch mehr denn je gefürchtet. Aufgrund wachsender Bevölkerungsdichte der Städte brachen lokale Epidemien aus, und vagabundierende »Irre« galten – wahrscheinlich zu Recht – als Überträger der Seuche. Auch dadurch verstärkte sich das Bewußtsein für die regionalen Interdependenzen zwischen den Ortschaften.[72] Weder die Kolonialregierungen in Nordamerika, wo die Indianerkriege für Unruhe sorgten, noch die von ökonomischen und demographischen Krisen[73] zerrütteten absoluten Monarchien Westeuropas waren imstande, Probleme dieses Ausmaßes direkt zu bewältigen. Sie verfügten über keine Polizei, um kriminelle Banden aufzuspüren und zu zerschlagen, geschweige denn alle Vagabunden der Gegend festzunehmen.[74] Gewöhnlich konnten sie bloß harte Strafen auf Landstreicherei androhen und die Städte streng ermahnen, umherziehende Bettler einzusperren und in Haft zu halten. Dagegen begehrten die Kommunen jedoch auf, weil ständiges Patrouillieren und Überwachen höchst aufwendig und teuer war.[75] Viele Städte bevorzugten Verbannung und körperliche Züchtigung. Lyon etwa bestrafte Landstreicherei bei Ersttaten mit öffentlichem Auspeitschen, bei erneuter Zuwiderhandlung mit Stock oder Eisen,[76] und im dritten Fall drohten die Galeere oder der Galgen. In England wurden Wegelagerer zwangsweise zur Marine eingezogen.[77] Doch das alles nützte nichts; Landstreicher konnten sich ja immer als umherziehende Schafscherer, Tierhäuter, Scherenschleifer, Hausierer oder Quacksalber ausgeben. Zwar nahmen die Behörden an, daß sich auf der Straße niemand redlich ernähren konnte, die Umherziehenden also ihr Einkommen durch Bettelei und Diebstahl aufbessern mußten, aber oft traten örtliche Bauern für die festgenommenen Vagabunden ein – sei es aus Erbarmen, Haß auf die Obrigkeit oder auch Furcht vor der Rache von Kumpanen.

Regionales Vagabundieren und lokale Behörden: Ein Spielmodell mit *n* Personen

Als die Kommunen ihr Dilemma des kollektiven Handelns intern gelöst und Modelle entwickelt hatten, um die Lasten per Konsens oder Zwang zu verteilen, ließen sie sich als einheitliche Akteure auffassen, die im Rahmen regionaler Figurationen eine konsequente Politik betrieben. Wenngleich alle Kommunalbehörden im regionalen Kontext mit Landstreicherei und Banditentum zu tun hatten, wollte jede einzelne ihre Fürsorgekosten gering halten. Eine derartige Figuration läßt sich als ein *n*-Personen-Spiel mit allen typischen Merkmalen des »Gefangenendilemmas« analysieren: Obwohl kooperative Strategien den Beteiligten samt und sonders zugute kämen, wäre der so erreichte Zustand nicht »selbstregulativ«, da jeder Ausscherer ungestraft auf Kosten aller Getreuen von seinem nicht-kooperativen Verhalten profitieren könnte. Folgen ihm jedoch andere, kann sich die Situation gegenüber der bei allgemeiner Kooperation drastisch verschlechern, ist so aber formal gesehen stabil: Da kein Akteur mehr seine Lage aus eigener Kraft verbessern kann, besteht nicht die Verlockung auszuscheren.

Solche spieltheoretischen Konzepte taugen dazu, die Konflikte der Armenfürsorge bei relativ autonomen Kommunen im Kontext regionaler Landstreicherei zu analysieren. Zunächst wird – analog zur Annahme vollkommenen Wettbewerbs auf freien Märkten – unterstellt, daß in einer Region mit vielen kleinen Gemeinden keine einzelne davon die Gesamtlage durch ihre Maßnahmen merklich beeinflussen könnte. Wenn *eine* Gemeinde auf Kooperation setzte, änderte dies also nichts an den regionalen Verhältnissen von Banditentum und Landstreicherei, sondern bescherte ihr nur einen starken Zustrom von Hilfsuchenden. Zöge sich umgekehrt *eine* Kommune aus einer Politik der regionalen Kooperation zurück, blieben die Auswirkungen im Gesamtrahmen zwar minmal, aber sie selbst hätte beträchtliche Vorteile.

Der Einfachheit halber wird das Modell auf ein Zwei-Personen-Spiel verkleinert, das in den Phantasien einer Gemeinschaft namens »Wir« abläuft. Diese Gemeinschaft will sich die Folgen der ihr möglichen Maßnahmen ausmalen – mittellose Fremde abzuweisen oder aufzunehmen. Die Kommunalbehörde unterstellt allen anderen Gemeinden der Region, eingeführt als der Gesamtakteur »Sie«, die gleichen Erwägungen. Die Kommune folgert: Wenn »Sie« die vagabundierenden Armen *aufnähmen*, wäre das regionale Problem des Banditentums und der Landstreicherei gelöst. Da »unsere« Maßnahmen auf regionaler Ebene kaum ins Gewicht fallen, könnten »Wir« von der allgemeinen Großzügigkeit profitieren und eintreffende Bedürftige *abweisen*. Oder umgekehrt: »Wir« könnten Vagabunden aufnehmen und damit als Kantianer oder Christen die regionale Stabilität wahren.[78] Wenn »Sie« allerdings entschieden, ihre Tore zu schließen, nähmen Banditentum und Landstreicherei überhand. Öffneten »Wir« solchen Horden die Stadt, änderte das zwar wenig an der regionalen Lage, aber unsere Fürsorgeeinrichtungen dürften zusam-

Abbildung 1.2: Lokale Behörden und das Problem der vagabundierenden Armen

	Wenn sie: (1) *aufnehmen*	(2) *abweisen*
Wenn wir: *aufnehmen* (1)	-5 -5	-11 -15
abweisen (2)	-5 -1	-11 -11

Anmerkung: Es wird angenommen, daß »Wir« auch die möglichen Präferenzen von »Ihnen« einkalkulieren. Diese sind in der Matrix dargestellt. »Wir« können durch »unsere« Schritte nichts an der regionalen Gesamtlage ändern. Das können nur »Sie«, sofern sie alle einheitlich handeln, wovon »Wir« ausgehen.

In jedem Feld steht die Ziffer unten links für »unsere« Bewertung des betreffenden Resultats, die oben rechts gibt wieder, welche Bewertung »Wir« »ihnen« unterstellen. Alle Ziffern erlauben nur Vergleiche im Sinne von »kleiner als« oder »größer als«.

Die Kosten für die Aufnahme der Armen durch eine einzige Kommune sind mit »5« festgesetzt, die von Banditentum und Landstreicherei mit »10« und die der Abweisung mit »1«. Im Text bezeichne ich die Felder durch die jeweiligen Zahlenpaare der horizontalen und der vertikalen Strategien, deren Gesamtergebnis sie darstellen.

menbrechen. Diese Folge ließe sich durch eine äußerst restriktive Politik abwenden, wobei jedoch die regionalen Probleme unvermindert anhielten. Alle genannten Optionen sind in der folgenden 2 x 2 Matrix dargestellt (Abbildung 1.2).

Auf den ersten Blick scheint die Matrix einem »Spiel gegen die (menschliche) Natur« zu entsprechen. Was »Sie« tun, determiniert die regionale Situation vollständig, ohne Rücksicht darauf, was »Wir« entscheiden; das ist ein gegebenes Faktum jeder Situation. Doch der Rat, der über »unsere« Strategie entscheidet, weiß ja, daß sich hinter dem »Sie« ganz ähnliche Gemeinden mit analogen Interessen und entsprechenden Gremien verbergen. Daher gelangen »Sie« höchstwahrscheinlich zu den gleichen Schlüssen wie »Wir«: Allein der Verdacht, einer der Räte könnte ausscheren, wird alle anderen in diese Richtung drängen.

Wenn sich nach gewisser Zeit eine Lastenverteilung für die ganze Region ergeben hat, zum Beispiel nach der Regel, daß jede Kommune für die in ihr ansässigen Armen sorgt, herrscht ein Gleichgewicht der Kooperation, gemäß Feld 1,1 der Abbildung. Ausscheren – Feld 2,1 – erscheint verlockend, denn dadurch spart eine Gemeinde die Fürsorgekosten »5«. Kurzfristig dürfte die allgemeine Sicherheit der Region davon nicht betroffen sein, und man benötigt dafür nur eine Bewachung der Tore zum Kostenfaktor »1«: Sold für die *chasse-coquins* oder Konstabler. Doch jetzt wird »ihnen« unterstellt, daß sie ähnlich kalkulieren und zu den gleichen Schlüssen gelangen wie »Wir«. Wenn »Sie« jedoch *en masse* beschließen, die Kooperation zu beenden, ergibt sich die in der zweiten Kolumne skizzierte Lage: Verwüstung auf dem Lande, Plünderung der Ernten und Vorräte – »10« –, plus die Kosten lokaler Überwachung – »1« –, insgesamt also »11«. Da jedes Ausscheren eine solche Ereigniskette in Gang setzen kann, stellen »Wir« besser nicht von 1,1 auf 2,1 um, woraus sogar 2,2 resultieren könnte: generelle Aussperrung der vagabundierenden Armen mit entsprechenden Verheerungen. Schlimmer noch, der Zustand 2,2 ist stabil: Keine Gemeinde kann zu einer Politik der offenen Tür zurückkehren, ohne von den Horden verzweifelter Hilfesuchender überrannt zu werden, da die regionale Landstreicherei unvermindert anhält – das Resultat wäre 1,2 mit dem Kostenfaktor »15«.

Demnach bleibt Ausscheren auch bei einem unstabilen Gleichgewicht der Kooperation (1,1) verlockend. Da alle Akteure wissen, daß für andere der gleiche Anreiz besteht, müssen sie mit einem schlimmen – aber stabilen – Gleichgewicht als Endzustand rechnen. Diffuses Mißtrauen dürfte zwar dazu verleiten, möglichst früh auszubrechen, aber die Furcht vor Nachahmern könnte eine eigennützige Strategie verhindern.

Gewiß liegt darin ein Dilemma. Es gäbe eine Art »fokale Lösung«, die allen »einleuchtend« oder »fair« erschiene, aber nur sofern alle davon ausgingen, daß sich auch die anderen daran halten. Das ist keine Tautologie, sondern ein Teufelskreis, der allein durch wechselseitiges Vertrauen zu durchbrechen wäre. Manchmal drängen Nachbarstädte eine Kommune, ihren Anteil beizutragen, versuchen Zentralbehörden, potentielle Ausscherer bei der Stange zu halten, oder verurteilen Gerichte sie zu ausstehenden Leistungen. Sobald ein Zwangssystem in Kraft tritt, ist das Dilemma gelöst, geht die Figuration in eine mit untergeordneten, statt autonomen Akteuren über. Doch sogar zwischen autonomen Kommunen kann das labile Gleichgewicht fortbestehen, sofern das traditionelle Muster der Lastenverteilung, in dem man einander traut und überzeugt, nicht durch größere Unruhen erschüttert wird. Zeichnet sich dagegen aus irgendwelchen Gründen ein allgemeines Muster des Aussperrens ab, so ist dieses stabil, und man findet schwer wieder zur Kooperation zurück, da es nun für jede Kommune selbstzerstörerisch wäre, eine Politik der offenen Tür zu riskieren.

Die von Frankreich betriebene Politik des *grand renfermement* und Englands elisabethanische Armengesetze sind als »fokale Lösungen« anzusehen. Sie sorgten für eine faire Lastenverteilung unter den lokalen Akteuren, ohne jedoch – mangels Zentralbehörden, Polizei und Geld – Zwang auszuüben. In Krisenzeiten oder -gebieten halfen die Zentralbehörden mit Zuschüssen wie *le don royal* aus, wenn sie nicht, wie in Paris und Lyon, eigene Institutionen gründeten. Das veranlaßte jedoch stets andere Kommunen, ebenfalls weitere Mittel zu fordern und ihre eigene Armenunterstützung zu stoppen. Während also fragile Gleichgewichte überall staatliche Eingriffe nach sich zogen, lehrte die Erfahrung immer wieder, daß derartige Maßnahmen schnell ausgedehnt werden mußten, um die andernorts wachgerufenen Trotzreaktionen zu beenden. Zwar lädt ein unstabiles Gleichgewicht der Kooperation zu zentralen Maßnahmen ein, da die Zentralbehörde aber mit einem zunehmenden Kostenanteil belastet zu werden droht, muß sie sich vor Eingriffen hüten – ein ganz ähnliches Dilemma wie bei den einzelnen Kommunen.

Aufgrund dieser Eigen- und kalkulierten Fremdoptionen kann man ein Gleichungssystem aufstellen, aus dem sich eine optimal ausgewogene Lösung ergibt. Seine Parameter sind jedoch unbekannte Größen. Zwar ließen sich die Unterstützungskosten pro Kopf errechnen, aber die Anzahl der Bedürftigen, die Mittel der einzelnen Kommunen und die Neigung, in großzügigere Gemeinden abzuwandern, waren bereits den damaligen Behörden nicht bekannt. Es handelt sich also um ein rein formales Verfahren, das weder neue Einsichten in die Berechnungen der historischen Akteure vermittelt noch nachträgliche Prognosen zuläßt, die man anhand der bekannten Daten prüfen könnte.

Regionales Vagabundieren, Arbeitshäuser und zentrale Behörden

Bisher wurde angenommen, daß alle Gemeinden in einer Figuration relativ klein waren und keine davon die regionale Gesamtlage aus eigener Kraft beeinflussen konnte. Doch einige Städte wucherten im Lauf des 17. und 18. Jahrhunderts derart, daß sich gesamte Regionen mit allen Kommunen an diesen Zentren orientierten: sie mit lokalen Erzeugnissen belieferten, ihre Manufaktur- und Luxusgüter kauften und ihren politischen Vorgaben folgten. Solche Metropolen konnten allerdings das Ausmaß der Landstreicherei im Umland beeinflussen, und in der Regel griffen sie ein, wenn ihre Nachschubwege bedroht waren. Mancur Olson hat gezeigt: Falls ein »Großakteur« von einem Kollektivgut optimalen Nutzen erwartet, wird er es sogar dann im Alleingang herstellen, wenn er andere weder zu Beiträgen zwingen noch vom Genuß ausschließen kann.[79] Das war ungefähr die Aussicht der europäischen Großstädte in der absolutistischen Ära. Auch wenn sie die Lasten ungern allein trugen, zahlte sich dieser Schritt unter dem Strich für sie aus. Daher nahmen ab Mitte des 16. Jahrhunderts mehrere Städte mit sehr dichten und gefährdeten Handelsnetzen mittellose Vagabunden auf – als Arbeitskräfte mit offenen Armen, als Hilfesuchende eher halbherzig.

Auf die umliegenden Kommunen wirken solche Zentren als ein Impuls, ihre eigenen Fürsorgemaßnahmen zu drosseln und viele Bedürftige zu vertreiben. So können sie Kosten einsparen, ohne den regionalen Gesamtfrieden zu gefährden, den vor allem die Aufnahmepolitik der zentralen Stadt sichert. Olson hat die Strategie der umliegenden Kommunen, sich auf die Armenhilfe der Metropole zu verlassen, als »Ausbeutung der Großen durch die Kleinen« bezeichnet.[80] Aufgrund ihrer Dynamik beschleunigte sich die Urbanisierung von selbst, und das Angebot einer städtischen Armenfürsorge erklärt zum Teil, warum die Hilfsbereitschaft auf dem Land nachließ und entsprechend eine Landflucht einsetzte.

Als solche Metropolen zudem Sitz von nationalen Höfen wurden, die ebenfalls sehr an der Befriedung dieser Sphäre interessiert waren, zeigte ihre Wohlfahrtspflege bereits alle wesentlichen Merkmale der frühen zentralstaatlichen Fürsorgemaßnahmen.

Brachen jedoch Katastrophen herein, vertrieben auch Großstädte die fremden und sogar eigenen Bedürftigen, um sich vor Hungersnot und Ansteckung zu schützen. Entsprechend wuchs die Anzahl der Bettler und Banditen auf dem Lande, was die Lage dort verschärfte. Tilly zitiert Braudels Schilderung solcher Fälle im Venedig, Marseille und Neapel des 17. Jahrhunderts und fügt an[81]:

Etwa gleichzeitig vertrieben päpstliche Ordner die Bettler aus Rom, ... ein Schulbeispiel dafür, wie man ein Übel durch Bekämpfung verschlimmern kann. Der Versorgungsengpaß resultierte nämlich zum Teil daraus, daß wichtige Teile des römischen Umlandes in der Hand von Banditen lagen, denen sich nun auch noch viele der verjagten Bettler anschlossen. Wie so oft in der Stadtverwaltung der frühen Neuzeit kollidierten langfristige Interessen unversöhnlich mit den Forderungen des Augenblicks.

Wie dem auch sei, ab dem 17. Jahrhundert waren europäische Staaten tief in die Finanzierung und Verwaltung der Armenfürsorge und der Asyle verstrickt. Gefördert wurde diese rasche Umstellung dadurch, daß man eine neuartige Institution geschaffen hatte. Dieses Schema zeigte den Kommunen einen individuellen Ausweg aus dem Dilemma, ob die Armen abzuweisen oder aufzunehmen seien, weil der neue Ansatz für beide Alternativen Vorteile versprach. Da es eine »dominante« Strategie war – das heißt, ungeachtet des Verhaltens anderer immer zu bevorzugen –, konnte jede Kommune fest damit rechnen, daß auch die Nachbargemeinden sie übernahmen. Man war also voller Erwartung eines neuen Gleichgewichts.

Die neue Strategie erwies sich zwar als illusionär, aber als der Irrtum zutage trat, war aufgrund der falschen Erwartungen bereits ein neues Gleichgewicht entstanden. Nach der Enttäuschung erschien individuelles Ausscheren wieder lohnend, wurde nun jedoch vielfach durch kleine, gerecht verteilte Zuschüsse der zentralen Behörden unterbunden.

Die neue Erfindung war das Arbeitshaus. Alle körperlich tüchtigen Landstreicher sollten darin interniert werden. Wer darauf einging, galt gleichzeitig als anständiger Armer und wurde mit Broterwerb und Unterkunft belohnt; wer sich jedoch verweigerte, bewies seine Faulheit, hatte es also verdient, mit Zwangsarbeit oder mit Entzug jeglicher Unterstützung bestraft zu werden.[82] Da Müßiggang als Anfang allen Lasters, dieses als Wurzel der Armut galt, wollte man den anständigen Armen durch Beschäftigung helfen, die übrigen erziehen. »Arbeit konnte und sollte die Fürsorge weitestgehend ersetzen.«[83]

Entscheidend war, daß sich die Arbeitshäuser aus dem Verkauf der von Insassen hergestellten Artikel selbst tragen sollten. Für sie sprachen demnach neben moralischen auch ökonomische Erwägungen und Aspekte der öffentlichen Ordnung.[84] Gemeinden konnten sie ebenso einrichten wie kleinere Städte, ohne daß eine umfassendere Koordination erforderlich war. Die Initiative lag allein bei den politischen Gremien, sofern sie handlungsfähig und bereit waren, ihre Interessen selber wahrzunehmen. Überdies ging man davon aus, die Belegung der Arbeitshäuser jederzeit im Griff zu haben. Durch Korrekturen bei Arbeitsbedingungen und Komfort konnte man sie eher anziehend oder abschreckend gestalten, je nach den Erfordernissen der regionalen Landstreicherei und der örtlichen Armut.[85] Anfangs meinte man, die Kommunalverwaltungen müßten bloß Lizenzen ausgeben, und schon würden Privatunternehmer die Häuser einrichten und betreiben. Doch angesichts der großen Risiken, der schwierigen Disziplinarprobleme und der ungewissen Rentabilität mußte man auf Privatinitiativen verzichten. So wurden die Kommunen selbst aktiv – wie sie meinten nur für eine kurze Aufbauphase, bis die Armen gesetzestreu und arbeitswillig genug wären, um sich aus eigenem Antrieb dem Arbeitsmarkt zu stellen.

Die Verhältnisse in den Arbeitshäusern waren von Ort zu Ort sehr unterschiedlich. In der englischen Literatur des 19. Jahrhunderts wurde es zum modischen Genre, ihre Greuel anzuprangern.[86] Im Frankreich des 17. Jahrhunderts hießen sie *lieux redoutables*, grausige Gefängnisse – die Armen setzten ihr Leben aufs Spiel, um nicht dort arbeiten zu müssen.[87] Im Preußen jener Epoche nannte man sie *Hochschulen des Verbrechertums*, was bei englischen Zeitgenossen *»colleges of crime«* hieß.[88] Doch das Leben in diesen Anstalten war nicht überall unerträglich; andernorts sollen die Aufseher freundlich, die Disziplin lax, die Arbeit leicht oder gar freiwillig gewesen sein.[89] Daher klagten viele Bürger über Müßiggang, Chaos und vergeudete Steuergelder.[90]

Die Arbeitshäuser standen nie auf einer soliden Finanzbasis: »Wenn Behörden«, schreibt Oxley, »solche Experimente mit freudigem Blick auf Steuersenkungen starteten, mußten sie dann nach wenigen Jahren feststellen, daß die laufenden Kosten ihre Ersparnisse bei weitem überstiegen.«[91] Die Kosten waren bis zu viermal höher als die der herkömmlichen Fürsorge.[92] Klagen über bestechliche Wärter und korrupte Lieferanten waren gang und gäbe.[93] »Trotzdem taugten die Arbeitshäuser der Fürsorge, bei allen ihren Mängeln, sehr gut zur Bekämpfung der Bettelei. Mehr noch, sie setzten eine neue Idee des 18. Jahrhunderts – Unterstützung durch Arbeit – in die Praxis um.«[94] In dieser Hinsicht vollzogen sie einen Bruch mit den Asylen und Arbeitshäusern des 17. Jahrhunderts, wo man die Armen nur unterbrachte, um sie zu ernähren oder zu bestrafen, und Hilfe zur Besserung sich auf Religionsunterricht beschränkte. Mit den Arbeitshäusern des 18. Jahrhunderts dagegen wollte man die Armen durch Arbeitsdisziplin zu Bürgern machen, und das setzte im Prinzip zumindest voraus, daß sie latent Menschen wie alle anderen waren. Insofern zeugten die neuen Projekte von etwas Verständnis ihrer Gründer für die Armen. Offenbar ahnten sie, daß diese nicht einfach Taugenichtse waren, sondern auch Opfer der Umstände, die bei geduldiger Besserung rechtschaffene, fleißige Menschen werden konnten. Das Arbeitshaus seinerseits mag dazu beigetragen haben, dieses Verständnis in der Bevölkerung zu verbreiten.

Viele haben das Arbeitshaus als eine Institution verstanden, die den frühkapitalistischen Arbeitsmarkt regulieren sollte. Das ist jedoch ein höchst zweideutiger Ansatz. Einerseits kann er besagen, daß diese Häuser dazu dienten, in Zeiten hoher Nachfrage auf die präproletarischen vagabundierenden Massen zurückzugreifen, mithin »Nicht-Lohnarbeiter in Lohnarbeiter zu transformieren«:[95] Man hätte ihnen alternative Überlebensmöglichkeiten außerhalb des Marktes abgeschnitten und die Müßiggänger zum Arbeiten gezwungen, solange sie sich nicht freiwillig für Lohn anboten.[96] Die andere Deutung wäre, daß Arbeitshäuser die Lohnarbeiter am Leben halten sollten, wenn Kapitalisten sie in Krisenzeiten entließen – also eine Reservearmee ernährten, bis die Nachfrage auf dem Markt wieder stieg.

Die erste Annahme, daß Arbeitshäuser je nach Bedarf für Nachschub sorgten, wird durch die Fakten kaum bestätigt,[97] denn fast über die ganze frühkapitalistische Epoche waren ungelernte Kräfte, wie die Arbeitshäuser sie anboten, reichlich vorhanden. Plausibler erscheint angesichts der historischen Belege die zweite Idee, daß die Arbeitshäuser eine Reservearmee unterhalten sollten. Piven und Cloward sahen jedoch einen komplexeren Zusammenhang[98]:

> Einrichtungen der Fürsorge sind ökonomischen untergeordnet. Ihre wichtigste Aufgabe besteht darin, die Arbeiter zu maßregeln, was in zwei Hauptformen erfolgt. Führt Massenarbeitslosigkeit zu Unruhen, verabschiedet man gewöhnlich Hilfsprogramme, um genügend Erwerbslose einzubinden und zu überwachen, damit wieder Ordnung einkehrt; lassen die Krawalle nach, schrumpft das Fürsorgesystem, stößt jene aus, die auf dem Arbeitsmarkt gebraucht werden. Doch sogar in diesem geschrumpften Zustand dient es der Maßregelung. Ein Teil der Alten, Invaliden und Geisteskranken und andere, die nicht zur Arbeit taugen, bleiben von der Fürsorge abhängig. Man entwürdigt und drangsaliert sie hinreichend, um die arbeitenden Massen in ständiger Furcht vor dem Schicksal zu halten, das sie erwartete, sollten sie in Bettelei und Pauperismus abgleiten.

Auch wenn diese marxistisch funktionale Erklärung der Armenhäuser etwas Richtiges trifft, dürften Unangepaßte von den Verhältnissen draußen ebenso eingeschüchtert worden sein wie von denen drinnen. Trotzdem werden die »polizeilichen« Funktionen der Fürsorge ganz den ökonomischen untergeordnet. Im übrigen erklärt der Hinweis auf ihre ökonomische Wirkungsweise nicht, weshalb einander mißtrauende Kommunalbehörden eine gemeinsame Regelung finden konnten, als sie mit regionaler Landstreicherei konfrontiert wurden – was ja vor allem ein politisches Problem war.

Wenn die Lyoner Seidenbranche kriselte, öffnete die *charité* in der Tat ihre Tore für die Arbeiter und ernährte sie, bis das Geschäft wieder besser ging. So sollte verhindert werden, daß sie in andere Länder abwanderten und Branchengeheimnisse preisgaben.[99] Das Asyl mußte also reizvoller als die Emigration, bei Bedarf aber auch härter als die Arbeit erscheinen. Wenngleich das den *recteurs* (Leitern) keineswegs entging, mußten sie zwei Herren dienen: Neben den Interessen der Seidenhersteller gab es Anweisungen des Königs, die auch im Sinne der Bürger Lyons waren – obwohl manche von ihnen entlassene Seidenarbeiter nicht ernähren wollten –, das Umland von Vagabunden zu befreien. Die Hospitäler Lyons mußten einen Teil der vagabundierenden Armen in der *généralité* aufnehmen. Sie versuchten zwar, diesen Anteil möglichst gering zu halten, schickten sie aber zu viele Bettler weg, drohten die Asyle in den kleineren Städten der Region überzuquellen, und der Zusammenbruch des regionalen Fürsorgenetzes konnte in Meuterei, Plünderungen und Verwüstungen resultieren – wie schon so oft zuvor. Andererseits hätte eine zu generöse Haltung der Lyoner *recteurs* Vagabunden von nah und fern angelockt, also die städtischen Einrichtungen und den Großmut der Bürger überfordert. Ein zu strenges Regiment hätte dagegen die erwerbslosen Seidenarbeiter aus der Stadt vertrieben.

Moderne Regierungen würden stets mehrere Kategorien unterscheiden, etwa erwerbslose Seidenarbeiter auf der einen und arme Ausländer auf der anderen Seite, doch damals war der Apparat noch nicht so weit.[100] Sogar heute, da ein Korps gut ausgebildeter und loyaler Beamter, fortgeschrittene Verwaltungs- und Prüftechniken sowie zuverlässige Melderegister bereitstehen, ist es schwierig, ausländische Zuwanderer von erwerbslosen Ansässigen abzusondern. Jüngst gelang es Südafrika, die Trennung zu vollziehen; auch die ehemalige Sowjetunion zeigte dabei gewisse Erfolge. Im Frankreich des 18. Jahrhunderts war so etwas jedoch nahezu unmöglich und galt nicht immer als gerechtfertigt. Die Lyoner Fürsorge sollte daher, wie überhaupt die Armenpolitik im Europa des 18. Jahrhunderts, in der Tat »die Armen maßregeln«: Ihren Regenten war die Alternative samt Konsequenzen durchaus bewußt. Doch sie mußten zwei Systeme – regionale Landstreicherei und lokale Reservearmee – gleichzeitig regulieren und schafften es nicht, ein Überlappen der beiden zu verhindern.

Arbeitshäuser wurden gegründet, um die Bedrohung der öffentlichen Sicherheit durch die erwerbslosen und die erwerbsunfähigen Armen abzuwehren. »*L'internement ... est chose de police*« heißt es bei Foucault[101] – wobei »*police*« im weiten Sinne der damaligen Zeit zu verstehen ist. Die Arbeitshäuser waren so zu führen, daß sie jedem, der die Wahl hatte, »weniger reizvoll« erschienen – so der englische Ausdruck – als das Leben außerhalb. Dieser schlichte Grundsatz erklärt bis heute weitgehend die Verhältnisse in Lagern, Gefängnissen und sonstigen geschlossenen Anstalten für körperlich tüchtige, latent gefährliche Menschen. Auch wenn die Verhältnisse oft unerträglich gewesen sein mögen, waren sie in der Regel bloß geringfügig schlechter als die draußen.

Das Arbeitshaus als dominante Lösung

Das in diesem Abschnitt vorgestellte Modell veranschaulicht nicht die wirkliche Entwicklung in historischen Gesellschaften, sondern die implizite Dynamik der Figuration. Erstens vergingen zwischen der Gründung des ersten Arbeitshauses – des Amsterdamer »Rasphuis« 1596 – und der Blütezeit dieser Institution in England und Amerika fast 250 Jahre. Zweitens bezeichnete man ganz verschiedene Anstalten, von den winzigen ländlichen Asylen im England des 18. Jahrhunderts bis zum gewaltigen *Hôpital Général*, das um 1650 in Paris entstand, unterschiedslos als »Arbeitshäuser«. Der Ausdruck betrifft demnach mehr die Erwartungen der Gründer als die Beschäftigung der Insassen: In den meisten Arbeitshäusern lebte ein buntes Gemisch von Leuten, die man aus irgendwelchen Gründen unterbringen oder einsperren zu müssen meinte: Irre, Kleinkriminelle, besserungsbedürftige, arbeitsscheue Söhne von Reichen sowie Waisen, Witwen und die Alten, Gebrechlichen, Invaliden usw. Die körperlich tüchtigen Armen waren gewöhnlich in der Minderzahl.[102] Obwohl Arbeit als der direkteste Weg zur moralischen Besserung galt, standen meist Beten, Religionsunterricht und strenge Disziplin im Vordergrund. Die gesunden Armen wehrten sich mit Händen und Füßen gegen ihre Einlieferung ins Arbeitshaus, so daß dort meist nur jene landeten, die am wenigsten zur Arbeit taugten.

Die ursprüngliche Zielgruppe – körperlich tüchtige Vagabunden und Bettler – entzog sich nach Kräften. Viele Anstaltsleiter lehnten sie auch ab, da man sie streng überwachen und sicher verwahren mußte, um Ausbrüche zu verhindern. Arbeitshäuser im engeren Sinne von Heimen für arbeitsfähige Erwerbslose, mit vollen Einrichtungen für produktive Arbeit und geregeltem Tagesablauf, bildeten eher Ausnahmen als die Regel. Im Rückblick überrascht es nicht, daß die Anstalten so selten die Hoffnungen ihrer Gründer erfüllten: Durch den alltäglichen Druck gerieten jene hinein, die am bedürftigsten und am wenigsten imstande waren, sich der Einlieferung zu entziehen, während die Arbeitsfähigsten verschont blieben und weiterhin draußen die größte Gefahr darstellten.

Sogar Arbeitshäuser, die als Werksheime betrieben wurden, konnten sich kaum selbst tragen. War die Marktlage schlecht, so betraf das ihre Produkte wie alle übrigen; herrschte starke Nachfrage, traten sofort freie Unternehmen auf den Plan. Gut geführte Häuser mußten auf ungleicher Basis gegen Privatunternehmen antreten, die anderen arbeiteten ohnehin mit Verlust. Unter diesem Dilemma leiden noch heute viele Beschäftigungsprojekte für Arbeitslose.

Im 17. Jahrhundert setzte Stadt auf Stadt große Hoffnungen in neu gegründete Arbeitshäuser. Damit bieten diese ein Musterbeispiel für »bewußte kulturelle Diffusion«[103], das heißt, gezielte Übernahme eines bestimmten Vorbildes durch andere Kommunen: Städte in der Republik Holland[104], Hansestädte sowie schließlich Wien[105] und die Pariser Stadtverwaltung[106] ahmten das Amsterdamer Modell nach; von Paris breitete es sich über ganz Frankreich aus und beeinflußte wiederum deutsche, holländische und spanische Projekte.[107] Durch Einführung des Modells wollte man die drückenden Probleme der öffentlichen Sicherheit lösen, da Horden von Bettlern und Vagabunden ihr Unwesen trieben, aber auch die Kosten der Fürsorge senken, auf die man sich bis dahin verlassen mußte, um zu verhindern, daß die Armen verhungerten oder kriminell wurden. Immer wieder verhieß das Projekt, sich nach kleinen Korrekturen doch noch zu bewähren, aber jede neue Regelung förderte weitere Mängel zutage.

Arbeitshäuser dienten im wesentlichen als geschlossene Anstalten für die Internierung und Anleitung von invaliden, körperlich schwachen Bedürftigen, die unter starkem Druck wenigstens etwas zum eigenen Unterhalt beitrugen. Den städtischen Behörden fehlten einfach der Wille, die Techniken und das Geld, um das Zwangsregime gegenüber jenen durchzusetzen, die dort hätten arbeiten können, sich aber drückten. Im Lauf seiner Geschichte war das Arbeitshaus meist eher Pandämonium als Panoptikum.

Erst als die Industrielle Revolution weit fortgeschritten und die Staatsregierungen imstande waren, Straßen regelmäßig zu überwachen und Kriminelle, Bettler und Vagabunden zu registrieren, konnte man die körperlich kräftigen Armen einsperren und zur Arbeit zwingen. Da hatte sich die Institution in ein Strafinstrument verwandelt – eine Besserungsanstalt, um Ersttäter und rückfällige Taugenichtse durch geregelte Arbeit zu disziplinieren.[108] Die Tradition des Arbeitshauses war aufgebraucht; an ihre Stelle trat ein Prozeß der Differenzierung in Sonderformen wie Waisenhäuser, Altenheime, Spitäler, Irrenanstalten, Mütterheime und Gefängnisse.[109]

Das Bemühen, störrische Insassen mittels Arbeit zu maßregeln, machten die Auswirkungen des Fabriksystems und des Arbeitsmarktes zunichte. Außerdem erschien es angesichts literarischer Proteste zunehmend unvereinbar mit den humanitären Ideen, an die es immer geknüpft war. Erst als die Verwaltungs- und Überwachungstechniken beispiellos effizient wurden und sich auf den ideologischen Begriff des »Staatsfeindes« stützten, schafften es die zentralen Behörden Nazideutschlands und der Sowjetunion im 20. Jahrhundert, Millionen von Menschen bei Zwangsarbeit einzusperren. Und doch:

Jene industrielle, fast militärische *regula*, die noch heute nicht bloß in Gefängnissen, sondern auch in Hospitälern, Schulen und Wohlfahrtseinrichtungen herrscht, zeugt schmerzlich von dem Anknüpfen an eine Tradition, die radikal kritisiert werden müßte. Fortgeführt wird sie zum einen materiell, da die ursprünglichen Gebäude nach wie in Gebrauch sind oder als Ausweich dienen, aber auch geistig: Die Institutionen scheinen uns derart vertraut, daß wir uns kaum Alternativen vorstellen können.[110]

Wie dem auch sei, die Hoffnung auf Beschäftigung der müßigen Armen und auf ein selbsttragendes Fürsorgewesen erwies sich als höchst folgenreich. Sie versprach einen Ausweg aus dem Dilemma »Abweisen oder Aufnehmen«, das die relativ autonomen Kommunen im Europa der Neuzeit plagte. Nun waren viele Städte eher bereit, größere Mengen von Bettlern und Vagabunden einzulassen, da sie diese notfalls in Arbeitshäuser einsperren konnten, wo sie weder Ärger noch Kosten bereiteten – so meinten sie zumindest.

Auch diese Entwicklung veranschaulicht ein Spielmodell (Abbildung 1.3). Wenngleich keine Stadt imstande war, Banditentum und Landstreicherei einer ganzen Region aus eigener Kraft zu beenden, konnte jede den ersten Schritt machen und dadurch ihre Lage verbessern ungeachtet dessen, was »Sie« taten. »Wir« mochten ohne Rücksicht auf die regionalen Verhältnisse entscheiden, ein Arbeitshaus zu gründen – Strategie (3): Auch wenn ein allgemeines Gleichgewicht der lokalen Fürsorge bestand, drückte das Modell die kommunalen Fürsorgekosten von »5« auf »0«, wobei die regionale Ordnung gewahrt blieb – Feld 3,1. War die Figuration in einen Zustand genereller Abweisung entartet, so daß regionales Chaos herrschte, half die Gründung eines Arbeitshauses dem zwar nicht ab, aber die Kommune senkte dadurch wenigstens die Kosten von Abweisung und Überwachung – »1« –, hatte sie doch auf die regionalen Kosten – »10«, Feld 3,2 – ohnehin keinen Einfluß. Zu diesem Schluß kämen auch andere Kommunen und richteten ihrerseits Arbeitshäuser ein, wodurch in der Region wieder Ruhe einkehrte, so daß sie und andere die Fürsorgekosten sparten – mit »0« in Feld 3,3. Gewiß wäre ein Gleichgewicht über Arbeitshäuser optimal gewesen – da es allen Akteuren ein besseres Resultat beschert hätte als jede andere Lösung – und darüber hinaus stabil, weil hierbei kein Ausscheren an sich lohnend wirkte. Daher überrascht es nicht, daß der Trug so bereitwillig geglaubt wurde.

Abbildung 1.3: Kommunalbehörden und die Lösung Arbeitshaus

Wenn wir \ Wenn sie	(1) *aufnehmen*	(2) *abweisen*	(3) *arbeiten lassen*
aufnehmen (1)	-5 -5	-11 -15	0 -5
abweisen (2)	-5 -1	-11 -11	0 -1
arbeiten lassen (3)	-5 0	-11 -10	0 0

Anmerkung. Arbeitshäuser sollten keine Kosten verursachen: »0«. Zu weiteren Erklärungen vgl. Abbildung 1.2.

Interessant ist, aus dieser Matrix zu folgern, was hätte geschehen können, als das Arbeitshaus enttäuschte, weil seine Erträge unter den Kosten verblieben und die tüchtigen Armen sich fernhielten. Da regional keine Ruhe einkehrte und die Fürsorgelasten weniger als erhofft sanken, hätten einige Städte gewiß erwogen, ihre Häuser zu schließen, um von 3,3 auf 2,3 – Abweisen – oder 1,3 – herkömmliche Hilfe – umzustellen. Wieder hätte sich ein Dilemma ergeben: Da man anderen, die ähnlich kalkulierten, hätte zuvorkommen können, wäre Ausscheren reizvoll erschienen. Umgekehrt riß es jedoch vielleicht andere mit, und hätte dann zu einer generellen Abweisung der Armen (2,2) mit allen bitteren Konsequenzen geführt.

Bei dieser Lage konnten die Zentralbehörden mit kleinen Maßnahmen viel bewirken. Schon ein simpler Zuschuß zu den Betriebskosten des Arbeitshauses ließ Schritt 2,3 weniger verlockend erscheinen, und er mußte nur die Differenz zwischen den – gestiegenen – laufenden Kosten und denen bei Abweisung der Armen decken. Außerdem konnten die Zentralregierung oder Großstädte tätig werden, um eine Anstalt für die gesunden, aber arbeitsscheuen Elemente der Region zu gründen. Die örtlichen Regenten unterließen das, weil es so teuer war, die Vagabunden aufzuspüren, zusammenzutreiben, einzusperren und bei der Zwangsarbeit zu überwachen. Doch eine Zentralregierung mit genügend

Geld konnte die Lokalbehörden durch Beihilfen dazu veranlassen, um die Ordnung in der Region zu wahren, respektive wiederherzustellen.

Analytisch zeigt sich, welche Dynamik »Aufnehmen oder Abweisen« in einer Figuration autonomer Kommunen entfaltet, wenn diese regional mit Landstreicherei und Banditentum zu kämpfen haben. Doch derartige Figurationen wichen allmählich anderen, worin Zentralstaaten ihre Kommunen über Gesetze, Steuern und Aufsicht regulierten. Gewöhnlich erklärt man solche staatlichen Eingriffe durch Entwicklungen außerhalb der regionalen Figurationen. So führen viele die zunehmende Einmischung der Zentralbehörden auf humanitäre Ideen und Reformkampagnen oder neue fiskalische, administrative und polizeiliche Kapazitäten des Staates zurück.

In Wirklichkeit entfaltete jedoch die Figuration mit regionaler Landstreicherei und relativ autonomer lokaler Fürsorge eine Eigendynamik, die immer mehr staatliche Eingriffe nach sich zog und dadurch den Prozeß der Staatsbildung förderte.

Seit dem 16. Jahrhundert reagierten Zentralbehörden mit »fokalen« Gesetzen auf das wachsende Problem der regionalen Landstreicherei, um Verfolgung und Internierung von Vagabunden sowie Finanzierung und Verwaltung der Arbeitshäuser den Kommunen zuzuweisen. Dennoch wurden sie auch durch vereinzelte, aber um so dringlichere Appelle der gefährdeten Kommunen kaum merklich, Schritt für Schritt, zu direkteren Maßnahmen angestachelt. Doch sobald der Staat Zuschüsse gewährte, stellten die bedachten Kommunen ihre eigenen Bemühungen ein, während andere um entsprechende Beihilfen buhlten. Diese Wechselwirkung verstrickte die Zentralstaaten immer tiefer sowohl in die Bekämpfung der Landstreicherei als auch in die Armenfürsorge.

Irgendwann entstanden demzufolge Zentralbehörden, die aufgrund ihres internen Zusammenhalts und ihrer externen Verbindungen eine Politik entwickeln und landesweit durchsetzen konnten. Sie waren imstande, den regionalen, ja sogar nationalen Zuschnitt eines Problems wie der Landstreicherei zu erkennen, und Gesetze zu erlassen, die zugleich für öffentliche Sicherheit – ihr Auftrag – sorgen und ihnen die Kosten und Mühen der Ausführung – ihr Manko – abnehmen sollten. Die Last ruhte weiter auf den Kommunalbehörden, doch die überlokale Verteilungsregel mußten der Staat oder seine Gerichte anwenden. Als nächstes fanden sich die Zentralbehörden in Bemühungen verstrickt, den örtlichen Kommunen bestimmte Entscheidungen aufzuzwingen. In einer späteren Phase ließen sie sich verführen, ihre Politik durch unmittelbare, wenngleich vereinzelte Eingriffe zu fördern. Angesichts der heftigen Konkurrenz zwischen den Kommunen vervielfachten sich diese isolierten Eingriffe jedoch rasch und lähmten die lokalen Bemühungen. Das geschah meist sowohl gegen die Gesamtabsicht der Zentralbehörden, die mehr hineingezogen wurden, als auch gegen den sonstigen Willen der Kommunalbehörden, die ja eifersüchtig über ihrer Autonomie wachten.[111]

Diese Figuration, worin relativ autonome Kommunen durch Bedarf und wechselseitige Konkurrenz gedrängt wurden, sich einer gleichzeitig expandierenden Zentralbehörde unterzuordnen, beschreibt Elias als »gebundenen, von einer Zentralstelle her gelenkten oder jedenfalls lenkbaren Konkurrenzkampf«.[112] (Elias hatte allerdings die Interdependenz zwischen Landadel und Königshof in der Endphase des Übergangs vom Feudalismus zum Absolutismus vor Augen.) Das Dilemma von Kooperation oder Ausscheren in der Figuration unkoordinierter lokaler Fürsorge wich zunehmend dem Kampf um staatliche Zuschüsse auf Kosten der lokalen Unabhängigkeit. Dadurch gewann der Staat zwar immer mehr Einfluß, mußte aber auch für die Fürsorgekosten aufkommen und stand dauernd vor der Alternative, entweder die ihm aufgedrängten Lasten zu tragen oder das umfassende Gleichgewicht der Fürsorge durch lokale Verwahrlosung zu gefährden.

In dieser Phase wurde die Staatsbildung selbst durch die Dynamik der internen politischen Konkurrenz gefördert – ein Gegenstück zum externen Wettstreit zwischen Staaten, der ebenfalls dazu beitrug. Diese wachsende staatliche Einmischung ist vor dem Hintergrund zweier weitgehend separater Entwicklungen zu sehen, die sie ihrerseits beeinflußte: Kapitalakkumulation und Urbanisierung. Diese beiden langfristigen Prozesse bleiben hier meist implizit und werden nur angesprochen, sofern sie das Hauptthema betreffen: die Soziogenese der staatlichen Fürsorge. Mir geht es um die interne Dynamik der Staatsbildung im Bereich der Armenfürsorge.

Das Arbeitshaus brachte letzten Endes eine ausgewogene Kooperation hervor, die auf Illusionen basierte. Nachdem diese einmal erreicht war, zerstörte Enttäuschung jedoch nicht zwangsläufig die wacklige Balance, da nun staatliche und großstädtische Behörden wußten, wie man Ausscheren gezielt durch stabilisierende Eingriffe verhindert. Damit trugen sie unwillentlich dazu bei, die Figuration autonomer Lokalbebörden in eine solche der zentralisierten Überwachung und Fürsorge zu transformieren.

Zwar lief das Spiel nie von Anfang bis Ende genau so ab, doch fast überall wurden immer wieder einzelne seiner Sequenzen inszeniert, weshalb historische Episoden vielleicht verständlicher werden, wenn man sich diese Dynamik vor Augen hält.

Kapitel 2

Das elementare Curriculum als nationaler Verständigungskode

Heute besuchen weltweit rund eine Milliarde Kinder werktags die Schule – die absolute und relative Zahl der Schüler wächst seit nunmehr zwei Jahrhunderten ebenso wie die Unterrichtsdauer pro Kopf.[1] In den ersten sechs Jahren sind der Lehrstoff und die Lehrformen weltweit erstaunlich gleichartig.

Überall lernen die Kinder in den Elementarschulen Lesen und Schreiben, meist in der Standardsprache eines Gebiets, eines Landes oder gar eines ganzen Kontinents, die stark von ihren lokalen Dialekten abweicht.

Daneben erlernen die Schüler einen weiteren Kode, der trotz seiner formalen Grenzen fast von der ganzen Menschheit benutzt wird: die Arithmetik – geeignet für Kaufen und Verkaufen, Landvermessung und Steuerfestsetzung, Berechnen von Entfernungen und Zeitmessung.

Zudem lernen alle Kinder etwas über ihren Platz in der Welt – die Lage ihres Wohnortes gegenüber angrenzenden Siedlungen, innerhalb der Region, des Landes, des Kontinents, auf der Erde und sogar im Universum: Geographie. Und man lehrt sie, ihr Leben – das jüngste Glied einer langen Generationenkette – als Grundlage einer stetigen Entwicklung zu betrachten, der sie nun selber ebenfalls angehören: Geschichte.

Schließlich versuchen Lehrer weltweit, ihren Schülern Ideen von Gut und Böse, Rechten und Pflichten einzuprägen – implizit durch eine »verborgene Pädagogik«,[2] explizit durch religiöse und ideologische Unterweisung. Diese Art *formation* oder Bildung wurde überall, wo es ein Elementarschulwesen gibt, zu einem so überragenden Problem, daß man vielfach schon den beachtlichen Konsens über die eigentliche »Erziehung« übersieht.

Alle genannten Aspekte – Lesen, Schreiben, Rechnen, etwas Erdkunde und Geschichte, dazu jede Menge Ideologie oder Religion – bilden weltweit den Löwenteil des elementaren Curriculums. Andere Fächer laufen nebenher: Sport dürfte inzwischen fast universell sein; in den meisten Ländern erhalten Armenkinder einen gewissen Unterricht in Fachkunde oder Hauswirtschaft, die von Wohlhabenden bildet man in Künsten, Fremdsprachen und Wissenschaften, doch dies sind bloße Ausschmückungen jenes *einen*, grundlegenden Lehrprogramms, das die Menschheit während der letzten beiden Jahrhunderte beschäftigt und verändert hat.

Als die Elementarschulbewegung gegen Ende des 18. Jahrhunderts aufkam, schied jedoch ein prinzielles Problem die Geister in Europa und in Amerika: Die vielen Gegner der allgemeinen Schulpflicht hielten es für unnötig, wenn nicht gar direkt schädlich, daß Kinder – zumal Mädchen und die Brut der Armen und Gemeinen – mehr als Grundzüge der Heiligen Schrift und notfalls einige praktische Tugenden und Fertigkeiten lernen sollten.

Es zeugt von der Eigendynamik und Stoßkraft der Pädogogikbewegung, daß die Sache kaum ein Jahrhundert später ein für allemal geklärt war und daß heute überall Mädchen und Knaben aller Schichten eine Grundschulausbildung erhalten.[3]

Heute kann man sich kaum noch vorstellen, warum überhaupt Einwände gegen den allgemeinen Unterricht in Lesen, Schreiben und Rechnen erhoben wurden. Dieser Widerstand erklärt sich aus dem Kontext der traditionellen europäischen Gesellschaft, wo die meisten Menschen in ländlichen Dörfern lebten. In der Mehrzahl beackerten sie den Boden, sei es als Kleinbauern, sei es als Pächter, Landgehilfen oder Tagelöhner auf fremden Gütern; die wenigsten besaßen eigene Ländereien, viele waren über lange Strecken erwerbslos. Unter der Landbevölkerung wußten die meisten nicht einmal den eigenen Namen zu schreiben, manche konnten lesen, andere hatten Bibelverse oder Zeilen aus dem Katechismus auswendig gelernt. Viele beherrschten die Reichssprache nicht, sondern sprachen regionale Dialekte, die schon Bewohnern der Nachbarregion unverständlich waren. Sie konnten weder addieren noch multiplizieren, bloß an den Fingern abzählen, Flächen oder Entfernungen mit den traditionellen Richtlinien der Arbeit eines Morgens oder eines Tagesmarsches bemessen und den Zeitverlauf nach dem Sonnenstand, dem Wechsel der Jahreszeiten oder den jährlichen Feiertagen gliedern.[4]

Vom Nutzen der Alphabetisierung

Die Kluft zwischen den ungehobelten, bäuerlichen Analphabeten und dem Adel wirkte enorm und unüberbrückbar, fast als gehörten beide unterschiedlichen

Spezies an.[5] Deshalb fiel es sogar den kultivierten, aufgeklärten Geistern jener Zeiten schlechterdings nicht ein, daß ihre Vorstellungen von Freiheit und Menschenrechten auch solche »proletarii« oder »Halunken« einschließen könnten. Bei den englischen Moralphilosopen wurden Arme und Bauern schlichtweg übergangen.[6] Man mußte sie auch nicht erwähnen, ging doch das Publikum des 18. Jahrhunderts stillschweigend davon aus, daß jene unveräußerlichen Rechte nicht für Arme galten[7] – sie blieben ebenso selbstverständlich unberücksichtigt, wie man heute Kinder nicht an ernsten Diskussionen beteiligt.

Obwohl während des gesamten 18. Jahrhunderts überall in Europa ein reges Interesse an Bildungsfragen herrschte, stand eine Erziehung der Bauern und Armen praktisch nie zur Debatte: »Den aufgeklärten Schichten kam es kaum in den Sinn, die Lage des Volkes grundlegend zu verbessern«, schreibt Chisick über Frankreich und fügt an: Sie »schilderten bemerkenswert übereinstimmend, wie sich eine solche Erziehung auf die werktätigen Armen auswirken würde, und sahen darin vor allem eine ›Gefahr‹«.[8]

Das Los der Bauern war elende Plackerei und endlose Armut, und die »aufgeklärten Schichten« setzten voraus, daß es so bleiben mußte: »Es war das große *non-dit*, die prinzipiell unausgesprochene, aber allseits geteilte Prämisse, auf der die ganze Debatte über eine Erziehung des Volkes basierte.«[9]

Politik war die Welt des gedruckten Wortes, und nur über gedruckte Nachrichten konnte man den Stand der Dinge verfolgen: ein weiteres Motiv, das gemeine Volk nicht Lesen zu lehren. Alphabetisierung hätte Zugang zu Zeitungen und Bibeltraktaten bedeutet, aber auch Verstrickung in Kontroversen, die den unreifen Geist verwirren und erschüttern mußten. Für alle praktischen Belange des bäuerlichen Alltags erschien eine Alphabetisierung absolut überflüssig. Auch hätten die Arbeiter in den neuen Fabriken nichts damit anfangen können: Sie brauchten, wie Adam Smith bereits signalisiert hatte, weniger Fertigkeiten als die traditionellen Handwerker.[10] Die unteren Schichten zu erziehen hätte weder ihnen noch der Gesellschaft gedient, eher im Gegenteil: Es mochte die Arbeiter und Bauern vom zugewiesenen Lebensweg abbringen, sie unzufrieden machen und übertriebene Erwartungen wecken. Eine Furcht plagte die oberen Schichten ständig: »das Gespenst einer unberechenbaren und diffus drohenden Masse – für die politisch-ökonomisch herrschenden Klassen absolut alarmierend.«[11] Und über die Holländer im ausgehenden 17. Jahrhundert bemerkt Schama: »Vielleicht überrascht es, daß ein urbanes Patriziat zwar generös spendete, um die Armen außer Sicht zu halten, aber kaum geneigt war, für deren Erziehung zu sorgen. Es schien sinnlos, sie für höhere Aufgaben auszubilden, die man ihnen aufgrund ihrer unverbesserlichen Immoralität niemals anvertrauen durfte.«[12]

Seit der Ära von Reformation und Gegenreformation lag die formale Erziehung fast ausschließlich bei den Kirchen. Die Wohlhabenden, der Landadel und das Kaufmannsbürgertum beschäftigten allerdings Privatlehrer und Gouvernanten, bis ihre Kinder Lateinschulen oder *collèges* besuchen konnten, die meist vom Klerus betrieben wurden. Für die breite Masse gab es kirchliche Gemeindeschulen, die eine geringe Gebühr erhoben, um in wenigen Lebensjahren, nur während der Wintermonate, täglich ein paar Stunden eine – sehr begrenzte – Ausbildung anzubieten. Doch für viele Bauern und Arme waren sogar diese Schulen zu teuer, zu abgelegen und zu anspruchsvoll, so daß die große Bevölkerungsmehrheit fast keine Ausbildung genoß. Sofern die Anwohner das Schulgeld aufbringen konnten oder Stiftungen halfen, reichte es gerade für den Klassenraum und einen Schulmeister. Die Kinder lernten, Bibeltexte aus dem Gedächtnis herzusagen, bekamen das Abc eingeprägt, mußten biblische und sonstige religiöse Texte im Chor vorlesen. Solche Schulen orientierten sich eher am Brauchtum als an der Bildung, und ihre dürftige Erziehung zielte auf religiöse Indoktrination per Auswendiglernen und Singen *en masse*.[13] Das Ganze war brutal eintönig. In Preußen mußte alle sechs Wochen der Katechismus von A bis Z durchgenommen werden – und das sogar auf Anweisung des fortschrittlichen Erziehungsministers Friedrichs des Großen.[14] Noch 1836 verlangten anglikanische Schulen, daß die Kinder jedesmal, wenn sie »Christus« lasen, einen Knicks machten: alle zehn bis zwanzig Silben.[15]

In den mit unruhigen Kindern jeden Alters – gewöhnt an die Weite und Bewegungsfreiheit des Landes – überfüllten Schulräumen stand das Disziplinproblem stets im Vordergrund. Meist waren die Räume düster, klamm und verdreckt, dienten noch vielen anderen Zwecken, etwa als Versammlungssäle, Wohnungen für Lehrerfamilien und sogar Scheunen oder Ställe.[16] Doch bei den meisten Kindern waren die Verhältnisse daheim auch nicht viel besser, manchmal eher noch schlechter.

Der Dorfpfarrer hatte bei allem, was die Schule anging, das letzte Wort, und vom Lehrer erwartete man, daß er ihm bei Verrichtungen wie Grabschaufeln und Glockenläuten half. Oft verwaltete er auch die örtliche Krankenkasse und fungierte nebenher als Landaufseher, Buchhalter, Gastwirt oder Konstabler.[17] Schulmeistern galt noch nicht als Berufung, nicht einmal als Beruf, sondern meist als Nebenbeschäftigung für Männer, die sonst nichts konnten. Immerhin fand sich für Leute ohne Grundbesitz und Fähigkeiten wenig zu tun, was nicht Schwerarbeit erforderte; auch Veteranen oder invalide Arbeiter taugten kaum für anderes als Kinderhüten. »Die meisten Lehrer und ›Sozialarbeiter‹ jener Zeit, das sollte man bedenken, waren selbst Arme, von der Gemeinde beschäftigt.[18]

Zudem lag den Bauern, Knechten und Armen wenig daran, ihre Kinder erziehen zu lassen, denn diese wurden von früh an bei der Arbeit gebraucht oder mußten hinzuverdienen.[19] Außerdem trauten die Eltern der Alphabetisierung nicht viel praktischen Nutzen zu, den sie in der Tat auch kaum hatte. Bauern erwarben die nötigen Fertigkeiten durch Erfahrung, Kaufleute und Handwerker erlernten ihr Metier in der Regel als Lehrlinge. Der Gedanke, daß Erziehung ein Weg sein könnte, die individuellen Aussichten zu verbessern, kam erst Mitte des 19. Jahrhunderts auf. Sogar eine ausgedehnte formale Ausbildung hätte gesellschaftlich keine Türen geöffnet, denn dafür waren seinerzeit noch Wohlstand, Rang und Beziehungen erforderlich.[20] In den Worten Druckers: »Immer bedeutete Bildung, unproduktiv zu sein.«[21]

Trotzdem bemühten sich manche Bauern und Handwerker, ihre Kinder ausbilden zu lassen. Die Schulräume dienten der Beaufsichtigung und boten einen sicheren Ort, wo die Kinder zuweilen besser aufgehoben waren als in den Bruchbuden ihrer Eltern oder draußen in der Kälte. Vom Lehrer konnte man, obwohl ihm die meisten anderen Eignungen fehlten, wenigstens erwarten, daß er den Kindern Disziplin und Benehmen beibrachte, was den Eltern oft Schwierigkeiten bereitete. Die Kinder ihrerseits mögen das Zusammensein mit Gleichaltrigen genossen haben, wobei sie ihren Lehrer immer wieder foppen konnten.[22]

Für gläubige Eltern war natürlich entscheidend, daß ihre Kinder Religionsunterricht erhielten. Die Schüler wurden durch Rezitieren und Auswendiglernen mit religiösen Texten vertraut gemacht. Lesen und Schreiben war jedoch – sogar auf Bibelstellen und Auszüge aus dem Katechismus beschränkt – wieder etwas anderes und weckte beim Klerus wie bei Laien sehr gemischte Gefühle. Einerseits konnten alphabetisierte Gläubige die Heilige Schrift selbständig lesen, was die Geistlichen entlastete, da es häufige Bibelrunden noch in den fernsten Winkeln förderte. Andererseits mochten die Gläubigen, wenn sie sich ohne Anleitung der Heiligen Schrift näherten, eigene Lesarten entwickeln sowie auf Traktate und Pamphlete abweichender Provenienz stoßen.[23]

Bibellektüre war eine wichtige Bekehrungsstrategie der Reformation gewesen, mit der verstreute Gemeinden den neuen Glauben verbreiten und festigen konnten. Der große erzieherische Impetus katholischer Lehrorden wurde zwar durch das Gespenst des Protestantismus stark angestachelt,[24] ging aber nie so weit, daß eigenständige Lesarten der Heiligen Schrift beim Volk geduldet wurden.

Religiöse Konkurrenz trug mehr zur Ausweitung des Erziehungswesens bei als die Religion selbst. Sooft eine Amtskirche, sicher mit dem Landadel verbündet und zuverlässig vom Zentralstaat gestützt, die Schulen beherrschte, lahmte die Erziehung der Arbeiter und Armen, wie ab Ende des 17. Jahrhunderts in England, Frankreich, Italien und Spanien. Mußten Konfessionen jedoch um Zulauf und den Beistand der Zivilbehörden kämpfen, verbesserten sich die Schulen[25] – am auffälligsten in Neuengland, den Niederlanden, bedingt auch Preußen, wo Friedrich II. nie sicher sein konnte, daß »sie nicht doch katholisch werden«, sofern er nicht streng auf der Lutherschen Katechisierung beharrte.

Am besten war die Elementarschulausbildung der unteren Schichten oft in protestantischen Gebieten, weil die Gläubigen dort veranlaßt wurden, die Bibel in der Landessprache zu lesen. Überall, wo der Protestantismus auftrat, stieß er auf religiöse Konkurrenz, was dazu anspornte, die Erziehung zu verbessern.[26]

Bei der Landbevölkerung ganz Europas und Nordamerikas stiegen die Alphabetisierungsquoten nur schleppend, die formale Erziehung der Armen blieb dürftig und ungleichmäßig verteilt.[27] Obwohl das 18. Jahrhundert eine Ära großer pädagogischer Pioniere war – Locke, Basedow, Pestalozzi, Rousseau und Helvétius –, drangen die neuen Einsichten kaum bis in den Alltag der Dorfschulen vor. Kein Reformer befaßte sich näher mit dem praktischen Hauptproblem, die Elementarschulen auf breiter Basis zu finanzieren und zu verwalten. Am deutlichsten wird die heillose Lage vielleicht durch das traurige Schicksal aller hochtrabenden Ansätze, die Schulen zu verbessern. Unter den französischen *philosophes* und ihrem Publikum wurde zwar ständig über eine Bildungsreform diskutiert, aber die praktischen Maßnahmen blieben aus.[28] Friedrich II. von Preußen regte eine ganze Reihe von Reformvorschlägen an und berief sogar eine »Mittwochsgesellschaft« aufgeklärter Intellektueller ein, um die Aussichten einer massenhaften Erziehung der Bauern und Knechte zu erörtern.[29] Diese Gespräche brachten aber kaum handfeste Ergebnisse hervor, und wenn einmal ein Gesetz verabschiedet wurde, blieb es fast folgenlos. Allerdings bereiteten diese Debatten das ideologische Terrain für die tiefgreifenden Veränderungen vor, die sich mit der Französischen Revolution vollzogen.

Die aufgeklärte Diskussion in Frankreich und die Gesetzesvorlagen Preußens enthüllten eine tiefe Ambivalenz gegenüber einer Erziehung der niederen Schichten.[30] Man sah das Problem noch nicht im Sinne curricularer Fertigkeiten, die sich im Erwachsenenalter praktisch bewähren würden, denn diese wurden in der Regel von den Eltern auf die Kinder oder von Meistern auf

Lehrlinge übertragen. Wo die Idee aufkam, Hauswirtschaft oder Handwerkskunst zu lehren, sollten die Kinder weniger auf den Arbeitsmarkt vorbereitet als mittels traditioneller Sparten in Tugend, Geduld und Fleiß geübt werden.[31] Dieses beiläufige Hinwegsehen über den echten Bedarf an gelernten Arbeitskräften trug mit dazu bei, daß die Industrieschulen scheiterten.[32]

Den Reformern des 17. Jahrhunderts fiel es schwer, sich eine Welt vorstellen, in der massenhaft Fachkräfte gebraucht würden: Arbeit bedeutete Handarbeit; gebildete Menschen arbeiteten, Künstler und Drucker ausgenommen, nicht mit den Händen; sogar Ärzte mieden es, ihre Patienten zu berühren, überließen die körperliche Behandlung den niederen Chirurgen. Die Bürokratie war kümmerlich, konnte nur wenige der Kaufmanns- und Landwirtssöhne in unteren und mittleren Positionen aufnehmen. Das Offizierskorps bestand fast durchweg aus Adligen und widersetzte sich gewöhnlich allen administrativen und technischen Neuerungen; außerdem wurden Kadetten, ungeachtet ihrer Herkunft, meist nicht bloß wegen ihrer Fähigkeiten aufgenommen. Da es noch keine Industrie gab, brauchte man weder Ingenieure, um die Maschinen zu warten, noch Schreiber oder Aufseher als Gehilfen der Betriebsleitung. Wenn das Problem der Massenerziehung aufkam, dann überwiegend im Kontext der moralischen, religiösen und politischen Aufklärung, oder um die aufsässigen Bauern und Armen zu maßregeln. Konservative warnten, die Alphabetisierung könne Unzufriedenheit und Rebellion nähren. Andere, die zu einem eher rationalistischen Menschenbild neigten, trauten der Erziehung eine heilsame Wirkung auf die Vorurteile, den Starrsinn und das Aufwieglertum der Bauern sowie auf Müßiggang und Laster bei der Jugend zu; außerdem sollte sie Mobaktionen verhindern, da sie das Verständnis für die wahren Grundlagen der Gesellschaft förderte. Diese tiefe Ambivalenz der Etablierten gegenüber einer Erziehung der unteren Schichten hatte sich schon früher in Bedenken geäußert, sie die Heilige Schrift ohne Anleitung und in der eigenen Sprache lesen zu lehren: Darin sah man sowohl ein Mittel, den Glauben der herrschenden Schichten zu propagieren, als auch eine Öffnung, durch die abweichende oder radikale Ideen eindringen und sich einnisten konnten. Eben diese Ambivalenz trat erneut zutage, als man die Erziehung eher säkular erörterte: mit dem Ziel der moralischen Besserung und politischen Mitwirkung. Das geschah im 18. Jahrhundert, dem praktische Aspekte wie die Qualifikation der Arbeiterschaft noch nicht viel galten – in der Schule würden die unteren Schichten zwar die Grundlagen der wichtigsten bürgerlichen Tugenden und der Autorität lernen, kämen aber vielleicht auch mit den revolutionären Ideen von Gleichheit, Freiheit und Brüderlichkeit in Berührung.

Zwischen 1750 und 1850 zerstreuten sich diese Zweifel allmählich, und an ihre Stelle trat zunehmend eine Spaltung zwischen Gruppen, die für kontroverse Erziehungsziele kämpften. Dadurch löste sich die individuelle Ambivalenz in dem sozialen Konflikt zwischen zwei Gruppierungen auf. Zwar entsprachen diese weder genau Klassen noch einem klaren Interessenkonflikt, waren aber nachhaltig durch ihre Stellung in den kommunikativen Figurationen geprägt, die Menschen in entstehenden Nationen zugleich verbanden und trennten. Immer mehr Bürger verdienten ihren Lebensunterhalt entweder in der Staatsbürokratie oder mit Handel auf nationalen oder internationalen Märkten. Da diese Menschen, Beamte und Unternehmer, nicht vom Grundbesitz lebten, waren sie kaum in irgendwelche örtlichen oder regionalen Gemeinschaften eingebunden. Vielmehr hatten sie von möglichst viel Freizügigkeit und vom ungehinderten Informationsfluß zwischen den Regionen nur zu gewinnen.

Die meisten dieser Beamten und Unternehmer lebten in Metropolen und suchten Zugang zur Bevölkerung des Umlandes, ob um Steuern zu erheben, Güter zu kaufen und zu verkaufen oder neue Arbeitskräfte anzuwerben. Da sie vom Aufbau nationaler Kommunikationsnetze nur gewinnen konnten, traten sie für landesweiten Unterricht in der Hochsprache ein. Sie selber sprachen diese Lingua franca bei der Arbeit, oft auch daheim. Ihren Beruf, Bücher und Akten zu führen, Verträge und Statuten aufzusetzen, übten sie schriftlich aus und schrieben den Regelkode der Sprache. Zugleich boten sie sich als Publikum für eine wachsende Zahl von Intellektuellen an, die mit Blick auf sie eine literarische Version der Lingua franca – eine *Kunstsprache* – entwickelten und ausfeilten.

Diese Beamten und Unternehmer bewegten sich in alphabetisierten Kreisen, wo alle die Hochsprache fließend beherrschten. Auf dem Lande stellte sich die Lage ganz anders dar. Die Dorfgemeinschaft, oft sogar die größere Gemeinschaft einer Provinzstadt mit Umland, bildete ein relativ geschlossenes Netzwerk von Kommunikation und Tausch. An der nationalen Politik nahm ihre Bevölkerung nur durch Vermittlung ihrer traditionellen Vertreter teil – meist örtlicher Aristokraten. Ihre Bauern und Handwerker handelten nie selber auf dem nationalen Markt, sondern stets über lokale Mittler, darunter der Landadel. Schließlich erreichten diese Menschen kaum direkte Informationen aus anderen Gebieten. Da sie meist die Lingua franca nicht beherrschten, waren sie auf Mitteilungen im Regionaldialekt angewiesen, als Analphabeten sogar auf mündliche Äußerungen von Reisenden oder lesekundigen Nachbarn. Herrschte die Figuration, daß in den Randgebieten fast niemand die Lingua franca verstand – wie in Südfrankreich, in Ostpreußen sowie im Norden und

Westen Großbritanniens – oder daß die meisten Landbewohner Analphabeten waren – wie in ganz Europa –, besaßen die örtlichen Eliten quasi ein Monopol, kommunikativ zwischen ihrer Klientel und den Netzen der Metropolen zu vermitteln. Diese Stellung entsprach teilweise den Funktionen der monopolistischen Mittler im Handel und in der Politik.[33]

Gewiß wechselten die Verhältnisse im Lauf der Zeit. Auch gab es Extreme wie die ostpreußischen Ländereien – mit analphabetischen, polnischsprachigen Knechten, die ans Land gefesselt waren; und auf der anderen Seite die Provinzstädte im England des 18. Jahrhunderts – wo alle »die Sprache des Königs« verstanden und die Kommunikation relativ ungehemmt und mühelos klappte. Doch sogar dort schloß der Analphabetismus viele von den weithin kursierenden Fakten und Ideen aus, machte sie von elitären Vermittlern abhängig.

In folgenden erörtere ich das Entstehen der Elementarschulen in diesem Kontext lokaler Kommunikationsnetze, die direkt oder indirekt mit »metropolitanischen« verbunden und diesen durch eine Lingua franca und durch Alphabetisierung zugänglich waren. Zunächst gehe ich rein theoretisch und formal vor, um dann einen kurzen Blick auf die historische Entwicklung in den einzelnen Ländern zu werfen.

Die Blütenfiguration von Kommunikationsnetzen

Die Geschichte der Erziehung wurde erstens im Sinne pädagogischer Ideen, zweitens als Abfolge parlamentarischer Gesetze und drittens auf der Basis von Bildungsreformbewegungen untersucht. Der Akzent lag aber meist auf den pädagogischen, politischen und religiösen Ideen, gewöhnlich präsentiert als mühsamer, aber unausweichlicher Sieg der Aufklärungsideale, der Kultur und der Gleichheit über den reaktionären Obskurantismus und die autoritäre Unterdrückung der niederen Schichten.

Das ist jedoch nicht alles.[34] Zweifellos setzte die Elementarschulbewegung überwiegend auf öffentliche Debatten und Propaganda; fast nirgendwo führte sie zu bewaffneten Kämpfen, Gewalt blieb die Ausnahme, sogar Aussperrungen und Boykotts kamen nur selten vor. Es war in der Tat ein Prozeß von Ideen, mit Worten vorangetrieben. Die Ideen wurden besonders zäh verteidigt, wo sie dem Bemühen einzelner Gruppen entsprachen, ihre gesellschaftliche Stellung gegenüber Konkurrenten zu festigen. Insofern folgten die zunehmende Alphabetisierung und das entstehende Schulwesen aus einem gesellschaftlichen Konflikt und beeinflußten wiederum die Machtverhältnisse zwischen den beteiligten Gruppen.

Das Aufkommen der Elementarschulen scheint ein so universelles und in verschiedenen Ländern so ähnliches Phänomen gewesen zu sein, daß man es auf tiefe gesellschaftliche Transformationen zurückführen muß. Diese vollzogen sich in der Tat überall, ganz ungeachtet der nationalen Eigenarten von Ideen, Problemen und Organisationsformen. Auf dieser Einsicht beruht der funktionalistische Strukturalismus, der Bildungsinstitutionen unter anderem mit drängenden funktionalen Erfordernissen der jeweiligen Sozialsysteme erklärt. Hierzu Talcott Parsons: »Elementarschulen sind als soziale Systeme zu analysieren, mit Blick auf die Beziehung zwischen ihrer Struktur und ihren wichtigsten gesellschaftlichen Funktionen als Agenturen der Sozialisation und Allokation.«[35] Wo die Gesamtabläufe diverser Gesellschaften einander glichen, ließen entsprechende systemische Erfordernisse ähnliche Institutionen entstehen, darunter die des Bildungswesens. Vaughan und Archer kritisieren diesen Ansatz:[36]

> Demnach läge der Selektionsmechanismus, der Veränderungen des Erziehungswesens determinert, im weiten und undefinierten Feld der sozialen Erfordernisse. Da jedoch das Konzept der »Erfordernisse« selbst undefiniert ist, läßt sich ihr determinierender Einfluß auf die Entwicklung des Bildungswesens immer bloß ex post feststellen. So bleibt die Bedeutung einzelner Reformer oder Aktivistengruppen unberücksichtigt, sofern ihre Absichten nicht zufällig sozialen Erfordernissen entsprechen. Konflikte sollen eher symptomatisch sein als eigenständig formierend wirken.

Erstaunlicherweise gehen auch manche Marxisten von systemischen Erfordernissen aus und deuten diese als notwendige Bedingung für das Aufkommen der kapitalistischen Produktionsweise. Geistig dem historischen Materialismus verhaftet, bedienen sie sich dabei oft funktionalistischer Methoden.[37] Zum Beispiel erklären sie den Aufstieg des Elementarschulwesens mit dem funktionalen Erfordernis eines gut ausgebildeten Proletariats, das möglichst kein starkes Klassenbewußtsein entwickeln sollte. Die Fabrikanten, so läuft die Argumentation, brauchten eine disziplinierte und fügsame, relativ gut qualifizierte Arbeiterschaft, und die Schulen lieferten genau solche Kohorten alphabetisierter, gehorsamer und zuverlässiger Arbeitskräfte.[38]

Tatsächlich weist das Schulregime des 19. Jahrhunderts gewisse unverkennbare Ähnlichkeiten mit dem damaligen Fabriksystem auf: Standardisierung, Formalisierung, Durchsetzung von Pünklichkeit und Disziplin spielten in beiden Fällen eine überragende Rolle. Trotzdem erklärt die Analogie nichts, vor allem aus zwei Gründen. Erstens mögen die Unternehmer zwar von den Elementarschulen profitiert haben, trugen aber meist wenig zu ihrer Gründung bei, bekämpften sie sogar manchmal, etwa um die Kinder in den Fabriken einsetzen zu können. Viele andere gesellschaftliche Gruppen traten eifriger für den Aufbau eines Schulwesens ein, darunter Erzieher, Beamte und Arbeiterverbände. Somit bleibt unklar, was den funktionalen Erfordernissen des Kapitalismus genügt haben soll, wenn nicht die Initiativen jener, die am engsten damit verknüpft waren. Zweitens scheitert der funktionalistische Ansatz am Problem der Zeitfolge: In vielen Ländern, etwa Frankreich und den Niederlanden, setzte die verstärkte Alphabetisierung und Gründung von Elementarschulen mehrere Jahrzehnte vor der Industrialisierung ein.[39] Daher scheint es, als seien funktionale Erfordernisse des Industriekapitalismus ohne besonderes Zutun der am direktesten betroffenen Partei – der Industriellen – und sogar lange vor genau dem System entstanden, dessen Erfordernissen damit genügt wurde.

Der funktionalistische historische Materialismus weist ähnliche Mängel auf wie der eher traditionelle strukturale Funktionalismus, neigt aber außerdem dazu, das Entstehen eines Elementarschulwesens auf die Erfordernisse der kapitalistischen Wirtschaft zu beschränken. Hierbei bleiben die kulturellen und politischen Implikationen der Massenerziehung ebenso unberücksichtigt wie ihre Bedeutung für die Figuration kommunikativer Netze und für die Staatsbildung.[40]

Angemessener wäre es, das Aufkommen des Elementarschulwesens mittels der Konflike zwischen gesellschaftlichen Gruppen zu erklären, die ihre jeweiligen Positionen festigen wollten, wobei unter anderem die Kontrolle der Bildungsanstalten umstritten war. »Insbesondere sind tiefe Bildungskonflikte einzubeziehen, ohne die beteiligten Parteien mit konfligierenden Gesellschaftsklassen gleichzusetzen oder die betreffenden Ideen in irgendeine Rangordnung gemäß den sozialen Erfordernissen zu bringen«.[41]

Anschließend beschreiben Vaughan und Archer den Konflikt zwischen »herrschenden« und »aufsteigenden« gesellschaftlichen Gruppen über die Kontrolle der Bildungsanstalten. In den untersuchten Fällen – Frankreich und England im 19. Jahrhundert – dominierte anfangs die katholische bzw. anglikanische Amtskirche, getragen von Teilen der Mittelschicht: »In der französischen Bourgeoisie richtete sich die Unterstützung nach politischen, in der englischen Mittelschicht nach ökonomischen Erwägungen und Interessen.«[42]

Für diesen Ansatz spricht, daß er Ideen, Interessen und Strategien der Konfliktparteien ernst nimmt, ohne sie von vornherein auf das mysteriöse

Wirken von Systemerfordernissen oder den gleichermaßen undurchsichtigen Einfluß von Klasseninteressen zu beschränken. Es ist demnach im wesentlichen ein soziologischer Ansatz; er begreift ideologische Konflikte im Kontext eines Machtkampfes darum, wer die wichtigste Institution der Kulturvermittlung kontrolliert: die Schule.

Auch mein Ansatz konzentriert sich auf Gruppenkonflikte, dies aber im breiteren Rahmen einer allgemeinen Theorie über die Soziogenese des Wohlfahrtsstaates. Im Entstehen landesweiter Elementarschulsysteme sehe ich einen Aspekt jener größeren Transformation. Dadurch liegt der Akzent auch beim Bildungswesen auf der Entwicklung kollektiver Einrichtungen zur Abwehr von Defiziten und Risiken. In diesem Fall geht es um das Defizit der Unwissenheit oder genauer, um fehlende Kenntnis der Hochsprache und Analphabetismus. Die externen Effekte der um sich greifenden Alphabetisierung ließen den Analphabetismus allmählich zu einem Defizit werden: Als sich Lesen und Schreiben verstärkt durchsetzten, bekamen die Unkundigen im Alltag zunehmend Schwierigkeiten. Umgekehrt hemmte der Analphabetismus auch Projekte von Beamten und Unternehmern, so daß sie begannen, einem Defizit, das sie einengte, mit kollektiven Mitteln abzuhelfen.

Unwissenheit oder Analpabetismus können zwar nicht als Risiken gelten, da sie weder plötzlich noch wahllos zuschlagen, aber in einer zunehmend alphabetisierten Gesellschaft wirken sie meist defizitär. Hier ist der Begriff »externe Effekte« also eindeutig anwendbar. Auch wenn die »Ungewißheit über Zeitpunkt und Ausmaß« dabei analytisch kaum eine Rolle spielt, kommt die »Ungewißheit über den Effekt« ins Spiel: Die Erziehung von Kindern ist relativ kostspielig und langwierig, bei ungewissem Ausgang, und in vieler Hinsicht eine riskante, langfristige Investition.

Elementarschulen hatten in erster Linie das Lernziel, die Standardsprache mündlich wie schriftlich zu beherrschen, um an den entsprechenden Kommunikationsnetzen teilhaben zu können.[43] Zwar bedeutete Lesen und Schreiben der Standardsprache, daß man sich unmittelbar ins nationale Netz schriftlicher Kommunikation einschalten konnte, aber in vielen Ländern mußten Kinder, die Dialekte oder sonstige Idiome sprachen, erst einmal die Hochsprache erlernen: Nur damit fanden sie unmittelbaren Zugang zum nationalen Netz der *mündlichen* Kommunikation – einem lockeren Geflecht von Gesprächen und Reden, das wahrhaft einheitliche Bedeutung erst annahm, als in unserem Jahrhundert elektronische Medien aufkamen. Immer mußte man jedoch zunächst die Hochsprache verstehen, um sie lesen und schreiben lernen zu können.

Im folgenden gehe ich von einer Figuration lokaler oder regionaler Sprachgemeinschaften aus, die einander zwar kaum überlappen, aber stets durch die Vermittlung der alphabetisierten, zweisprachigen örtlichen Eliten mit *einer* zentralen oder nationalen Gemeinschaft verknüpft sind.

Im gesamten Mittelalter diente selbstverständlich Latein – die Sprache des Klerus aller Regionen – als *die* Lingua franca des christlichen Europa. Als dort in der frühen Neuzeit Zentralstaaten entstanden, bildeten sich regionale Dialekte heraus, die man an den Höfen, in Verwaltung und Justiz, Wissenschaft und Literatur sprach. Dadurch wurden sie zu Hochsprachen und dienten der Kommunikation zwischen den Eliten der diversen regionalen Sprachnetze. Von dieser Lingua franca abgesehen, fand zwischen den regionalen Netzwerken so gut wie keine Kommunikation statt.

Formal gewendet: Es gab viele Mengen regionaler Sprecher, wobei letztere einander schwach oder nicht überlappten. Alle diese Mengen überlappten jedoch *eine* weitere Menge – bestehend aus den Kundigen der Lingua franca. Das nenne ich eine »Blütenfiguration von Sprachen«, da ihre graphische Darstellung sehr an eine Blüte erinnert (vgl. Abbildung 2.1): Die regionalen Sprachgemeinschaften entsprechen den – einander schwach überlappenden – Blütenblättern, die Gruppe der Lingua-franca-Kundigen dem Blütenboden, der alle jene überlappt. Ein Teil der zentralen Menge muß keine Überlappung zeigen, weil eben manche Lingua-franca-Kundigen keine der regionalen Sprachen beherrschten, also nicht für Mittlerdienste geeignet waren. Diese kleine Gruppe fand allein über regionale Eliten Zugang zu den regionalen Dialektsprechern.

Dieses »Blütenmodell« der Kommunikation ist auch dort anwendbar, wo in Figurationen nicht Sprachvielfalt, sondern Analphabetismus die Verständigung behindert. Zwischen einzelnen regionalen Netzen kam mündliche Kommunikation zustande, falls die Dialekte wechselseitig verständlich (»interkomprehensibel«)[42] waren; sie beschränkte sich jedoch auf den Nahbereich. Während das geschriebene Wort jede Entfernung überbrückt, erfordert mündliche Kommunikation direkten Kontakt, blieb also außerdem durch fehlende Verkehrsmittel und die Mühen des Reisens eingeengt. Im Blütenmodell ergibt sich, daß die Blätter einander hier stärker überlappen als bei Sprachvielfalt, weil im Nahbereich überregionale mündliche Kommunikation möglich war. Obwohl eine breite Masse die Hochsprache verstand, konnte nur eine Minderheit jeder Region sie lesen und schreiben. Diese Eliten pflegten Schriftverkehr untereinander, gehörten also ebenfalls zur Zentralgruppe von Kundigen der Standardsprache. Auf diese gebildeten Vermittler waren Analphabeten beim Schriftverkehr zum Beispiel mit Behörden oder fernen Verwandten angewiesen. Auch hier waren manche Mitglieder der zentralen Menge in kein regionales Netz mündlicher Kommunikation eingebunden – nicht, weil sie mit niemand sprachen, sondern weil alle in ihrem Netz alphabetisiert waren und sie für keine Klientel dolmetschten. Im Gegensatz zu den zweisprachigen oder alphabetisierten Eliten, die in regionale Netze mündlicher Kommunikation eingebettet waren, hatten solche »Metropolitaner« also weder eine eigene Klientel, noch benötigten sie die Dienste regionaler Vermittler, um eine meist analphabetische Bevölkerung zu erreichen.

Die Figurationen von Sprachvielfalt und Analphabetismus ähneln einander in vielerlei Hinsicht; sowohl eine Lingua franca als auch die schriftliche Kommunikation sind geeignet, vielfältige regionale Netzwerke durch Vermittlung zweisprachiger oder alphabetisierter Eliten zu verknüpfen. Eine Regionalbevölkerung kann zwar mithilfe ihrer Eliten im nationalen Netzwerk mitkommunizieren – egal ob diese Eliten einen Dialekt oder die Hochsprache pflegen –, bleibt aber ihrerseits analphabetisch. In beiden Fällen sind also die Metropolitaner auf regionale Eliten angewiesen, um die Bewohner von Randgebieten zu erreichen. Zwischen beiden Figurationen besteht jedoch ein großer Unterschied: Sprachvielfalt ist durch wechselseitiges Erlernen der Sprachen überwindbar, Analphabetismus dagegen nur einseitig: Die Analphabeten müssen Lesen und Schreiben lernen.

Kurz, es gab eine Blütenfiguration von kaum oder lose verknüpften regionalen Netzwerken mündlicher Kommunikation; die »peripheren Blütenblätter« waren durch die Barrieren zwischen den Dialekten *oder*, wenn es eine gemeinsame Hochsprache gab, durch Distanz und durch anhaltenden Analphabetismus getrennt. Alle diese regionalen Netzwerke vereinte eine zentrale Menge, nämlich der »Blütenboden«, bestehend aus zweisprachigen oder alphabetisierten Personen, die sowohl einem regionalen Netzwerk als auch dieser zentralen Menge angehörten. Eine dritte Gruppe schließlich, »die Metropolitaner«, ebenfalls im »Blütenboden«, gehörte nur der zentralen Menge und sonst keiner an.

Welche kommunikativen Interdependenzen bestehen nun zwischen den Sprechergruppen in dieser Blütenfiguration? Ihre strategischen Positionen lassen sich anhand eines einfachen formalen Modells analysieren. In dieser Analyse der Sprachenvielfalt bildet die Blütenfiguration einen Sonderfall.

Drei Potentiale scheinen sich anzubieten, um die Kommunikation in mehrsprachigen Figurationen nach Interessen und Interdependenzen zu durchforsten: 1. Die Chancen, sich in einer gemeinsamen Sprache mit anderen zu verständigen, das heißt, »direkt zu kommunizieren«; 2. die Wahrschein-

Abbildung 2.1. Die Blütenfiguration von Sprachen

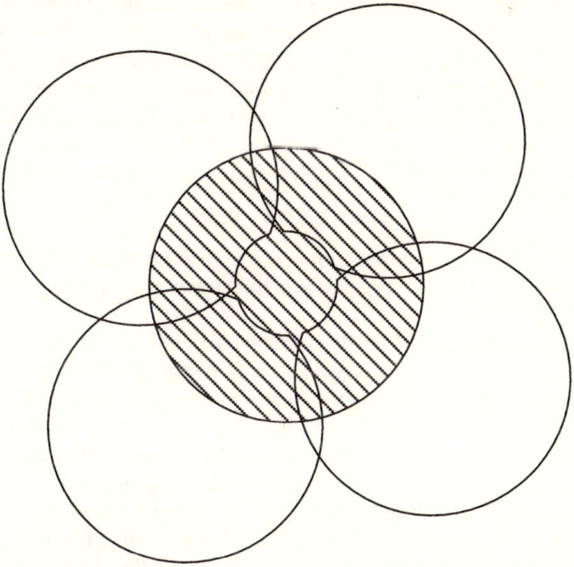

Anmerkung: Die äußeren Ringe umgrenzen regionale Dialekte, der schattierte die Hochsprache. In den unschattierten Segmenten der äußeren Ringe sprechen alle nur den Dialekt, im Kernbereich (der Metropolitaner) alle nur die Standardsprache. Die zweisprachigen Mittlereliten findet man in den Überlappungen des schattierten Mittelkreises mit den äußeren Ringen.

Das schattierte Segment kann auch als Gesamtmenge der Lese- und Schreibkundigen gedeutet werden, die äußeren Ringe als regionale Gemeinschaften mündlicher Kommunikation.

lichkeit, jemand anzutreffen, mit dem man keine Sprache gemeinsam hat, *und* einen Dritten zu finden, der mit jedem von beiden eine Sprache teilt – also einen Dolmetscher –, und so zwischen ihnen vermitteln kann, kurz: das Potential für »passives Dolmetschen«; 3. die Wahrscheinlichkeit, jemand zu finden, mit dem man eine Sprache teilt, *und* einen Dritten, mit dem man eine andere teilt, ohne daß er eine gemeinsame Sprache mit dem zweiten besäße, kurz: das Potential für »aktives Dolmetschen«.

Im Anschluß daran betrachte ich die Blütenfiguration der Sprachen als einen Sonderfall dieser mehrsprachigen Figuration. Hier geht es besonders darum, wie es sich auf die strategischen Positionen der einzelnen Gruppen auswirkt, eine zweite Sprache zu erlernen. Die Analyse fördert mehrere faktische Verallgemeinerungen zutage, anhand deren man die Ausbreitung von Kodes für eine landesweite Verständigung besser begreifen kann.

Ein statistisches Modell der Kommunikationspotentiale

Man denke sich ein System S verschiedener Sprachen, deren Sprecher einander nicht verstehen.[45] Zwei Personen ohne gemeinsame Sprache können sich nur über einen Dolmetscher verständigen, der beide Sprachen beherrscht. S enthält Personen mit jeder beliebigen Sprachenkombination. Alle Sprecher derselben Kombination[46] bilden eine wohlbestimmte Teilmenge.

So gibt es in einem viersprachigen System $S = \{E, F, G, H\}$ eine und nur eine Teilmenge von Sprechern $a_h = \{x_1, x_2, x_3, ...\}$ mit der zweisprachigen Kombination $c_h = \{F, G\}$. Der Anteil $n(a_h)$ von Sprechern in a_h an der Gesamtgruppe, N, des Systems läßt sich als f_h schreiben, so daß:

$$f_h = n(a_h)/\Sigma_i n(a_i);\ 0 \leq f_h \leq 1.$$

Jeder Sprecher in **S** gehört irgendeiner Gruppe a_i an, doch nie mehr als einer: Die Zerlegung der Sprechergruppen in **S** nach ihren Sprachkombinationen ist disjunkt ($a_i \cap a_j = 0$ [für $i \neq j$]) und erschöpfend ($\Sigma_i f_i = 1$).

Betrachtet man nicht allein die jeweiligen Sprachkombinationen, sondern auch die Reihenfolge des Spracherwerbs – das heißt, eine als Muttersprache und die andere(n) als Zweit-, Dritt- oder gar Viertsprache –, kann man Sprechermengen je nach Variationen oder Erwerbskombinationen, o_i, definieren.[47] Liegt der Akzent auf dem Spracherwerb, so dürfte das Merkmal o_i zwar typischer sein als c_i, aber die formalen Eigenschaften des Modells bleiben unverändert. Daher stelle ich diese Variationen hier nicht eigens dar.

Zwar korrespondiert jede Kombination von Sprachen c_i (oder Variationen o_i) einer Sprechermenge, aber gewisse Mengen können leer sein, $a_i = 0$ und $f_i = 0$: In dem System gibt es keinen Sprecher mit dieser speziellen Kombination. In der Regel sind die Sprechermengen für einzelne Sprachen ebenso wenig leer wie die meisten für zweisprachige Kombinationen (ansonsten gäbe es nicht genügend Dolmetscher, und das System zerfiele in disjunkte Teilsysteme). Doch gewöhnlich enthalten die drei- und viersprachigen Kombinationsmengen nur sehr wenige, manchmal gar keine Elemente.

Hier geht es nun in erster Linie um die strategische Position der Sprecher mit gewissen Sprachkombinationen innerhalb des Systems S. Mit Greenberg wird angenommen, daß sich zufällig Sprecherpaare bilden.[48]

Chancen direkter Kommunikation. Im folgenden betrachten wir die strategische Position von *Sprechern* innerhalb wandelbarer Systeme und fragen: Wie wahrscheinlich gehört ein Sprecher x_h aus irgendeiner Menge a_h, mit der Frequenz f_h und der Sprachkombination c_h, einem Zufallspaar mit gemeinsamer Sprache an, das direkt kommunizieren kann? Das Paar x_h und x_i teilt mindestens eine Sprache, sofern die Kombinationen c_h und c_i von Sprechern der Mengen a_h bzw. a_i mindestens ein Element gemeinsam haben. Daher kann man die direkten Kommunikationschancen u_h eines Sprechers aus einer Menge a_h wie folgt schreiben:

$$(1)\ u_h = \Sigma_i f_i \text{ für jene } c_i, \text{ so daß } c_h \cap c_i \neq 0.$$

Man beachte, daß i gleich j sein kann oder auch nicht.

Bis hier ähnelt das Argument dem Greenbergs, aber nun werde ich es erweitern.

Potentiale passiven Dolmetschens. Angehörige des Systems **S** können nicht nur direkt kommunizieren. Begegnen sie Menschen, mit denen sie keine Sprache teilen, läßt sich ein Dolmetscher finden. Statt des Paares bildet sich so eine *Triade*. Um die Wahrscheinlichkeit dieser Konstellation einzuschätzen, untersucht man Zufallstriaden, worin der erste und zweite Sprecher keine, der dritte jedoch eine Sprache mit dem ersten und eine andere mit dem zweiten teilen. Die Aussichten v_h eines Mitglieds der Menge a_h, einen Dolmetscher zu finden, lassen sich nun schreiben als:

$$(2)\ v_h = \Sigma_i\Sigma_j(f_i.f_j) \text{ für } c_h \cap c_i = 0 \textit{ und } c_h \cap c_i \neq 0 \textit{ und } c_i \cap c_j \neq 0$$

Man beachte, daß definitionsgemäß gilt $h \neq i$, $h \neq j$, $i \neq j$. Die Dolmetscher gehören a_j an.

Potentiale aktiven Dolmetschens. Schließlich können mehrsprachige Angehörige eines Systems **S** für andere dolmetschen, was wiederum ihre strategische Gesamtposition innerhalb des Systems beeinflußt. Hierzu kommt es bei Triaden mit zwei anderen Personen, die selbst keine Sprache teilen, wohingegen der Dolmetscher beide Sprachen beherrscht. Das Potential aktiven Dolmetschens w_h für irgendeinen Sprecher in a_h ist:

$$(3)\ w_h = \Sigma_i\Sigma_j(f_i.f_j) \text{ für } c_h \cap c_i \neq 0 \textit{ und } c_h \cap c_i \neq 0 \textit{ und } c_i \cap c_j = 0$$

Man beachte, daß definitionsgemäß wiederum gilt $h \neq i$, $h \neq j$, $i \neq j$, und daß die Dolmetscher a_h angehören.

Strategische Gesamtbeurteilung. Je nach Zweck der Analyse kann man die strategische Position irgendeines Sprechers im System **S** gemäß den Wahrscheinlichkeiten (1), (2) oder (3) einschätzen. Die Summe dieser Zuordnungen liefert einen signifikanten Indikator für die Gesamtmöglichkeiten eines Sprechers in a_h:

$$(4)\ y_h = u_h + v_h + w_h$$

Man beachte, daß $0 \leq y_h$, unter gewissen Umständen aber $y_h > 1$ (faktisch maximal $(y_h) = 2$).

Formale Eigenschaften einer Blütenfiguration

Manche Systeme zeigen typische Muster des Zusammenhanges zwischen ihren Sprachen, gebildet durch Mengen mehrsprachiger Personen, die mindestens zwei Sprachen »verknüpfen«.

In einem »zufälligen« System erscheinen diese Zusammenhänge rein koinzident. In einem »proportionalen« hängen sie von der Häufung einsprachiger Mengen ($n(c_i) = 1$) ab.

Wahrscheinlicher sind Muster der »Nachbarschaft«, worin Sprachen von Nachbarregionen stärker durch zweisprachige Personen verbunden sind als die von Gebieten ohne gemeinsame Grenzen.

Eine derartige »Blütenfiguration« ist einerseits durch zahlreiche »periphere Sprachen« geprägt, die wechselseitig nicht verständlich sind und jeweils nur wenige Dolmetscher haben, andererseits durch eine zentrale oder metropolitanische Sprache, die mit jeder der peripheren eine beträchtliche Zahl von Dolmetschern teilt. Diese zentrale Sprache heißt »L«, für »Lingua franca«. Im allgemeinen sind die mehrsprachigen Mengen relativ klein, etwa $f_i \leq m$, *es sei denn*, L wäre ein Element der entsprechenden zweisprachigen Kombination und $f_i > m$. Die Zahl der Elemente in einer Menge läßt sich als $n(c_i)$ schreiben, Eine Blütenfiguration ist also definiert durch:

$$(5)\ f_i \leq m \text{ für } L \notin c_i \text{ und } n(c_i) \geq 2;\ f_i > m \text{ für } L \in c_i \text{ und } n(c_i) = 2$$

Tranformationsanalyse in mehrsprachigen Figurationen

Damit besitzen wir ein sehr mächtiges, einfaches und allgemeines Modell für Sprachfigurationen und ihre Kommunikationspotentiale. Nun wollen wir die Transformationen oder, wie es manchmal heißt, »die Systemdynamik« dieser Figurationen untersuchen.

Hier kommt es vor allem auf den Spracherwerb in der Figuration an. Auf dieser analytischen Stufe bietet es sich an, Teilsysteme mit nur zwei Sprachen, etwa F und G, und entsprechend nur drei Mengen c_i zu betrachten: {F}, {G} und die zweisprachige Menge {F, G}, die wir c_1, c_2 bzw. c_3 nennen wollen.

Was geschieht, wenn a_3, entsprechend c_3 = {F, G}, zu wachsen beginnt, weil die Menschen eine Zweitsprache erlernen? Für die verbleibenden einsprachigen Personen – etwa in a_1, die nur F beherrschen – bieten sich dadurch, daß einige von ihnen eine Zweitsprache erlernen und a_3 beitreten, keine neuen Chancen, *direkt zu kommunizieren*: Mit ihnen konnten sie sich ja auch schon vorher direkt verständigen. Doch für die Angehörigen von a_2, die G sprechen, wachsen die Chancen, da sie jetzt direkt mit den neuen Zweisprachigen kommunizieren können, die von a_1 nach a_3 gelangten, indem sie G lernten. Gewiß ist es sehr bequem, wenn andere die eigene Sprache lernen. Daher kommen Einsprachige von L (die Metropolitaner) in eine besonders günstige Lage, falls in einer Blütenfiguration Menschen aus allen peripheren Sprachgruppen die zentrale Sprache L als Zweitsprache erlernen: Ihre Chancen direkter Kommunikation steigen, ohne daß sie selbst eine neue Sprache erwerben müßten.

Doch die bereits in a_3 angelangten Zweisprachigen erhalten durch Anwachsen ihrer Gruppe keine neuen Möglichkeiten, direkt zu kommunizieren, da sie sich in dem zweisprachigen System ja schon vorher mit allen verständigen konnten.

Formal ausgedrückt: Da a_3 auf Kosten von a_1 wächst, gilt $f_1 + f_3 = c$; und da $f_1 + f_2 + f_3 = 1$, gilt $f_2 = 1 - c$. Wir ersetzen u_h in Ausdruck (1):

$u_1 = f_1 + f_3 = c$ (F gemeinsam); u_1 bleibt konstant;
$u_2 = f_2 + f_3 = 1 - c + f_3$ (G gemeinsam); u_2 wächst zusammen mit f_3;
$u_3 = f_1 + f_2 + f_3 = 1$ (F und G gemeinsam); u_3 bleibt konstant.

Wie beeinflußt die Zunahme von Zweisprachigen in a_3 auf Kosten von F-Sprechern in a_1 die Potentiale des *passiven Dolmetschens*, v_h, wie in Ausdruck (2) definiert? Für jene Einsprachigen, die in a_1 verbleiben, stehen nun immer mehr Dolmetscher bereit. Sie können gegenüber der gleichbleibenden Zahl von G-Sprechern vermitteln, die nur a_2 angehören. Für die Zweisprachigen in a_3 ist passives Dolmetschen irrelevant.

Ersetzen wir in Ausdruck (2):

$v_1 = f_2.f_3 = (1 - c).f_3$; v_1 wächst mit f_3;
$v_2 = f_1.f_3 = (c - f_3).f_3$; v_2 steigt als Parabel bis $f_3 = c/2$ und fällt dann bis $f_1 = 0$, $f_3 = c$ und $v_2 = 0$, denn alle sprechen G ($u_2 = 1$);
$v_3 = 0$. Die Potentiale des passiven Dolmetschens sind für Zweisprachler irrelevant, dafür aber die *aktiven Dolmetschens* um so wichtiger (und für a_1 oder a_2 irrelevant).

Nun ersetzen wir w_h in Ausdruck (3), so daß sich die Potentiale aktiven Dolmetschens wie folgt darstellen:

$$w_3 = f_1.f_2 = (c - f_3).(1 - c) = - (1 - c)f_3 + c(1 - c)$$

Die Chancen, aktiv zu dolmetschen, w_3, vermindern sich für die Zweisprachigen in a_3 linear: Beim ersten Dolmetscher ($\lim f_3 = 0$) gilt $w_3 = c - c^2$. Doch wenn sich der Anteil f_3 seiner Obergrenze c nähert, sinkt w_3 von $c - c^2$ auf 0, da es in a_1 kaum noch Einsprachige gibt, die gegenüber der – gleichbleibenden – Menge a_2 Dolmetscher brauchen. Daraus folgt jedoch, daß bereits zweisprachige Personen durch ein Anwachsen ihrer Gruppe etwas *verlieren*, wenngleich jeder einzelne, der hinzukommt, viel gewinnen kann. Der Verlust für die ursprünglich Zweisprachigen wird weder durch einen Zuwachs ihrer direken Kommunikationschancen u_3 wettgemacht, die ja immer gleich 1 waren, noch durch ein gesteigertes Potential des passiven Dolmetschens v_3, da es für sie nicht besteht.

Wächst a_3 auf Kosten von a_1, während a_2 konstant bleibt, zeigen die generellen Kommunikationschancen das folgende Muster:

$y_1 = u_1 + v_1 = c + (1 - c).f_3$; linearer Zuwachs bei f_3;
$y_2 = u_2 + v_2 = 1 - c + f_3 + (c - f_3).f_3$; parabolische Zunahme von $y_2 = 1 - c$ für $f_3 = 0$ auf $y_2 = 1$ für $f_3 = 1$;
$y_3 = u_3 + w_3 = 1 - (1 - c).f_3 + c(1 - c)$; lineare Abnahme bei f_3.

Daraus folgt, daß die Einsprachigen in a_1 ohne eigenes Zutun insgesamt besser dastehen, wenn andere in ihrer Gruppe eine Zweitsprache erlernen. Global gesehen gewinnen die Einsprachigen in a_2 auch ohne eigenen Aufwand etwas, wenn Angehörige von a_1 ihre Sprache erwerben. Drittens verschlechtert sich das Gesamtbild für die ohnehin schon zweisprachigen Angehörigen von a_3 nur dann, wenn ihre Gruppe wächst.

Schließlich steigert jedes individuelle Übertreten von a_1 zu a_3 durch Erlernen einer Zweitsprache die Gesamtchancen:

$$y_3 - y_1 = 1 - (1 - c).f_3 + c(1 - c) - \{c + (1 - c).f_3\} = (1 - c).(1 + c - 2f_3).$$

Der Gewinn ist eindeutig, da $(1 - c)>0$ und $(1 - f_3)>0$ und $(c - f_3)>0$; er nimmt jedoch ab, wenn f_3 wächst: Wer spät lernt, profitiert am wenigsten.

Faktische Verallgemeinerungen aufgrund des Modells

Aufgrund dieser Analyse lassen sich einige allgemeine Thesen über mehrsprachige Figurationen aufstellen.

1. Eine einsprachige Bevölkerung profitiert davon, wenn ihre Angehörigen andere Sprachen erlernen – nicht wegen der besseren Chancen, direkt zu kommunizieren, sondern wegen des gesteigerten Potentials passiven Dolmetschens.
2. Eine einsprachige Bevölkerung gewinnt etwas, wenn Menschen aus anderen Sprachräumen ihre Sprache erlernen, weil damit sowohl die Chancen der direkten Kommunikation als auch das Potential passiven Dolmetschens zunehmen; bei letzterem wachsen die globalen Vorteile jedoch ab einem gewissen Punkt langsamer.

3. Wenn Menschen eine zusätzliche Sprache erlernen, steigern sie ihre Chancen der direkten Kommunikation, weil sie sich mit einem neuen Personenkreis verständigen können (die Vorteile wiegen alle Einbußen beim Potential passiven Dolmetschens auf, das keine Rolle mehr spielt); auch steigern sie ihr Potential aktiven Dolmetschens – dies um so mehr, je weniger Dolmetscher es bereits gibt.
4. Mehrsprachige haben in jeder ihrer Sprachen bessere Chancen der direkten Kommunikation als Einsprachige, aber diese wachsen nicht mit der Ausbreitung ihrer speziellen Kombination; faktisch büßen sie dadurch sogar Potentiale aktiven Dolmetschens ein.
5. Generell gilt in solchen Blütenfigurationen, daß es besonders für direkte Kommunikation von Vorteil ist, die zentrale Sprache zu beherrschen, weil sie am häufigsten als Zweitsprache gewählt wird. Zudem sind damit hohe Potentiale passiven Dolmetschens verbunden, da es Dolmetscher für jede der peripheren Sprachen gibt, deren Zahl zunimmt, sofern immer mehr Menschen eine zweite Sprache erlernen. Deshalb kann sich die Ausbreitung der zentralen Sprache von selbst beschleunigen.

Geht man davon aus, daß Einzelne und Sprachgruppen bestrebt sind, ihre Kommunikationspotentiale zu wahren oder zu steigern, weisen diese fünf allgemeinen Thesen auf einen Gruppenkonflikt hin, der mehrsprachige, besonders aber Blütenfigurationen in Spannung hält. Die Einsprachigen werden für Spracherwerb eintreten und vor allem fordern, daß andere ihre Sprache erlernen. Einzelne könnten ihre Chancen erheblich steigern, lernten sie eine zusätzliche Sprache (was jedoch oft teuer ist). Mehrsprachige dürften es nicht gerne sehen, wenn auch andere die Sprachen erlernen, zwischen denen sie dolmetschen (begrüßen es aber vielleicht bei einer davon und einer weiteren). Schließlich können einsprachige Gruppen überdauern, wo viele andere Zweitsprachen erlernen. Das geschieht, wenn sich die faktischen Potentiale passiven Dolmetschens so erhöht haben, daß aktives Dolmetschen nicht mehr genügend Gewinn verheißt, weshalb kaum noch jemand eine zweite Sprache erlernt (auch wenn dies nun sehr viel billiger geworden sein mag).

Im Sinne des Modells kann man die Alphabetisierung als Sonderfall des Spracherwerbs betrachten, obwohl sie nur einseitig zum Lesen und Schreiben befähigt, da alle Alphabetisierten die gesprochene Sprache bereits beherrschen. Die Masse der Analphabeten gliedert sich in relativ separate Gruppen mit je eigenen Netzen mündlicher Kommunikation. Sie trennen weniger sprachliche Grenzen (die aber auch bestehen können) als räumliche. Das ganze System durchzieht die schriftliche Kommunikation zwischen den Alphabetisierten. Diese können für Analphabeten »dolmetschen«, indem sie ihnen vorlesen oder für sie schreiben. Sie dürften verhindern wollen, daß auch andere Lesen und Schreiben lernen, da dies ihre Position schwächen würde. Im Sinne des Modells hat schriftliche Kommunikation alle Merkmale einer Lingua franca, und es gelten ähnliche Prognosen: Die Analphabeten gewinnen, wenn sie selbst oder andere Lesen und Schreiben lernen; die alphabetisierten örtlichen Eliten verlieren Potentiale aktiven »Dolmetschens«, wenn die Analphabeten in ihrer Klientel Lesen und Schreiben lernen; doch die metropolitanischen Eliten, denen solche aktive Vermittlung mangels eigener Klientel weniger bedeutet, können nur davon gewinnen, wenn Menschen Lesen und Schreiben lernen, da dies ihre Chancen direkter schriftlicher Kommunikation erhöht.

Daher wächst der zentralen Sprache und der Alphabetisierung in Blütenfigurationen eine Schlüsselstellung zu. Viele werden alles tun, um den zentralen Kommunikationskode zu erlernen. Gruppen wie die Metropolitaner bewegen sich nur in diesem Kode, werden dessen Ausbreitung also der direkten Kommunikation zuliebe fördern. Aber jene, die den zentralen und einen anderen Kode beherrschen, etwa die regionalen Eliten, dürften sich gegen die Ausbreitung beider Kodes sperren, um ihre Vorteile bei der aktiven Vermittlung zu wahren. Auch sie profitieren jedoch davon, wenn Vertreter eines dritten Kodes – außerhalb ihrer Vermittlungssphäre – den zentralen Kode erlernen. Die Mittlergruppen haben zwar ähnliche Interessen, aber kein gemeinsames – eine fatale Quelle der Schwäche.

Die Analyse verdeutlicht, warum Staatsapparate dazu neigten, einen Zentralkode L landesweit durchzusetzen, denn so konnten sich ihre Beamten direkt – sprich: ohne örtliche Vermittler – an die Bürger wenden.[49] Gleichermaßen lag nahe, daß die Beteiligten des überregionalen Handels vehement für nationale Kommunikationskodes – Standardsprache, Standardmaße und -währungen, Grundrechenarten und Geographie – eintreten würden, um die Geschäftsabwicklung zu erleichtern.[50] Ein anderes Bild boten die Industriellen, die – zumal in den Frühphasen der Industrialisierung – in puncto Arbeitskräfte, Rohstoffe und Fertigprodukte oft auf den lokalen Märkten operierten.

Analog, bloß aus gegenläufigen Motiven, sperrten sich die lokalen und regionalen Eliten gegen das Eindringen dieses Standardkodes in ihre Einflußsphäre[51], um ihre Klientel bei der Stange zu halten und ihre Monopolstellung zu wahren.[52] Sollte der Kode in anderen Gebieten ausgebreitet werden, reagierten sie gleichgültig oder gar zustimmend. Das verhinderte kollektives Handeln seitens der regionalen Eliten.

Ebenso divergierten die kommunikativen Interessen zwischen den Dialektsprechern oder Analphabeten einer Region und den dortigen zweisprachigen oder alphabetisierten Anwohnern. Historisch dürfte der Bruch genau dem Muster anderer kultureller, ökonomischer oder politischer Spaltungen entsprochen haben. Es scheint nicht abwegig, zu unterstellen, daß die Zweisprachigen oder Alphabetisierten dem örtlichen Adel, dem Klerus und den *notables* angehörten[53], die Einsprachigen oder Analphabeten dagegen Bauern, Tagelöhner und Arbeiter waren. Wahrscheinlich folgten diese Kommunikationsmuster denen der kommerziellen, politischen und kulturellen Interaktion (schließlich kommunizieren die Menschen meist über etwas). Obwohl sich die kommunikativen Überlappungen und Grenzen nicht immer mit jenen anderen Mustern decken mochten, fielen sie für die dortigen Interessen allemal ins Gewicht, und gewiß nahmen die Menschen der damaligen Zeit sie genau so wahr.

Der Ansatz einer Blütenfiguration erlaubt, die Rolle der »stets aufstrebenden« Bourgeoisie als Träger der Bildungsreform neu zu bestimmen. Vor allem trat sie nicht immer geschlossen für eine landesweite Elementarschulerziehung ein: *notables*, etwa Anwälte und Notare in Kleinstädten, konnten sich ihr vehement widersetzen. Manche Industrielle, die sich überwiegend an regionalen Märkten orientierten, bevorzugten Bündnisse mit örtlichen Honoratioren. Andererseits neigten die Aristokraten im nationalen Handel und – wichtiger noch – in der zentralstaatlichen Bürokratie dazu, sich den Verfechtern einer elementaren Ausbildung anzuschließen, um Alphabetisierung oder fließende Beherrschung der Hochsprache zu erreichen.

In der Blütenfiguration sind die verschiedenen Gruppen aufgrund ihrer Stellung im Kommunikationsprozeß definiert. Doch eine gemeinsame Position genügt nicht, um Gruppenmitglieder in ein Gesamtsubjekt des kollektiven Handelns zu verwandeln. Die lokalen Eliten waren allerdings oft durch Ehen, kommerzielle Interessen, Geselligkeit und über die Kirche verbunden. Wichtiger noch, ihre Machtbasis fiel gewöhnlich mit einem institutionellen, politischen Gebilde zusammen: einer Kommune, Grafschaft usw. Daher konnte die Führung eine allgemeine Politik durchsetzen, wobei die lokalen Eliten für den politischen Zusammenhalt sorgten. Manchmal bemächtigten sich Koalitionen aus regionalen Eliten sogar der nationalen Regierung, und dann war ihr Standpunkt in Erziehungsfragen ambivalent: Der Staatsapparat, den sie nun kontrollierten, wäre bei landesweiter Elementarschulerziehung zwar effizienter geworden, aber das hätte die lokalen Eliten ihre ursprüngliche Machtbasis gekostet. Da sie das nationale System weder abschaffen konnten noch wollten, versuchten sie, dessen Curriculum mit traditionellen Werten anzureichern, und gestatteten Kommunalbehörden und Klerus, die Unterrichtspraxis zu überwachen.

Für die Bauern und Landarbeiter war es bedeutend schwieriger, wenn nicht völlig unmöglich, sich als eigenständige politische Kraft zu konstituieren. Wenn sie überhaupt organisiert waren, dann stets in den Institutionen, die von lokalen Eliten beherrscht wurden. Dieser Umstand allein erklärt schon weitgehend, warum es seitens der Bauern kaum Initiativen gab, sich direkt in die nationalen Kommunikationsnetze einzuschalten und eine Elementarschulausbildung für ihre Sprößlinge zu fordern.

Großstädtischen Eliten fiel es leichter, geschlossen aufzutreten, zumal wenn sie die Regierung oder zumindest das Kultusministerium und die Schulaufsicht kontrollierten. Ohne solche Machtpositionen waren sie ganz auf freiwillige kollektive Aktionen angewiesen, um Schulen für ihre und andere Kinder zu gründen und zu finanzieren. Hier tritt die Ambivalenz der Erziehung deutlich zutage: Auf der einen Seite ist die Ausbildung eigener Kinder ein individuelles Gut, eine langfristige Investition der Eltern in ihre Sprößlinge. Auf der anderen Seite mindern Lehranstalten nicht nur die Kosten enorm, da Schulen viel billiger sind als Hauslehrer, sondern alle Eltern einer bestimmten gesellschaftlichen Schicht sind auch gemeinsam daran interessiert, einen einheitlichen Kommunikationskode auf die Folgegeneration zu übertragen: einen kohärenten Wissensfundus, den jeder bei den anderen voraussetzen darf.

Mit freiwilligen Schulgebühren bezahlten Eltern die Ausbildung der eigenen Kinder. Obendrein beteiligten sie sich an den Gesamtkosten ihres kollektiven Schulsystems, um den Wert des erworbenen Wissens zu steigern. Erneut mußten daher religiöser und politischer Eifer, gesellschaftliche Kontrolle und zunehmende Institutionalisierung die Konflikte des kollektiven Handelns überwinden; erneut wirkten Geistliche als »Wohlfahrtsunternehmer« in Sachen kollektive Erziehung. Auch hier trugen die kollektiven Kampagnen für gute Schulen erst dazu bei, jene Kollektive zu begründen, denen die Schulen dienen und die sie am Leben halten sollten.

Das Blütenmodell stellt in einem groben, einfachen Schema dar, ob es Menschen nützt oder eher schadet, wenn andere eine Zweitsprache erlernen oder alphabetisiert werden. Solche Externalitäten zeugen von sprachlichen Interdependenzen, die Einklang wie auch Konflikt bedeuten können. Insofern bildet das Modell eine erste Annäherung an die vielfältigen, am Spracherwerb und an der Alphabetisierung beteiligten Interessen. Die Parteien werden durch ihre Positionen innerhalb der kommunikativen Blütenfiguration identifiziert, wobei diese oft vielleicht genau der Klassenzugehörigkeit, nahezu immer jedoch der geographischen Lage und möglicherweise der Konfession entsprachen. Anders ausgedrückt, die Dynamik einer Figuration von Kommunikationsnetzen ist eng mit der von Klassen-, Religions- und Regionalkonflikten verwandt.

Sprachvereinheitlichung in Europa und Amerika

Der französische Historiker Marc Bloch hat die mittelalterliche Gesellschaft durch einen großen Sprachkontrast charakterisiert[54]:

> Auf der einen Seite stand die ungeheure Mehrheit der Ungebildeten, von denen ein jeder in seinen landschaftlichen Dialekt eingemauert war und, wenn er literarische Interessen hatte, sich mit einigen weltlichen Gedichten, die fast ausschließlich durch das lebendige Wort überliefert waren, sowie den frommen Gesängen begnügen mußte, die einige wohlmeinende Geistliche in den Nationalsprachen zum Nutzen der einfachen Leute verfaßt hatten und die sie mitunter dem Pergament anvertrauten. Auf der anderen Seite gab es die kleine Handvoll gebildeter Menschen, die beständig zwischen ihrer Tages- und Heimatsprache und der universellen Gelehrtensprache hin- und herwechselte und streng genommen zweisprachig war. Für sie waren die theologischen und historischen Werke bestimmt, die gleichbleibend in Latein abgefaßt waren, ihrem Verständnis erschloß sich die Liturgie, ebenso die Geschäftspapiere. Latein bildete nicht nur eine Hilfssprache des Unterrichts, es war die einzige Sprache, die unterrichtet wurde. Mit einem Wort – lesen können hieß Latein lesen können.

Die Funktionen des Lateinischen fielen allmählich den Sprachen der zentralen Höfe zu; Latein hielt sich noch einige Jahrhunderte lang unter Gelehrten und endete als Sprache der katholischen Liturgie. Beschleunigend wirkte dabei die Erfindung der Druckerpresse: »Der Buchdruck bewahrte, kodifizierte, schuf sogar gewisse Dialekte ... Nachdem sie Sprachbarrieren zwischen einzelnen Gruppen errichtet hatten, homogenisierten die Drucker das Innenfeld ... und wiesen Provinzdialekten eine neue, periphere Rolle zu.« Daraus schließt Elisabeth Eisenstein: »Somit brachte der Buchdruck die Sprachverschiebung zum Stillstand«[55] – wie später Schulunterricht von zentral ausgebildeten Lehrern oder heute Funk und Fernsehen.

Die regionalen Dialekte ließen sich jedoch nur langsam und niemals vollständig von den Hofsprachen verdrängen, auch als diese mit dem Aufkommen der Nationalstaaten landesweite Kreise zogen. Gegenüber dem Landadel konnte der königliche Hof seine Sprache durchsetzen, so daß die örtlichen Eliten in der Regel zweisprachig wurden und die höfische Sprache neben ihrem regionalen Dialekt als die neue Lingua franca benutzten. Wer sie weder las noch schrieb, war ganz auf die lokale mündliche Gemeinschaft verwiesen, vom kulturellen und politischen Leben der Außenwelt abgeschnitten: »Dörfler waren, von den Honoratioren abgesehen, politisch isoliert; zwischen Dorf und Nation vermittelten lediglich Gutsherren, manchmal auch die Pfarrer.«[56]

Betrachtet man historische Landkarten über die Sprachenvielfalt im Frankreich[57] und Großbritannien (oder auch Rußland und Spanien) der frühen Neuzeit, so ergibt sich ein Blütenmuster: Ein großer Fleck in der Mitte zeigt das Kerngebiet der Hochsprache mit einem sehr ausgedehnten Ballungsraum rings um die Hauptstadt Paris bzw. London. An den Peripherien sieht man Regionen, geprägt durch Dialekte und sogar ausgeprägt unterschiedliche Sprachen. Oft waren solche Randgebiete, etwa Schottland oder Wales, lange unabhängig gewesen und erst kurz zuvor erobert oder annektiert worden, oder sie hatten einem anderen Reich angehört, wie Katalonien.[58] Andere blieben umkämpft, manchmal bis in unser Jahrhundert hinein, wie das Elsaß zwischen Frankreich und Deutschland.[59]

Für das Bild der Sprachenvielfalt im heutigen Großbritannien gibt es den treffenden Ausdruck »der keltische Rand«[60]: Um das englischsprachige Herzland ziehen sich im großen Bogen Schottland, Irland, Wales und die Insel Man mit je eigener keltischer Sprache. Im Fall Schottlands begann die Anglizierung der Eliten bereits im 13. Jahrhundert, in Wales setzte sie mit der Union von 1536 ein. Dort war »der Adel sehr bemüht, sich vom groben und barbarischen Landvolk abzugrenzen«, indem er Sprache und Manieren aus England übernahm.[61] In Schottland trugen die Bekehrungskampagnen der Amtskirche[62] zur Anglizierung des gemeinen Volkes bei, und im 19. Jahrhundert setzte Wales sie mit neuer Kraft fort, als zunächst die Anglikanische Kirche, dann auch die Zentralregierung, Elementarschulen einrichteten. Die »Dissenting School Society« – gegen die Anglikaner gerichtet – trat für lokale Dialekte ein und machte sich dadurch bei vielen einfachen Walisern beliebt.[63] Die offizielle Bildungspolitik und die einsetzende Industrialisierung, in der Englisch für Fortschritt und Chancen stand, verdrängten die keltischen Sprachen allmählich – zunächst aus dem öffentlichen Leben und dann, nach dem Triumph der Massenmedien, auch nahezu aus der gesamten Privatsphäre.[64]

Die sprachliche Geographie Frankreichs unter dem *ancien régime* ist das Schulbeispiel eines Blütenmodells. Das Muster »bunter Vielfalt der Zungen« überdauerte, wie Eugen Weber dokumentierte[65], bis weit ins 19. Jahrhundert hinein. Zwar beharrten die Könige im offiziellen Geschäftsverkehr auf Französisch, kümmerten sich aber nicht weiter um die Sprache des einfachen Volkes. »Bürger größerer Städte, allen voran Juristen, sowie Adlige und Geistliche, wurden zwei- oder mehrsprachig.«[66] Grégoires Untersuchungen zur Zeit der französischen Revolution ergaben, daß nur 3 von etwa 25 Millionen Menschen fließend Französisch sprachen; 6 Millionen war die Sprache völlig fremd.[67]

Mit der Revolution begannen Kampagnen zur Sprachvereinheitlichung, vorangetrieben durch die staatlichen Elementarschulen. Die Katholische Kirche und örtliche Priester sperrten sich, wobei ihnen die eigene Macht und das religiöse Curriculum gewiß mehr am Herzen lagen als lokale Dialekte. Insofern organisierten sie den lokalen Widerstand nicht, sondern spiegelten ihn eher wider. Dazu bemerkt Eugen Weber jedoch[68]: »Einen ihrer größten Feinde hatte die Mundart in der eigenen Provinzialität.« Am Ende besiegten das Elementarschulwesen und die Militärpflicht die regionale Sprachenvielfalt, und um 1900 verachteten Bauernkinder schon ihren örtlichen Dialekt und lernten lieber die Sprache der Mobilität und der Aufstiegschancen.

In deutschen Landen hielt die politische Fragmentierung sehr lange an, und dafür war das Sprachmuster erstaunlich homogen. Obwohl die örtlichen Dialekte stark differierten, war Deutsch bereits um 1500 zwischen Ostsee und Donau, zwischen Oder und Maas verbreitet; bloß in einer Enklave, rings um Lützen, südlich Berlins, hatte sich die slawonische Sprache Sorbisch eingenistet.[69] Schriftdeutsch diente weithin amtlichen Zwecken. Lediglich am Rande des Gebiets, das später zum Deutschen Reich wurde, überlebten unterschiedliche Sprachen und ausgeprägte Dialekte, verwandt mit dem Tschechischen, Polnischen oder Dänischen, hoch im Norden Friesischen, das auch im Norden der Niederlande gesprochen wurde.[70]

Als Preußen 1772 polnisches Gebiet annektierte, geriet eine große heteroglotte Bevölkerung unter deutsches Regiment. Ein Jahrhundert lang blieb die amtliche Sprachpolitik »pragmatisch«, »liberal« und »vorsichtig«, Polnisch die vorherrschende Sprache der überwiegend ländlichen Gesellschaft. Als erste Gruppe lernte der Adel Deutsch, weil es eben die Sprache der preußischen Beamten, der Höfe und des überregionalen Handels war.[71] Nach 1871 ging das Reich zu einer offenen und energischen Politik der Germanisierung über, die zuvor bloß ein implizites Fernziel war. In der Folge vollzog sich die Sprachvereinheitlichung, wie andernorts, wo regionale Dialekte überlebt hatten, im Rahmen der Kampagne für die Elementarschulpflicht: »Alphabetisierung als Instrument der Sprachpolitik«.[72] Der katholische Klerus bekämpfte den deutschen Einfluß: Anfangs trat er zusammen mit den örtlichen Gutsherren gegen alle preußischen Bildungsinitiativen ein, begann jedoch wenig später,

Elementarschulen mit katholischem Curriculum und Polnisch als Unterrichtssprache zu fordern. In diesem Fall ging der Sprach- und Bildungskonflikt in einen nationalen Kampf ein, der in den beiden Weltkriegen unseres Jahrhunderts wieder aufflammte.

Die Niederlande waren sprachlich ebenfalls relativ homogen. Unter der Republik vermittelten überwiegend die urbanen Eliten zwischen den verschiedenen Regionen, woran die Bauern und das einfache Volk fast nicht beteiligt waren. Die Sprache des Amsterdamer Patriziats diente als Norm.[73] Mit fortschreitender nationaler Einheit der Niederlande galt die Sprache der bourgeoisen Vorhut bei immer weiteren Kreisen als »allgemein zivilisiertes Holländisch«. Diese Hochsprache diente der Kommunikation in einer zusammenwachsenden Gesellschaft, besonders im Sekundärbereich – zwischen Fremden und bei Formalitäten. Doch wie Goudsblom zeigte, normiert sie aufgrund ihrer strengen Regelung der Ausdrucksformen auch das kultivierte Benehmen und verknüpft Menschen dadurch miteinander, betont aber zugleich die Kluft zwischen Menschen mit »feinen« und solchen mit »groben« Sprachmanieren.

Im äußersten Süden und Norden der Niederlande sind nach wie vor ausgeprägte Dialekte gebräuchlich. In der südlichen Stadt Limburg hat ein Dialekt überlebt, in dem einst Anklänge von »Hochdeutsch« gehört wurden, während er heute als eine Spielart des eng mit ihm verwandten Holländischen oder »Niederdeutschen« gilt.[74] Im Norden der Niederlande wird noch Friesisch gesprochen; jüngst wurde es als Sprache des Unterrichts, der Justiz und der Politik wiederbelebt. Doch im großen und ganzen sind die regionalen Sprachvarianten in den Niederlanden fast konfliktlos allmählich verschwunden, und inzwischen normieren die Massenmedien das gesprochene Holländisch landesweit.

In Westeuropa war die nationale Vereinheitlichung der Sprachen – jedenfalls der schriftlichen – zu Beginn des 20. Jahrhunderts fast abgeschlossen. Nur Belgien und die Schweiz haben noch verschiedene direkt benachbarte Sprachräume: bodenlose Blütenblätter. Abgesehen vom schweizerischen Rhätoromanisch handelt es sich jedoch durchweg um regionale Varianten der Landessprachen angrenzender Staaten; so haben beide Länder an den Schnittstellen viel größerer politischer Gebilde eigenständig überlebt.

Auch die Vereinigten Staaten hatten sich zur sprachlichen Einheit entwikkelt. Seit europäische Siedler den Kontinent eroberten und die Indianer bekriegten, sind Amerikas Eingeborenensprachen fast völlig verschwunden. Die ursprünglich in den neueren Erwerbungen Louisiana, Neumexiko und Kalifonien geläufigen Sprachen stammten aus anderen Räumen, nämlich

Frankreich und Spanien. Doch diese Sprachvielfalt hat schon das 18. Jahrhundert kaum überlebt.

Später wurde die Immigration zu einer neuen wichtigen Quelle der Sprachvielfalt Amerikas, aber auch diesmal hatte sie rasch ein Ende. Unter Migranten vollzieht sich die sprachliche Assimilation ganz anders und vor allem viel schneller als unter Seßhaften, die eine feste Sprachgemeinschaft bilden. Immerhin haben Immigranten den Entschluß gefaßt, das Land zu wechseln, sind also gewöhnlich bereit, die Kultur des neuen Umfeldes anzunehmen. Außerdem stehen sie der fremden Kultur einzeln oder in kleinen Gruppen gegenüber, sind entwurzelt und von ihren alten Kreisen getrennt. Da es ihnen enorme Vorteile bringt, sich sprachlich zu assimilieren, und sie sozial aufstreben, werfen Immigranten ihre Muttersprache meist nach höchstens zwei bis drei Generationen ab. Infolgedessen sind oder vielleicht waren – betrachtet man die Rückbesinnung auf »ethnische Identität« – »die Vereinigten Staaten sprachlich eines der homogensten Länder, aber ethnisch das heterogenste.«[75]

Migration spielte auch für die europäische Sprachvereinheitlichung eine wichtige, aber meist vergessene und inzwischen nicht mehr zu rekonstruierende Rolle. Analog zum Muster der Vereinigten Staaten legten Landbewohner, die in Städte umsiedelten, ihren Dialekt ab; auch Kleinstädter, die in Ballungsräume abwanderten, fügten sich in die Standardsprache. In England und Frankreich spielte jedoch auch die gegenläufige Migration eine wichtige Rolle. Wenn Beamte oder Unternehmer in Randgebiete kamen, wirkten sie dort unwillentlich als Missionare für die Standardsprache und werteten sie durch ihr Prestige auf. Soldaten in Garnisonsstädten und Facharbeiter in den neuen Industrieregionen – etwa den walisischen Bergbaugegenden – verbreiteten ebenfalls das Wort, gaben der Metropolensprache eine Aura des Innovativen und Modernen (weshalb man diese oft genauso tief verabscheute wie sie). Dort, wie auch in Irland oder in der französischen Provinz, legten die Einheimischen ihren Dialekt in Massen zugunsten der Standardsprache ab – wie es die amerikanischen Immigranten taten –, opferten ihn dem gesellschaftlichen Aufstieg. »*Wer* die Sprache beherrscht, ist letzten Endes viel wichtiger als *wieviele*«, schreibt Dorian und erläutert an anderer Stelle: »Wenn die Angehörigen niederer oder peripherer Kulturen eine dominante Kultursprache (oft sogar auf Kosten der eigenen) annehmen, so ist das eine Anpassungs- oder Konkurrenzstrategie.«[76] Man darf anfügen, daß im Endeffekt die *strategische* Position als Bindeglied zwischen allen anderen Sprachgruppen ausschlaggebend sein könnte.

Gegen 1800 dominierten durchweg landesweite Netze von Regierungs- und Justizbehörden, womit für alle amtlichen Belange und formellen Dokumente die Standardsprache gefordert war. Postdienste beförderten Anweisungen, Briefe, Bücher, Traktate und Zeitungen, fast alle in der Standardsprache abgefaßt, in entlegenste Winkel. Die Diskurse von Literatur, Wissenschaft, Justiz und Behörden setzten voraus, daß man schriftlich wie mündlich mit diesem zentralen Kode vertraut war.

Örtliche Eliten und *notables* beherrschten die Standardsprache aus dem Effeff, wenn nicht von Kindesbeinen an, so spätestens seit der Schule. Manche hatten sogar den lokalen Dialekt vergessen – gaben dies zumindest vor. Latein hielt sich als Lingua franca, aber nur unter Geistlichen und Gelehrten. Im gesamten 18. Jahrhundert war Französisch im Ausland die Sprache der internationalen Diplomatie und Hochkultur – in den Niederlanden, in Deutschland und Rußland (wo Deutsch ähnliche Funktionen erfüllte) außerdem die Erst- oder Zweitsprache des Hofes, des Adels und der *haute bourgeoisie*.

Wo die Eliten Französisch sprachen, umfaßte ihr Kommunikationsnetz zwar viele Länder, aber vor allem wollte man sich von der niederen Bourgeoisie und Arbeiterklasse im eigenen Land absetzen. Analog traten Angehörige der oberen Bourgeoisie zu Beginn des 19. Jahrhunderts dafür ein, das Lateinische als Sprache der höheren Schulen und der akademischen Berufe wiederzubeleben, um die unteren Schichten zu distanzieren, deren Kinder nun ihrerseits weiterführende Schulen besuchten. Der Wert solcher Kodes lag gewiß weder allein in der erlesenen Gruppe von Eingeweihten noch in der bunten Palette von Dolmetschern. Sie boten auch direkten Zugang zum transnationalen Netzwerk, das nationale Eliten verknüpfte – in ihrer strategischen Funktion also. Obendrein waren solche exklusiven Kodes auch noch innerhalb der betreffenden Eliten mit Privilegien verbunden; zwar konnten Uneingeweihte ebenfalls direkt kommunizieren, aber nur in einer Sprache, die als minderwertig galt. Ganz ähnlich fungieren jene akademischen Jargons, die im 20. Jahrhundert das Lateinische abgelöst haben, als Ausschlußkodes. Um das Phänomen »hermetischer Sprachen« zu erklären, müßte man das Blütenmodell abändern und bei der direkten Kommunikation den Aspekt »Konkurrenzkampf um Zugang« einbauen.[77]

Gegen Ende des 18. Jahrhunderts beherrschten alle Großstädter die Standardsprache fließend, ebenso der Adel und die *notables* bis in die Randgebiete. Den Armen, Werktätigen und Bauern ländlicher Regionen – besonders in Frankreich und Großbritannien – sowie ausländischen Immigranten blieb sie weitgehend fremd. Doch mit der französischen Revolution begannen zentral gesteuerte Kampagnen, die Standardsprache landesweit bei allen Schichten durchzusetzen. Gestützt wurden sie auf örtliche Elementarschulen, wobei das

Gesamtprojekt Unterricht in Lesen, Schreiben, Rechnen, nationaler Geschichte und Heimatkunde vorsah.

Die Geschichte der Sprachassimilation und -vereinheitlichung ist noch nicht geschrieben. Vor allem läßt sich kaum rekonstruieren, inwieweit verschiedene Dialekte sowie ihr »Holosystem«[78] füreinander verständlich waren. Zweitens liegen – wenn überhaupt – nur sehr dürftige, unzuverlässige Statistiken darüber vor, welche Sprachfähigkeiten die Menschen selbst angaben: Vielleicht hielten sie es für gesellschaftlich unerwünscht, oder umgekehrt, politisch opportun, vom regionalen Dialekt oder der Standardsprache unbeleckt zu erscheinen.[79] Drittens läßt sich kaum zurückverfolgen, in welchen Mustern einzelne Bevölkerungsschichten die Sprache je nach Ort und Zeitpunkt bei verschiedenen Anlässen faktisch gebrauchten oder »verschoben«.[80] Viertens blieb der Widerstand gegen die Standardsprache meist passiv, unbekundet oder verdeckt. Menschen stellten sich bei Bedarf einfach dumm. Der Ausdruck »ostindischer Taubstummer« aus Hollands Kolonialzeit zeugt amüsant vom Verdacht simulierter Unkenntnis der Reichssprache. Ein lautstarker Protest gegen die Vernachlässigung und gezielte Auslöschung der Dialekte regte sich erst, als diese vom Aussterben bedroht waren. Anfangs äußerten ihn vor allem Menschen, die in Städte abgewandert waren und nach einiger Zeit in ihre alte Heimat zurückkehrten. Daraus erwuchsen regional-kulturelle Erweckungsbewegungen, in denen man das bedrohte Erbe stark romantisierte und dramatisch übertrieb, wie sehr die örtliche Bevölkerung daran hing.[81] Zu einer politischen Kraft wurde der Regionalismus erst im Verein mit dem Widerstand gegen großstädtische Unternehmer und Politiker, die den Regionen ihr ökonomisches Regiment aufzwingen wollten. Noch heute schwelgt die Literatur über das Problem der Dialekte oft in einer empörten Nostalgie, als wären sie der Standardsprache per se überlegen gewesen und ohne jedes Zutun der regionalen Sprachgemeinschaften verschwunden.

Im 19. Jahrhundert wich der Disput zwischen sprachlicher Vielfalt und Vereinheitlichung fast völlig dem Konflikt über Elementarschulen als Vehikel der Sprachassimilation. Den Regelkode zu beherrschen brachte genau die gleichen Vorteile, wie Lesen und Schreiben zu können, was sich damals schon prinzipiell auf die Landessprache bezog.

Meist sperrten sich die lokalen Eliten dagegen, auch die unteren Schichten schulisch auszubilden, wollten also – wie aufgrund des Blütenmodells zu erwarten – verhindern, daß ihr unkundige Klientel alphabetisiert wurde und die Landessprache erlernte. Doch entgegen den Prognosen des Modells waren die örtlichen Bauern und Arbeiter oft gar nicht darauf erpicht, ihre Kinder den

Regelkode sprechen, lesen und schreiben lernen zu lassen: Teils waren jene, die sich an den neuen Chancen des Marktes und der Verwaltung orientierten, schon in Städte abgewandert; teils dachten sie ganz traditionell, wollten oder konnten einfach nicht auf die Mitarbeit ihrer Kinder verzichten. Oft sahen Eltern in der Ausbildung keinerlei Vorteile, und tatsächlich brachte sie in rückständigen Gemeinschaften kaum Gewinn. Schließlich fürchteten viele Eltern, daß zu kluge Kinder aufmüpfig würden; sie identifizierten sich mit der alten Ordnung, mit Autorität und mit traditionellen lokalen Sitten und Bräuchen – auch dem, zu reden wie einem der Schnabel gewachsen war.

Der Impuls für Sprachvereinheitlichung, Alphabetisierung und damit landesweite Elementarschulerziehung ging von Großstädtern im Umkreis der wachsenden Staatsapparate und expandierenden nationalen Märkte aus. Sie beherrschten durchweg den zentralen Kode, konnten also im Sinne des Modells nur profitieren, wenn möglichst viele andere die Lingua franca erlernten. Nachdem die Kampagne in Gang gesetzt war, nutzte ihre Vorhut – die zur Ausführung des Projekts eingestellten Lehrer – deren Eigendynamik und trieb den Prozeß voran.

Die Kirchen: Örtliches Monopol und staatliche Unterstützung

Schulen waren die wichtigsten, aber nicht einzigen Einrichtungen, in denen man die Standardsprache fließend lesen und schreiben lernen konnte. Im übrigen basierten auch andere Fächer des Grundcurriculums – Rechnen, Geschichte, Erdkunde und sogar Religion – auf verbindlichen Kodes, die der Kommunikation im größeren Kontext dienten.

Daher besagte die Entscheidung für oder gegen eine Weitergabe der Standardsprache an die Kinder der unteren Schichten, ob man sie in das zentrale Kommunikationsnetz einbeziehen oder ausschließen wollte. Gewiß berührte diese Frage unmittelbar das Mittlermonopol der Eliten in den regionalen Netzwerken, die gewöhnlich vorschrieben, was in der örtlichen Erziehung zu geschehen hatte.

In nahezu allen mehrsprachigen Figurationen stellte der durchweg alphabetisierte Klerus, der meist die Standardsprache (in katholischen Ländern auch Latein) fließend beherrschte, einen bedeutenden Teil dieser Mittlereliten. Schon früh hatten sich die Kirchen stark in der Erziehung engagiert: In Europa und in den Vereinigten Staaten beherrschte der Klerus die Schulen bis Ende des 18. Jahrhunderts fast unanfochten, gewöhnlich in Absprache mit ländlichen Eliten oder von ihnen beauftragt.

Obwohl der örtliche Klerus in mehrsprachigen Figurationen oder bei weitverbreitetem Analphabetismus ein Mittlermonopol ausübte, stand keinswegs die gesamte Kirche hinter ihm. Deren Organisation interessierte am Erziehungswesen vor allem, ihren Einfluß auf die Schulen zu festigen und zu gewährleisten, daß ihre Lehren dort verbreitet wurden. Hätte sich die Kirchenführung für mächtig genug gehalten, ihr Erziehungsmonopol sogar in einem nationalen Netzwerk mit vorherrschender Standardsprache und genereller Alphabetisierung zu wahren, so wäre ihr dies am liebsten gewesen. Faktisch setzte eine solche Monopolstellung im Erziehungswesen jedoch immer eine starke staatliche Unterstützung voraus, und wo sie mit dieser rechneten, wählten die mitgliederstarken Amtskirchen eine »Maximalstrategie«: Sie forderten ein staatlich gesichertes Monopol, alle Schulkinder schriftlich und mündlich in der Standardsprache auszubilden.

Wo man sich nicht derart auf den Staat verlassen durfte, waren die alten lokalen Netzwerke der mündlichen Kommunikation und damit die Monopolstellung des mit dem Adel verbündeten Klerus durch Schulen doppelt bedroht – zum einen wegen der dort gelehrten Standardsprache und zum anderen, weil Sekten oder Laienerzieher in die Domäne der Amtskirche einbrechen konnten. Aus diesen Gründen – konfessionelle Konkurrenz und regionalistische Interessen – bevorzugten Kirchen, die nicht mit einem staatlich verbürgten Erziehungsmonopol rechnen konnten, eine andere Forderung: Der Staat sollte sich ganz aus der Erziehung heraushalten. Dies war insofern eine »Minimalstrategie«, als man lediglich darauf setzte, daß die regionalen Eliten ihre örtlichen Monopole verteidigen würden.

Die beiden scheinbar unvereinbaren Standpunkte lagen gar nicht so weit auseinander, verdankten sich bloß unterschiedlichen Prognosen über die Politik des herrschenden Regimes. Doch beide Forderungen, die maximale wie die minimale, setzten eine gleichermaßen starke Basis in vielen regionalen Netzwerken voraus. Vor diesem Dilemma standen die herrschenden Konfessionen und Amtskirchen, etwa die Katholische in Frankreich, die Lutherische in Preußen oder die Anglikanische in England. Kleineren Sekten stellte sich die Lage völlig anders dar. Da sie ohnehin keine Chance hatten, staatlich abgesegnete Erziehungsmonopole zu begründen, bekämpften sie den Maximalanspruch der je dominanten Kirche erbittert. In der Regel unterstützten sie die Minimalforderung, staatliche Eingriffe ganz zu unterbinden, und verließen sich im übrigen auf ihre örtlichen Netze. Einige dieser Sekten waren jedoch ehrgeiziger und forderten eine gewisse staatliche Unterstützung für ihren Bekehrungseifer im Erziehungswesen. Besonders gut waren ihre Aussichten, sofern sie viele Anhänger unter den »Metropolitanern« hatten, die über keine eigene lokale Klientel verfügten. Ansonsten mußte nur irgendeine kleinere Sekte vom Staat gefördert werden, und sofort verlangten alle anderen Kirchen das gleiche: den Status als »meistbegünstigte Konfession«. Als drittes ergab sich demnach eine »pluralistische« Strategie: staatlich unterstützte und kirchlich geprägte Erziehung seitens mehrerer Konfessionen, wobei nur noch die Verteilungsregel für die Beihilfen umstritten war.

In dieser Argumentation ist die Haltung der Kirchen gegenüber der Elementarschulerziehung unabhängig von ihren Lehrgebäuden dargestellt. Fast alle reifen Konfessionen sind mit ihrem komplexen Fundus von Doktrinen imstande, sowohl die staatliche Unterstützung als auch staatliche Abstinenz zu begründen, ebenso die Folgen: religiöses Erziehungsmonopol, religiöse Vielfalt oder konfessionell neutrale Erziehung mit freiwilliger Katechisierung.[82]

Kurz, man kann die Rolle der Katholischen Kirche nicht aus ihrer Religion ableiten – ihre Politik differierte stark, je nach ihrer Stellung in den kommunikativen Figurationen Frankreichs, Englands oder der Vereinigten Staaten, und sie vollzog alle Wandlungen der Figuration mit. Daher trieb die Katholische Kirche in Frankreich eine sehr ähnliche Politik wie die Anglikanische in England oder die Lutherische in Preußen – in den Niederlanden oder Vereinigten Staaten dagegen eine ganz andere: Ihr Kurs richtete sich hier primär danach, ob sie mit einem staatlich geförderten Monopol rechnete oder eher davon ausging, andere Konfessionen und Laienschulen als gleichbegünstigte Konkurrenz hinnehmen zu müssen.

Die Strategie der Kirchen im Kampf um die Erziehung zielte also auf die Kontrolle der Schulen und wurde entweder vom Staat oder von den regionalen Machtbasen unterstützt.

In Ländern mit konfessioneller Vielfalt oder starken Minderheiten konfessionell ungebundener Menschen enthielten die Curricula nur jene religiösen, moralischen und »staatsbürgerlichen« Werte, die auf breiter Basis konsensfähig waren: eine allgemein christliche *paideia*.[83] Solche »Minimalkonsense« wurden anfangs von fast allen Kirchen vehement bekämpft, da sie befürchteten, dadurch sei der Religionsunterricht insgesamt bedroht. Die Furcht erwies sich als sehr begründet. Der übergreifende Kode, mit dem man religiöse Affronts vermeiden wollte, floß schließlich in neue Regeln für den Umgang zwischen Fremden ein, und diese zeigten, wie überflüssig die Religion für fast alle Belange moderner Gesellschaften geworden ist.

Unter- und Mittelschicht, niedere und höhere Schulen

Drei Hauptentwicklungen prägen den Vormarsch der Elementarschulen: die Ausbreitung einer Standardsprache der mündlichen wie schriftlichen Kommunikation; die Einkapselung religiöser Konflikte, sei es durch konfessionelle Schulen oder Herauslösen des Religionsunterrichts aus dem Regelcurriculum; und die Zweiteilung des Erziehungswesens in niedere und höhere Schulen, wobei später noch die dritte Stufe der Hochschulen hinzukam.

Bevor es Schulen für die Masse der Arbeiter- und Bauernkinder gab, wurden die Söhne der regionalen und großstädtischen Eliten bereits daheim, zunehmend aber auch in Gymnasien, Realschulen, *lycées* und *collèges*, *académies*, Latein- und Privatschulen usw. unterrichtet. Während des 19. Jahrhunderts dienten viele Elementarklassen allein der Vorbereitung auf Eliteanstalten. Für Oberschichtkinder kamen Volksschulen nicht in Frage. Arbeiter- und Bauernkinder nahm man nach der Elementarschule selten in den höheren Schulen auf, aber sie konnten einige Jahre Fach- oder Berufskunde dranhängen. So floß die »niedere« Schulbildung nie mit der elitären »höheren« zusammen.[84] Im Gegenteil, als die Elementarschule auf Trab kam, grenzte man das elitäre Curriculum noch weiter vom Lehrplan für die Massen ab. An höheren Schulen wurde Latein sogar wieder Unterrichtssprache.[85] Als diese klassische Lingua franca erneut abtrat, dienten andere »Kodes« dazu, die gesellschaftliche Distanz zwischen Kindern der – wie man damals neu sagte – »Unterschicht« und der »Mittelschicht« zu wahren. Den Metropolitanern war es in der Tat gelungen, ein nationales Kommunikationsnetz einzurichten, über das sie alle Bürger direkt mit der schriftlichen Standardsprache erreichen konnten, die damals praktisch jedes Kind lernen mußte. Doch als die regionalen Eliten dadurch ihre Mittlervorteile einbüßten, verteidigten sie und die großstädtische Bourgeoisie ihre sozialen Privilegien, indem sie neue Einkommens- und Rangstufen vor allem in den freien Berufen und im Staatsdienst blockierten. Da solche Karrieren inzwischen von Rechts wegen allen geeigneten Bewerbern ungeachtet des Status und der Herkunft offenstanden, galt es, die Eignung zu monopolisieren; genau das war die neue Funktion der höheren Schulen. Die Renaissance des Lateinischen verdankte sich dem Ziel, diese gehobenen Karrierechancen abzuschotten, zum Beispiel in der Jurisprudenz, in der Medizin und im Staatsdienst.[86] Durch die wiedergeborene Elitesprache wurden keine Menschen verknüpft, die sonst nicht hätten kommunizieren können – wie im Mittelalter; da inzwischen alle die Standardsprache beherrschten, bot Latein den Eingeweihten auch keinerlei Mittlervorteile mehr. Doch als eine »hermetische« Sprache eignete es sich bestens, um die große Masse auszuschließen. Zwar ließ sich alles, was die Gebildeten einander mitzuteilen hatten, auch in der Standardsprache sagen, waren sogar viele neue Konzepte im Lateinischen kaum auszudrücken, aber Abgrenzung und Ausschluß mußten eben sein.

Am Ende verlor das Lateinische seine Schlüsselrolle als exklusive Sprache der akademischen und bürokratischen Eliten, obwohl es bis weit ins 20. Jahrhundert hinein benutzt wurde. Doch technische und ökonomische Fachkenntnis eröffneten ja ebenfalls elitäre Karrieren (da der neue Jargon ebenso hermetisch und exklusiv ist), so daß die humanistischen Gymnasien Latein als Unterrichtssprache nach und nach abschafften und nur noch als klassische Fremdsprache lehrten.

Der Ersatzkode war weniger augenfällig und klar umgrenzt, schloß die Uneingeweihten jedoch ebenso sicher aus. In Gesellschaften mit allgemeinem Wahlrecht wurden die Klassendifferenzen nur feiner und allgegenwärtiger, ohne je ihre Unterscheidungskraft zu verlieren. Basil Bernstein zeigte, wie »verborgene Curricula« unterderhand Kenntnisse vermitteln können, die bestens für die Kommunikation zwischen diversen Eliten taugen: Der »elaborierte Kode« diene in einem breiten Spektrum von gesellschaftlichen Beziehungen der Verständigung über weit gestreute Themen: »Einem elaborierten Kode kommt insofern universelle Bedeutung zu, als er *allgemeine* soziale Mittel und Zwecke verbindet, einem restringierten Kode dagegen nur partikulare, da er *lokale* Mittel und Zwecke verbindet.«[87]

Bisher durchlief das Konzept einer Lingua franca für die exklusive Kommunikation zwischen Eliten in disjunkten Netzwerken eine Reihe von Stufen. Zunächst wurde es ganz direkt auf die Blütenfiguration ausgeprägter Dialekte angewandt, die eine Lingua franca – benutzt von zweisprachigen Eliten der diversen Regionen – überlappt. Dann nahm die Alphabetisierung den Platz der Lingua franca ein, und nun verknüpfte sie Lese- und Schreibkundige in allen regionalen Netzen der mündlichen Kommunikation, solange Verkehrsmittel relativ knapp waren. »Lingua franca« wurde auch metaphorisch auf die allgemeine christliche *paideia* angewandt, die interkonfessionellen Austausch ohne religiöse Affronts erlaubte. Die gleiche Idee eines zentralen Kommunikationskodes ist schließlich auf den »elaborierten Kode« zu übertragen, der Bernstein zufolge das Curriculum der Mittelschicht prägt. Zweifellos schließt dieser »elaborierte« Kode wiederum jene aus, die »restringierte Kodes« benutzen. Sie sind sowohl im Umgang mit Fremden eingeschränkt als auch schlecht gerüstet, um Probleme abstrakt und allgemein zu betrachten, wofür der »elaborierte Kode« optimal taugt. Eine Funktion des »elaborierten Kodes«

liegt darin, Menschen im Rahmen von Organisationen zu verwalten. Im Unterschied zum Lateinischen läßt er aber tatsächlich Kommunikationsformen und -inhalte zu, die einzelnen restringierten Kodes unzugänglich sind, und zudem diese untereinander weitgehend isolieren. In diesem Sinne fungiert der elaborierte Kode, so diffus er auch sein mag, als ein Kommunikationskode für die »zentrale Menge« und bietet verknüpften Eliten alle Mittlervorteile gegenüber ihrer jeweiligen Klientel.

Die Anfänge der Massenerziehung in Westeuropa und in den Vereinigten Staaten

Bauern und Arbeiter in nationale Kommunikationskodes einzubinden war der größte Angriff auf die Mittlermonopole der lokalen Eliten im Verlauf der europäischen Staatenbildung – der erste Durchbruch zu einem nationalen Netzwerk der Massenkommunikation. Der Landadel und der örtliche Klerus standen dabei den großstädtischen Beamten- und Unternehmereliten gegenüber, die sich am Zentralstaat bzw. am nationalen Markt orientierten: Ihr Konflikt läßt sich im Sinne der kommunikativen Blütenfiguration analysieren.

Doch immer spielten im Kampf um die Elementarschulerziehung andere Konflikte mit. In den Vereinigten Staaten wie in Europa hielt man Immigranten für eine Bedrohung der geltenden städtischen Ordnung; Industriearbeiter forderten Chancen, die Angehörige der Mittelschicht auf ihre Kinder zu beschränken versuchten; und als neue religiöse und politische Organisationen entstanden, begründeten sie schnell eigene Ansprüche. Die Schulkämpfe trugen das ihre dazu bei, alte religiöse Bindungen wiederzubeleben, und stärkten konfessionelle Verflechtungen, teils nur auf der regionalen Ebene, meist aber im nationalen Rahmen.

In den folgenden Abschnitten beschreibe ich kurz die Entwicklung der nationalen Elementarschulsysteme – auch um zu erproben, ob die bisher erarbeitete Sichtweise relevant und haltbar ist.

Preußen

In Preußen war die Schulreform mehr als andernorts ein Bestreben der Regierungspolitik. Um seine Feldzüge zu finanzieren, brauchte Friedrich der

Große (im Amt 1740 bis 1795) immer mehr Steuergelder und gedachte, die Quellen durch Förderung von Handel und Industrie zu schaffen. Das wiederum erforderte ein besseres Schulwesen. Der »Kameralwissenschaftler« Johann Heinrich Bergius schrieb 1768: »So muß eine weise Regierung ... ein gewisses Genie oder Trieb und Lust zu den Commerzien zu erwecken suchen.«[88]

Angestrebt war außerdem, eine deutsche Standardsprache zu entwickeln. Noch sei keine Nationalsprache vorhanden, und ohne dieses Werkzeug gäbe es keine Kunst und keine Kultur, schrieb Friedrich II. (auf Französisch).[89] Noch gäbe es in Deutschland »eine halbbarbarische Sprache, die in ebenso viele Mundarten zerfällt, als Deutschland Provinzen hat.« In den »niederen« oder »deutschen« Schulen in Stadt und Land müßte sich der Akzent verschieben. Neben der Katechisierung als Grundlage des guten Christen bräuchte man einen »bürgerlichen Katechismus« für gute Staatsbürger.[90] Doch sogar fanatische Reformer, die von der Erziehung loyale und arbeitsame Bürger erhofften, beunruhigte zugleich deren Potential, mit einer überwiegend feudalen, ländlichen Gesellschaftsordnung völlig unvereinbare Ansprüche zu wecken: »Sonsten ist es auf dem platten Lande genug, wenn sie ein bischen lesen und schreiben lernen. Wissen sie aber zu viel, so laufen sie in die Städte und wollen Secretärs oder sowas werden.« Deshalb ermahnte Friedrich II. seinen für Erziehung zuständigen Staatsminister von Zedlitz: »Die Leute sollen nicht aus den Dörfern weglaufen, sondern hübsch dableiben.«[91]

Diese Sorgen machen deutlich, an welche Grenzen die Reformmodelle im Europa des 18. Jahrhunderts stießen. Friedrichs Pläne schlugen vor allem wegen Geldmangels fehl, aber auch, weil die Gutsherren sogar vorsichtige Verbesserungen der Bauernschulen nicht hinnehmen wollten.[92] Ängste vor dem emanzipatorischen Potential der Massenerziehung grassierten in ganz Europa: »Sie darf den gemeinen Mann nicht der Scholle entfremden«, warnten holländische Reformer[93]; auch sollte sie keine Unzufriedenheit mit der bäuerlichen Lebensart nähren. 1770 reimte der Anglikanerbischof Goldsmith: »Was erwartet den Bauern in der Stadt?/Ein Überfluß, von dem er nichts hat.«[94]

Reformvorschläge, die auf einer Ebene – der des preußischen Staates – als nützlich erschienen, galten auf der anderen – der des preußischen Grundbesitzes – als extrem schädlich. Friedrichs Reformen wurden von Beginn an durch drohende Konfrontation zwischen dem feudalen Gutsherrenadel und den Bürokraten des aufkommenden Nationalstaates gelähmt. Vorerst gab es noch keine hinreichend starke, wohlhabende Mittelschicht von Kaufleuten – als Zünglein an der Waage für die großstädtischen Bürokraten und ihre Vorschläge zur Erneuerung des Erziehungswesens.

Die Reformvorschläge zielten auf ein Schulsystem, das gestaffelt sein sollte wie die preußischen Gesellschaft. Ganz unten lagen die *Volksschulen* für Bauern und alle, die bloß zu körperlicher Arbeit tauglich erschienen. Ihnen dürfe die Erziehung ihren Zustand nicht »unerträglich« machen, betonte von Zedlitz. Für die *Bürger* sollten *Realschulen* eingerichtet werden, und dem Adel waren *Ritterschulen* zugedacht.[95]

Im Sinne des Blütenmodells hätten die Bauern von einer Erziehung profitiert, die ihnen direkten Zugang zum Netzwerk der nationalen Kommunikation bescheren sollte. Aber sie standen politisch völlig am Rand und wurden faktisch von den Gutsherren gegängelt. Wenn sie sich einmal Gehör verschaffen konnten, forderten sie auch noch, an der traditionellen Religion und an ihren überkommenen Lebensweisen festzuhalten. In Nassau kam es sogar zu einer Rebellion – genannt »ABC-Krieg« – gegen die Einführung eines neuen Schulbuches, das als zu »aufgeklärt« galt.[96]

Nüchtern im Rückblick betrachtet, verhießen die Volksschulen den Bauern erhöhte Kommunikationschancen. Dagegen sprachen allerdings die Realitäten des traditionellen Landlebens, zumal die in Preußen herrschende Leibeigenschaft: »Für die meisten Familien der frühen Moderne«, schreibt Mary Jo Maynes, »war die Ablehnung der Schule rational begründet[97]:

Überall waren die landwirtschaftlichen Familien stark darauf angewiesen, daß ihre Kinder bei Bedarf mitarbeiteten. Da es kaum kostenlose Schulen gab, hätte Unterricht außerdem die oft knappen Haushaltsmittel erheblich geschröpft. Wirtschaftlich zahlte sich eine Schulbildung aber in der Regel für Bauernfamilien kaum aus, obwohl sie mit zunehmender Kommerzialisierung der Landwirtschaft auch in dieser Hinsicht zweifellos an Bedeutung gewann.

Zudem identifizierten sich Bauern, Leibeigene eingeschlossen, in traditionellen Gemeinschaften oft stark mit autoritären Strukturen und dürften befürchtet haben, ihre Kinder könnten, würden sie ohne Gott und Gesetz erzogen, gegen sie aufbegehren. Ihre Herren waren noch reaktionärer: Als von Zedlitz vorschlug, »einige geographische Ideen in die Bauernköpfe zu bringen«, bekam er vorgeworfen, ein »Desertionsbeförderer« zu sein, »weil er die hiesigen Gegenden auf einer Karte den Schülern zeigen lassen wollte«.[98]

Auch wenn die Bemühungen des 18. Jahrhunderts um eine Schulreform praktisch fast folgenlos blieben, legten sie gewisse theoretische und administrative Fundamente für das Elementarschulwesen des nächsten Jahrhunderts.

Insbesondere war das Prinzip der allgemeinen Schulpflicht – 1658 in den Magdeburger Erlassen erstmals fixiert und danach als toter Buchstabe gerne übernommen[99] – Ende des 18. Jahrhunderts weithin anerkannt.[100] Zudem bestand Einigkeit darüber, daß der Elementarunterricht in Deutsch als der allgemeinen Standardsprache erfolgen sollte: nicht auf Lateinisch, der Lingua franca früherer Zeiten, die sich in den höheren Bürger- und Realschulen noch lange als Unterrichtssprache hielt.[101]

Im 18. Jahrhundert übten die Elementarschulen Preußens eine rein automatische Katechisierung, vermittelten aber auch eine gewisse Sicherheit im Hochdeutschen. Zudem war man ernsthaft bemüht, die Kinder der Armen und Soldaten lesen und schreiben zu lehren sowie praktisch in Hauswirtschaft und Fachkunde zu unterrichten, damit sie Fleiß und Gehorsam annahmen.[102]

Doch unter dem Regiment der Leibeigenschaft blieben die ländlichen Massen kulturell, kommerziell und politisch vom nationalen Treiben ausgeschlossen. Obwohl das Allgemeine Landrecht plus Folgegesetze diese ab 1791 formell aufhoben[103], behielten die örtlichen Gutsherren ihre Schulen fest im Griff. National wurden sie von den konservativen Parteien unterstützt, auf Dorfebene konnten sie sich ganz auf die Deputationen verlassen, die – von den Junkern selbst handverlesen – die Schulen beaufsichtigten.[104]

Im gesamten 19. Jahrhundert bestand zwischen Zentralbehörden und örtlichen Eliten Einigkeit darüber, daß die Elementarerziehung auf dem Lande die Treue sowohl zur Nation als auch zu den Gutsherren fördern sollte, und man traf alle Vorkehrungen, um zu verhindern, daß Unziemliches gelehrt wurde.[105] Diese Sorge überragte offenbar alle religiösen Differenzen, denn selten protestierten katholische Schulen gegen diese strenge Überwachung seitens des lutherischen Staates mit seinen Inspekteuren oder örtlichen Deputationen.[106] Zur Jahrhundertmitte häuften sich aber Proteste von lutherischen Lehrern gegen die ständige Einmischung der Behörden: »Bereits 1848 forderten protestantische Lehrer mit Nachdruck volle Autonomie für die Schulen« und traten für nicht-konfessionelle Schulen ein.[107] Gebildet und aufstrebend, bemühten sich die oft gegen ihren Willen in Dörfern stationierten Lehrer um Anbindung an das großstädtische Netzwerk.

Durch Alphabetisierung, Grundkenntnisse in Rechnen, Geschichte und Erdkunde sowie einen tiefen Schluck aus der Pulle der christlichen Moral waren die ländlichen Massen Preußens schlecht und recht für die Zentralbehörden, zunehmend auch für Kaufleute und Unternehmer auf dem nationalen Markt gerüstet. Ihre sozialen Aufstiegschancen blieben jedoch faktisch erheblich beschränkt, vor allem wegen des fast kastenartigen dreistufigen Schulsystems.

Damit waren die unteren Schichten zwar für den Staat direkt als Steuerzahler, Wehrpflichtige und später Wähler (in allgemeinen Wahlen) ansprechbar, erhielten aber ihrerseits kaum Chancen, das nationale Netzwerk für eigene

Zwecke zu nutzen. Umgekehrt jedoch bedienten sich Gutsherren und preußische Regierung der Schulen, um sie unaufhörlich auf Staatstreue einzuschwören. Allerdings konnten sie eines nicht verhindern: daß ein latent rebellischer Lehrkörper entstand[108] und Opfern städtischer Armut ebenso wie Bauern auf dem Lande Kenntnisse vermittelte, die ihnen eines Tages helfen sollten, ihre politische Emanzipation selbst zu organisieren.

Im 18. Jahrhundert strebten die Hohenzollern mit ihrem Bemühen um eine Bildungsreform durchweg an, die Bauernschaft direkt erreichen zu können und die Macht der Gutsherren über ihre Schutzbefohlenen zu brechen. Im Prinzip ging es dabei um militärische Stärke: Die königliche Armee rekrutierte ihre Soldaten unter den Leibeigenen und Lehnsmännern der Junker, und diese zeigten sich nicht immer besonders entgegenkommend.[109] Die Französische Revolution spornte den Staat zusätzlich an, sich der Landbevölkerung direkt zu bemächtigen. Angesichts der französischen Bedrohung mußte der preußische Hof eine nationale Armee mobilisieren und die gesamte Nation an der Aufrüstung beteiligen. Zu dem daraus resultierenden Bemühen, Wirtschaft und Gesellschaft des Landes von den feudalen Fesseln zu befreien, gehörte auch der Impuls, die Staatstreue per Massenerziehung zu fördern.[110]

Als die französischen Revolutionsarmeen besiegt waren und beinahe überall in Europa konservative Koalitionen regierten, konnten sich die preußischen Großgrundbesitzer den Staatsapparat aneignen. Nun ließen sie zu, daß die Erziehung immer breitere Massen erreichte, unterstellten bloß das Curriculum dem Imperativ, treue Untertanen heranzubilden. Obwohl die Erziehung damit eine zentralgesetzliche Regelung fand, blieben die Kommunalbehörden für Finanzverwaltung, Curriculum und Beaufsichtigung des Lehrkörpers zuständig – niedere und höhere Schulen weiterhin säuberlich getrennt.[111]

Die konservative Koalition war stark genug, um den März-Revolten 1848 zu trotzen und die Reichsgründung 1871 zu überstehen, doch die Niederlage von 1918 machte ihr den Garaus.

In Preußen blieb das Regiment der örtlichen Magnaten intakt, weil örtliche Eliten gemeinsam die Staatsmacht erobert hatten. Als sie diese dann ausübten, konnten sie nicht umhin, zentrale Strukturen – etwa Armee, Zivilverwaltung und Bildungssystem – aufzubauen, an denen die traditionelle Autonomie der örtlichen Institutionen, als die ursprüngliche Machtbasis der Junker, allmählich zerbrach. Zwar bestand die Elementarschulerziehung weitgehend aus Indoktrination, war ganz traditionell auf Treue zur Lutherischen Kirche, zum Landadel und zum preußischen – später zum deutschen – Staat gepolt; daneben entwuchsen ihr aber Bürger, die Deutsch mündlich und schriftlich beherrschten und relativ gut für das nationale Treiben gewappnet waren. Schließlich setzten sie ihre Kenntnisse auf neuen Feldern ein: in Gewerkschaften, liberalen oder radikalen Parteien.

Frankreich

Das Besondere an der frühen Schulreform Preußens waren weniger die inhaltlichen Vorschläge selbst, als die Initiative der Krone. Zwar folgte Frankreich diesem Beispiel und erhielt aus dem Zentrum der Staatsmacht Anstöße zu einer Bildungsreform, aber dort gingen die Impulse nicht vom König aus, sondern von den Königsmördern in der Nationalversammlung.

Bis zur Revolution, schreibt Gontard[112], war die Schule nicht mehr als ein Anhang der Kirche, der Lehrer in erster Linie Gottesmann, Gehilfe des Priesters. Doch ab 1724 hatten staatliche Inspekteure allmählich an Bedeutung gewonnen[113]: Auch wenn diese *intendants* behutsam und diskret vorgingen, um Konflikte mit der Kirche zu vermeiden, setzten sie sich durch.[114] Damit erwarb der Staat mittels seiner Inspekteure ein Vetorecht bei der Schulgründung, die allerdings der Katholischen Kirche vorbehalten blieb.

Die französischen Revolutionäre wollten das Schulwesen mit einem Schlag vom Diktat der Amtskirche befreien und durch ein neuartiges System des allgemeinen, säkularen, kostenlosen Pflichtunterrichts ersetzen. Zwischen französischen Historikern und Bildungsforschern sind diese Vorgänge bis heute umstritten. Beide Seiten räumen ein, daß die revolutionären Vorschläge total illusorisch waren und alle Schulen unter der Republik ruinierten. Nur machte Allain in seinem *L'Oeuvre scolaire de la Révolution* von 1901 die Revolutionäre ganz allein für diese Entwicklung verantwortlich: »Die Zerstörung mußte sein; daran ist stets zu erinnern, denn diese Parole offenbart den ganzen Geist der Revolution.«[115] Wogegen Gontard, der mehr als ein halbes Jahrhundert später aus säkularer Sicht schrieb, den Verfall des Schulwesens für eine notwendige Folge der Revolution selbst hielt, da es untrennbar mit dem *ancien régime* der Kirche, des Adels und der Monarchie verknüpft gewesen sei.[116]

Anfangs waren rein staatlich finanzierte Schulen geplant, wo man die Kinder auch verköstigen wollte. Von den Eltern wurde erwartet, daß sie den Schulbesuch durchsetzen würden (dort endete offenbar die Autorität des Staates), und als Unterrichtssprache kam allein Französisch in Frage[117], »um die Einheit der Nation durch Sprachvereinheitlichung zu stärken«.[118] Dazu Eugen Weber: »Das alles war leichter gesagt als getan« – und: »Den Schiffbruch überlebte nur das Prinzip«. Wie Weber zeigte, war Mundart noch um 1880 in

Frankreich weit verbreitet, und viele französische Bauern sprachen überhaupt kein Französisch. Der Konvent hatte jedoch 1794 beschlossen, sofort *instituteurs* in alle Gemeinden von Regionen zu schicken, wo Französisch nicht geläufig war: »Unsere Sprache soll sein wie die Republik, damit Zungen und Herzen, von Nord bis Süd, überall in Frankreich harmonisieren.«[120] Kurz, man wollte Dialekte und Fremdsprachen durch revolutionäres Dekret abschaffen, um Französisch zu erzwingen. Wie Eugen Weber anmerkt, ging es vor allem ums Prinzip. So regten mehrere Konvente aggressive Reformen an, um örtliche Mittlermonopole eben dadurch zu zerschlagen, daß man die Dialekte durch Französisch ersetzte und Pflichtunterricht in Lesen und Schreiben einführte.

Die Revolutionäre stellten ein Projekt auf halber Streckeein, das Friedrich II. gar nicht erst begonnen hatte: die örtlichen Schulen vom Einfluß des Klerus und des Dorfadels zu befreien und dafür ein einheitliches System des kostenlosen, säkularen Pflichtunterrichts für alle aufzubauen. Wie Friedrich II. Techniken entwickelt hatte, langfristig stehende Heere zu halten, erfanden die französischen Revolutionäre Verwaltungstechniken für die *levée en masse* – also die Rekrutierung von Massenarmeen. Auch wenn sie organisatorisch imstande gewesen sein mochten, das Schulsystem landesweit umzukrempeln, beanspruchten die Auslandskriege alle verfügbaren Ressourcen, Kräfte und Energien.

Die Reformprojekte des preußischen Königshauses scheiterten an den Junkern, die revolutionären französischen Parlamente an Geldmangel und fehlenden Verwaltungskapazitäten. Doch in beiden Fällen lagen die wahren Ursachen tiefer: Beide Zentralregierungen besaßen weder den Apparat noch die Techniken, um derart weitreichende Maßnahmen bewältigen zu können. Allerdings gelangen sowohl Friedrich II. als auch den französischen Revolutionären ihre jeweils beispiellosen Militärprojekte. Beide Regimes hatten finanzielle, logistische und administrative Probleme zu lösen, um ihre kolossalen Streitkräfte zu unterhalten. Die Politik Preußens zielte darauf, Industrie und Handel zu fördern, um genügend Steuergelder zur Finanzierung eines stehenden Heeres aufzubringen. In dieses Gesamtprojekt fiel auch die Bildungsreform. Die Franzosen schafften es, eine Massenarmee zu rekrutieren, zu versorgen und auf weite Wege zu schicken – war sie einmal unterwegs, griff sie zu den traditionellen Mitteln der Plünderung und Requirierung. Damit waren um 1800 neue Maßstäbe der zentralen Militärverwaltung gesetzt. Ein allgemeines Schulsystem hätte den Regierungen jedoch zusätzliche Probleme bereitet, denn das bedeutete: neue Finanzierungstechniken entwerfen, Schulen je nach Bevölkerungsdichte planen, ein Regelcurriculum konzipieren und durchsetzen, tiefsitzende örtliche und religiöse Widerstände brechen, Lehrer ausbilden und prüfen, die einzelnen Schulen sowie den neuen, wachsenden Lehrkörper überwachen (auch intellektuelle Heere werfen in der Regel erhebliche Probleme auf), den örtlichen Schulbehörden auf die Finger sehen und den Schulbesuch – nicht nur auf dem Papier, sondern in Person – gewährleisten. Eigentlich bot sich die militärische Mobilisierung als gutes Übungsfeld für eine pädagogische *levée en masse* an, und so dürfte es auch der Konvent betrachtet haben, als er seine *instituteurs* ähnlich in die Dörfer schickte wie zuvor Rekruteure und Quartiermeister. Doch dabei ging er halbherzig vor: Andere, wichtigere Aufgaben standen im Weg, so daß die verabschiedeten Dekrete schlampig vorbereitet und wegen zu flüchtiger Debatten wenig durchdacht waren. Außerdem stießen die *instituteurs* in den Dörfern, wo die Pfarrer ihren Heimvorteil voll nutzten, auf erbitterten Widerstand.

Auch in den folgenden Jahren kam die Bildungsreform nicht recht in Gang.[121] Trotzdem hatte die Revolution Richtlinien für die Bildungsreform eines neuen Jahrhunderts gebracht: Säkularisierung, staatliche Indoktrination und nationale Einheit. Mit seinem Drang zur Zentralisierung reagierte das frühe 19. Jahrhundert aber auch auf stark zentrifugale regionalistische, separatistische Kräfte. Unterdessen bemühte sich die katholische Kirche geduldig, ihren Zugriff auf die Elementarschulen wieder zu festigen.[122]

Unter Napoleon wurde die Elementarschulbildung bewußt vernachlässigt: »Seine Absicht war«, schrieb Godechot, »die Massen systematisch unwissend zu halten, um sie besser seiner Tyrannei unterwerfen zu können.«[123] So überließ der Kaiser das Schulwesen einfach sich selbst: »Die Schulen geben«, kommentiert Gontard, »ebenso wie die Lehrer ein elendes Bild ab.«[124] Solange es nicht darum ging, eine administrative und militärische Elite auszubilden, war dem Kaiser die Sache gleichgültig. Doch zu diesem Zweck gründete er eine Reichsuniversität (1808), um die *lycées* und *collèges* wie auch das gesamte Hochschulwesen strengen Zulassungsverfahren für Lehrer und zentralen Prüfungen zu unterwerfen. Die Restauration bescherte der Kirche das Sagen in dieser Universität, doch ihre Stellung wurde in den folgenden Jahren wiederholt angefochten.

Im neuen Bourbonenreich (1815-1830) ergriffen Bildungsexperten aus der sehr einflußreichen *Société pour l'instruction élémentaire* die Initiative. Sie traten für die *école mutuelle* ein und stützten sich hierbei explizit auf das Lancaster- oder »Monitorial«-System Englands, worin ältere Schüler die jüngeren unter der Aufsicht des Schulmeisters unterrichteten.[125] Dagegen protestierten die katholischen Lehrkongregationen und unterstellten der *Société*, den Religionsunterricht durch eine diffuse Moralerziehung ersetzen zu wollen. So bleibe es den Pfarrern überlassen, den Katechismus nach Schulschluß zu lehren. Darauf versprach Ludwig XVIII., der für das Lancaster-Modell eintrat, daß an den neuen Schulen die katholische Religion und keine andere gelehrt werde. Durch das Gesetz von 1816 übernahm man schließlich neben pädagogischen Methoden aus England noch das holländische Konzept der Schulorganisation.

Danach blockierte ein zäher Kampf zwischen *Société* und Kirche zwar weitere Gesetze, rüttelte aber die Öffentlichkeit überall im Lande wach. Dadurch wurde die Kirche ins staatliche Schulwesen gedrängt, obwohl ihr »völlig Unwissende, die wenigstens klaglos und gefügig blieben, lieber waren als gottlose Halbgebildete«.[126] Doch die Kirche konnte sich der Herausforderung nicht entziehen, ohne ihren Einfluß auf das Bildungswesen zu verlieren, den sie nach der Revolutionszeit erst wieder mühsam erkämpfen mußte. Überall wurden die Katholiken gegen die Laienbevölkerung ausgespielt: »In vielen Gemeinden, wo sich bis dahin niemand für eine Schule interessiert hatte, verlangte man jetzt eine, bloß weil ein paar Dörfler eine der anderen Art forderten.«[127] Die Besoldung der Lehrer blieb jedoch so erbärmlich wie eh und je.

Da beide Kampfparteien ungefähr gleich stark waren, hing das Wohl und Wehe der Bildungspolitik vom jeweiligen Kabinett ab. Bis 1830 hatten sich die Zahl der Schulen und Schüler sowie die staatlichen Zuschüsse für Neugründungen merklich erhöht[128]; ein Gesetz jenes Jahres enthielt umfangreiche Vorschriften über Lehrinhalte, blieb jedoch praktisch fast folgenlos.

In dieser Phase gab die Kirche allmählich ihre Maximalforderung – Lehrmonopol mit voller staatlicher Unterstützung – auf und wählte statt dessen den zweitbesten Minimalanspruch: »Bildungsfreiheit«. Sie »beklagte allerdings ständig, welchen Mißbrauch andere damit trieben«.[129] Diese Kehrtwendung kam mit der Einsicht, daß sie einerseits ihr Monopol bloß auf Kosten herber Zugeständnisse an den Staat wahren konnte, und daß ein staatlich kontrolliertes System kirchlicher Schulen andererseits eines Tages in feindliche Hände fallen konnte.

Es bedurfte eines *coup d'état*, um das politische Patt zu beenden. Die Juli-Monarchie war ebenso anti-bourbonisch wie antiklerikal eingestellt, erhoffte sich also von der Elementarschulerziehung eine neue Generation von Bürgern, die für liberale demokratische Werte einträten. »In vielen ländlichen Regionen setzten Edelmänner und Pfarrer ihre vom gestürzten Souverän abgeleitete Autorität weiter für Unwissen und Aberglauben ein«.[130] Der »Bürgerkönig«

Louis Philippe fürchtete nicht nur die Reaktion – ebenso wie die englische Mittelschicht seiner Zeit –, sondern bemühte sich auch nach Kräften, das neue Stadtproletariat zu besänftigen.[131] Ein weiteres Tauziehen um Bildungsgesetze schloß sich an, diesmal jedoch obsiegten die liberalen bürgerlichen Kreise und ihre Vorhut in der *Société pour l'instruction élémentaire*. Die *Loi Guizot* von 1833 brachte ein System allgemeiner Elementarschulpflicht[132] (mit elterlicher Zustimmung), wobei Eltern zwischen öffentlichen und privaten (meist katholischen) Anstalten wählen konnten. Arme Leute mußten kein Schulgeld bezahlen, der Staat ließ die Lehrer zu, und Schulkomitees in allen *départements*, *arrondissements* und Kommunen regelten die Finanzfragen.[133] Das Gesetz bewährte sich, und der Erfolg festigte seine Position.

Doch mit der *Loi Guizot* kamen auch viele neue Konflikte, diesmal auf Dorfebene. Örtliche *notables* befürchteten, daß alphabetisierte Bauern ihre Dienste nicht mehr benötigen und gebildete Jugendliche in die Städte abwandern würden.[134] Adel und Klerus setzten Bestechung, Intrige und Verleumdung ein, um die staatlichen Lehrer zu hintertreiben. Die Verachtung war wechselseitig, und im Zweifel hielten die Bürgermeister zu den Lehrern, die ihnen meist zugleich als Sekretäre dienten. Beide Seiten versuchten, die Schulaufsicht und den Gemeinderat mit eigenen Leuten zu besetzen.

Die Revolution von 1848 gebar noch einen – fruchtlosen – Versuch, das Bildungswesen radikal zu reformieren, doch als Louis Napoleon dann an die Macht kam, wendete sich das Blatt wieder zugunsten der Kirche. Dafür bürgte mit der *Loi Falloux* (1850) ein Gesetz, womit »die zu stark von der Religion abgetrennte Erziehung moralisiert« werden sollte.[135] Das ohnehin schon schwierige Leben der Lehrer wurde nun zur Qual. »In seinem Dorf isoliert, dem Druck der örtlichen Honoratioren ausgesetzt, durch sein karges Einkommen von der Mittelschicht, durch die Bildung von den Bauern abgeschnitten, war der *instituteur* das ideale Opfer für Rachefeldzüge, die immer neue Regierungsmaßnahmen auslösten.«[136] Als Berufsgruppe waren die Lehrer jedoch schon seit langem eine Kraft, mit der man rechnen mußte. Liberale Regierungen stützten sie gegen den Willen vieler Eltern und der Kirche, konservative dagegen brauchten sie stets, um die Kinder der Armen auf Gehorsam und Rechtgläubigkeit zu trimmen.[137]

Lehrorden und Nonnen kehrten in die Dörfer zurück. »Über Erfolg oder Mißerfolg des klerikalen Feldzuges entschied im Zweifel die Unterstützung der einflußreichen örtlichen Honoratioren, die ja nicht bloß Geld bereitstellen, sondern auch Lehnsmänner, Kunden und so fort anhaltend drängen konnten, die katholische Schule zu unterstützen.«[138]

Langfristig weckten die kirchlichen Übergriffe auf das staatliche Schulwesen jedoch bei Bauern (die auch den neuen, für katholische Schulen erhobenen Zehnten fürchteten und ablehnten) einen derart starken Antiklerikalismus, daß man sie unterband. Außerdem begann Napoleon III. aus politischen Gründen spezieller Art (Ultramontan-Frage), seine Bindungen an die Kirche zu lockern.

Unterdessen tat die großstädtische Bourgeoisie das ihre, um sich dem egalitären Impuls der *Loi Falloux* zu entziehen. Da das Gesetz die Armen vom Schulgeld befreite, die Finanzierung aber ganz den Kommunalbehörden überließ, wurden die Armen- und Arbeiterschulen immer schlechter, die Bürgerschulen dagegen immer besser, und nun setzte die Mittelschicht verstärkt auf die höheren Bildungsgänge. Die *lycées* bürgten für sozialen Abstand, indem sie Laufbahnen im Staatswesen und in der Geschäftswelt eröffneten. Damit boten sie sich der Bourgeoisie an, um ihre Klassenvorteile an die nächste Generation weiterzureichen.[139]

Schließlich mußten Dorfadel und Klerus zuschauen, wie ihr Einfluß auf das ländliche Schulwesen dahinschwand: Als die Staatsfinanzen immer breitere Bereiche erfaßten und Bauern zuhauf in die Städte abwanderten, unterhöhlten Alphabetisierung und moderne Ansichten fortschreitend die traditionelle Autorität. Doch das aufkommende System der allgemeinen Schulpflicht bürgte mit seinen Staffelungen dafür, daß die Klassenschranken nicht fielen.[140] Auch das höhere Schulwesen festigte in gewissem Maße Abstufungen, nämlich interne der oberen Schichten, da Bürgerkinder gewöhnlich *lycées* besuchten, die Sprößlinge der *grande bourgeoisie* und des Landadels hingegen bevorzugt die – überwiegend katholischen – *collèges*. Nicht allein die Klassengrenzen, auch die alte Kluft zwischen großstädtischen und regionalen Eliten blieb erhalten. Mit Anderson könnte man sehr grob sagen: »Katholische Schulen, deren Klientel aus dem Landadel und der Bauernschaft kam, standen für ländliche Werte, wohingegen die staatlichen urban orientiert waren.«[141] Während somit eine traditionelle und eine aufstrebende gesellschaftliche Gruppe das höhere Bildungswesen noch ausnutzen wollten, um ihren Kindern alle Vorteile zu sichern, zog das Schulsystem immer weitere Kreise und dehnte sein Kommunikationsnetz über mehr und mehr Kinder aus – schließlich brachten Ferrys Gesetze der Jahre 1881/82 und 1886 die allgemeine Schulpflicht mit kostenlosem, säkular ausgerichtetem Unterricht.[142]

Wie andernorts wurde der Bildungskonflikt auch in Frankreich auf dem Feld der Religion ausgefochten. Die Katholische Kirche hatte das ländliche Schulwesen von früh an beherrscht, sogar während der Revolution und danach an ihrer Maximalforderung festgehalten. Als die örtlichen Eliten ihre Autorität wiederherstellen und festigen wollten, wurde sie zu deren ideologischer Vorhut. Da die Kirche immer schon landesweit organisiert war, konnte sie auch auf der nationalen Ebene politisch eingreifen.

Großstädter kämpften für allgemeine Schulpflicht mit kostenlosem, säkularem Unterricht. Obwohl dieses Projekt noch deutliche Spuren seiner revolutionären Ursprünge zeigte, trat sogar Ludwig XVIII. vorsichtig dafür ein, denn er sympathisierte mit der *Société pour l'instruction élémentaire*, die sich nach 1814 der Bildungsreform annahm. Die katholische Kirche hielt jedoch weiter kompromißlos an ihrer Maximalforderung fest, bis sich das Blatt mit der Revolution von 1830 wendete. Noch als eine bürgerliche Regierung an der Macht und ein fortschrittliches Gesetz – das Guizots – in Kraft getreten war, kämpfte sie auf der lokalen Ebene weiter. Unter Napoleon III. gab die *Loi Falloux* der Kirche zwar wieder Auftrieb, förderte aber zugleich die Elementarschulerziehung der Armen.

Bei diesem religiösen Konflikt geriet das Sprachproblem fast ganz in Vergessenheit. Doch die unmißverständliche Botschaft der Kirche lautete, daß die örtlichen Dialekte unter ihrer regionalen Ägide geduldet, ja sogar gefördert würden. Im Sprachkonflikt scheinen die ländlichen Schüler, Eltern, oft auch Lehrer, einen eigenwillig stummen Protest praktiziert zu haben: Sie weigerten sich, nach der Schule Französisch zu sprechen und lehnten die Standardsprache ab, wo sie nicht behördlicherseits erzwungen wurde, etwa vor Gericht oder bei amtlichen Vorgängen. Allerdings legen die vorhandenen Quellen nahe, daß der französische Schulkonflikt weitgehend darum kreiste, ob die Elementarschulen in eine örtliche oder nationale Zuständigkeit fallen sollten – das wäre ein Interessenkonflikt im Rahmen einer kommunikativen Blütenfiguration. Die örtlichen Eliten, mit ihrem traditionellen Mittlermonopol, sperrten sich gegen ein nationales Kommunikationsnetz, da dies ihrer Klientel erlaubt hätte, sowohl den wachsenden Staatsapparat als auch den expansiven nationalen Markt selbst zu nutzen. Die großstädtischen Eliten dagegen, deren Machtbasis im Staatsapparat lag, wollten sich möglichst direkt an die Bevölkerung wenden können, trieben also die Elementarschulbildung voran, sooft das herrschende Regime sie gewähren ließ.

Niederlande

Erstaunlicherweise führte eine geteilte und besiegte Nation unter französischer Herrschaft – die holländische – jene administrativen Neuerungen ein, die erstmals ein landesweites Elementarschulwesen nach sich zogen.[143]

Initatoren des Projekts waren die pro-französischen »Patrioten«, die sich mit kalvinistischem Eifer daranmachten, die holländische Gesellschaft auf den Weg der Tugend zurückzuführen, nachdem sie unter ihren Perückenherrschern in völlige Erschöpfung und tiefe Korruptheit verfallen war.

Im Dezember 1794 hatten französische Truppen die Republik Holland erobert und ein Regime aus radikalen Patrioten gebildet, die sich zu den Idealen der französischen Revolution bekannten. Sie riefen die Batavische Republik aus und stellten – im scharfen Kontrast zu den föderalistischen Traditionen der Republik Holland – die ersten Regierungen eines zentralistischen Staates.

Die *Maatschappij tot Nut van het Algemeen* – eine Gesellschaft zur Förderung des Allgemeinwohls – hatte bereits seit einem Jahrzehnt eine Bildungsreform gefordert. Ihr Vorhaben orientierte sich neben den Ideen Basedows und Pestalozzis an einem – stark ins Moralische gewendeten – aufgeklärt christlichen Pietismus. Als die Patrioten 1795 mit Hilfe französischer Bajonette an der Macht waren, begann die *Nut* bei der Nationalversammlung auf allgemeine Schulpflicht zu drängen. Schon wenige Jahre später, ab 1801, schlugen sich die meisten ihrer Vorschläge in Verordnungen nieder, die Van der Palm als *Agent* für das nationale Erziehungswesen erließ. Neu war, daß sie tatsächlich ausgeführt wurden. Immerhin war ja die Batavische Republik als Einheitsstaat konzipiert, und die Patrioten wollten die neuen Möglichkeiten eines Zentralismus voll ausschöpfen. Nach wie vor konnten die »Regenten« der Städte und der Landadel jedoch eine gewaltige Opposition aufbieten, besonders als sich die Kirche mit ihnen verbündete, um Übergriffe der säkularen revolutionären Regierung auf die Domäne der Religion abzuwehren. Im Zusammenhang mit der Bildungsreform hatte man alle Schulmeister überprüft, die unfähigen entlassen. Das erboste örtliche Gutsherren, Diakone und Regenten, da sie einzelne Lehrer als ihre persönlichen Günstlinge oder Protégés betrachteten. Im übrigen bekämpfte die Holländisch Reformierte Kirche jede Abweichung von ihrer orthodoxen Lehre und war nicht bereit, junge Lehrer anzuerkennen, bloß weil sie ihre Staatsprüfung bestanden hatten. Derart blockierten die örtlichen Autoritäten, wo sie nur konnten.

Doch schließlich brach die Opposition der örtlichen Eliten und des Klerus weitgehend zusammen, vor allem weil Freiwillige der *Nut* die lokalen Konflikte geschickt ausnutzten und weil die vom *Agenten* beauftragten Inspektoren energisch in die Beratungen der örtlichen Schulräte eingriffen.[144]

Trotz letzter Gegenwehr verloren Feudalherren und Kirche nach und nach alle Vorrechte.[145] Der Erfolg des Vorstoßes beruhte auf einer einzigartigen Mischung: stark zentralisierte Bürokratie, die ihre Beschlüsse in die Tat umsetzen konnte, Massenbewegung mit klarem Programm, evangelischer Eifer und ein Korps entschlossener Inspektoren, Lehrer und freiwilliger Schulräte. In ihrem Fortgang brachte die Reform eine eigene *paideia* hervor – christlich, aber nicht sektiererisch, nationalistisch, aber überparteilich, zielte sie auf das Gemeinsame einer stark zersplitterten Kultur, wollte alle einen, ohne irgend jemand vor den Kopf zu stoßen. Doch »in den Augen der Regenten, die als Nachhut gegen die Geltung dieser Reform ankämpften, ordnete sie das vertraute Gemeinwesen ganz der monistischen Staatsgewalt unter«.[146]

So entschied der Kampf zwischen Unitaristen in der Regierung und Föderalisten auf dem Lande über eine vom Streben nach moralischer Erneuerung inspirierte Schulreform.[147] Zu Felde zogen der Agent und das Inspektorat gegen die traditionelle Autorität sowohl der dörflichen *heren* (Gutsherren) als auch der Regenten in den Handelsstädten.

Die niederländischen Stadtregenten hatten sich im 17. Jahrhundert als herrschendes Patriziat festgesetzt, waren jedoch schon länger mit der kalvinistischen Holländisch Reformierten Kirche verbündet, wo sie den etwas liberaleren Flügel unterstützten. Ihr Reichtum stammte nicht aus der Landwirtschaft, sondern aus dem Außenhandel, womit sie das Paradebeispiel einer herrschenden Bourgeoisie – oder hereditären Oligarchie – im Gegensatz zum Adel bildeten. Von einer sehr schmalen städtischen Basis aus waren sie auf internationalen Märkten tätig und begnügten sich damit, ihr Hinterland mittels der von ihnen beherrschten Föderalregierung – des *Staten-Generaal* – zu befrieden. Nationale Einigung, Mobilisierung der ländlichen Bauern oder städtischen Armen, hätten lediglich ihren Einfluß auf dieses zerstückelte System bedroht.

Das Beispiel Holland zeigt viele Hauptmerkmale des Blütenmodells: Stadtregenten und dörfliche Gutsherren spielen die Rolle der fest verwurzelten Eliten mit örtlichen Machtbasen. Sie sind eng mit dem Holländisch Reformierten Klerus verbündet und halten ihre Klientel von Armen und Bauern mit Fürsorgeleistungen bzw. Lehensfesseln an der Kandare. Diese Figuration mit relativ geschlossenen Netzwerken griff eine nicht-sektiererische, evangelische und nationalistische Gruppierung an, als sie den neuen, zentralistischen Staatsapparat nutzen konnte, der wiederum direkte Verbindungen zu den örtlichen Kommunen brauchte. Zwar bildete die Sprache in den Niederlanden kein Hauptproblem[148], der direkte Zugang zum nationalen Kommunikationsnetz dafür aber um so mehr. Da die Alphabetisierung bereits ungewöhnlich weit fortgeschritten war[149], setzte die neue Zentralregierung ganz auf diese Kenntnisse, um die Masse der holländischen Bevölkerung als Bürger anzusprechen, die »sich an dem neuen nationalen Gemeinwesen beteiligen würden«.[150]

Im Endeffekt begründeten die Reformen jedoch alles andere als ein »Staatsmonopol«.[151] Die Kirchen (und die *Nut*) durften ihre eigenen Schulen gründen, sofern sie diese selbst finanzierten, und die staatlichen waren vor allem für die Armen gedacht.[152] Obgleich die Zentralregierung diese öffentlichen Schulen bezahlte, hatte sie darin nicht allein das Sagen. Die *départements* durften nach wie vor Lehrer einstellen, wenn diese auch nominell von dem zentralen Inspektorat zugelassen sein mußten – das nicht immer seinen Willen durchsetzen konnte.

Alle staatlichen Schulen durchwehte ein »allgemein christlicher Geist«, doch konfessioneller Unterricht war verboten – die Lehre mußte auf Sonderkurse »nach Schulschluß« beschränkt bleiben.

Nachdem die Holländisch Reformierte Kirche ihre Maximalforderung aufgeben mußte, konnten sich alle Kirchen auf den Minimalanspruch einigen, daß keine von ihnen unterstützt würde. Damit waren die Katholiken, nach jahrhundertelanger Diskriminierung im Norden der Niederlande, sofort einverstanden, zumal sie ja auf eigene Kosten selbst Schulen gründen durften.

Die Modelle von 1801, 1803 und 1806 bedeuteten Komprimisse sowohl beim Problem der religiösen Erziehung als auch bei der regionalen Autonomie, denn die Behörden der *départements* (später Provinzen) und Kommunen durften vieles in eigener Regie regeln. Im großen und ganzen bewährte sich der Ansatz[153]; auch Bildungsplaner im Ausland orientierten sich daran, und er blieb bis in die siebziger Jahre des 19. Jahrhunderts hinein fast unverändert.

Ab 1840 wuchs jedoch bei Kalvinisten wie Katholiken das Ungenügen an dem bloß »allgemein christlichen« Curriculum der staatlichen Schulen.[154] Das stellte die liberaleren Protestanten vor ein Dilemma: Sollten sie eine Maximalstrategie wählen und fordern, die christlichen Inhalte des Staatscurriculums zu verstärken? Oder pluralistisch für staatliche Unterstützung der kirchlichen Schulen eintreten, auch wenn dies bedeutete, daß die anderen Konfessionen mitprofitierten? Aufgrund dieser Ambivalenz und klarer Sympathien bei den politisch Liberalen wurden weiterhin nur die öffentlichen Schulen vom Staat unterstützt; bezeichnenderweise entschieden sich höfische Kreise für die »allgemein christliche staatliche Schule«, weil dort alle Konfessionen zwanglos zusammekamen. Als jedoch die protestantische *Reveil*-Bewegung religiös immer fanatischer wurde und die Kirchen begannen, ihre Mitglieder aufzurütteln, wuchs der Druck. Die Katholiken rückten weiter von den Liberalen ab, obwohl diese ihnen in der Verfassung von 1848 gleiche Rechte zugestanden hatten, und hetzten fortan gegen die protestantische Färbung des allgemein christlichen Curriculums der öffentlichen Schulen. Doch schließlich begruben die protestantischen Fundamentalisten und die Katholiken ihre traditionelle Feindseligkeit und bildeten nach der Erweiterung des Wahlrechts ab 1888 mehrere Koalitionsregierungen.

Gleichwohl erhielten die konfessionellen Schulen keine Zuschüsse; Gläubige mußten ihre Schulen selbst bezahlen. Deshalb lehnten sie alle Verbesserungen im öffentlichen Schulwesen ab, die Kinder aus den Privatschulen abziehen konnten. Auch weigerten sie sich, neben den Gebühren der konfessionellen Schulen noch Steuerlasten für die staatlichen zu tragen. Trotzdem verzeichneten die konfessionellen Schulen einen stetigen Zulauf – von zwanzig Prozent 1860 auf mehr als vierzig 1917, kurz bevor sie finanziell gleichgestellt wurden, und von da an bis 1970 auf 75 Prozent.[155]

Nach gut einem halben Jahrhundert der Kämpfe sorgte 1920 ein neues Schulgesetz für »Befriedung«. Darin verpflichtete sich der Staat, die öffentlichen und alle konfessionellen Schulen gleichberechtigt zu behandeln: ein pluralistisches Modell, das bis heute mehr oder weniger unverändert überdauert hat.

Ein Aspekt des Schulkampfes war der Widerstand ländlich-örtlicher Fundamentalisten gegen das großstädtische »allgemein christliche« nationale Schulsystem. Dabei wandten sich nicht allein ländliche Eliten gegen das zentrale Netzwerk: Hier traten auch Kleinbürger und Bauern für einen soliden Religionsunterricht ein, bekämpften die Übel der Moderne und die vom säklarisierten Stadtproletariat ausgehenden Bedrohungen. Faktisch waren die öffentlichen Schulen bereits vielfach von allgemein christlichen Prinzipien abgewichen, und später neigten die schlecht bezahlten Lehrer immer stärker zur Radikalität. Die »Proletarier unter den Intellektuellen« kamen aus dem Volke, dem die Schullaufbahn eine der wenigen Aufstiegschancen bot. Oft machten sie sogar im Klassenzimmer keinen Hehl aus ihren radikalen Einstellungen, wodurch sie viele religiöse Eltern gegen sich aufbrachten.[156]

Ende des 19. Jahrhunderts hatte das Schulproblem die Gläubigen *en masse* wachgerüttelt. Doch führende Kirchenvertreter und Politiker schafften es, die gewaltigen Energien in konfessionelle Parteien und gesellschaftliche Organisationen umzuleiten, die Sprachrohre der Massen im neuen demokratischen Staat. Wie auch in Frankreich, modernisierte sich die Kirche durch das Schulproblem und bildete Strukturen aus, die eine Demokratie erforderte. Die vielfältigen Konfessionen der Niederlande knüpften allmählich in nahezu allen gesellschaftlichen Lebensbereichen je eigene dichte Verbandsnetze; ebenso die sozialistischen und »allgemeinen« nicht-konfessionellen Gruppen – letztere allerdings weniger ausgeprägt. Gewerkschaften, Unternehmer- oder Bauernverbände, Zeitungsverlage, Sendeanstalten entstanden für jede der (Nicht-) Konfessionen separat und schlossen sich mit den entsprechenden politischen Parteien zusammen.

Das Resultat dieser »Säulenbildung« war ein Übergang von örtlichen zu mehreren nationalen Netzwerken – eines pro »Säule« –, die dann ganz oben durch Absprachen zwischen den diversen Eliten verknüpft wurden.[157] Bei allen politischen und religiösen Konflikten verankerte das Grundcurriculum jedoch in öffentlichen wie privaten Schulen einen nationalen Einheitskode, mit dem sich alle Holländer direkt verständigen konnten. Im Endeffekt trug dies mit dazu bei, daß die Säulenstruktur in der zweiten Hälfte des 20. Jahrhundert allmählich verschwand.

Großbritannien

In Preußen, Frankreich und den Niederlanden trieben großstädtische Eliten im Umkreis zentralisierter Staaten Bildungsreformen voran. Anfangs gelang das Projekt nur in den Niederlanden, weil dort eine Massenbewegung die Verwaltung ermutigte und unterstützte. Doch zu Beginn des 19. Jahrhunderts war der Staat, mochte seine Rolle noch so umstritten sein, in allen drei Ländern tief ins Elementarschulwesen verstrickt. In England dagegen hielt sich die Zentralregierung von diesem Feld fern, und die wenigen Initiativen gingen von speziell gegründeten freiwilligen Vereinen aus. Die Französische Revolution beeinflußte die englische Öffentlichkeit – auch beim Problem eines öffentlichen Schulwesens – genau so stark wie die niederländische. Gegner der Revolution lehnten auch deren Bildungsideale ab, doch auf die Befürworter und Unschlüssigen machten die Vorschläge des Konvents zur Elementarschulbildung nachhaltigen Eindruck.[158] Auch in England bildete sich eine Schulreformbewegung, inspiriert durch evangelisches und philanthropisches Gedankengut. Viele der Mitglieder waren »Andersgläubige«, meist aus der Methodistenkirche – die unter städtischen Arbeitern, dann auch Bourgeois, gar manchen bekehrt hatte. Die Reformbewegung betonte das seelische Reifen des Einzelnen und die Humanisierung der Institutionen, und für beides sollte die Erziehung ein probates Mittel sein.

In den Anfängen der Industrialisierung waren sowohl ein massiertes Stadtproletariat als auch eine wohlhabende und sehr selbstbewußte Unternehmerbourgeoisie entstanden, wenngleich der Adel noch lange Kommunalbehörden wie Zentralregierung beherrschte. In den Reihen der städtischen Bourgeoisie und der »Arbeiteraristokratie« – der höchstbezahlten Fachkräfte unter den Industriearbeitern – gab es besonders viele Andersgläubige, die eine gute Ausbildung für ihre Kinder außerhalb des Schoßes des Anglikanischen Kirche erstrebten. Bis weit ins 19. Jahrhundert hinein bevorzugten sogar Arbeiter oft – weniger strenge, ihnen geneigtere – Privatschulen gegenüber den staatlichen oder kirchlichen.[159] Die tiefen Umwälzungen der Industriellen Revolution und die Einflüsse der Französischen Revolution warfen ein grelles Licht auf alle gesellschaftlichen Tagesprobleme. Als sich die Sorgen mit andersgläubigem Fanatismus verbanden, flammte leidenschaftliches Interesse an der Erneuerung des Schulwesens auf und fand seinen institutionellen Ausdruck 1814 in der »British and Foreign School Society« (ehemals »Lancasterian Society«). Der Vorgängerverein war ursprünglich gegründet worden, um für das Aufsichtsystem in den Elementarschulen einzutreten: Ältere Schüler sollten jüngere unterrichten, damit jeder Lehrer Hunderte von Schülern zugleich bewältigen konnte. Der Akzent lag ganz auf Lesen, Schreiben und Rechnen. Religion spielte kaum eine Rolle – statt dessen betonte man die allgemeine Bildung des christlichen Charakters, sehr zum Leidwesen der Amtskirche, die solche Lehren als »Religion der Sonntagsschule« verunglimpfte. Schon bevor die Lancaster-Bewegung in der British Society aufgegangen war, hatten Anglikaner (gestützt auf Bell) das Aufsichtsystem abgewandelt und die »National Society for the Establishment of Schools According to the Teachings of the Established Church« gegründet. Fortan war die Anglikanerkirche »der rechtmäßige Schulmeister der Nation«. Doch die Amtskirche beharrte auf ihrem Erziehungsmonopol, blieb stur bei ihrer Maximalforderung und wies alle Ansprüche sonstiger Konfessionen zurück, vom Staat unterstützt oder gar abgesegnet zu unterrichten. Was dabei herauskäme, wäre: »den gotteslästerlichen Juden, den götzendienerischen Katholiken, den Christus leugnenden Unitarier, gar den wollüstigen Türken, auf eine Ebene zu stellen mit dem, der Gottes Sohn demütig und fromm anbetet«.[160]

Anfangs hatte die British Society weithin Ansehen gefunden. Sogar der König erwog, ihr Postprivilegien einzuräumen, die wesentlich waren, um zu erträglichen Kosten landesweit Kontakte pflegen zu können.[161] Doch die National Society, das Sprachrohr der Amtskirche, protestierte gegen den Plan.[162] Damit hatte der Kampf um staatliche Unterstützung ernsthaft begonnen, und er tobte bis 1870, als ein öffentliches Schulwesen kam.

Wie andernorts ging die Initiative für die Bildungsreform von den großstädtischen Eliten aus, die am nationalen Markt orientiert und andersgläubig waren. Auch in England stachelte diese Initiative den religiösen Fanatismus und den Bildungseifer in den Reihen der Amtskirche an. Die Kirche versuchte, ihre Kräfte zu mobilisieren, indem sie auf örtliche Autoritäten zurückgriff, die den Wert der Religion, der Tradition, des Gehorsams und alles übrigen, was ihre Macht über die Klientel verewigen würde, zu schätzen wußten.

[In England] setzte sich das staatliche Elementarschulwesen sehr weitgehend als rein beiläufiges Nebenprodukt des Kampfes zwischen Anglikanern und Andersgläubigen um die Gunst der unteren Schichten durch. Lange Zeit war die anglikanische Führung gleichgültig oder gar feindselig gegenüber einer Erziehung der Armen eingestellt ... Um 1800 jedoch nicht mehr, sei es nur aus Gründen des aufgeklärten Eigeninteresses.[163]

In der ersten Hälfte des 19. Jahrhundert war die Entwicklung des Elementarschulwesens durch Konkurrenz zwischen beiden Schulvereinen geprägt. Sie setzten einander unter Druck, in dem Schneckentempo, das ihre privaten Mittel zuließen[164], im ganzen Königreich Schulen zu gründen und Lehrer zu beschäftigen: »Während sich die politische Elite eindeutig von einer Erweiterung des Schulwesens distanzierte, mußte die Kirche aufgrund des wachsenden Drucks der Andersgläubigen mehr für die Bildung tun.«[165]

Allmählich verstrickte sich auch der Staat – oft widerwillig – in die Vorgänge. Zuerst gewährte er beiden Vereinen kleine Zuschüsse zur Gründung von Schulen und gab den Andersgläubigen nach, als er eine Schulaufsicht ins Leben rief.[166] Später erwies sich, daß diese Behörde mit Aktivisten unter Führung des unbezähmbaren Kay-Shuttleworth besetzt war.[167] Bei ihrer bürokratischen Neigung und ihrem Reformeifer drängten sie besonders Schulen der Amtskirche[168], den Unterricht zu verbessern, und machten mit ihren Jahresberichten die Öffentlichkeit auf den heillosen Zustand des öffentlichen Schulwesens aufmerksam.

Um 1830 tat sich etwas. Die Mittelschicht kämpfte, massiv von der Arbeiterschaft unterstützt, für eine Reform des Wahlsystems und griff die Einteilung in »Rotten boroughs« – »getürkte« Wahlkreise – an. Gleichzeitig versuchte die British Society, weitgehend von den gleichen Bourgeois getragen zusammen mit Andersgläubigen und Facharbeitern, die örtlichen Erziehungsmonopole der Anglikanerkirche zu knacken. Während sich die politische Bewegung mit einer Reformvorlage 1832 durchsetzte, scheiterte Roebucks Erziehungsvorlage 1833 ebenso wie mehrere nachfolgende Eingaben. Zum Teil war daran eine Spaltung in den Reihen der Reformer schuld: Das Bündnis zwischen Bourgeoisie und Arbeiterschaft zerfiel hier ebenso wie in Frankreich nach der Juli-Revolution, als die Mittelschicht an die Macht gekommen war, der Pakt zwischen Bourgeoisie und Volksmassen.[169]

Danach kämpfte die Arbeiterbewegung auf eigene Faust weiter: gegen Kinderarbeit und für kürzere Arbeitszeiten. Das verprellte jedoch wichtige Teile der Mittelschicht. Man befürchtete, daß Kinder bei Schulpflicht nicht mehr in Fabriken oder als Hausgehilfen arbeiten könnten. Das Fabrikgesetz 1833 brachte einen Kompromiß: »täglich zwei Stunden Pflichtunterricht neben der Arbeit.«[170] Doch solange der Problemkomplex Arbeitszeit und Kinderarbeit rechtlich ungeregelt blieb, war jedes Modell für eine Elementarschulbildung zum Scheitern verurteilt.[171] Vor diesem Hintergrund forderte die Arbeitervereinigung der »Chartisten« in erster Linie Reformen des politischen Systems und der Industrie.[172]

Das Bemühen um eine Bildungsreform mußte unter anderem scheitern, weil sowohl die National Society als auch die British and Foreign Society gegen die Erziehungsvorlage von 1833 aufbegehrten – wobei die Anglikaner forderten, jede mit öffentlichen Mitteln betriebene Schule müsse ihren Katechismus lehren. Dem widersetzten sich die Andersgläubigen: »So bremste der abweichende Glaube vor allem den Aufbau eines staatlichen Schulwesens, beschleunigte statt dessen aber das Entstehen eines starken konfessionellen Systems, das vom Parlament relativ unabhängig blieb.«[173]

Die konkurrierenden Schulvereine finanzierten weiter Lehranstalten und stellten Lehrer ein, stets bemüht, die Nase vorn zu behalten. Derweil erließ die Regierung Gesetze über Arbeitsbedingungen und Schulpflicht für Kinder in Fabriken, stellte jedoch weder Mittel bereit noch ernannte sie Inspektoren. Außerdem stockte sie nach und nach ihre Zuschüsse für die Schulvereine auf. Sonst tat sich aber nichts. »Fast während des gesamten Jahrhunderts führten beide Seiten vor, daß sie mächtig genug waren, jedes Erziehungsmodell zu blockieren, das die andere zu begünstigen schien.«[174]

Da das Schulwesen freiwilligen Vereinen überlassen blieb, bekamen die durch Schulgebühren ausgegrenzten Kinder der Armen eine ganz erbärmliche Ausbildung. Für Arbeiterkinder standen ebenfalls bloß minderwertige Schulen bereit, und eine gute Erziehung genossen nur jene, die das entsprechende Schulgeld bezahlen konnten.[175] Doch eine situative Dialektik wollte, daß die Rückständigkeit der Amtskirche ihr zum Vorteil gereichte: Mit Hilfe von Erbschaften, einer alten Spendentradition und des kostenlosen Einsatzes ihrer Geistlichen konnte sie Sonntagsunterricht abhalten, wo Millionen englischer Arbeiterkinder kurz an der Alphabetisierung schnuppern durften, indem sie lernten, die Bibel zu lesen – aber keinen Deut mehr, nicht einmal Schreiben. Allerdings stand sogar eine derart rudimentäre Ausbildung nicht im Parteiprogramm der Torys. Sie fiel als höchst unbeabsichtigtes Nebenprodukt der Katechisierung eines Proletariats ab, das nach weltlichem Wissen dürstete. Konservative argwöhnten, die Arbeiter zu erziehen lege Keime der Aufwiegelung, und nicht ganz zu Unrecht: Viele Chartisten-Führer hatten in der Sonntagsschule, wo sie einen Vorgeschmack von der Bibel-Rhetorik bekamen, lesen gelernt.[176]

Doch in den eher fortschrittlichen Teilen der Mittelschicht hatte, was während der dreißiger Jahre im England wie auch Frankreich des 19. Jahrhunderts geschehen war, die alten Ängste vor staatlichen Schulen als Quelle des Aufruhrs erheblich gemildert. Statt dessen trauten sie der Elementarschulerziehung jetzt zu, urbane Probleme zu lösen und Facharbeiter heranzubilden.[177]

Andere Gruppen traten sogar wegen der »tiefen Furcht vor Rebellion und Verfall«[178] zunehmend für allgemeine Elementarschulbildung ein, da sie Disziplin und Gehorsam wecke – die Sicht der Torys –, oder die Arbeiterklasse von den Vorzügen des Kapitalismus und den Tugenden der Mittelschicht überzeuge, so daß sie deren Herrschaft unterstützen würden.[179]

Unterdessen verstrickte sich der Staat allmählich stärker in das Elementarschulwesen. Die British and Foreign Society hatte gefordert, mit der seit langem bevorrechtigten Amtskirche gleichgestellt zu werden, wogegen die anglikanische Führung heftig protestierte. Nun jedoch stand die Church of England vor einem Dilemma. Sofern das Schulwesen überhaupt auszubauen war, stiegen auch die Kosten. Zwar konnte dabei staatliche Unterstützung helfen, aber der Staat würde Bedingungen stellen, und er mochte andere Mitbewerber im gleichen Maße unterstützen. Nachdem feststand, daß ihre Maximalforderung – bedingungslose staatliche Hilfe allein für die Anglikanerkirche – nicht durchkäme, schwenkten einige Anglikaner auf den zweitbesten »Minimalanspruch« um: keinerlei staatliche Unterstützung (insofern auch keine Bedingungen) für irgendeine Konfession.[180] Schließlich konnte sich die Kirche auf ihre Erbschaften und Spenden sowie auf Kontakte zu den örtlichen oder zen-tralen Autoritäten stützen, um die Aufwallungen des Reformeifers zu überstehen.

Die kleineren Kirchen standen fast geschlossen hinter der British and Foreign Society und vertraten eine »pluralistische« Position. Der Staat sollte prinzipiell alle Konfessionen unterstützen, sie jedoch nicht zwingen, etwas von ihren Glaubenslehren Abweichendes (wie den anglikanischen Katechismus) zu unterrichten. Allmählich kamen diese Kreise zu der Einsicht, daß man den konfessionellen Unterricht am besten Sonderkursen von Geistlichen überließ. Das Regelcurriculum sollte, überkonfessionell, vom allgemeinen Geist des Christentums durchweht sein, die christliche Tugend fördern und gezielte Angriffe gegen irgendeine Seite unterbinden. Solch ein christlicher Minimalkonsens verlangte nach einer deistischen, rationalen Theologie. Sollte er bestehen, mußte jede der Kirchen auf ein Stück ihres Alltags, ihrer speziellen

Domäne – Erziehung des Nachwuchses – verzichten. Die Religion würde als Sonderthema spezieller Stunden beiseite rücken, statt als der höchste Zweck aller Erziehung unangefochten zu herrschen.[181]

Die Entwicklung eines überkonfessionellen christlichen Curriculums war immens nützlich und folgenreich: So konnte man das christliche Erbe im allgemeinen Unterricht bewahren, verhinderte aber zugleich konfessionellen Hader. Damit wurde die allgemein christliche Lehre zu einer Lingua franca der religiösen Verständigung, schuf einen Minimalkodex für Begegnungen zwischen Fremden, ebnete den Weg zu einem gemeinsamen Christentum und vermied konfessionelle Brüche. Kurz, sie spielte für die diversen Konfessionen die gleiche Rolle wie eine Standardsprache für regionale Dialekte.

Der entscheidende Kompromiß kam mit dem Elementary Education Act von 1870. Spezielle Schulkommissionen sollten überall dort, wo die vorhandenen Kapazitäten nicht ausreichten, weitere Schulen gründen können. Das Gesetz »führte zwar weder kostenlosen Unterricht noch die Schulpflicht ein, ermöglichte aber beides«. Die Finanzierung sollte zu gleichen Teilen aus Schulgebühren, Kommunalsteuern und staatlichen Beihilfen erfolgen. Wenn die örtlichen Schulen bei den ärmsten der Armen keinen »Schulpfennig« eintreiben konnten, mußte der Staat einspringen, erst recht, als nach 1880 die Schulpflicht landesweit einführt wurde, so daß die Kinder der Armen gesetzlich aufzunehmen waren.[182]

Wie andernorts wurde das Elementarschulwesen kaum mit weiterführenden und höheren Schulen verknüpft; die »Bildungstreppe« war schmal und steil, für die Arbeiterschaft außerdem kurz. Das Wort »elementary« (in »Elementarschule«) »roch« nach Unterschicht, und die Mittelschicht war nicht bereit, die von ihr finanzierte Erziehung der Armen auch noch auf die höhere Ebene auszudehnen, aus der sich ihre Vorteile ergaben.[183] Zwar wurden die Schulkommissionen demokratisch gewählt, doch Arbeiter standen dafür selten bereit, weil das Amt sehr aufwendig war und die Sitzungen gewöhnlich tagsüber während der Dienstzeit stattfanden.[184]

Schulkommissionen waren meist überkonfessionell zusammengesetzt, neigten aber zum Kompromiß des allgemein christlichen Curriculums, das man als »School Board religion« verhöhnte.[185] Und so endete fast ein Jahrhundert erbitterter Konkurrenzkämpfe:

> Seltsamerweise erreichten die Andersgläubigen, gerade weil sie in puncto Erweiterung des Schulwesens nahezu absolut scheiterten, ihr Ziel eines aus Steuermitteln mitfinanzierten Systems. Obgleich die Anglikaner mit ihrem kolossalen Aufwand nur relativ erfolglos blieben, konnten sie dieses von ihnen gefürchtete Resultat nicht verhindern.[186]

In England wie auch in Frankreich richtete sich der Vorstoß gegen das Bollwerk der Amtskirche. In beiden Ländern bildete eine urbane Bourgeoisie die Speerspitze der Bildungsreform. Doch die englische Mittelschicht stützte ihren Wohlstand auf Handel und Industrie, die französische dagegen hatte in der Staatsbürokratie und in den freien Berufen eine Machtbasis gefunden. Beim Religionsproblem standen sich in England Andersgläubige und Anglikaner gegenüber, in Frankreich *laïques* und Katholiken. Hier hatte früh und heftig die Industrialisierung eingesetzt, dort war mit noch gewaltigeren Umwälzungen ein neuer Staatsapparat entstanden.

Vaughan und Archer haben schlüssig dargelegt, daß die voneinander abweichenden Bildungswege der beiden Länder nicht allein durch die Industrialisierung erklärbar sind. Das nur auf deren Erfordernisse gestützte funktionalistische Argument ist ebenso wenig haltbar wie seine marxistische Variante, kapitalistische Produktion erzwinge die Ausbildung einer qualifizierten Arbeiterschaft. Demnach hätte nämlich England, wo ja die Industrialisierung begann, zugleich das fortgeschrittenste Schulwesen aufbauen müssen. Im 19. Jahrhundert war aber genau das Gegenteil der Fall.[187] Das Beispiel der Niederlande spricht sogar noch deutlicher für die von Vaughan und Archer vorgetragene Kritik.

Um die Entwicklung des Bildungswesens beider Länder zu erklären, stützen sich diese Autoren auf »Selbstbehauptung« und »Dominanz« konkurrierender Gruppen, die jedoch nicht mit gesellschaftlichen Klassen zusammenfallen. Da die französischen Bildungsreformer den Staat als Machtbasis benutzten, müßte dort jeder Regierungswechsel den Gang der Reform viel stärker beeinflußt haben als in England: Diese Annahme scheinen die Ereignisse zu bestätigen.

Doch auch in Frankreich beschränkte sich der Staat bis lange nach der Revolution darauf, zu ermutigen und zu überwachen, verwies die Kommunen auf ihre eigenen Finanzmittel und profitierte im übrigen von freiwilligen Initiativen, besonders der Katholischen Kirche. Nur ganz allmählich verstrickte sich die Zentralregierung direkt in das Elementarschulwesen, allerdings etwas früher und tiefer als in England.[188]

In beiden Ländern herrschten »extrem ähnliche« Grundeinstellungen gegenüber einer Erziehung der Armen und der Arbeiterschaft. So war die französische Bourgeoisie eigentlich immer dafür, bis sich die arbeitenden Massen 1848 gegen den Staat auflehnten. Zwar blieb die britische Mittelschicht zurückhaltender, nahm aber die Erziehung der Armen später hin, unter der Bedingung, daß damit eine strikte moralische Unterweisung einherging.[189]

Sowohl in England als auch in Frankreich und andernorts bekämpften Adel und Amtskirche mit ihrer örtlichen Machtbasis ein nationales Elementarschulwesen, da es ihre traditionellen Mittlervorteile bedroht hätte. Jene Teile der Mittelschicht, die sich am nationalen Markt und am Nationalstaat orientierten, unterstützten in der Regel ein landesweites Elementarschulsystem. Viele Industrielle blieben jedoch gespalten: Sie fürchteten um das Angebot an billigen, ungelernten Arbeitern – besonders Kindern. Allerdings dominierten Unternehmer in der englischen Mittelschicht, so daß ihre Ambivalenz manchmal den Bildungseifer der ganzen Bourgeoisie lähmte. Viele Beamte aus der Mittelschicht traten begeistert für mehr Erziehung ein. Diese metropolitanische Vorhut hatte in Frankreich unmittelbar nach der Revolution 1789 im Staatsapparat Fuß fassen können. Dagegen mußten sie sich in England auf freiwilliger Basis organisieren und fortan noch einen erschöpfenden Konkurrenzkampf mit der Anglikanerkirche ausfechten. Daher drangen sie dort nur langsam, über neugegründete Verwaltungszweige – besonders das Erziehungsministerium – in den Staatsapparat ein. Doch wenn sie erst Machtpositionen innehatten, trieben sie eine ähnliche Politik wie ihre französischen Kollegen. Sogar im zeitlichen Ablauf gibt es Parallelen: Nach den falschen Versprechungen von 1830 folgte um 1870 ein kostenloses staatliches System der Elementarschulpflicht.

Vereinigte Staaten von Amerika

In Amerika galt bis tief ins 19. Jahrhundert hinein das »kleine rote Schulhaus« als Archetypus des Erziehungswesens. Die Dorfschule, in Neuengland entstanden, blieb eng mit den Kirchen verbunden und wurde von einem Elternrat überwacht – finanziert durch Schulgeld und Spenden, oft in Form von Land. Sehr schön hat Lawrence Cremin die Hauptfunktion der Elementarschule eingefangen, direkte Einbindung in das umfassende Kommunikationsnetz zu ermöglichen[190]:

> Die Schule erfüllte mehrere Aufgaben: Anhand der Webster-Fibel und der Lesebücher von McGuffy lernten die Knirpse, das normierte amerikanische Englisch zu lesen und zu schreiben; sie erwarben ein gemeinsames Glaubenssystem, das den paritätischen Protestantismus mit überparteilichem Patriotismus verband; und sie wurden mit den Grundrechenarten vertraut gemacht... Die Schule ebnete ihnen den Weg ins Arbeitsleben, wo neben Lesen und Schreiben Pünktlichkeit, Einhaltung von Regeln und Verfahren sowie Kooperationsfähigkeit mit fremden Menschen aller Altersstufen vorausgesetzt wurden. Im übrigen befähigte sie zum verschiedenartigen Gebrauch – oder auch Mißbrauch – von Druckwerken ...

Kolonialregierung und Provinzbehörden mischten sich selten in die Erziehung ein, ebenso die Einzelstaaten und die Bundesregierung in den Anfängen der Republik. Die Regierung wies ihre Kommunalbehörde lediglich an, eine Schule zu gründen, und überließ ihr dann deren Verwaltung, Finanzierung und Curriculum.

Den Impuls, das Schulwesen auszubauen, gaben die Nachfolger einer klerikalen Elite der Kolonialzeit. Damit wollten sie ihre Position gegenüber den »Barbaren« der Grenzstaaten sowie den »fremdartigen« Immigranten der östlichen Hafenstädte absichern. Verbündete fanden sie in der aufkommenden Mittelschicht von Kaufleuten.[191]

Ab etwa 1800 drängten die diversen Konfessionen einander jedoch in die Minimalforderung, sogar zuvor annehmbare staatliche Eingriffe in das Schulwesen abzulehnen, aus Furcht, neue Mitbewerber könnten ebenfalls davon profitieren.[192] Das Resultat war ein Patt in der Bildungspolitik.

Die Dorfschulen überstanden das Wuchern der Kleinstädte mehr oder weniger intakt, blieben unter Aufsicht der Eltern und mit Kirchen verbunden. In den Grenzregionen sah man das rote Backsteingebäude überall, wo genügend Siedler beisammen waren. Als die Bevölkerung des Westens und der wachsenden Städte jedoch religiös heterogener wurde, gab man das streng konfessionelle Organisationsprinzip auf zugunsten der »Interkonfessionalität« als Minimalkonsens zwischen den diversen traditionellen Protestantismen.

Viele Schulräte waren in Bildungsfragen ziemlich konservativ und wollten keine Erweiterung finanzieren. Daher bekamen Immigranten in wuchernden Städten oft keine Schulplätze. Die neue Generation der »Schulmänner« lehnte die elterliche Aufsicht zunehmend ab, da sie pädagogische Reformen und Konzepte blockiere. Sie begannen also, sich zu organisieren, und forderten staatliche Zuschüsse für Verbesserungen im Schulwesen. In New York zum Beispiel gründeten und prägten Quäker eine »Free School Society«, die für staatlich geförderte, fachkundig beaufsichtigte, überkonfessionelle Schulen eintrat.[193] Mitte des Jahrhunderts traten überall »Friends of education« auf, überzogen die gesamten Vereinigten Staaten mit einem Netzwerk von »Schulmännern« und warben für einzelstaatlich organisierte Elementarschulsysteme. Doch die örtlichen Eliten stellten sich quer: »Weder das Konzept noch die Techniken einzelstaatlicher Politik seien weit genug entwickelt, um als Ersatz für die Politik der Distrikte, Kommunen oder Kreise gelten zu können.«[194] In Virginia stießen sie »auf den gnadenlosen Widerstand östlicher Grundbesitzer« und Populisten.[195]

Man kann die »Freunde« in vielerlei Hinsicht als »Metropolitaner« betrachten, die für ein überkonfessionelles System der allgemeinen Elementarschulpflicht eintraten. Die Schranken der Konfession sollten durchbrochen, die ethnischen Differenzen überwunden werden, um so »das bestmögliche Gesamtsystem«[196] zu schaffen, das alle zu einer großartigen Nationalkultur vereinigen würde. »Im Grunde zielten diese Ansätze ausnahmslos darauf ab, eine alphabetisierte amerikanische Öffentlichkeit hervorzubringen.«[197] Kaestle schreibt[198]:

Die Vereinheitlichung der Schulen konnte auch das Problem der Kapazitäten lösen. Sobald das System stand, ließ es sich beliebig erweitern. Gleichgültig, wieviele neue Kinder kamen, ob arm oder reich, eingewandert oder einheimisch: Man schuf einfach mehr von diesen Einheitsschulen, bildete mehr Einheitslehrer aus.

Auch aus einer anderen Ecke – der katholischen Kirche – wurden die traditionellen Schulen angegriffen. Nach dem Sieg ihrer Erzfeindin – der »Free (ab 1826 »Public«) School Society« – verschärften sich die Attacken, zumindest in New York City. Um 1818 hatte der Verein nämlich den Staat New York davon überzeugen können, daß Zuschüsse für Elementarschulen bitter notwendig waren. Allerdings sollten Gelder nicht an kirchliche, sondern nur an seine eigenen Schulen fließen. Infolgedessen verlor die Katholische Kirche jegliche Hoffnung auf staatliche Hilfe für neue Schulen. Im überwiegend protestantischen Amerika kamen Maximalforderungen ohnehin nicht in Betracht. Da die Katholiken aber bis dahin so gut wie keine eigenen Schulen hatten, schied auch die Minimalstrategie aus, staatliche Unterstützung für alle Konfessionen abzulehnen: Die protestantischen Anstalten waren bereits gefördert worden, und die »überkonfessionellen« (faktisch aber durchweg ebenfalls protestantischen) wurden es nach wie vor. So mußte sich die Kirche Roms um den Status als »meistbegünstigte Konfession« bemühen – Gleichbehandlung fordern – und hielt zäh an ihrem Ziel staatlicher Unterstützung fest. Damit nahm sie zu einer Zeit, als die meisten protestantischen Kirchen überkonfessionellen Unterricht und nominell säkulare öffentliche Schulen akzeptierten, eine pluralistische Position ein.[199] Vorerst beschlossen die Katholiken, auf eigene Kosten neue Elementarschulen einzurichten. Ihre Initiative erwies sich als so erfolgreich, daß es bis heute in vielen amerikanischen Großstädten, neben einem überwiegend vom Staat finanzierten öffentlichen, ein eigenständiges katholisches Schulwesen gibt. Nachdem die Kirchen ab 1833 formell entstaatlicht waren, gingen die Schulen zunehmend eigene Wege, übernahmen ihre neue Rolle als »öffentliche Agenturen zur Bildung und Umbildung von Öffentlichkeiten«.[200]

Wie andernorts kristallisierte sich in den Vereinigten Staaten im Lauf des 19. Jahrhunderts ein umfassendes Elementarschulwesen heraus, um dort ebenfalls bei so gut wie allen schulfähigen Kindern eine standardisierte Schriftsprache durchzusetzen.[201] Obwohl Sprachvielfalt in Kolonialzeiten, als nur gewisse deutsche und französische sowie wenige holländische Gruppen auf Unterricht in der eigenen Sprache beharrten[202], kaum eine Rolle spielte, spitzte sich das Sprachproblem in den USA später viel mehr zu als in anderen Ländern: Immer neue Immigrantenscharen forderten, ihre Kinder in der Muttersprache zu unterrichten. Wie andernorts hing das Sprachproblem zwar eng mit Religiosität und Traditionswahrung zusammen, aber in den Vereinigten Staaten traten nicht etablierte ländliche Eliten – die »weißen angelsächsischen Protestanten« oder »WASPs« – für sprachliche und kulturelle Vielfalt ein, sondern im Gegenteil: Neueinwanderer in den Großstädten, meist aus Arbeiter- oder Bauernfamilien. Ihre inoffiziellen Sprecher, oft katholische Geistliche, wie im Fall der Iren, Polen und Italiener, verfochten nach Religionen getrennte Klassen, jedenfalls aber Unterricht in der Muttersprache. Die deutschen Immigrantengruppen konnten ihre Sprache in den Schulen am besten wahren.[203] Ihr Ausscheren erregte wilde »einheimische« Proteste gegen ethnische Abschottung, Subkultur, Minderheitensprachen und »parteipolitische Kungelei« von Immigranten. Sie wurden ebenso fanatisch vorgetragen und auf ähnliche Ideale gestützt wie die Kampagnen der großstädtischen Reformer in Europa gegen regionalen Traditionalismus oder urbanen Pauperismus. Doch in Amerika saßen die Metropolitaner bereits fest im Sattel und wollten in erster Linie den Anfängen wehren, nämlich verhindern, daß sich diese Minderheiten in Politik, Wirtschaft und Kultur mit eigenen Institutionen festsetzten.

Obwohl die europainterne Landflucht nichts prinzipiell anderes war als die transatlantische Abwanderungswoge vom europäischen Land in amerikanische Großstädte, schnitt letztere viel tiefer ins Leben der betreffenden Immigranten ein und erregte damals wie heute die abenteuerlichsten öffentlichen Phantasien. Gewiß war das Problem, immer neue Immigrantenmassen an die amerikanische Gesellschaft zu assimilieren, in vieler Hinsicht ebenso diffizil wie die Adaption der Bauern an die Erfordernisse der europäischen Industriestädte; und auf beiden Kontinenten erwartete man die kulturelle Anpassung von den Schulen. Im Rückblick war das Bildungswesen seiner neuen Aufgabe gewachsen, Arme und Neuankömmlinge in die großstädtische Kultur einzugliedern. Doch für Gleichberechtigung konnte es nicht sorgen:

Man stellt sich die Städte des 19. Jahrhunderts am besten wie Bahnhöfe mit getrennten Warteräumen für die verschiedenen Klassen vor. Trotz des ständigen Kommens und Gehens rückten für Abreisende durchweg ganz ähnlich geartete Menschen nach. Auch blieben, obwohl sich alle Warteräume unaufhörlich füllten, die Zahlenverhältnisse zwischen ihnen nahezu unverändert.[204]

Der massive Zustrom von Neulingen, die auf den Straßen und für den Lebensrhythmus der Städte fremd wirkten, löste unter eingesessenen Städtern massive Ängste aus. Angesichts bedrohlich anschwellender Horden von Landvolk befielen saturierte Stadtbürger große Sorgen über ihre Sicherheit und ihr Ansehen, was den reformerischen Eifer im 19. Jahrhundert erheblich beflügelte. So entstanden kollektive Einrichtungen wie Elementarschulen, Krankenhäuser, Strafanstalten, der Gesundheitsdienst und die Polizei. Aus dieser Sicht war der Aufbau eines Elementarschulwesens die Antwort wachsender, offener Städte auf das Armutsproblem, als die Freischulen und kirchlichen Anstalten der alten, relativ geschlossenen Kleinstädte dem großen Ansturm nicht mehr standhielten.[205]

Besonders das Auftreten junger Vagabunden löste heftiges Entsetzen aus, denn das war ein ziemlich neues Phänomen der Großstädte – auf Farmen gab es für Jugendliche immer etwas zu tun, andernfalls sah man sie bald nicht mehr. In Kleinstädten waren Armenkinder ehemals Diener oder Lehrlinge geworden. Doch mit dem Verfall des Handwerks fehlten die Lehrstellen, und Fabriken konnten den Verlust nur zum Teil ausgleichen. Die neuen überfüllten Mietshäuser boten Kindern keinerlei Raum zum Spielen, so daß sie durch die Straßen zogen, wo anfängliche Possen rasch in kleine Delikte umschlagen konnten. Die Kinder- und Jugendkriminalität bereitete große Sorgen, würden doch aus jungen Straftätern gewiß einmal Räuber und Mörder. Während man Immigranten wegen ihrer derb rustikalen Art nur verabscheute, waren ihre Kinder als Rabauken und künftige Banditen gefürchtet. Deshalb sollte die Schule zu einer Art Zuchtmittel werden. Lange bevor die Schulpflicht kam, suchten Beamte die Straßen nach »Drückebergern« ab. Gegenüber diesen Kindern begriff man die Schulen als Anstalten der »Vorbeugehaft«: Sie brauchten bloß während der Unterrichtszeit auf den Straßen herumzulungern, schon wurden sie aufgegriffen und »zum eigenen Besten« in die nächste Schule verfrachtet.[206] Lehrer indes waren keineswegs darauf versessen, diese Störenfriede im Unterricht zu haben. So wurden Sonderklassen für schwere Fälle eingerichtet, später ganze Sonderschulen. In ihnen mischten sich pädagogische Elemente mit Methoden der Zucht- und Arbeitshäuser, da sie speziell der Disziplinierung dienten.

Das Problem der Straßenkinder äußerte sich in lauten Rufen nach mehr und besseren Schulen, besonders für bedürftige Immigranten. Pädogogen nutzten die Gunst der Stunde, um Ängste und Forderungen für ihre Zwecke einzuspannen und ihre Modelle durchzusetzen. Als das Schulwesen größere Kreise zog, wuchs der Lehrkörper mit und mauserte sich – gut organisiert und rhetorisch geschult, wie er war – zu einer starken, relativ autonomen Kraft, die das System weiter ausbauen und bürokratisieren konnte.[207]

In die Grenzstaaten gelangte das Elementarschulwesen erst kurz nach der Verordnung von 1784, wonach »jede Kommune eine Parzelle für die Kosten einer öffentlichen Schule reservieren« mußte. Anfangs war Land reichlich vorhanden, warf also kaum etwas ab. Als jedoch die Flächen dichter besiedelt wurden, hätte der Pachtzins aus dem zweckgebundenen Land etwa genau so schnell steigen müssen wie die Kosten des Schulbetriebs, wären die Erträge nicht der Korruption zum Opfer gefallen.[208]

Als immer mehr ländliche Siedlungen entstanden, bildete sich mit der gewerblichen Landwirtschaft eine bäuerliche Mittelschicht aus. Methodisten- und Baptistenprediger wanderten von Dorf zu Dorf, um ihren Glauben zu verbreiten. »Zugleich mit der Religion, oft sogar in Personalunion mit den Sozialhelfern und Kongregationen, kam die Erziehung.«[209] So konnte sich das Modell der Dorfschule in allen ländlichen Regionen Amerikas durchsetzen. Aus der Erziehung gingen Menschen hervor, die auf ihre neue Rolle als Staatsbürger im allgemeinen Sinne vorbereitet waren, und da es keinen Landadel gab, standen auch keine Mittlermonopole im Wege.

Die Südstaaten erreichte das öffentliche Schulwesen im Rahmen der militärisch-politischen Besetzung nach dem Bürgerkrieg.[210] Wieder einmal schienen »Metropolitaner« – die aus dem Norden – ein örtliches Mittlermonopol brechen zu wollen, als sie den Südstaaten ein Schulwesen aufdrängten. Ihnen standen lokale Eliten mit schon schwer angeknacksten Monopolen gegenüber, denen eine Schulreform den Todesstoß zu versetzen drohte. Doch regionale Eliten konnten eine »Vernördlichung« durch das öffentliche Schulwesen gemeinhin abwenden. Erst Ende des 19. Jahrhunderts begann eine autochthone Gruppe der »Friends of education« für Reformen auch im Süden zu kämpfen, getragen von »einer Woge kapitalistischer Philanthropie« aus dem Norden.[211]

In einem Punkt unterschied sich das amerikanische Elementarschulwesen zutiefst vom europäischen, nämlich in der strikten Rassentrennung bis über die Mitte unseres Jahrhunderts hinaus.[212] Gemäß dem Blütenmodell hätten metropolitanische Unternehmer und Beamte versuchen müssen, sich direkten Zugang zu der örtlich-ländlichen Klientel von Schwarzen zu schaffen, wie es faktisch zur Zeit des Bürgerkriegs und direkt danach geschah.

Um 1890 besuchten in vielen Südstaaten fast ebenso viele Schwarze wie Weiße die Schulen. Doch diese Gleichstellung im Bildungswesen wurde bald zunichte gemacht, da die Schwarzen im Süden zunehmend an politischem Einfluß verloren. Erst Anfang der fünfziger Jahre begann sich ihre Erziehung wieder zu verbessern.[213]

Auch wenn Schwarze in den Norden umsiedelten, fanden sie anfangs ziemlich mühelos Aufnahme in Schulen und erreichten ein ähnliches Bildungsniveau wie die einheimischen Weißen.[214] Doch als die Stimmung in den dreißiger Jahren des 20. Jahrhunderts abrupt umschlug, tat sich eine Bildungskluft auf.[215] Schwarze aus den Südstaaten, die während der Großen Depression nordwärts zogen, fanden wenn überhaupt nur noch Dreckarbeit. In jenen Jahren wurde die Zuwanderung von Ausländern drastisch beschränkt, und Arbeiter europäischer Herkunft schützten ihre Position zusätzlich durch die Politik der »gewerkschaftspflichtigen Betriebe«. Daher erschien es vielen Schwarzen, als spiele ihre Schulbildung bei der Auswahl von Bewerbern überhaupt keine Rolle mehr, weshalb sie ihre Kinder gar nicht erst zur Schule schickten. Außerdem trug die Armut dazu bei, den Schulbesuch und das Leistungsvermögen junger Schwarzer zu beeinträchtigen.

Schließlich schaffte es die Bürgerrechtsbewegung, in einem heiklen Pakt mit der Bundesregierung, die rechtlichen wie institutionellen Hemmnisse für die Ausbildung der schwarzen Kinder zu beseitigen – so daß sie wenigstens wieder die Elementarschule besuchen konnten. In mancher Hinsicht – nationale Ausrichtung, großstädtische Herkunft und abweichende Glaubensrichtung – erinnern die Bürgerrechtler an ihre Vorgänger aus dem 19. Jahrhundert. Und immerhin führten sie ja, wenn auch etwas verspätet, ein Projekt jenes Jahrhunderts zu Ende.

Amerikas Geschichte des Bildungswesens ist vielfältiger als die der europäischen Staaten, weil sich die Bundesregierung so lange fernab hielt.[216] Die Landschulen blieben unter örtlichem Einfluß, und nur in den Großstädten entwickelte sich allmählich – je nach Staat, Kommune, lange sogar Bezirk – ein Elementarschulwesen. Der Schulkonflikt wurde durch das Überwiegen englischsprachiger Protestanten abgemildert, konfessioneller Hader beschränkte sich auf Dörfer und Bezirke. Mit Ausnahme der Südstaaten gab es keine Gutsherrenaristokratie mit entsprechenden Klientelbeziehungen und Mittlermonopolen.[217]

Erziehungskonflikte traten aber in den Großstädten auf, wo infolge der Immigrantenschwemme ein modernes Schulwesen entstand. Doch die Hegemonie der Engländer war durch keine der Immigrantengruppen je ernsthaft gefährdet – abgesehen allenfalls von den Organisationen ethnischer Katholiken. Sogar diese konnten aber eine eigenständige sprachliche Identität nicht wahren, sei es nur aus dem simplen und banalen Grund, daß ihr bloßer Separatismus die Solidarisierung mit anderen, ähnlich gepolten Minderheiten ausschloß.[218] Daher verzichteten die Polen – wie zuvor die Holländer und die Deutschen – auf Unterricht in ihrer Landessprache, als sie einsahen, daß die Italiener in diesem Fall gleiche Rechte für sich verlangen würden. Außerdem führte das Stadtleben alle Bestrebungen ad absurdum, die Jugend gegen »ausländische« Einflüsse abzuschirmen, zumal ja ihre Eltern selbst »in die Stadt gedrängt« waren.[219] Im übrigen belohnte es der Arbeitsmarkt derart massiv, die englische Sprache mündlich wie schriftlich zu beherrschen, daß niemand diesen Aspekt lange übersehen konnte.

Resümee

Nichts dürfte den Ausbau des Elementarschulwesens stärker beschleunigt haben als die Initiativen metropolitanischer Eliten, wenn sie sich einschlägiger Teile des Staatsapparates bemächtigen konnten. Zwar traten auch Unternehmer der Mittelschicht für Schulreformen ein, um sich die Landbevölkerung zu erschließen; aber auf Industrielle war kurzfristig kein Verlaß, falls sie Verknappung der kindlichen Arbeitskräfte befürchteten. Allerdings förderten Regierungsbeamte die Elementarschulbildung, um den direkten Zugriff des Staatsapparates auf alle Bevölkerungsschichten auszudehnen. Mit ihren Bestrebungen stießen die Eliten der Metropolen auf den Widerstand des Landadels und des eingesessenen Klerus. Beide Gruppen bildeten örtliche, mit zunehmender Verschärfung des Konflikts dann nationale Koalitionen, und mußten schließlich alternative, jedoch ebenfalls landesweite Elementarschulsysteme einrichten. Diese unterschieden sich allerdings nicht in den curricularen Inhalten, sondern allein der religiösen Ausrichtung nach von den staatlichen.

Im Konkurrenzkampf um alleinigen Zugang zur örtlichen Bevölkerung standen großstädtische Unternehmer und Beamte dem örtlichen Adel und Klerus gegenüber. Wollten letztere nicht sofort eine Schlappe erleiden, mußten sie sich verbünden. Doch gerade dadurch brachten sie hervor, was sie anfangs verhindern wollten: ein überörtliches und überregionales Erziehungswesen. Als die Amtskirchen derart zu einer bildungspolitischen Gegenoffensive gezwungen wurden, spornte das wiederum den Ehrgeiz anderer Konfessionen an. So errang in den untersuchten Ländern keine der herrschenden Kirchen ein staatlich gefördertes Bildungsmonopol, das über nennenswerte Zeit bestanden hätte. Schutz und Beihilfen des Staates gab es nur auf Kosten von Kirchenautonomie und sie waren auch noch durch andere Gruppen bedroht, die gleiche Rechte für sich beanspruchten. Infolgedessen rückten die Mehrheitskirchen von ihrer anfänglichen Maximalstrategie ab und stellten die Minimalforderung, keine Konfession staatlich zu unterstützen. Diesen Ansatz galt es jedoch erneut zu revidieren, sobald der Staat irgendeine andere Kirche zu bevorzugen schien. Aus diesem Hickhack hatte sich bis Mitte des 20. Jahrhunderts in den meisten Ländern ein System der Gleichbehandlung vielfältiger konfessioneller und öffentlicher Schulen entwickelt. Allerdings überlebte in den Großstädten der Vereinigten Staaten – neben dem überkonfessionell vom »allgemein christlichen« Ethos durchwehten öffentlichen – ein privates katholisches Elementarschulwesen ohne staatliche Unterstützung.

Im Lauf eines langen, konfliktreichen Jahrhunderts wichen örtliche Autonomie und Idiosynkrasie überall landesweiten Einheitscurricula mit unterschiedlichen religiösen Färbungen. Bei dem Kampf zwischen traditionellen örtlichen und großstädtischen Eliten im Umkreis von Zentralstaaten ging es um konfessionelle oder säkulare Macht – das heißt, um Religion: den einzigen Minimalkonsens, auf den sich die regionalen Eliten in einer nationalen Koalition einigen konnten.

Das Resultat waren nationale Systeme der Elementarschulpflicht. Durch die vermittelten Grundkenntnisse sollten alle Kinder in landesweit geltende Regelkodes eingebunden werden: die Landessprache in Wort und Schrift, Grundrechenarten sowie Raum-Zeit-Strukturen im Sinne nationaler Geographie und Geschichte. Innerhalb der einheitlichen Kommunikationsnetze und mit den Regelkodes trat das Massenpublikum für die Politik des 20. Jahrhunderts und für moderne elektronische Medien auf. Doch die Macht über nationale Kommunikationsnetze war lange zuvor an politische und ökonomische Zentren gefallen.

Kapitel 3

Medizinische Polizei, Infrastruktur und städtische Gesundheit

Im Lauf des 19. Jahrhunderts begannen mehrere Städte Westeuropas und Nordamerikas beispiellos zu wuchern.[1] Hatte die urbane Sterblichkeitsziffer um 1800 noch über den Geburtenzahlen gelegen, so wendete sich der Trend bis zur Jahrhundertmitte.[2] Dazu wanderten immer mehr Landbewohner und Kleinstädter in Metropolen ab. Die neue gewerbliche Landwirtschaft machte viele Hilfskräfte überflüssig und erschwerte Unbegüterten ihre ländliche Existenz. Anfangs nahmen traditionelle Fabriken, mit Wind- oder Wasserkraft betrieben, einige der verdrängten Arbeitskräfte ihrer Gegend auf. Doch seit Einführung der Dampfmaschine konzentrierten sich immer mehr Industrieprojekte auf Hafenstädte, Kohle- und Eisenerzminen. Die Metropolen entwikkelten sich zu bedeutenden Finanz-, Handels- und Verwaltungszentren, in ihrem Umkreis blühten Industrien auf. Der Boom lockte viele Migranten aus Kleinstädten und Dörfern an, und das starke Angebot billiger Arbeitskräfte in den wachsenden Städten zog wiederum weitere Unternehmen nach sich.[3]

Doch für junge, aufstrebende Leute boten die Städte noch andere Attraktionen. Sofern sie: nicht den elterlichen Hof erben würden, mehr gelernt hatten als eine Provinzlaufbahn erforderte, auf dem Lande erwerbslos oder verarmt waren, sich aber die Reise leisten konnten, oder vielleicht vom Wohlergehen ihrer Verwandten in der Stadt gehört hatten – verhieß die Großstadt sagenhaften Reichtum, Aufstiegschancen und Kitzel, Abschied vom Muff des kleinkarierten Provinzlebens und ein Ende der allgegenwärtigen Überwachung durch Eltern und Meister. Metropole bedeutete Abenteuer, neue Kontakte, Erotik und kulturelle Anregung. Mangelnde Verdienstmöglichkeiten zwangen viele Migranten in die Großstädte, doch was sie hintrieb, war ihre Lust auf kulturelle und emotionale Erlebnisse.[4] Noch heute locken die Metropolen junge Leute an: Nicht nur sind sie das Pflaster für die Jugend, Jugend als Lebensphase ist auch ein modernes, ein urbanes Phänomen.

Im Europa des 19. Jahrhunderts waren Städte das interne Neuland – für eine entwurzelte Landbevölkerung das Reich der Entfaltung und der Möglichkeiten, wie heute nach wie vor in Asien, Lateinamerika und Teilen Afrikas. *Extern* lockten die Großstädte an der Ostküste Amerikas, allen voran New York, viele europäische Emigranten als das transkontinentale Neuland. Dyos schrieb über diese Städte des 19. Jahrhunderts[5]:

Hier überlagerten sich alle möglichen Kommunikationsfelder, entstanden neue Beziehungsmuster und Institutionen, kamen neue Werte, Sinneseindrücke, Konventionen und Probleme zum Ausdruck. Bei überkommenen Sichtweisen, Verhaltensformen und Tabus dagegen verschoben sich die Akzente, oder sie verschwanden ganz: Überall scheiterten in einem letzten Aufflackern die absoluten Werte und Einstellungen, stolpernd schritt man voran zum offenen Austausch zwischen Menschen, zu einer demokratischeren Urbanität.

Millionen schwärmten in die Städte, und wo der Arbeitsmarkt unter dem Ansturm zusammenbrach, bildeten sich Massen total mittelloser, oft auch obdachloser Menschen. Sie füllten die Hintergassen, Höfe, Mansarden und Keller der alten Stadtzentren oder bauten sich ganz einfach Behelfsbuden auf herrenlosen Parzellen. Überleben konnten sie nur mit Hilfe der Fürsorge – und sie bedrohten die Sicherheit der eingesessenen Stadtbewohner.[6]

Im Zuge dieser Urbanisierung verengten sich alle Räume, mußten die Menschen ihr Leben stärker strukturieren und differenzieren als in früheren Gesellschaftsformen. Urbanes Zusammenleben ist durch Nähe und enorme funktionale Interdependenz geprägt. Für die ganze Stadt als Wirtschaftsgebilde kam und kommt Autarkie nicht in Frage, wie auch keiner ihrer Bewohner aus eigener Kraft überleben könnte. Im dichten Gedränge blieb kein Freiraum, um sich relativ unabhängig, unbehelligt von der Geldwirtschaft durchzuschlagen. Keine Nischen, außer in der urbanen Unterwelt, boten Zuflucht vor der Zwickmühle Erwerbstätigkeit oder Fürsorge.[7] In der Stadt konnte sich niemand gegen tägliche Verstrickung in die Angelegenheiten seiner Nachbarn wehren; jedermans Verhalten wurde zunehmend für andere unausweichlich, aber auch ärgerlich.

Migration und Kampf um städtische Räume

Urbanisierung bedeutet unaufhörlichen Zustrom von Immigranten und damit stetigen Kampf zwischen der »eingesessenen« Stadtbevölkerung und den Neuen, den »Außenseitern«.[8] Die saturierten Bürger sahen in diesen Neulingen sowohl Chancen als auch Gefahren, waren sie doch nützliche Arbeitskräfte, potentielle Kunden und kamen als politische Anhänger in Betracht, aber auch als findige Unternehmer – ein oft vergessener Aspekt der urbanen Migration.[9] Wenn man diese Immigranten als bedrohlich empfand, beschimpfte man sie als »Barbaren, Wilde, Nomaden«, die in der Stadt nichts verloren hatten.[10] Ihre ländliche Art – die als derb und ungehobelt galt – prallte auf die subtileren urbanen Lebensweisen. Da man bei Diebstahl und Raub immer gleich Neulinge verdächtigte, erschienen sie als eine Gefährdung der städtischen Sicherheit. In den Reihen des alten Stadtproletariats fürchtete man die Konkurrenz billiger Arbeitskräfte.[11] Die meisten eingesessenen Städter neigten gegenüber diesen Neulingen zu der Grundhaltung, daß sie so schnell wie möglich wieder verschwinden sollten, ob buchstäblich[12] oder durch soziale Angleichung an die städtische Norm. Da aber die Stadt diese neuen Immigranten weder ausschließen noch vertreiben konnte[13], mußte man sie irgendwie unterbringen – stets in der Hoffnung, sie würden sich früher oder später an das Stadtleben assimilieren. Das hieß allerdings zunehmend, Arme und Immigranten in speziellen Vierteln auszusondern. Sogar als die Stadtreform das erklärte politische Ziel verfolgte, die soziale Lage der Armen und Neuankömmlinge zu verbessern, kam dabei im Endeffekt meist heraus, daß sich die soziale und räumliche Kluft noch vertiefte.

Da der einzelne Bürger seine neuen Nachbarn weder zum Teufel jagen noch grundsätzlich »umkrempeln« konnte, war die unmittelbare Nähe dieser ungeladenen, fremdartigen Bewohner eine ständige Quelle von Ärgernis sowie Furcht vor sozialen Affronts und sogar körperlichen Angriffen.[14] Diese konstante Reibung zwischen Etablierten und Außenseitern veranlaßte in den wuchernden Städten manchen zur Selbsthilfe; viele andere schlossen sich den Bürgerinitiativen an, die das zeitgenössische Stadtleben so nachhaltig prägten und zur Entstehung der Gesundheits- und Sozialdienste beitrugen, die dem heutigen Wohlfahrtsstaat vorausgingen.

Das moderne Stadtleben erzwingt viele Kontakte, bei denen Konflikt und Ärgernis möglichst zu vermeiden sind. Zum Teil gelang das, als man neue Trennungen einführte und klarere Grenzen zwischen den auf engstem Raum lebenden Menschen zog. In den frühen Industriestädten lebten Reich und Arm oft direkt nebeneinander. Auch Arbeits- und Familienleben spielten sich in denselben oder angrenzenden Räumen ab. Straßen setzten sich fast übergangslos in Wohnungen fort, und die Behausungen der Armen waren kaum von den gemeinsamen Höfen, Hintertreppen, Treppenhäusern oder Fluren getrennt. Das mag sich mehr oder weniger bewährt haben, solange die Menschen wußten, was sie voneinander zu halten hatten, Status und Beruf ihrer Mitbürger aus Kleidung und Auftreten schließen konnten, die Höhergestellten respektierten, ihre eigene Lebenslage hinnahmen und die Regeln für das Verhalten in gemeinsamen Räumen befolgten, um alle Ärgernisse zu vermeiden.[15] Doch sogar unter diesen Bedingungen dürfte das schon schwierig genug gewesen sein.

Stadtleben bedeutete immer schon, einander zu belasten. Durch den plötzlichen Zustrom von Neulingen verschärfte sich die Lage, nicht nur, weil die Räume nun noch enger wurden, sondern auch, weil die Immigranten Anstoß erregten, da sie nichts von der feinen urbanen Art verstanden, Provokationen zu unterlassen (oder zu übersehen). Obwohl die Städter an alle möglichen Wechselfälle gewöhnt waren, traf sie das bloße Tempo und Ausmaß der urbanen Immigration doch völlig unvorbereitet und erboste sie gerade deshalb, weil es neue, ungewohnte Ärgernisse mit sich brachte.

In den großen Mietshäusern und Herbergen der Stadtzentren wurden immer mehr Menschen zusammengepfercht, und sie besetzten jeden freien Winkel.[16] Im Erdgeschoß wohnte gewöhnlich eine bourgeoise Familie, weiter oben mochten Kleinbürger leben: Lehrer, Schreiber oder Ladenbesitzer mit Familien. Ganz oben waren kleine Wohnungen an Vertreter, Gouvernanten oder Schneider vergeben. Der Dachboden war in winzige Zellen unterteilt, in denen Lehrlinge, Hausmädchen, Näherinnen oder Studenten nur ein Bett und einen Stuhl aufstellen konnten. Nach und nach wurden auch noch die Keller vermietet; oft lebten Armenfamilien zu acht oder zehnt in einem solchen feuchten Loch ohne Licht und Frischluft.[17] Sie alle mußten, sofern vorhanden, dieselben Einrichtungen benutzen. Die Familien kochten auf Kohlefeuern und mußten sehen, wie sie Rauch, Asche, Dünste und Abfälle loswurden. Zudem mußten sie sich und ihre Sachen irgendwo waschen und das Schmutzwasser beseitigen, ebenso ihre Exkremente. Noch schlimmer waren die Verhältnisse, wenn mehrere Menschen einen Raum abwechselnd in Tag- und Nachtschichten benutzten. Oft gab es überhaupt kein Wasser, so daß für die Notdurft nur der Dunghaufen, die Gosse oder ein verborgener Hinterhofwinkel in Betracht kam.

Bei den Armen spielte sich das Familienleben überwiegend in Sicht- und Hörweite anderer ab. Man wusch auf den Höfen, traf Freunde auf offener Straße, ging seinen Geschäften, Streitereien oder Gelüsten in den gemeinsamen Fluren und Treppenhäusern nach. Diese Menschen waren es nicht gewohnt, ihre Angelegenheiten für sich zu behalten, in den eigenen vier Wänden, und es hätte bei Bedarf auch gar nicht geklappt, da man nebenan sowieso fast alles mithörte. Insbesondere die Armen und Immigranten waren meist laut, zänkisch und ungestüm, neigten stark zur Trunksucht. Nichts davon ließ sich verheimlichen oder wurde als besonders privat und intim aufgefaßt. Das eheliche Leben spielte sich ziemlich offen ab, ein Affront für andere, die solches Treiben für schamlos hielten und wetterten, wenn es schon sein müsse, seien wenigstens die Nachbarn zu verschonen. Wer sich gestört fühlte, empfand die Nähe der sozial Niederen als irgenwie persönlich erniedrigend: »fürchtete soziale Ansteckung«[18] – was sogar ein mächtigeres Motiv gewesen sein kann als der Ärger über den faktischen Anlaß. Sozial demütigend für saturierte Bürger wirkte und wirkt dabei, daß sie dem Umfeld, in dem sie ihre Rolle spielen, ohnmächtig ausgeliefert sind, ihre Darbietung nicht vor störenden Einflüssen schützen können. Die »anständigen« Familien fühlten sich mit »unschicklichen« Nachbarn in einen Topf geworfen. Andererseits darf man wohl vermuten, daß sich viele der ländlichen Immigranten und armen Städter von herablassenden, aufdringlichen, dünkelhaften Wichtigtuern gedemütigt und eingeengt fühlten.

Nicht nur daheim, auch draußen auf der Straße mußte angesichts der räumlichen Nähe gesellschaftliche Distanz gewahrt oder hergestellt werden. Nur Schwerreiche konnten sich in ihren Villen verschanzen – städtische Räume von Karossen geschützt oder Dienern abgeschirmt durchqueren. Doch sogar sie mußten manchmal Schmähungen, abfällige Bemerkungen oder Beschimpfungen von Passanten einstecken. Städter niederer Provenienz konnten dem Straßengetümmel nicht ausweichen, erlebten täglich böse Überraschungen, wurden auf Schritt und Tritt von Bettlern und Hausierern belästigt. Sich selbst mußten sie vor Angriffen, ihre Habe vor Dieben schützen – und schließlich drohte noch, daß ihre Würde der Lächerlichkeit preisgegeben und in den Dreck gezogen wurde.[19] Etwa dem gleichen Personenkreis dienten öffentliche Plätze als Kulisse für derbes Amüsement, Nervenkitzel, manchmal auch gute »Schnäppchen«, schnelle Beute oder flüchtigste Liebeleien.

Die städtischen Straßen des 19. Jahrhunderts, meist ungepflastert und mit freiliegenden Gossen, waren stickig, voller Unrat, schmal, überlaufen und laut. Müll, Küchen, Werkstätten und offene Kloaken überzogen sie mit Gerüchen aller Art. Haustiere – Hunde, aber auch Hühner, Ziegen, Schweine – liefen frei herum: Immerhin verzehrten sie mehr Abfall als sie produzierten. Die meisten Straßen wurden nie gekehrt, und sofern es überhaupt Abflüsse gab, verliefen sie gewöhnlich als offene Gossen in der Straßenmitte, angefüllt mit tierischen und menschlichen Exkrementen.

Eine weitere Plage des Stadtlebens war, daß es in und direkt neben den Wohnhäusern zahllose Kleinbetriebe gab. In Höfen schlachteten Metzger ihr Vieh und behandelten Gerber ihre Felle, auf Vortreppen gingen Kesselflicker oder Schmiede ihrem lärmenden Handwerk nach, auf dem Pflaster blockierten Tischler oder Schuster die Eingänge. Alles war erfüllt von Getöse, Gestank und Qualm, wo man hintrat, lagen Unrat und Kot. Die Fabriken, oft direkt in den Zentren, verbreiteten ohrenbetäubenden Lärm, spieen schwarzen Rauch aus und kippten ihre stinkenden Abfälle in Flüsse und Kanäle. Der Verkehr war noch chaotischer und tosender als heute, da Kutschen über das Kopfsteinpflaster ratterten, in Schlaglöcher krachten, an Steine stießen oder sich im Schlamm festfuhren.

Überall auf den städtischen Straßen herrschte menschliches Elend, auch zur Schau gestellt.[20] Scharen von völlig mittellosen Menschen ohne jeden Hoffnungsschimmer, vielfach krank, verkrüppelt oder invalide, saßen auf dem Pflaster, schliefen in Torwegen oder unter Brücken, wo sie auch oft starben. Junge Leute, Analphabeten ohne Lehre, lungerten herum, auf der Pirsch nach etwas Nahrung für den Tag. Verwahrloste, unterernährte Kinder irrten ziellos durch die Straßen. Die grausig hohe Kindersterblichkeit ließ erst gegen Ende des Jahrhunderts nach. Alte blieben meist völlig sich selbst überlassen, ohne Rente, ohne medizinische Versorgung und ohne jede Pflege. Ja, das Elend der viktorianischen Städte war so groß, daß es dem Bewußtsein des 19. Jahrhunderts als Alptraum nachging – und zum Thema eines anklagenden, sozialkritischen literarischen Genres wurde.[21]

Unter solchen Verhältnissen war es wahrhaft fast unmöglich, ruhig zu bleiben. Besonders Frauen wurden ständig belästigt, so daß sie oft überhaupt nicht mehr unbegleitet in die Öffentlichkeit gingen. Wo die öffentliche Bewegungsfreiheit von Frauen eingeschränkt war, konnten jene, die man ohne Begleitung auf der Straße sah, eo ipso nur bedingt ehrbar sein, woraus Männer ein Recht ableiteten, sie zu bedrängen.[22] Das wiederum bestärkte die Frauen in ihrem Entschluß, öffentliche Plätze möglichst nur mit einem Beschützer aufzusuchen.[23]

In öffentlichen Verkehrsmitteln – Booten oder Pferdebussen – kamen Menschen verschiedenster Herkunft auf allerengstem Raum zusammen. Das empfanden wiederum jene, die sich für etwas Besseres hielten, oft als Verletzung ihrer persönlichen Würde, da sie zum einen auf die Transportmittel angewiesen waren, zum anderen nicht verhindern konnten, daß ihnen Fremde auf die Pelle rückten. In Straßenbahnen fanden sich Schreiber, Ladenbesitzer, Handwerker und ihre Frauen – oft zum ersten Mal in ihrem Leben – mit Menschen niederen Standes zusammengepfercht – seien es nun Straßenhändler, Fabrikarbeiter, Fischverkäuferinnen oder Hafenarbeiter –, und das allein genügte schon, um große Irritation und Statusängste zu wecken.[24]

Kurz: Der Ansturm auf die Städte bewirkte, daß die Immigranten wie auch die eingesessenen Bürger neben den bekannten mit vielen neuen Risiken und Defiziten konfrontiert wurden. Allein die Tatsache der räumlichen Enge und der ökonomischen Verflechtung verschärfte und vermehrte die externen Effekte individueller Risiken und Defizite. So konnten sich fast nur noch die Schwerreichen vor den Folgen des Verhaltens und der Lasterhaftigkeit anderer schützen. Zugleich war es oft unmöglich, andere von den Annehmlichkeiten auszuschließen, die man sich aus eigener Kraft und aus eigenen Mitteln geschaffen hatte.

Das Stadtleben erzeugte Ungewißheiten eigener Art: Kriminalität, gewalttätige Rotten, Aufstände, unberechenbare Zyklen des urban-industriellen Arbeitsmarktes und Seuchen. Keines dieser Risiken ließ sich auch nur annähernd in den Griff bekommen.

Alle Stadtbewohner wurden durch immer längere und dichtere Ketten der Interdependenz aneinander geschmiedet, was die Externalitäten zwischen ihnen steigerte. Obwohl man sich dessen meist höchstens diffus bewußt war, entging niemand, daß Reich und Arm, Etablierte und Außenseiter, in einer großen Figuration voneinander abhängig waren. Für das Bewußtsein vieler Städter des 19. Jahrhunderts fand diese neue Sachlage eine konkrete, bedrohliche Ausformung als das Gespenst der Massenseuche, vor allem der Cholera.

Die Cholera als Paradigma der urbanen Interdependenz

In seiner bereits klassischen Studie über den Einfluß von Seuchen auf die Menschheitsgeschichte schreibt William McNeill[25]: »Die globale Ausbreitung der Cholera zeigte erstmals und in vieler Hinsicht am folgenreichsten, wie stark die Industrialisierung das Gesamtbild von Krankheiten verändert hat.« Wenn auch Barcelona im Jahr 1819 vom Gelbfieber heimgesucht wurde, hatte Westeuropa seit dem letzten Pestausbruch 1720 in Marseille keine größere Seuche mehr erlebt.[26] Deshalb überraschte und entsetzte der erste Choleraschub die Länder Europas. In England forderte die Welle von 1832 rund 18 000 Opfer, ebenso viele allein in Paris.[27]

»Cholera – allein der Name verbreitete Panik!«[28] In ihrer Hilflosigkeit konnten die Behörden nur noch an eine höhere Instanz appellieren: »Währenddessen es dem allmächtigen Gott gefallen hat, unser Vereinigtes Königreich mit einer Krankheit namens Cholera heimzusuchen...«[29]

Für die öffentliche Phantasie jener Zeit verband das Gespenst der Cholera drei Probleme zu einer großen Obsession: das Elend und die Lebensweise der Armen, die von ihnen ausgehende Ansteckungsgefahr für wohlsituierte Bürger und die notwendige Reform des städtischen Sanitär- und Verwaltungswesens. Nahezu alle urbanen Bemühungen um Ordnung, Anständigkeit und Reinlichkeit ließen sich auf das eine Paradigma der Infektionskrankheit zurückführen, und gleichzeitig deutete sich darin ein Programm der Vorbeugung an. Außerdem boten Massenepidemien ein erschreckendes Bild der urbanen Interdependenz zwischen Armen und Reichen, Alteingesessenen und Neuankömmlingen, Unwissenden und Gebildeten. Im Sinne der Einführung ausgedrückt: Die Cholera-Ausbrüche dienten als Schulbeispiel für die externen Effekte individueller Defizite – für die Ungewißheiten über den Zeitpunkt und das Ausmaß der Risiken sowie über die Wirksamkeit individueller Gegenmaßnahmen. Aus alledem schien zu folgen, daß stadtweite kollektive Zwangsmaßnahmen erforderlich waren, um die Gefahr von Masseninfektionen einzudämmen.[30]

Anfangs löste die Infektionsgefahr lediglich wechselseitigen Haß zwischen Arm und Reich aus – manche Slumbewohner argwöhnten sogar, die Cholera sei ein Manöver der herrschenden Elite, um sie durch Vergiftung auszurotten.[31] Die Reichen dagegen schoben den Opfern selbst die Schuld zu[32] und glaubten fest daran, daß die Infektion aus den Lastern und dem Dreck der Armen resultierte: daß die Seuche sie heimsuchte – und obendrein noch die Gesundheit der Reichen mitbedrohte –, weil sie so verrucht waren. Zunehmend erschienen nun Lebenswandel, Ernährung, Hygiene, Wohnverhältnisse, Sexual- und Trinkgewohnheiten einzelner den anderen nicht allein erbärmlich oder anstoßerregend, sondern potentiell gefährlich. Es entstand der Eindruck, das Privatleben der Armen greife mit seinen externen Effekten immer weiter auf die Sphäre aller übrigen Bürger über – so weit, wie Erreger oder Keime wandern konnten.[33] Eher praktisch denkende Stadtbeamte und Ärzte erkannten, daß diese Seuchen irgendwie mit der städtischen Verwahrlosung zu tun hatten und daß man, um sie einzudämmen, in erster Linie die Slums säubern mußte.

Doch Städter des 19. Jahrhunderts fürchteten nicht allein Seuchen: Allerorten grassierte Angst vor Unruhen, gewalttätigen Rotten und Kriminalität. Auch diese Panik brachte die Etablierten gegen die Mittellosen auf, nährte Mißtrauen und Haß – und barg zugleich ein Idiom, um vage, diffuse Ahnungen über wechselseitige Abhängigkeit zu äußern. Auch wenn das traurige Schicksal der Armen vielleicht selbstverschuldet war, mochten sie sich eines Tages an den Reichen dafür rächen: durch kollektive Gewaltaktionen gegen die städtische Ordnung, Rebellionen, organisierte Anschläge auf spezielle Ziele, brutales

Vorgehen von Rotten gegen die verhaßten Magistrate oder gegen profitsüchtige Ladeninhaber.[34] Zwar mochten solche Ausbrüche in einer Lebensspanne nur ein- oder zweimal vorkommen, aber sie blieben stets in böser Erinnerung und säumten den Rand des städtischen Bewußtseins.

Als sich das Proletariat gegen Ende des Jahrhunderts immer besser organisierte, traten gezieltere Formen kollektiven Handelns an die Stelle der gewaltsamen Aufstände: Streiks – die zwar nicht immer friedlich abliefen, aber weniger stark in die städtische Ordnung eingriffen.

Eine weitere Dauerplage des Stadtlebens war die Kleinkriminalität. Auch sie galt als eine Begleiterscheinung der Armut: Entweder die Armen trieb Not zum Diebstahl, oder ihre tiefe Unmoral lag sowohl dem Elend als auch dem kriminellen Handeln zugrunde. Die meisten Straftaten wurden einzeln oder in sehr kleinen Gruppen begangen; Räuberbanden blieben weitgehend auf ländliche Gebiete beschränkt, und die Blütezeit des urbanen organisierten Verbrechens kam erst kurz vor der Jahrhundertwende. Obwohl Straftaten stets individuell schädigten, ob Passanten draußen oder Familien in ihren Wohnungen, war die typische Reaktion des 19. Jahrhunderts auf die städtische Kriminalität überwiegend kollektiver Art: erhöhte Wachsamkeit der neugegründeten Bereitschaftspolizei.

Analog galten Seuchen als Folge individueller Taten, jedoch eher durch Unterlassen als willentlich begangen. Man wußte zwar nicht genau, wie sich Krankheiten ausbreiteten, aber gewiß stand »grobe Fahrlässigkeit« in der Vorstellungswelt des 19. Jahrhunderts für eine Ursache des Übels: Menschen, die Dreck verbreiteten, Gestank verursachten, Unrat anhäuften oder ihre Notdurft auf den Straßen verrichteten, erhöhten die Seuchengefahr im gesamten Viertel. Der unbeabsichtigte Gesamteffekt solchen gedankenlosen, individuellen Verhaltens brachte schließlich das Kollektiv in Gefahr.

Rebellion, gewalttätige Rotten, Kriminalität und Seuchen waren die vier »apokalyptischen Reiter« der Städte, und auf alle antworteten deren Bewohner mit dem Ruf nach einer Polizei. Damals verband man mit diesem Begriff nicht bloß Wachsamkeit und Repression, sondern auch weitreichende und einschneidende Vorbeugemaßnahmen. Außerdem klang darin nicht allein Sicherheit im modernen Sinne an – Schutz vor Diebstahl und Gewalt –, er umfaßte die gesamte Bandbreite der öffentlichen Ordnung, einschließlich später abgetrennter Bereiche wie sanitäre Einrichtungen, Hygiene und sogar Information. Der im 18. Jahrhundert geborene deutsche Begriff *Polizey* betraf vor allem die »Verwaltung«, zu Beginn des 19. Jahrhunderts jedoch bedeutete »Polizei« in erster Linie »Überwachung und Zwang«.[35] Von Frankreich abgesehen war ein ständiger Polizeiapparat zum Schutz der öffentlichen Ordnung damals etwas ganz Neuartiges.[36] Etwa gleichzeitig richteten mehrere Länder auch feste Abteilungen einer »medizinischen Polizei« ein, um damit sowohl die sanitären Verhältnisse zu überwachen als auch öffentliche Hygienemaßnahmen zu erzwingen.[37] In beiden Polizeiformen äußerte sich eine kollektive Reaktion auf die Bedrohungen des urbanen Lebens: Beide waren stadtweite öffentliche Einrichtungen mit Zwangsbefugnis und wurden aus gesetzlichen Abgaben finanziert. Auf die europäischen und nordamerikanischen Großstädte hatte die medizinische Behörde ebenso großen Einfluß wie die Schutzpolizei. Nicht nur zwang sie den Armen sanitäre Disziplin auf, sie wagte es auch, die Reichen – besonders die Grundbesitzer – mit Nachdruck auf ihre Anordnungen hinzuweisen.[38]

Mit der medizinischen und der Schutzpolizei bekamen die Stadtbehörden zunehmend jene – zahlreichen – Verhaltensmuster der Bürger in den Griff, die unerwünschte externe Effekte hatten. Doch viele Städte begannen auch, die urbanen Lebensbedingungen ihrerseits durch neue Maßnahmen zu verändern: Beleuchtung und Pflasterung der Straßen (gegen Schlamm und Pfützen), Trinkwasserversorgung, Beseitigung von Fäkalien, Müllabfuhr, öffentliche Verkehrsmittel und Schulen nicht nur für die ärmsten der Armen, später dann Gas, Strom, Telefon und neuerdings Kabelfernsehen. Diese urbanen Einrichtungen entstanden meist in Form von Netzwerken, die alle Benutzer über Systeme von Leitungen, Röhren, Kabeln, Drähten, Straßen oder Schienen an große Versorgungsstationen anschlossen.

Die städtischen Einrichtungen des 19. Jahrhunderts bergen demnach zwei Schlüsselkonzepte: Polizei und Netzwerk. Als Kollektivgüter erfordern beide ausgeprägte Kosten-Nutzen-Rechnungen. Theoretisch zumindest bildet eine Polizei die reinere Form des Kollektivgutes: Ihre Wachsamkeit schützt ausnahmslos alle Bürger des betreffenden Viertels, und niemand kann sich ihrem Zugriff entziehen oder von der angestrebten Sicherheit ausgeschlossen werden. Eine Polizei schützt somit alle und sollte nur in der Strafverfolgung selektiv vorgehen. Ein Netzwerk dagegen besteht aus Einzelanschlüssen, die den Inhabern spezifische Vorteile bringen, gleichzeitig aber alle anderen ausschließen (sollen!, siehe TV), die ihre Gebühren nicht bezahlt haben. Wie wir noch sehen werden, erzeugten die Netzwerk-Anschlüsse eigene externe Effekte für Nichtteilnehmer, von denen umgekehrt externe Effekte für die Teilnehmer ausgehen konnten. Im übrigen erforderte die Vernetzung – über zentrale Installationen und Hauptanschlüsse – beträchtliche Investitionen und damit groß angelegte Finanzierungsprojekte, aus denen ebenfalls spezifische Probleme des kollektiven Handelns erwuchsen.

Die administrativen Probleme der Vernetzung richteten sich nach den Besonderheiten der bereitgestellten Dienste und des urbanen Umfeldes. Großen Einfluß hatten auch die historischen Umstände, das Machtgefälle zwischen den städtischen Schichten, die Stärke der Stadtverwaltungen, die organisatorische wie auch ökonomische Kooperationsbereitschaft des Zentralstaates und die Finanzkraft der jeweiligen Kommune. Eine bedeutende Rolle für die Gestaltung und zeitliche Planung spielten zudem die gegebenen hydrologischen und demographischen Verhältnisse.[39] Doch überall schufen die urbanen Lebensbedingungen selbst Sachzwänge eigener Art und eröffneten so neue Möglichkeiten, Maßnahmen der Gefahrenabwehr zu kollektivieren.

Stadtleben bedeutete in erster Linie, daß Menschen aller Schichten in einem Boot saßen, anderen also nicht aus dem Weg gehen konnten und prinzipiell von ihnen abhängig blieben. So waren die Arbeiter wirtschaftlich auf kapitalistische Unternehmer angewiesen, um ihre Dienste entlohnt zu bekommen, diese benötigten hingegen Kräfte für ihre Maschinen. Analog brauchten Grundbesitzer die Immigranten als Mieter, die wiederum ohne sie kein Dach überm Kopf gehabt hätten. Diese wechselseitigen Abhängigkeiten waren jedoch alles, nur nicht symmetrisch: Für den Arbeitssuchenden ging es um nacktes Überleben oder Verhungern, für den Unternehmer hingegen allenfalls darum, ob eine bestimmte Maschine weiterlief oder nicht. Ähnlich verhielt es sich, wenn eine Familie ohne Bleibe war, und jemand etwa aus einer Mansarde zusätzlichen Profit schlagen konnte. Doch prinzipiell und global gesehen, bestand zwischen Arbeitgebern und Arbeiternehmern ebenso Interdependenz wie zwischen Vermietern und Mietern; nur mit der Differenz, daß Unternehmer und Vermieter weniger akut, weniger unmittelbar betroffen sind als Arbeiter und Mieter, da sie höhere Rücklagen für Krisenzeiten haben, meist besser organisiert sind, ihre Strategien effizienter abstimmen können und mehr politischen Einfluß besitzen.

Neben diesen relativ globalen Interdependenzen herrschten jedoch weitere, die speziell mit den urbanen Lebensbedingungen, mit der öffentlichen Ordnung und mit der Nutzung städtischer Räume zu tun hatten.

Individuelle Gegenmaßnahmen, Netzwerke und Kollektivgüter

Die städtische Armut wirkte allein wegen ihrer enormen Ausmaße – ihrer tödlichen Schwere – absolut unvermeidlich und unbekämpfbar: »jene gewaltigen, elenden, unüberschaubaren Massen erbärmlicher Menschen«.[40] Die unfaßbare Größe des Problems ließ viele Wohlhabende wegschauen, es verdrängen oder ihr Gewissen entlasten, indem sie die Schuld entweder den Armen selbst oder Verschwörern und Monopolisten zuschoben.

Wer es sich leisten konnte, zog in Viertel, wo keine Armen lebten. Tatsächlich wählten die Städter des 19. Jahrhunderts überwiegend individuelle Rückzugsstrategien – siedelten also in wohlhabendere, sauberere, weitläufigere und sicherere Bezirke um. Sobald Familien genügend Geld hatten, um Wohnungen in besseren Vierteln anmieten oder kaufen zu können, taten sie den Schritt. So trugen sie unwillentlich dazu bei, das Problem der städtischen Armut auf eine andere Ebene – mit neuen, weiterreichenden externen Effekten – zu verschieben. Das Gesamtresultat der individuellen Rückzugsschritte war nämlich eine kollektive Raumaufteilung: nach sozialen Schichten getrennte Wohnbezirke. Analytisch betrachtet, traten dadurch unterschiedlich zusammengesetzte Stadtviertel als soziale Einheiten an die Stelle von Individuen mit wechselnden gesellschaftlichen Positionen. Nun kämpften nicht mehr einzelne um städtische Räume und Quadratmeter, sondern Viertelbewohner setzten alles daran, unliebsame Neulinge fernzuhalten und Störungen abzuwehren – wollten den Status ihres Wohnbezirks kollektiv festigen. Manche Viertel konnten sich dabei kaum behaupten, weil sie zu wenig sozialen Zusammenhalt, Geld und politischen Einfluß besaßen. Mit ihnen verfuhr die übrige Stadt im eigenen Interesse schonungslos: Man ließ sie verkommen, lud ihnen die schäbigsten Elemente und übelsten Gewerbe auf. So entstanden jene verwahrlosten Zonen, die uns heute als typisches Merkmal der Großstädte vertraut sind. Alternativ kam in Betracht, die Slums radikal zu säubern, um Prachtstraßen mit Luxuswohnungen zu bauen, wie es Haussman in Paris vorführte, oder Geleiskörper, Docks und Lagerhäuser anzulegen wie im Londoner Westend.[41]

Sozialgeographisch gesehen, gliederten sich räumlich homogene und sozial heterogene Städte meist in räumlich abgegrenzte, dafür aber sozial immer homogenere Viertel auf, die seitdem »Nachbarschaften« heißen. Diese Transformation ging auf individuelle Entscheidungen zurück, innerhalb der Stadt umzuziehen – ausgelöst durch den Zuzug anderer, die sich überall einnisteten, wo es bezahlbaren Wohnraum gab, worauf wieder andere die überlaufenen Viertel verließen und in neue, bessere Bezirke abwanderten.

Mit dieser globalen Transformation der Städte verschoben sich auch die Grenzen zwischen Straßen und Wohnungen, zwischen öffentlicher und privater Nutzung dieser Räume. Daunton hat diese Entwicklung für das England des frühen 19. Jahrhunderts beschrieben:

Erstens wich die offene, gemeinsame Nutzung der Einrichtungen in der häuslichen Privatsphäre einem *abgekapselten*, hermetischen Wohnstil. Zweitens verlor die öffentliche Domäne der Stadt ihren *Zellcharakter* als zweideutige, halb öffentliche und halb private Nutzung des Raumes, und *öffenete* zunehmend ihre Textur. Folglich wurden die Wohnungen geschlossener und privater, der äußere Raum dagegen »verödete« zum bloßen Bindegewebe, das man eher durchquerte als nutzte ... Die Grenze oder Schwelle zwischen den beiden verlor ihr Zweideutiges und prägte sich immer stärker aus. Anstelle durchlässiger Membrane entstanden undurchdringliche Zellwände.[42]

Die abgerissenen und wiederaufgebauten Zentren von Paris, London und Wien blieben grandiose Ausnahmen, denn ansonsten gab es kaum eine bewußte Stadtplanung.[43] In der Regel beschränkte sich die offizielle Politik darauf, Teile der Stadtränder als Wohnviertel auszuweisen, um die Slums im Stadtkern zu säubern. Projektplaner und Bauunternehmen reagierten überwiegend auf den klar geäußerten Wohnungsbedarf derer, die aus den überfüllten Stadtzentren fliehen wollten. Auch wenn diese sich durch die Ärgernisse des Stadtlebens – Lärm, Dreck, Gestank, Enge und Kriminalität – gedrängt fühlten, lag ihrem Wunsch die Furcht vor sozialer Ansteckung und damit das Motiv zugrunde, sich weiter von den Armen der Stadt zu entfernen, also auch eindeutiger von ihnen abzuheben.[44]

Die daraus resultierende räumliche Aufteilung in sozial homogene Viertel beeinflußte nachhaltig, wie Kollektivgüter bereitgestellt wurden. Bei diesen ist immer zu fragen, auf welches Kollektiv sie sich eigentlich beziehen. Potentiell waren die Bewohner der neuen Viertel sowohl Träger kollektiven Handelns als auch Nutznießer von Kollektivgütern. Daher bildeten sie zunehmend homogene Interessen und Ressourcen aus. Zudem brachte es die Absonderung mit sich, daß potentielle »Schnorrer« aus anderen Bevölkerungsschichten über die bloße räumliche Distanz davon ausgeschlossen blieben. Bewohner von relativ wohlhabenden Vierteln mochten also Steuererhöhungenen für besseren Polizeischutz oder Parkanlagen in ihrem Bezirk zustimmen: Die nicht belasteten Armen kamen ja auch nicht in den Genuß dieser Vorzüge, da sie viel zu weit entfernt wohnten. In der Folge mußte die Stadtverwaltung also bloß noch sicherstellen, daß ihre Dienste wirklich allein den Steuerzahlern zugute kamen; das wurde jetzt um so machbarer, je mehr steuerpflichtige Bürger in wohlabgegrenzten Vierteln lebten.[45] Diese Politik war fast unabwendbar, da die Wohlhabenden nicht nur die Steuerlast trugen, sondern faktisch auch die Stadtverwaltung stellten.

Anfangs prägten Aristokraten und *grand bourgeois* die Stadtpolitik, denen meist auch viele Grundstücke und Mietshäuser in den Zentren gehörten. Akademiker, kleine Beamte, Ladeninhaber, Kaufleute und Handwerker besaßen entweder eigene Häuser oder mieteten Wohnraum in den großen Anwesen der Grundbesitzer, wo ärmere Leute weniger komfortable Unterkünfte innehatten. Das enge, intime Miteinander der verschiedenen Schichten und Lebensstile wurde oft als optimal gepriesen, um die Neuankömmlinge zu kultivieren, die Armen im Auge zu behalten, die Arbeiter durch strenge Überwachung seitens ihrer bourgeoisen Nachbarn maßregelnd zu bezähmen und gegenseitige Hilfe und Unterstützung in Krisenzeiten zu gewährleisten. Doch es trug auch dazu bei, die Last der Armenabgaben in den Stadtkernen auf mehr Steuerpflichtige zu verteilen.[46]

Mit zunehmender Bevölkerungsdichte stiegen die Mieten. Natürlich profitierten davon die Vermieter – ein weiterer Grund, warum die Konservativen in den Städten den kultivierenden Einfluß der Nähe von Kleinbürger- und Arbeiterfamilien hie, Neulingen und Armen da betonten. Doch Familien, die direkt neben den Armen wohnen mußten, litten nicht nur unter den Mieterhöhungen, sondern empfanden auch die Nähe der Ungehobelten als ärgerlich und ihrer unwürdig – zogen also um, sobald sich eine Gelegenheit bot.

Die Absonderung trug entscheidend dazu bei, daß man Netzwerke für kollektive Dienste einrichtete. Formell gesehen sind solche Netze hierarchisch oder baumartig strukturiert: Sie verbinden zahlreiche Ausläufer nur mittelbar über Knotenpunkte, die ihrerseits nur über Knoten höherer Ordnung verknüpft sind usw. bis hinauf zur Zentrale des ganzen Systems. Diese besteht gewöhnlich aus einer Großanlage, sei es ein Grundwasserbecken, ein Klär-, Gas- oder Kraftwerk oder eine Fernmeldezentrale. Bloß die Linien öffentlicher Verkehrsnetze sind auch untereinander verknüpft und werden, vom Strom abgesehen, dezentral versorgt.

Da man bei solchen Netzwerken einzelne Kunden ausschließen oder – gegen Zahlung der Benutzergebühren – zulassen konnte, begründeten die urbanen Versorgungsnetze kein Kollektivgut. Stadtverwaltungen richteten, meist mittels Vertragsunternehmen, Verkehrssysteme oder Wasserleitungen ein, organisierten die Müllabfuhr oder bauten eine Kanalisation und erhoben bei den Benutzern laufende Gebühren. Die Infrastruktur erforderte gewaltige Investitionen. Damals lieferten die neuen Eisenbahngesellschaften das – umstrittene – Vorbild, die notwendigen Mittel auf dem wachsenden Kapitalmarkt aufzunehmen. Wie dem auch sei, die Interdependenzen des Stadtlebens fügten sich jedenfalls nicht dem Preismechanismus: Die urbanen Verkehrssysteme erzeugten ebenso unausrottbare externe Effekte wie die sanitären Verhältnisse. Auch wer bei sich daheim für Hygiene gesorgt hatte, blieb den Risiken ausgesetzt, die andere heraufbeschworen, da sie die Gebühren nicht bezahlen konnten oder wollten. Die Konflikte der Kollektivierung rissen also nicht ab.

Die Einführung des »Venen-Arterien-Systems«

In der zweiten Hälfte des 19. Jahrhunderts vervielfachten sich die Gesundheits- und Schutzvorkehrungen, das Elementarschulwesen wurde stark ausgebaut, und es entstanden diverse Netzwerke für Verkehr, Gasversorgung, später dann Strom und Telefon. Hier interessieren uns speziell Wasserversorgung und Kanalisation. Der Stadtsanierung gebührt in der Soziogenese des Wohlfahrtsstaates ein Sonderkapitel: Innerhalb von rund fünfzig Jahren erhielten alle Großstädte extrem kostspielige und sehr effiziente Sanitärsysteme, anfangs noch auf freiwilliger, privater Basis, später dann zwangsweise und unter öffentlicher Aufsicht.

In der ersten Hälfte des 19. Jahrhunderts hatten die sanitären Verhältnisse der Städte zunehmend unter dem Bevölkerungswachstum gelitten:

> In den Industriestädten brachen primitive Abwassersysteme, die in den Jahrhunderten zuvor bereits unzureichend waren, unter dem Druck der stark gewachsenen Bevölkerung zusammen ... was aber im Hinblick auf die Infektionsgefahr noch weitaus schlimmer war: Die städtischen Wasserquellen wurden immer mehr verschmutzt.[47]

Tastende Versuche, diese Mißstände zu beheben, zogen schließlich stadtweite Systeme für eine öffentliche Trinkwasserversorgung und Kanalisation nach sich. McKeown zufolge[48] trugen die neuen Sanitäranlagen – neben der quantitativ wie qualitativ verbesserten Ernährung – am meisten dazu bei, die hohe Sterblichkeitsziffer der damaligen Zeit zu senken.

Im zeitgenössischen Bewußtsein standen Seuchen für das Faktum der urbanen Interdependenz. Die Stadtsanierung bildete den massivsten, durchgängigsten Versuch, den externen Effekt der Ansteckung durch gemeinsame und kollektive Maßnahmen einzudämmen. Wie oben gezeigt meinte man, daß Seuchen die Armen und Ausschweifenden viel stärker betrafen als »kräftige, saubere Menschen«. Trotzdem fühlten sich nicht einmal die angesehensten, wohlhabensten Städter sicher. Im übrigen hatten Seuchen große Unruhen zur Folge: Massenpanik brach aus, Menschen flohen scharenweise aus den Städten, Reisende und Händler aus betroffenen Gebieten kamen in Quarantäne, Gewerbe und Industrie drohten zu erliegen. Man säuberte, evakuierte sogar die verkommensten Slums und Unterkünfte, kehrte und überflutete die Straßen in pompösen Notkampagnen, die wieder eingestellt wurden, sobald die Gefahr gebannt schien. Auch wenn die Vermögenden nicht um ihr Leben bangten, was die meisten trotzdem taten, hatten sie dennoch persönlich wie materiell allen Grund, das Grassieren von Infektionskrankheiten zu fürchten.

Über die Verbreitung von Krankheiten, insbesondere der Cholera, waren Anfang des 19. Jahrhunderts sehr widersprüchliche Ideen im Umlauf. Die meisten Menschen glaubten, Ursache seien Verkommenheit und Dreck, wobei allerdings noch nicht klar zwischen mikrobiologischen und moralischen Kategorien unterschieden wurde. Man ahnte jedoch, daß Armut und Verwahrlosung irgendwie mit Krankheiten und Seuchen zusammenhingen. Die Lebensverhältnisse und -gewohnheiten der Armen wurden vor allem wegen ihres vermuteten Einflusses auf die städtische Gesundheit zum Thema für moralische Diskurse, politische Debatten und die wissenschaftliche Forschung. Nach Auffassung einer breiten Masse ging Krankheitsgefahr weniger von individuellen Keimträgern aus, die man hätte dingfest machen und aussondern oder behandeln können, als von der diffusen, generellen Unsauberkeit und Unmoral unter Armen, Zuwanderern und Fremden. Anfangs war das Problem der städtischen Gesundheit also untrennbar mit dem Schreckgespenst der Armut verquickt, und beide galten in erster Linie als moralische Probleme.

Diese Auffassung hatte zwei gegensätzliche Implikationen: Auf der einen Seite wirkte das Problem so enorm und übermächtig, daß ihm bloß beizukommen war, falls man die Lebensweisen und -verhältnisse der gewaltigen Massen von städtischen Armen radikal veränderte. Da das aber völlig unerreichbar schien, mündete dieser Ansatz in eine gewisse Resignation und Passivität. Andererseits konnten eventuell zu ergreifende Maßnahmen allenfalls kollektiver Art sein, und auf diese Einsicht stützten entschlossene Verwaltungsbeamte und städtische Hygienespezialisten ihre Suche nach Gegenmitteln. Bevor sie jedoch neue Ideen erproben konnten, mußten die Reformer erst einmal ganz gezielte praktische Maßnahmen vorschlagen.

Die medizinischen Fachleute jener Zeit waren hinsichtlich der Ursachen und der Prävention von Seuchen tief zerstritten. »Kontagionisten« und Anhänger der »Miasma«-Theorie lieferten sich wütende, ausufernde Debatten. Obwohl beide Seiten nicht annähernd so klare Standpunkte vertraten, wie ihre Konzepte vermuten lassen – wobei diese selbst einander keineswegs ausschlossen –, siedelten die Kontagionisten den Krankheitserreger in lebenden Organismen an, die per Berührung übertragen wurden; nach der »Miasma«-Theorie bildete Schmutz, der giftige Dämpfe ausströmte, den Krankheitsherd.[49] Hieraus ergaben sich recht unterschiedliche Empfehlungen. Im Kern rieten die Kontagionisten, sich durch gesunde Lebensweisen und Meidung gefährdeter Menschen zu schützen. Indem sie damit für Quarantäne eintraten, setzten die Kontagionisten eine medizinische Tradition der antiken Mittelmeerstädte fort, weshalb ihnen Geschäftsleute vorwarfen, dem Handel zu schaden. Ihre Fachkollegen hielten sie oft für altmodisch oder gar reaktionär.[50] Zudem betonte der kontagionistische Ansatz individuelle Gegenmaßnahmen, diente also insofern der medizinischen Privatpraxis.

Bereits zu Anfang des Jahrhunderts hatten Forscher einen inneren Zusammenhang zwischen Seuchen und Verwahrlosung durch urbane Armut vermutet.[51] Sie meinten, aus verpesteter Luft, faulenden Abfällen und abgestandenem Wasser stiegen giftige Substanzen auf. Zwar sei das »Miasma« selbst sinnlich nicht wahrnehmbar, aber der Geruch lasse darauf schließen. Deshalb müsse man Dämpfe vertreiben und für Belüftung sorgen, Tümpel ebenso beseitigen wie Fäkalien, Abfälle, Schmutz und Staub. All das schien erst einmal eine groß angelegten Säuberungsaktion in den Häusern und auf den Straßen zu erfordern. Danach mußte man schädliche Unterkünfte abreißen, gute Wohnungen bauen, die Straßen regelmäßig säubern und Leitungen für Trinkwasser und Kanalisation legen. Kurz, ein umfassendes Projekt für eine aufgeklärte Stadtverwaltung, aus medizinisch-technischen Erwägungen von Ärzten, Ingenieuren und Beamten empfohlen, um damit Krankheiten vorzubeugen.

Neu an diesen Vorschlägen für eine Reform des Sanitärbereichs war, wie sie das Problem der Verschmutzung umdefinierten: Was lange als individuelles Fehlverhalten galt und durch offizielle Ermahnungen oder städtische Verordnungen zu korrigieren war, stellte sich etwa ab Mitte des Jahrhunderts als ein kollektives Problem der urbanen Abfälle von Privathaushalten und Industrien dar. Als solches war es allein lösbar, wenn man amtliche Überwachung mit gesetzlichem Zwang und vor allem öffentlichen Baumaßnahmen verband.

Damit war ein praktisches Projekt formuliert, in dem das Übel zwar nach wie vor enorme Ausmaße hatte, aber wenigstens nicht mehr zur Kapitulation zwang. Was zuvor als Tragödie des Stadtlebens galt, als eine vor allem politische und moralische Geißel, wurde nun zu einem administrativen und technischen Problem umdefiniert, das die städtischen Hygieneexperten rasch lösen würden. Da sie es für ihre Pflicht hielten, ein krankes Gemeinwesen zu sanieren und dabei nur Wissenschaft und Vernunft als Leitlinien anzuerkennen, fühlten sie sich berechtigt, die intimsten persönlichen Details in das Gesetz aufzunehmen: »So wurde die Hygiene von einem Hilfsmittel zu einem Gesetzgebungsinstrument.«[52]

Zwar hatten die Cholera-Epidemien von 1832 und 1849 allen vor Augen geführt, daß Maßnahmen zur Städtesanierung dringendst erforderlich waren, aber sogar die Panik jener Jahre reichte nicht aus, um die notwendigen Reformen zu erzwingen. Nachdem jeweils die massivsten Schübe abgeklungen waren, stellte man die sanitären Notmaßnahmen klammheimlich wieder ein. Die Gesundheitsbehörden wurden aufgelöst oder ihrer Kompetenzen beraubt – nach der großen Epidemie von 1832 ebenso wie nach der von 1849. Damals neigten jedoch Verwaltungen und Mediziner in Europa wie in den Vereinigten Staaten zur »Miasma«-Theorie: Man führte die Cholera und sonstige Infektionskrankheiten auf Ausdünstungen von Schmutz, stehenden Tümpeln und schlechter Luft zurück – ständige Begleiter der urbanen Armut. Wenn man auch die Armut selbst nicht über Nacht beseitigen konnte, ließen sich doch wenigstens ihre Nebeneffekte eindämmen. Das geschah, indem man neue Techniken der urbanen Wasserversorgung und Kanalisation einführte. Ab der Jahrhundertmitte verlor die »Miasma«-Theorie zunehmend Boden an eine verbesserte, empirisch begründete Version des Kontagionsmodells, das bis dahin weithin als überholt gegolten hatte. Unterdessen hatte der »Miasma«-Ansatz jedoch ein erheblich radikaleres, effizienteres Reformprogramm diktiert als es aufgrund des prinzipiell individualistischen Konzepts der Kontagion möglich gewesen wäre.[53] Findige Ingenieure, Mediziner und Planer hatten weitreichende Modelle der städtischen Hygiene entwickelt: Virchow für Berlin, von Pettenkofer für München, Villermé und Parent-Duchâtelet für Paris, Liernur für Amsterdam, Shattuck für Boston und, allen voran, Chadwick für London.

Sie alle forderten, Schmutz und menschliche Abfälle unverzüglich dauerhaft aus den Städten zu verbannen. Allmählich sahen sie ein, daß dies eine ständige ausreichende Wasserversorgung voraussetzte, um Schmutz, Abfälle und Kot von den Straßen wegschwemmen zu können.[54] Daß daneben sauberes Trinkwasser unabdingbar war für die öffentliche Gesundheit, dämmerte den Autoritäten langsamer – und gilt erst seit den sechziger Jahren des 19. Jahrhunderts als wissenschaftlich gesichertes Faktum.[55] Doch nun hatte man ein weiteres schlagendes Argument für ein dicht verzweigtes Netz mit fließendem Wasser, das fortan bessere Qualität aufweisen mußte als für bloße Säuberungszwecke. Im übrigen erkannten die Behörden, daß die enormen Abwassermengen, mit denen man städtische Abfälle wegzuschwemmen pflegte, die Wasservorräte zunehmend verschmutzten. Infolgedessen achtete man verstärkt auf die Abwasserbeseitigung: Sie mußte weiter stromabwärts oder ferner von der Stadt erfolgen, während das Trinkwasser aus abgelegeneren und reineren Quellen zu entnehmen war.

Vom totalen Erfolg der städtischen Hygienebewegung zeugt, daß sich heute niemand mehr träumen ließe, Trinkwasserquellen mit Abwasser zu verunreinigen. Noch vor einem Jahrhundert jedoch erschien diese Kontamination viel weniger bedrohlich als die »miasmische« Gefahr durch Ausdünstungen von Düngerhaufen und stehenden Tümpeln. Sogar die neu verlegten Kanäle entluden ihre Fracht oft direkt oberhalb der Entnahmestellen für Trinkwasser. Chemiker untersuchten dieses zwar, fanden aber keinerlei gefährliche Substanzen: Ihre Apparate waren noch zu primitiv.[56]

In Frankreich wählten Hygienefachleute die Devise »*tout à l'égout*« – sie wollten allen Abfall, darunter menschliche Exkremente, durch Straßengossen ins unterirdische Kanalisationssystem befördern und dort mit viel Wasser wegschwemmen.[57] Wie andernorts war in Paris heftig umstritten, ob Abwasser, Straßenschmutz, Hausabfälle und menschliche Exkremente separat abzuführen seien oder in einer gemeinsamen Kanalisation. Für menschliche Ausscheidungen gab es in der Regel allenfalls Senkgruben, deren Inhalt direkt ins Erdreich einsickerte, oder Behälter (»Stuhlpfannen«), die man von Zeit zu Zeit entleerte. Bauern aus der Nachbarschaft kamen ab und zu, um Senkgruben auszuheben oder Tanks zu leeren, und nahmen den Inhalt als Dünger mit. Menschliche Exkremente galten von früher Zeit an als wertvolle Substanzen, die man aufhob und zum Düngen benutzte. Heute dagegen wollen Städter ihre Fäkalien so schnell, restlos und unauffällig wie möglich verschwinden lassen; übertriebene Bindung an die eigenen Exkremente soll von der Fixierung auf frühkindliche anale Wünsche zeugen. Doch in nicht allzu ferner Vergangenheit war es übliche Praxis, Fäkalien als Dung zu sammeln oder an Bauern zu verkaufen, die sie abholen kamen. Man konnte also wahrhaftig »aus Scheiße Geld machen«. Das erklärt, neben den Kosten der sanitären Einrichtungen, die Widerstände gegen Kanalanschlüsse: Wer seiner Eigenproduktion beraubt wurde, wollte nicht obendrein noch dafür bezahlen. Erst als das materielle Interesse an den eigenen analen Exkrementen keine handgreifliche gesellschaftliche Bedeutung mehr hatte, konnte Freud das anhaltende Interesse an Fäkalien als eine individualpsychologische »Fixierung« deuten. Gleichmann hat darauf hingewiesen, daß Stadtreinigung immer auch »Reinigung der Sprache« einschloß[58]:

> Parallel mit dem schrittweisen Beseitigen der peinlichen Gerüche vollziehen sich, wie bei der Vergrößerung des Abstandes von den Körperausscheidungen selbst, erkennbare Veränderungen in der Sprache. Sie verliert an Derbheit, an unmittelbarer Anschauung. An die Stelle bildmächtiger Geruchsvergleiche treten mehr und mehr umschreibende, indirekte, technisierende Bezeichnungen. Sie bringen die wachsende Distanzierung der Menschen, die damit umgehen, zum Ausdruck, machen das Peinliche der Gerüche vergessen.

Unterdessen jedoch wurde sich ansammelnder Kot für die städtische Öffentlichkeit zunehmend zum Problem[59]: »Es kann gar nicht oft genug wiederholt werden«, schreibt Corbin[60], »wie sehr die herrschenden Klassen sich damals von dem Schreckgespenst der Ausscheidungen verfolgt fühlen«. Er notiert eine »zwanghafte Angst vor Exkrementen« und merkt an: »die Geruchstoleranz sank«. Ähnlich sah Elias einen Aspekt des Zivilisationsprozesses im langfristigen Absinken der allgemeinen »Scham- und Peinlichkeitsschwelle«.[61] Gewiß, für viele Menschen verschlechterten sich die Lebensbedingungen in den überfüllten Städten des frühen 19. Jahrhunderts rapide – aber das allein erklärt noch nicht, warum man sich nun an Gerüchen und Anblicken stieß, die das Stadtleben seit langem prägten. Faktisch wurde Kot immer enger mit Armut und Fremden assoziiert, mit allem, was »fremdartig« und »gemein« war. Ärzte betonten die Verstrickung der niederen städtischen Schichten in Laster, Kot und Krankheit. Als die Wohlhabenden genügend frisches Wasser zum Waschen, Putzen und Ausschwemmen erhielten, konnten sie sich durch körperliche und häusliche Hygiene, besonders aber Geruchlosigkeit, von den unteren Schichten abheben. In diesem Sinne schritt die soziale Abgrenzung fort, und auf der »anderen Seite« standen zunehmend »die schlimmen Ungewaschenen«.[62]

Der Vorschlag, menschliche Fäkalien schnell und spurlos beseitigen zu lassen, stieß auf unerwartet heftigen, empörten Widerstand, den man nur aufgrund dieser archaischen Einstellungen zu körperlichen Exkrementen verstehen kann.[63] Erstaunlicherweise übertrug der originellste, radikalste Reformansatz ausgerechnet das Modell des individuellen menschlichen Stoffwechsels auf die Metropole und konzipierte sie als einen gewaltigen organischen Kreislauf.

Der deutsche Chemiker Liebig hatte die älteren Vorstellungen vom Nutzen menschlicher Exkremente und sonstiger organischer Abfälle als Dung wissenschaftlich untermauert. Später baute der englische Reformer Chadwick die Erkenntnisse in ein Gesamtsystem der urbanen Wiederverwertung ein – »das Venen-Arterien-System«. Danach sollte ständig frisches, sauberes Wasser in die Städte gepumpt und durch ein immer feinmaschigeres Netz an alle Haushalte verteilt werden. Dort würde es zum Kochen, Trinken und Waschen benutzt, dann über eine analoge, aber strikt separate Kanalisation abgeleitet, worin man auch menschliche Exkremente mit fließendem Wasser wegschwemmen konnte, ebenso Industrieabfälle und Straßenschmutz. Das Abwasser sollte aus der Stadt befördert und weiterverarbeitet werden. Die darin enthaltenen organischen Substanzen waren in flüssiger Form oder als feste Kügelchen zum Düngen auf die umliegenden Felder zu verteilen. Das steigerte die Ernteerträge, trug also zur Ernährung der wachsenden Städte bei: ein geschlossener Kreislauf des urbanen Stoffwechsels.

Stadtweite Ausdehnung kollektiver Einrichtungen

Hier ist eine Verallgemeinerung angebracht: Städtische Maßnahmen, wie Polizeischutz oder Wasserversorgung und Kanalisation, dienten in erster Linie den wohlhabenden Bürgern. Aufgrund der räumlichen Absonderung konnten Versorgungsnetze für ziemlich homogene Bezirke von Privatbenutzern entstehen. Ärmere Stadtteile wurden gewöhnlich erst angeschlossen, wenn fast alles »flächendeckend« vernetzt war. Unterdessen gingen aber von ausgesparten Vierteln weiter negative externe Effekte für die wohlhabenden Bezirke aus. In der letzten Phase, als die zentralen Anlagen und Hauptleitungen installiert waren, konnte man die städtischen Versorgungsnetze mit minimalem Kostenaufwand auf die Armenviertel ausdehnen: Jetzt ging es bloß noch darum, die Zusatzkosten gegen die anhaltenden Externalitäten abzuwägen. Irgendwann beschloß die Stadtverwaltung eine generelle Anschlußpflicht und begann, ihre Leistungen quasi als öffentliche Güter anzubieten. Dadurch wurden die Benutzergebühren zu einer Art Steuer, fast unabhängig von den tatsächlichen Kosten der einzelnen Anschlüsse, vielfach sogar unabhängig vom Umfang der individuellen Nutzung.

Individueller Rückzug mit der entsprechenden sozialen Absonderung transformierten die Interdependenz zwischen Reich und Arm, die im Zuge der Urbanisierung enstanden war. Dadurch schwächten sich die unmittelbaren externen Effekte der Armut und Verwahrlosung für die Wohlhabenden ab. Aufgrund der Segregation ließen zwar die direkten Kontakte zwischen armen und reichen Leuten nach, aber dafür nahmen die Wechselwirkungen zwischen reichen und armen Vierteln zu – vor allem, weil manche stark von der Segregation profitierten, während andere verfielen, da sie nun auch noch die Armen aufnehmen mußten, die man aus den sanierten Zonen vertrieben hatte.[64] Hinzu kam, daß gerade die Segregation den Verkehr zwischen den Bezirken verstärkte. Teils waren sie nämlich reine Industriezonen geworden, teils dienten sie vor allem als zentrale Einkaufs- oder exklusive Wohnviertel. Das zwang viele Menschen aus beruflichen Gründen zum täglichen Pendeln zwischen Stadtteilen. Stadtentwicklungsprojekte und Verkehrsmodelle trieben den Abriß älterer Arbeiterviertel und Slums voran. Nur ein Teil ihrer Bewohner konnte sich öffentliche Arbeiterwohnungen leisten, die übrigen mußten in den verbleibenden Slums noch enger zusammenrücken. Die meisten Kleinstgewerbe wurden zunehmend abgeschnitten, Straßenhändler oder Hausierer fanden in den eigenen Vierteln keine Kunden mehr, waren aber aus den Gewerbe- und Wohnbezirken verbannt. Ein Mietshaus nach dem anderen wurde zwecks Sanierung oder als Bedrohung der öffentlichen Sicherheit geräumt. So wuchs die Zahl der Obdachlosen, die auf Straßen oder in Heimen Zuflucht suchten. – Die Gespenster Kleinkriminalität, Seuchen und Rebellion gingen wieder um, obgleich die typischen externen Effekte der Anfangsphase, Verdruß und Ärgernis, doch weitgehend verschwunden waren.

Während des gesamten 19. Jahrhunderts waren Stadtreformen heftig umstritten und riefen immer neue Modelle hervor. Zwar ließen die praktischen Maßnahmen oft lange auf sich warten, aber schließlich richteten alle Metropolen ungefähr gleichzeitig und in ähnlicher Form städtische Versorgungsnetze ein.

Mit den diversen neuen Stadtmodellen, die Anfang des 19. Jahrhunderts angeregt wurden, wollte man durchweg solche Mißstände beheben, die als kollektive Gefahren galten. Sie alle erforderten, wiewohl auf je eigene Weise, daß man sich zum kollektiven Handeln entschloß, um Kollektivgüter bereitzustellen.

Prinzipiell sind alle Modelle in dreierlei Hinsicht vergleichbar. Das erste Problem war der Kapitalbedarf. Sofern hohes Startkapital vonnöten war, mußten Privatleute oder die Verwaltung langfristige Darlehen aufnehmen: ein Musterbeispiel für kollektives Handeln bei ungewissem Erfolg. Zweitens stellte sich die Frage, ob bei solchen Einrichtungen viele Bürger der betreffenden Viertel in irgendeiner Weise kooperieren mußten. Kam das Kollektivgut weitgehend mittels »gemeinsamer Anstrengung« zustande, dann mußte die Stadtverwaltung zwingende Vorschriften erlassen. Dabei war stets jede Vorlage, die neuartige Zwänge zur Folge hatte, heftig umstritten.

Drittens galt es, jene auszuschließen, die keine Gebühren bezahlen wollten. Wo das aus ökonomischen oder technischen Gründen nicht zu bewerkstelligen war, mochte die Aussicht, auf Kosten der Betreiber zu »schnorren«, so viele Bürger verlocken, daß die Finanzbasis des Modells unterhöhlt wurde; in diesem Fall mußte es durch pauschale, benutzerunabhängige Zwangsgebühren finanziert werden, sei es durch Sonderabgaben oder aus den allgemeinen Steuermitteln. Im Laufe des Jahrhunderts brachte die räumliche Segregation unbeabsichtigt eine Lösung des »Schnorrer«-Problems, da sie zahlungswillige Benutzer von potentiellen »Drückebergern« absonderte.

Da die Stadtviertel immer homogener wurden, glichen sich auch die Ansichten der Bewohner über Probleme des Stadtlebens und denkbare Gegenmaßnahmen an. So wurden die »Stadtteilgemeinschaften« in vieler Hinsicht zu Agenten der Stadtpolitik, jedenfalls in puncto Polizei als der kollektivsten aller städtischen Einrichtungen: Obwohl doch theoretisch niemand polizeilicher Wachsamkeit entgehen und niemand vom Schutz ausgeschlossen sein sollte, bewachten die Polizisten in der Praxis Vermögen da am strengsten, wo es sich besonders häufte, behielten dagegen Menschen dort verstärkt im Auge, wo die meisten zusammenkamen.[65] Der Einfluß bestand auch bei den urbanen Netzwerken, obwohl diese der Art nach weniger kollektiv waren, da sie Ausschluß und Selbstausschluß in der Tat zuließen. Doch dabei traten ebenfalls externe Effekte auf, etwa wenn ein Haushalt ohne Kanalanschluß blieb, so daß seine Abwässer die ganze Nachbarschaft belästigten.[66] Weigerte sich jemand, für die Müllabfuhr zu zahlen, verschandelte sein Abfall die Straße auch vor den Häusern der Nachbarn. Sofern schließlich einige Bewohner kein Trinkwasser bezogen, mochte den Leuten nebenan das ihre zwar nach wie vor gut munden, aber sie mußten sich um die Gesundheit ihrer Nachbarn und Infektionsgefahren sorgen: Seuchen externalisierten grundsätzlich alle Effekte des Privatlebens.

In dieser Hinsicht ist die Gas- und Stromversorgung prinzipiell am wenigsten kollektivistisch, da es für die einzelnen Haushalte kaum darauf ankommt, ob andere angeschlossen sind oder nicht.[67] Ähnliches gilt für die neueren Telefondienste sowie Antennen- und Kabelnetze. Polizei, Wasserversorgung, Kanalisation und Müllabfuhr sind entsprechend fast überall staatlich organisiert; Gas, Strom, Telefon, Rundfunk und Fernsehen werden hingegen in manchen Ländern privat angeboten, und der Anschluß bleibt oft freiwillig.

Armut, Verwahrlosung und Krankheit führten den Stadtbewohnern vor Augen, daß eine Reform im Sanitärbereich grundsätzlich notwendig war. Die wiederkehrenden Cholera-Epidemien taten ein übriges und bezeugten die Dringlichkeit der Maßnahmen. Es stand außer Zweifel, daß die Wohlhabenden trotz Umsiedelung in abgesonderte Viertel mit unter den Lebensbedingungen der Armen litten. »Unsaubere« Bezirke konnten durch ihr »Miasma« weiterhin andere schädigen: Man mußte also in erster Linie stadtweit die menschlichen, tierischen und industriellen Abfälle aus allen Wohnungen und von allen Straßen beseitigen. Um die Jahrhundertmitte wußte man, daß daneben eine konstante Wasserversorgung erforderlich war, um die Straßen zu reinigen und häuslichen Kehricht wegzuschwemmen. Da das Wasser auch zum Trinken und Kochen dienen sollte, mußte es hochwertig sein. Dabei wiesen alle neuen wissenschaftlich-technischen Ideen und administrativen Modelle in die Richtung des Venen-Arterien-Systems für Trinkwasserversorgung und Kanalisation.

Obwohl somit die notwendigen Bedingungen beisammen waren, hätten sie allein die Reformen nicht herbeiführen können. Dazu bedurfte es noch einer fest entschlossenen, kleinen Vorhut von aufgeklärten Beamten und Akademikern, die von fortschrittlichen Angehörigen der Mittelschicht unterstützt wurden. Sogar bei dieser Konstellation kam das neue System allerdings nur auf eine ziemlich umwegige und unvorhergesehene Weise zustande.

Wasserleitungen und Kanalisation zu verlegen war zunächst einmal kostspielig, auch wenn man Darlehen für den Bau der Anlagen später über die Benutzergebühren finanzieren konnte. Außerdem entsprachen die Stadtpläne der Verwaltung nicht der regionalen Hydrogeologie – das heißt, der Lage von Trinkwasserquellen und Drainagebecken. So wurde die Reform ständig durch Kompetenzkonflikte blockiert. Und schließlich konnten Wohlhabende, die in bessere Viertel umgezogen waren, ihre Wasserversorgung und Abfallbeseitigung privat regeln: Trinkwasser gab es in Flaschen, und Unternehmen holten nicht nur Abfälle und Müll ab, sondern verlegten auch Leitungen. Derartige Erwägungen fügten sich genau in den allgemeinen Widerstand gegen staatliche Eingriffe, in die ständige Furcht vor Steuererhöhungen und in das tiefe Mißtrauen gegenüber Neuerungen, mit denen fremde Anschlüsse in die privatesten Winkel der Bürger eindrangen, ihre Haushalte direkt der öffentlichen Hand auslieferten. Mag sein, daß erst die Erfindung des Wasserklosetts viele wohlhabende Bürger mit dem System anfreundete. Nach einer Versuchsphase stand fest, daß der neumodische Apparatismus bestens geeignet war, um alle mit der Defäkation verbundenen Gerüche oder Anblicke zu umgehen.[68] Diese wurden inzwischen so eng mit Armut und Krankheit assoziiert, daß elegante Handhabung der Defäkation von Wohlstand, Gesundheit und Reinlichkeit zu zeugen schien. Das an sich ziemlich einfache System des Spülklosetts erforderte jedoch konstante Wasserzufuhr unter gewissem Druck sowie feste Abflüsse in ein größeres Netz von Kanälen. So stellte die »Toilette« die unmittelbare Verbindung zwischen Privatbürgern und dem Kollektiv her.

Wegen der vereinfachten Installation bei offenen Baugruben schloß man in der Regel zunächst Neubauten an Wasserleitung und unterirdische Kanalisation an. Spülklosetts wurden bei vielen Neubauprojekten zum wichtigen Verkaufsargument. Die relativ wohlhabenden Bewohner der neuen Viertel waren bereit, die Gebühren für Wasserversorgung und Kanalisation zu entrichten.

Seinerzeit war heftig umstritten – doch im Rückblick kam es kaum darauf an –, ob von der Stadt beauftragte Privatunternehmen oder mit Anleihen zu finanzierende städtische Betriebe die Versorgung durchführen sollten. Meist übernahm die Stadtverwaltung ohnehin nach einiger Zeit die privaten, öffentlich beauftragten Wasser- und Sanierungsbetriebe. Die Planung und Finanzierung der Projekte erforderte alle damals vorhandene Sachkenntnis.[69] Hierbei diente der Eisenbahnbau als zugleich warnendes und ermutigendes Beispiel. Dieses Projekt hatte gelehrt, wie man ein umfassendes Netz ohne scharfe Kurven und extreme Neigungen baut (Wasser- und Kanalisationssysteme mußten natürlich durchgehend leicht abfallen und durften keine Knicke aufweisen, damit das Wasser ungehindert fließen konnte: eine gewaltige technische Herausforderung, mit der anfangs kaum jemand gerechnet hatte). Ein Beispiel lieferten die Eisenbahnen auch dafür, wie man große Geldsummen für langfristige, durch Benutzergebühren zu finanzierende Investitionen aufnimmt.

Die größten Schwierigkeiten traten in älteren Stadtteilen auf, wo die Installation sehr kostspielig, die Bevölkerung heterogen war. Oft sahen die Modelle vor, Anschlußgebühren bei den Vermietern zu erheben, was auf starken Widerstand einer einflußreichen Schicht stieß, die sich – in England – als »dirty party« [Schmutzpartei] organisierte. Auch verbesserte sich nicht viel, wenn in älteren Mietshäusern jede Menge Leute dieselben Einrichtungen benutzen mußten (je privater sie wurden, desto schwieriger war es, die Benutzer zu überwachen).

Die Wasser- und Kanalbauunternehmen mußten zentrale Klärwerke und Pumpstationen, Hauptrohre und Nebenleitungen für die betreffenden Viertel einrichten. Allmählich wurden immer mehr Stadtteile an die Netze angeschlossen und unterirdisch mit Kanälen durchzogen. Dabei prägten die jeweilige Stadtlandschaft, die Lage der Wasserquellen und Abwasserzonen, die Höhe der diversen Bezirke und das räumliche Verhältnis zwischen reicheren und ärmeren Vierteln die Ausbreitung und Struktur des Systems – entschieden also auch darüber, welche Viertel ausgespart wurden oder wie teuer es käme, sie zusätzlich noch anzuschließen.

Damit entstanden Wasserversorgung und Kanalisation in den meisten Städten des 19. Jahrhunderts als ein (teilbares) Gemeinschaftsgut: Die zentralen Installationen bezahlte man mit Darlehen im Hinblick auf Benutzergebühren, wobei die Zahlungsunwilligen ausgeschlossen werden konnten. Diese Methode eignete sich bestens für die neuen, sozial homogenen Viertel, denn es war davon auszugehen, daß dort alle Bewohner gleich nach ihrem Einzug die Versorgung beantragten. Bei diesen relativ wohlhabenden Gruppen mußte man kaum befürchten, daß einige den Anschluß ablehnten, also selber vom sauberen Umfeld profitierten und anderen die Freude mit ihren Abfällen verdarben; daher war ein städtischer Anschlußzwang entweder überflüssig oder ließ sich im Zusammenhang mit dem Pacht- oder Kaufvertrag mühelos durchsetzen. Anfangs wurden diese Netze demnach, ungeachtet ihres Umfanges und der Kosten, als Gemeinschaftsgüter privat finanziert und bereitgestellt. Ihre beachtlichen externen Effekte verteilten sich, bedenkt man, wie sozial homogen die Teilnehmer in den neuen Vierteln waren, ungefähr gleichmäßig. Die für Benutzer wichtigste Erwägung war privater häuslicher Komfort – und der wurde möglich, nachdem die kurzfristigen externen Naheffekte der Verwahrlosung anderer durch soziale und räumliche Segregation abgewehrt waren.

Das ideologische Klima für die meisten dieser sanitären Maßnahmen verdankte sich dem kollektiven Interesse an öffentlicher Hygiene: Seuchen zu verhüten. Zeitpunkt und Reihenfolge der Installation von Netzen konnte es jedoch nicht bestimmen, denn die richteten sich hauptsächlich nach der privaten Nachfrage. Ökonomisch folgte und folgt der Bau von Versorgungsnetzen einer Grenznutzenrechnung. Allmählich wurden die Städte flächendeckend mit Wasserrohren und Kanälen durchzogen. Einige wenige Viertel jedoch – gewöhnlich die ältesten, ärmsten oder abgelegensten – blieben ausgespart: »Damit bekamen Klassenunterschiede hydrologische Dimensionen«, schreibt Berlanstein.[70] Von zentral gelegenenen Armenvierteln ging die akuteste Bedrohung für die städtische Hygiene aus, und in der Regel verursachte ihr Anschluß die geringsten Kosten, falls schon ein Hauptnetz vorhanden war. Zu diesem fortgeschrittenen Zeitpunkt warfen Installation und Betrieb aufgrund der gesammelten Erfahrung kaum noch Probleme auf. Die Stadtverwaltung hatte dazugelernt, und inzwischen bewiesen Statistiken, daß sauberes Trinkwasser und eine effiziente Abwasserbeseitigung die öffentliche Gesundheit über die kühnsten Erwartungen hinaus förderte. Daher konnte eine Koalition aus Ingenieuren, Gesundheitsexperten und Verwaltungsbeamten – von der aufgeklärten Öffentlichkeit getragen – durchsetzen, daß auch die letzten Taschen mit Wasser und Kanalisation versorgt wurden: und zwar staatlich subventioniert, da sie als Krankheitsherde die Gesundheit aller Städter bedrohten. Erst in seiner Endphase wurde das System also zu einem echten Allgemeingut, das keine Ausnahmen duldete. Zur Finanzierung dienten gesetzliche Abgaben, unabhängig von den Installationskosten pauschal oder per Verbrauch berechnet. Damit hatten sich Wasserversorgung und Abfallbeseitigung ein für allemal von privaten Angelegenheiten in öffentliche auf der Ebene der Stadtverwaltung verwandelt.[71] Die neuen sanitären Anlagen bewährten sich so gut, daß sie absolut unstrittig wurden und innerhalb weniger Generationen ganz aus dem öffentlichen wie privaten Bewußtsein verschwanden. Was jedoch weiter schwelte und wieder sehr akut wurde, sind die Probleme der Verseuchung und des Umweltschutzes, diesmal jedoch weiter oben, nämlich auf der Ebene des Nationalstaates und, noch drängender, auf der internationalen Ebene.

Kapitel 4

Arbeiterhilfsvereine: Ein Zwischenspiel der Selbstverwaltung

In einer Zeit mit tiefer Armut und weitverbreiteter Entwurzelung – während der Frühphase von Industriekapitalismus und beschleunigter Urbanisierung – entstand auf der Grundlage alter Traditionen eine neue Form freiwilliger gegenseitiger Hilfe.

Als städtische Fabrikarbeiter nicht mehr auf die bewährten Bräuche der Verwandtschaft oder Nächstenliebe, Gilden oder Bruderschaften vertrauen konnten, mußten sie den urbanen Lebensbedingungen gemäß Ersatzformen freiwilliger Kooperation finden. Das Experimentieren des Prolateriats mit gegenseitiger Hilfe und Selbstverwaltung ragt als einzigartiges Beispiel für autonomes kollektives Handeln aus dem Umfeld der industriellen Stadtlandschaften heraus.

So gründeten Arbeiter aus umliegenden Städtchen und Dörfern in den neuen Industriezentren »Versicherungsvereine auf Gegenseitigkeit«. Zwar führten Industriearbeiter damit in gewisser Hinsicht die aus der Gildenzeit stammende Tradition der Lehrlingskassen fort, aber sie konnten keine städtischen Gildenverordnungen früherer Zeiten mehr schützen oder zwingen.[1] In der freien Marktwirtschaft des vorpreschenden Kapitalismus standen sie mit leeren Händen da, waren ganz auf ihre Arbeitskraft angewiesen. Hilfe hatten sie in den wuchernden Fabrikstädten nur von freundlichen Verwandten und Nachbarn aus ihren Heimatdörfern oder, vielleicht, von Kollegen zu erwarten.[2] Deshalb gründeten Arbeiter bald erste Vereine, um für Notfälle vorzusorgen und wöchentlich einige Pfennige ihres Lohns in gemeinsame Kassen einzuzahlen – etwa um frühverstorbenen Kindern eine anständige Beerdigung zu sichern.

Viele Arbeiterhilfsvereine bezogen Arbeitslosenhilfe, Krankengeld, Medikamente und ärztliche Behandlung in die Vorsorge ein.[3] Manchmal konnten sie sogar Invaliden- und Altersrenten auszahlen oder den Hinterbliebenen verstorbener Mitglieder mit Witwenrenten helfen.

Auch wenn die meisten Hilfsvereine auf Gegenseitigkeit schwach an Mitgliedern und Kapital waren, umfaßten sie insgesamt Millionen von Arbeitern: »Nach Schätzungen gehörten um die Jahrhundertmitte fast die Hälfte aller erwachsenen Einwohner von England und Wales derartigen Vereinen an.«[4] Für Frankreich belegten Anatole Webers Zahlen, wie rapide die *sociétés de secours mutuels* zwischen 1852 und 1903 wuchsen: von einer Viertelmillion auf zwei Millionen Mitglieder.[5] Tennstedt dokumentiert, daß 45 Prozent aller Einwohner Preußens in *Krankenkassen* mit durchschnittlich je bloß etwa hundert Mitgliedern versichert waren.[6] Starr erwähnt Schätzungen, wonach 25 bis 30 Prozent der amerikanischen Familien »bruderschaftlichen Orden und Wohltätigkeitsvereinen« angehörten, die oft auch Versicherungen anboten.[7] In Amsterdam waren Ende des 19. Jahrhunderts rund vierzig Prozent der Bevölkerung auf Gegenseitigkeit versichert.[8] Zwar schließen die zitierten Zahlen auch andere Versicherungsformen ein, aber insgesamt deuten sie grob Umfang, Wachstum und Bedeutung der Arbeiterhilfsvereine an. Allerdings herrscht der Eindruck, daß die Arbeiter darin bereits um die Jahrhundertwende an Einfluß verloren und daß die erstaunlich vielfältigen Kassen sie nur gegen den geringsten Teil der Risiken Tod, Krankheit, Invalidität, Alter und Erwerbslosigkeit versichern konnten.[9]

Nur ganz wenige der zahllosen kleinen, selbständigen Hilfskassen haben bis heute überdauert.[10] Wie läßt sich erklären, daß diese Form gegenseitiger Hilfe mittels unabhängiger, gemeinsamer Organisation von der Bildfläche verschwand?

Wir wissen wenig über den Alltagsbetrieb solcher kleinen Kassen, da kaum Schilderungen oder Protokolle der Versammlungen erhalten sind. Die aus Arbeitern bestehende Mitgliedschaft war einerseits nicht mit förmlichen Versammlungen vertraut, andererseits ungeübt in organisierter Verwaltung. Im übrigen ließ man sich nicht gerne von außen hereinreden oder in die Bücher sehen.

Allerdings schreibt E. P. Thompson zum Stichwort »Die Rituale der Gegenseitigkeit«, man habe stets »peinlich genau auf Verfahren und institutionelle Etikette geachtet«. Er fügt an: »Um die Beiträge zu sichern, einen geordneten Versammlungsablauf zu gewährleisten und strittige Fälle zu entscheiden, war ebenso viel Selbstbeherrschung erforderlich wie die neue Arbeitsdisziplin erzwang.«[11]

Ein weiterer »gesellschaftlicher Zwang zum Selbstzwang«[12] ging mit dem wöchentlichen Einsammeln der Beiträge einher. Gerade damit standen die Arbeiterhilfsvereine in der Gildentradition von Lehrlingskassen, denn auch dort betonte man Mäßigung und Anstand, um zu verhindern, daß bei Versammlungen der Teufel los war, und um das Vertrauen der Patrone und Stadtbehörden zu gewinnen.[13] Für Arbeiterhilfsvereine waren häufige Versammlungen unabdingbar, dienten sie doch vor allem dazu, säumige Mitglieder *coram publico* an ihre Beiträge zu erinnern und bloßzustellen. Durch gemeinsames Trinken, Rauchen und Reden entwickelte sich im übrigen ein Gefühl der Zusammengehörigkeit, das bei dem neuen Stadtproletariat noch nicht besonders fest verankert war.[14] Insofern dienten die Arbeiterhilfsvereine zugleich als soziale Clubs und setzten auch in dieser Hinsicht die Lehrlingstradition fort. Oft stützten die Mitglieder einander: in Krisen, bei Geburten oder Krankheiten, in Notzeiten und bei Streitigkeiten mit Arbeitgebern oder Vermietern. Außerdem erzog man sich in Arbeiterhilfsvereinen gegenseitig dazu, an der aufkommenden Arbeiterkultur und proletarischen Solidarität teilzuhaben, woraus dann letzten Endes die Gewerkschaftsbewegung hervorging.

Doch die Arbeiterhilfsvereine scheiterten nach relativ kurzer Zeit an mehreren gravierenden Mängeln, wodurch ihre Vorsorgefunktionen auf neue, viel größere Einrichtungen übergingen: die landesweiten, staatlich betriebenen, gesetzlichen Sozialversicherungsanstalten. Genau jene Merkmale, die vielen Arbeitern des 19. Jahrhunderts so reizvoll erschienen und das rapide Wachstum der Versicherungen auf Gegenseitigkeit erklären, bildeten auch ihren Pferdefuß und ließen die Arbeiterhilfsvereine kläglich scheitern.

Zwangloser Zusammenschluß: Betrug, Hader, Mißwirtschaft

Die meist kleinen Hilfsvereine auf Gegenseitigkeit waren schwach und störanfällig. Von der Versicherungswissenschaft – die noch in den Kinderschuhen steckte – wußten sie nichts. Da sie über keine Statistiken verfügten, hatten sie äußerst nebulöse Vorstellungen davon, wie sich versicherte Risiken verteilen. Verläßliche Daten, mit Sterblichkeits- und Erkrankungsziffern in ihrer Bevölkerung, gab es nicht.[15] Infolgedessen konnten die erforderlichen Beiträge nicht kalkuliert, sondern mußten nach vagen Faustregeln aufgrund geschätzter Zahlungsfähigkeit der Mitglieder festgesetzt werden. Da man nichts über Risikoverteilungen wußte, wiesen diese Kassen meist Bewerber zurück, die als unzuverlässig galten, einen unsteten Lebenswandel hatten oder in Not waren: Bei ihnen konnte man nicht mit pünktlicher Zahlung rechnen. Zudem war fast keines der Mitglieder darin geübt, relativ große Geldbeträge langfristig zu verwalten. Wer gerade noch der Versuchung widerstehen konnte, etwas für sich persönlich abzuzweigen, mochte in plötzlicher Großmut anderen helfen, denen es finanziell schlecht ging.[16] Meist fungierte der örtliche Geistliche oder Gastwirt als Kassenwart, da man jenen für vertrauenswürdig, diesen für sachkundig in Umgang mit Geld hielt.[17]

Ganz neu für die Vereinsmitglieder war auch, darüber befinden zu müssen, wer berechtigte Ansprüche hatte und wer nicht. Erhebliche Mühe bereitete ihnen, Simulanten zu durchschauen und gleichartige Fälle, ohne Rücksicht auf Verwandtschaft oder Freundschaft, auch gleich zu behandeln. Kam, mangels formeller Vorschriften und sachkundiger Autoritäten, Persönliches ins Spiel, konnte man kaum ein Mitglied unterstützen, die Ansprüche eines anderen aber zurückweisen, ohne Mißtrauen und Neid zu erregen.

Auch Korruption, Betrug und Vetternwirtschaft waren in den kleinen Kassen auf Gegenseitigkeit keineswegs die Ausnahme. Oft wurden sie sogar durch tiefes Mißtrauen und endlose Konflikte gelähmt. Um die Mißstände zu beheben, hätte man sachkundige Verwalter, geschulte, neutrale Betreuer für Kranke und Bedürftige und externe Buchprüfer sowie förmliche Regeln für die Anspruchsberechtigung benötigt. Den kleinen Vereinen fehlte jedoch das Geld, um Profis einstellen und Fachleute mit dem Entwurf von Satzungen beauftragen zu können. In größeren Vereinen dagegen, die sich solche Fachleute und externen Berater hätten leisten können, wäre die Selbstverwaltung dadurch rasch auf der Strecke geblieben.

Homogene Mitgliedschaft: Risikohäufung

In den frühesten Sterbe- und Krankenkassen schlossen sich Menschen zusammen, die manches verband: Sie hatten den gleichen Beruf oder die gleiche Herkunft[18], waren ungefähr gleichzeitig in die Stadt abgewandert und oft etwa gleichaltrig. Viele wohnten auch im gleichen Viertel oder besuchten die gleiche Stammkneipe.[19] Zwar stärkten gerade diese Gemeinsamkeiten ihren Zusammenhalt und ihre Solidarität, aber homogene Mitgliedschaft bedeutete ähnliche Risiken: Beschäftigte der gleichen Branche waren gleichermaßen von typischen Berufskrankeiten bedroht und verloren ihre Arbeitsplätze oft gleichzeitig. Bewohner der gleichen Viertel waren den gleichen Infektionsgefahren ausgesetzt. Straßennachbarn, die gleichzeitig eingezogen waren und einer Generation angehörten, erreichten auch gemeinsam das Alter. Gleichwohl erhöhten die Kassenwarte weder die Beiträge für ältere Mitglieder, noch warben sie jüngere Leute mit geringeren, da ihnen dies ungerecht erschien. Daher blieben viele junge Arbeiter fern, worauf das Durchschnittsalter der Mitglieder in Lauf der Jahre stetig stieg. Jene soziale Homogenität, die für Solidarität der Mitglieder bürgte, brachte auch geballte Risiken mit sich. Früher oder später mußten also massierte Ansprüche den Verein zum Bankrott verurteilen. Diese Kapitulation ließ sich nur durch die Streuung der Risiken auf eine heterogene Mitgliedschaft abwenden – doch solche Diversifikation hätte den Zusammenhalt und die Solidarität geschwächt.

Kooperation unter Gleichen: Ausschluß von Schwachen

Die Arbeiterhilfsvereine, Krankenkassen und *sociétés de secours mutuels* scheiterten aus einem weiteren Grund, der nicht nur ihre Mitgliederstruktur, sondern auch einen gesellschaftlichen Aspekt betraf. Hatten sich Arbeiter zu Hilfsvereinen auf Gegenseitigkeit zusammengetan, neigten sie fortan stark dazu, alle »hohen Risiken« auszuschließen. Mangels medizinischer und versicherungstechnischer Kenntnisse galten Menschen mit niederer Herkunft, lockeren Sitten oder kärglichem Einkommen als besonders gefährdet: Statt Risiken zu kalkulieren, beurteilte man also den Status.

Gerade von solchen »schwachen«, »niederen« Menschen wollten sich »anständige Arbeiter« abgrenzen, um ihresgleichen – wohlsituierte Dauerbeschäftigte – zu emanzipieren.[20] Mit Gelegenheits- oder Saisonarbeitern fühlten sie sich ebenso wenig verbunden wie mit all jenen anderen, die ihnen als »Abschaum der Gesellschaft« vorkamen: Sie würden bloß die gemeinsame Solidarität unterhöhlen und die kollektiv zu tragenden Risiken steigern.[21]

Kurz: Kleine, freiwillige, kollektive Hilfseinrichtungen wie die Kassen auf Gegenseitigkeit waren oft nach unten hin geschlossen – lehnten sozial schwache Menschen niederen Standes ab. Faktisch war der tägliche Überlebensdruck für diese Armen, Elenden, Lumpen oft so groß, daß sie keinen Pfennig wöchentlich für die Sterbekasse – geschweige denn Krankenkasse – erübrigen konnten. Einmal von den Hilfsvereinen der bessergestellten Arbeiter abgelehnt, hätten sie sich bloß noch mit ihren Leidensgenossen zusammentun können. Doch diese konnten ebenso wenig entbehren, wenn sie auch gleichermaßen bedürftig waren.

Kleine, selbständige, kollektive Vorsorgekassen schließen immer eine Schicht darunter aus – diese soziologische Regel gilt nicht bloß im hier untersuchten Bereich.

Weiter oben zeigte sich jedoch – unbeabsichtigt infolge staatlicher Eingriffe – eine gegenläufige Entwicklung. Obwohl Kommunalbehörden bei Arbeiterprojekten immer schnell alarmiert waren, begrüßten sie Hilfsvereine auf Gegenseitigkeit in der Regel und erwarteten eine Entlastung der städtischen Fürsorge. Die wohlsituierte Bourgeoisie hoffte auf geringere Armenabgaben, traute den Kassen aber auch zu, die Moral der niederen Schichten zu heben. Deshalb offerierte man den Hilfsvereinen gewisse Privilegien und Befreiungen, sofern sie ihre Bücher offenlegten und sich beaufsichtigen ließen.[22] Solche Eingriffe in ihre Verwaltungsautonomie waren den Vereinen jedoch zutiefst verhaßt.

Eintragung und Anerkennung brachten oft beachtliche Vorteile: zum Beispiel Freistellung von Verwaltungsabgaben oder die Möglichkeit, städtische bzw. staatliche Vorzugsanleihen zu erwerben.[23] Allerdings verlockten diese Anreize nun ganz andere Gruppen, sich unter dem Deckmantel der Gegenseitigkeit zusammenzuschließen, um so die Sonderregelungen für Arbeiterhilfsvereine beanspruchen zu können. Zum Beispiel finanzierte der englische Klerus nach diesem Muster seine Lebensversicherungen.[24] Sparkassen[25] und Bausparkassen[26] entstanden ganz analog. Angehörige der Mittelschicht, speziell deshalb zusammengekommen, nutzten gewieft die staatlichen Anreize für Arbeiterhilfsvereine, wohingegen die ärmsten der Armen durchweg ausgesperrt blieben.[27] Man kann also sagen, daß staatliche Maßnahmen, mit denen verhindert werden soll, daß kleine, selbständige, kollektive Gebilde sozial Schwache ausschließen, meist der gesellschaftlichen Schicht direkt darüber nutzen.

Mit einem Wort: Die Vereine auf Gegenseitigkeit standen für echte Solidarität und kollektive Fürsorge, bildeten ein weites, dichtes Netz und wurden im kleinen Rahmen von autonomen Mitgliedern selbst verwaltet. Doch diese Vorzüge waren zugleich Mängel. Persönliches Engagement konnte nicht die fehlende finanzielle Sachkenntnis und schon gar nicht die professionelle Distanz ersetzen. Die homogene Mitgliedschaft bürgte zwar für Zusammenhalt, ballte aber auch die Risiken, so daß die Ansprüche langfristig nicht gedeckt waren. Im übrigen schlossen selbständige kollektive Einrichtungen die sozial Schwachen tendenziell aus, wobei staatliche Förderung gewöhnlich die Bessergestellten noch weiter begünstigte.

Das Ende der Hilfsvereine: Vormarsch der staatlichen Sozialversicherung

Heute, nur ein Jahrhundert später, ist vom gewaltigen Archipel der Arbeiterkassen wenig mehr geblieben als einige verwitterte Banner und vergilbte Dokumente – hie und da auch eine Gewerkschaft oder Versicherungsgesellschaft, die ihren Stammbaum auf einen längst verblichenen Arbeiterhilfsverein zurückführen können.[28] Weshalb sind die einst zahlreichen, lebendigen Arbeiterkassen so schnell und vollständig ausgestorben?

Es entstanden landesweite, kollektive, gesetzliche Anstalten, die den Menschen bei gleich hohen Beiträgen mehr Sicherheit boten und ihnen das Dilemma des freiwilligen kollektiven Handelns ersparten: Alle Beschäftigten mußten, fast ungeachtet individueller Risiken, in dieselbe Kasse einzahlen. Mit diesem Vormarsch der staatlichen Fürsorge kamen jedoch auch Professionalisierung, Bürokratismus, stetige Expansion und gesetzlicher Zwang.

Expertentum und bürokratische Techniken erlaubten es, sämtliche Entscheidungen nach festen Vorgaben und anonymen Verfahren rein routinemäßig zu treffen. Für Finanzfragen und die Verwaltung der persönlichen Daten stellte man ausgebildete Spezialisten ein. Mit Versicherungsmathematik und verbesserten Statistiken ließen sich Risiken präzise kalkulieren, Beiträge und Leistungen aufeinander abstimmen. Versicherungsärzte und geschulte Außendienstler trugen Daten über den Gesundheitszustand und die Lebensverhältnisse jedes einzelnen zusammen, konnten also unbeeinflußt durch Verwandtschaft oder Freundschaft – wovon sich die Genossen in den Hilfsvereinen damals oft hatten leiten lassen – sachliche Empfehlungen abgeben. Sozialarbeiter benutzten immer die gleichen Formulare, so daß alle Fälle vergleichbar wurden, und erstellten gemäß Berufsanweisungen normierte Gutachten. Gerichte überprüften und verfeinerten die von Juristen konzipierten Satzungen. Die gesammelten Finanzen wurden der Verwaltung von Experten unterstellt. Diese fungierten jedoch nicht als »Kassenwarte«, sondern als Manager abstrakten Kapitals, das kaum mehr Selbstbereicherung, geschweige denn spontane Großmut zuließ.

Noch heute kommt es bei Fragen der Sozialversicherung immer wieder zu Zank und Hader. Trotz aller Regelungen, aller Sachkunde, bleibt kaum ein Aspekt unumstritten. Aber wer sich die rapide Entwicklung und das enorme Wuchern der Versicherungs- und Beihilfesysteme vor Augen führt – die Hunderttausende von Beamten, die Millionen von Anspruchstellern und das in die Hunderte von Milliarden, ja sogar Billionen gehende Kapital –, muß einfach zugeben, daß Korruption und Streitereien in diesen gigantischen Organisationen selbst in Krisenzeiten eine relativ geringe Rolle spielen.

Der Aufbau eines öffentlichen Sozialversicherungswesens ist eine administrative und politische Großtat ersten Ranges, kaum weniger bedeutsam als die Einführung der repräsentativen Demokratie, doch als verwaltungstechnische Leistung erheblich unterschätzt.

Die staatlichen Eingriffe in das Versicherungswesen brachten drei einzigartige Neuerungen: Beständigkeit, landesweite Ausdehnung und gesetzlicher Zwang. Der Staat war als ältester »Risikoträger« auch der kreditwürdigste – eines der Kriterien, denen die Kirchen gegen Ende des Jahrhunderts nicht mehr gleichermaßen genügen konnten. Im übrigen war der Staat seinerzeit die größte und umfassendste unter den voll durchorganisierten Strukturen. Aktiengesellschaften, die annähernd Staatsgröße erreichen, bildeten sich erst später heraus. Entscheidend war jedoch, daß der Staat effizient und legitim Zwang ausüben und damit der großen Masse von Lohnabhängigen gesetzliche Versicherungen auferlegen konnte.

Dieser Zwang, manchmal als extrem repressiv empfunden, entlastete aber zugleich von einem anderen Druck: dem nämlich, »hohe Risiken« abzulehnen, um Mitglieder durch geringe Beiträge bei der Stange zu halten bzw. die Konkurrenz zu unterbieten.

Letzterer Aspekt reizte besonders die organisierten Arbeiter, als sie zunehmend mit einer neuen Alternative konfrontiert wurden: den kommerziellen Versicherungsgesellschaften. Diese bewiesen, daß sie durchaus in der Lage waren, im großen Rahmen zu arbeiten, Beiträge scharf zu kalkulieren, Kapital sachkundig zu verwalten, Bewerber nur nach ärztlicher Untersuchung aufzunehmen und einheitlich über Ansprüche zu entscheiden. Nach einer Anfangsphase, in der einige Betrüger und Bankrotteure das kommerzielle Versicherungswesen in Verruf brachten, stellten mehrere Unternehmen ihre Sachkunde unter Beweis, gewannen das Vertrauen des Publikums und konnten zunächst im Kleinbürgertum, später auch unter den Arbeitern, viele Kunden werben.[29] Für diese Unternehmen war es bloß eine Sache der klugen Geschäftspolitik, »hohe Risiken« auszuschließen – nicht wie für die Arbeiterhilfsvereine eine ständige Versuchung. So sprachen ihre Versicherungsbedingungen und Prämien die jungen, gesunden und »anständigen« Arbeiter an, die für einen Erfolg der Arbeiterkassen ebenfalls unverzichtbar gewesen wären. In den Vereinen blieben nur die – versicherungstechnisch – wenig reizvollen Mitglieder, womit sie über kurz oder lang zum Bankrott verurteilt waren.

Als moderne Kommunikationsmittel und Werbung landesweite Märkte schufen, wandten sich die kommerziellen Versicherer auch an jenes Publikum, aus dem traditionell die Mitglieder der Arbeiterkassen kamen. Die Vereine auf Gegenseitigkeit wurden preislich unterboten und verloren potentielle Kunden an kommerzielle Gesellschaften, so daß ihre alten Mitglieder bald fast allein auf relativ ungünstigen Klauseln festsaßen. Nun drohten die kommerziellen Versicherer, mit ihnen genau so zu verfahren, wie die autonomen Hilfsvereine zuvor eine Gruppe von sozial Schwachen behandelt hatten: Sie abzulehnen, um die Vorteile einer feineren Gesellschaft zu nutzen. Angesichts dieser Wendung gaben die Arbeiter ihr Projekt der Gegenseitigkeit auf, entschieden sich aber auch gegen die Kommerziellen – zugunsten der umfassendsten, am wenigsten freiwilligen Lösung: gesetzliche, landesweite, staatliche Sozialversicherung.

Der mutualistischen Bewegung fiel diese Entscheidung äußerst schwer – nicht nur wegen ihrer materiellen Interessen, sondern auch, weil die Prinzipien Solidarität, Freiwilligkeit und Selbstverwaltung zu opfern waren.[30] Schließlich sahen die Genossen jedoch ein, daß sie den Vorzügen des Professionalismus, bei zunehmend breiterer Kundenbasis, nichts entgegenzusetzen hatten. Sie selbst mußten ja angesichts der kommerziellen Konkurrenz ihre Mittel in einen Topf werfen und die autonome Organisation im kleinen Stil aufgeben. Am meisten beunruhigte sie aber die unausweichliche Risikoselektion und damit Kundendifferenzierung, denn sie drohte, die noch junge Arbeiterbewegung zu zersplittern. Das vor Augen, entschieden sich viele organisierte Arbeiter für das staatliche Versicherungswesen. Jene Gewerkschaften, die ihren Mitgliedern zugleich Versicherungen anboten, saßen erst recht in der Klemme, da diese »Zusatzbonbons« nicht nur deren Treue förderten, sondern auch der Führung weitere Beschäftigungsmöglichkeiten boten und ihre Machtbasis stärkten.

Um die Jahrhundertwende geriet die Dynamik der Nationalstaaten und der landesweiten Wirtschaftssysteme zunehmend in Konflikt mit der Arbeit kleiner, freiwilliger, selbständiger Hilfskassen. Was einst tragfähige Prinzipien der Kooperation gewesen waren, erzeugte nun immer mehr widrige Effekte. Die Hauptschwäche der Hilfsvereine auf Gegenseitigkeit war die Rückverteilung. Ihre Stärke hingegen lag – und liegt vielleicht noch heute – in der flexiblen, persönlichen Betreuung kleiner Kundenstämme je nach speziellen Bedürfnissen und Wünschen. Um gerechte Rückverteilung zu erzielen, sind zentrale Regelungen unabdingbar, und ein hohes Leistungsniveau ist offenbar kaum ohne Professionalität zu haben. Doch da nun beide Bedingungen erfüllt sind, ließe sich das Dienstleistungsangebot besser an die vielfältigen Bedürfnisse und Wünsche anpassen, wenn die Kunden selbst es im kleinen Stil kollektiv organisierten.[31]

Kapitel 5

Sozialversicherung als akkumuliertes Transferkapital

Im Lauf des vorigen Jahrhunderts entstanden in den demokratischen kapitalistischen Staaten landesweite gesetzliche Kollektivsysteme, um ökonomische Härten des urban-industriellen Lebens abzumildern: »Insgesamt stiegen die Staatsausgaben der Industrieländer in jener Ära real um etwa das Achtzig- bis Neunzigfache, die Sozialausgaben hingegen vermutlich um das Fünf- bis Sechstausendfache.«[1] Obwohl die Entwicklung seit zehn bis fünfzehn Jahren stagniert, in einigen Ländern sogar rückläufige Tendenz zeigt, gehen die meisten Arbeitnehmer Westeuropas und Nordamerikas heute davon aus, daß sie mitsamt ihren Familien hinreichend gegen die Risiken finanzieller Einbußen durch Krankheit, Invalidität, Erwerbslosigkeit, Alter und Tod versichert sind.[2] Sie leben in der »sozialstaatlichen Gleichmut«[3], und Vorsorge ist für sie in erster Linie eine Sache der inneren Einstellung: Sie mußten sich damit abfinden, zur Sicherung ihrer Zukunft beträchtliche Abgaben zu zahlen. In dieser Hinsicht haben sich die Lohnarbeiter – als die große Mehrzahl der Arbeitnehmer – den besitzenden Schichten angenähert: »Spare in der Zeit, so hast du in der Not.« Aber es gibt auch Unterschiede: Die Bourgeoisie spart aus eigenem Antrieb, die Arbeiterschaft dagegen unter staatlichem Zwang, und: Über seine privaten Ersparnisse kann der Berechtigte frei verfügen, während die staatlich einbehaltenen Abgaben bloß spezielle – nicht übertragbare – Ansprüche begründen. Lohnabhängige haben also keinen Zugriff auf jene Gelder, die sich durch ihre Beiträge akkumulieren. Anwartschaften werden »zu ihrem Besten« für sie verwaltet und erst bei »echtem« Bedarf fällig. Was die Beitragszahler demnach »besitzen«, ist lediglich ein Anspruch auf künftige Leistungen, die unter genau festgelegten Bedingungen von Risiken oder Defiziten ausgezahlt werden.[4]

Solche Ansprüche besitzen zwar weder einen Marktwert[5], noch sind sie übertragbar, aber man kann ihren Wert schätzen, indem man die angesichts der kalkulierten Risiken zu erwartenden Leistungen errechnet: Das Resultat stellt den »Nettowert« der Ansprüche eines Beitragszahlers dar – sein »Transfervermögen«.[6] Die Summe aller solcher Ansprüche gegen staatliche Behörden könnte man das »Transferkapital« der Bevölkerung nennen. Den zuständigen Behörden erlegt das verwaltete Transferkapital eine ähnliche Verpflichtung auf wie Staatsschulden, und die künftigen Ansprüche müssen analog gedeckt sein.[7] Das Transfervermögen der Anspruchsinhaber ist dem privaten in einem wichtigen Aspekt funktional äquivalent – als Absicherung gegen künftige Risiken und Defizite: Beide dienen also der Vorsorge.

Lohnabhängige sind sich dessen voll bewußt. Obgleich sie oft kaum näheres äußern können als Kürzel für Gesetze oder Behörden, wissen sie genau, daß sie und ihre Familien gegen die großen finanziellen Risiken des Arbeitslebens abgesichert sind. Ihre Vorstellungen von Versorgungshöhe, einbehaltenen Abgaben und formellen Klauseln der Auszahlung mögen vage sein. Dennoch könnte ihr subjektives Wissen den strukturellen Realitäten der jeweiligen Länder auf bedeutsame Weise besser entsprechen als das Beharren der Spezialisten auf den nationalen Systemdifferenzen.[8]

In langfristiger Perspektive gesehen erstaunt an der Akkumulation des Transferkapitals am meisten, daß sie überall gleichzeitig und parallel auftrat. Henri Hatzfeld folgert: »Schließlich griffen die Zentralmächte ein ... und die Differenzen konnten nicht über die tiefen Ähnlichkeiten hinwegtäuschen.«[9]

Vor allem gilt es zu verstehen und zu erklären, warum kollektive, gesetzliche Sozialversicherungssysteme entstehen konnten, um die Hauptrisiken der Lohnabhängigen abzudecken.[10] Alle hier erörterten Länder riefen sie irgendwann zwischen 1883 und 1932 – einer Zeitspanne von knapp fünfzig Jahren – ins Leben. Doch aus der Parallelität folgt weder, daß gleichartige Wirkungen überall die gleichen Ursachen hatten, noch daß Differenzen keine Rolle spielten.

Sozialversicherungen dienen dem kollektiven Schutz vor Risiken und Defiziten, indem sie Ausgleichszahlungen bei bestimmten Fällen von Einkommensverlust vorsehen. Die neuen Einrichtungen unterscheidet von früheren, daß sie landesweit, kollektiv und zwingend angelegt sind. Sie entwickelten sich gesellschaftlich nur, wenn sowohl der Zentralstaat als auch das Gefühl der nationalen Identität bereits stark ausgeprägt waren. Da sie Einkommensverluste ausgleichen, das heißt, Lohnabhängige absichern sollten, die kein eigenes Vermögen für Notzeiten besaßen, konnten sie außerdem nur in Gesellschaften entstehen, wo die Lohnarbeit zum Regelfall geworden war.

Privates Sparen und kollektive Akkumulation

Die Sozialversicherung setzt eine hochentwickelte Ökonomie voraus, in der Löhne und Nebenleistungen in Geld ausgezahlt werden. Weiter setzt sie voraus, daß die Masse der Werktätigen in gleichartigen Beschäftigungsverhältnissen steht, die durchgängig einheitliches Verwaltungshandeln zulassen. Und sie setzt das Bewußtsein voraus, daß Arbeitnehmer ihr Einkommen ohne eigenes Verschulden verlieren und sich dagegen nicht allein durch individuelle Vorsorge absichern können.

Zunächst mußte man begreifen, daß die Risiken des Berufslebens für die Masse der Arbeiter in modernen Gesellschaften wiederkehrende, unentrinnbare Aspekte der industriellen Produktionsweise waren – nicht bloß ein vergängliches Phänomen, das nur eine fehlangepaßte Minderheit betraf. Die Arbeiter ihrerseits hatten einzusehen: Was heute anderen widerfuhr, konnte morgen sie selbst treffen, mußten sich als Schicksalsgemeinschaft betrachten lernen. Doch andere Gruppen mußten sich ebenfalls klarmachen, daß massive Armut unter den Industriearbeitern ihre eigene Existenz gefährdete: Streiks schadeten den Unternehmern, Krawalle den Politikern, und beides rüttelte die breite Öffentlichkeit auf. Erforderlich war daher, sich stets vor Augen zu führen, daß in einer Industriegesellschaft zwischen allen Menschen starke Interdependenzen bestehen – kurz: ein »soziales Bewußtsein« zu entwickeln. Doch vielleicht lösten solche Interdependenzen längst Angst oder Wut aus, wo früher bloß Gleichgültigkeit und Verachtung herrschten.

Die Sensibilisierung für soziale Probleme brachte zwar an sich noch keine neuen Institutionen hervor, aber das wachsende soziale Bewußtsein förderte die Suche nach institutionellen Lösungen und regte klare Programme für politische Reformen an.

Ende des 19. und Anfang des 20. Jahrhunderts kreiste die Debatte um die Konzepte Vermögen und Vorsorge, da private Vermögensbildung zum bevorzugten Mittel geworden war, sich gegen künftige Risiken und Defizite abzusichern. Daß man derart auf Vermögen – zunehmend Geld – vertraute, um eine ungewisse Zukunft zu planen, resultierte wiederum aus einem anderen Aspekt: Man war nun relativ sicher vor gewaltsamen Angriffen, die in früheren Zeiten ständig drohten. Als im Zuge der Staatenbildung auch das Gewalt- und Steuermonopol kam und immer weitere Gegenden befriedete, konnten sich die Menschen geschützter als zuvor dem Handel und der Vermögensbildung widmen. Verteidigungs- und Angriffsbündnisse zum wechselseitigen Beistand oder zur gemeinsamen Eroberung verloren an Bedeutung, wichen unter dem allgemeinen staatlichen Schutz den Vermögensbeziehungen. Doch das Streben nach Sicherheit durch verläßliche Bündnisse – etwa Ehe oder Klientschaft – hielt in wechselnder Form an. Man könnte sogar das Vermögen als Anspruch auf künftige Dienste anderer auffassen, der lediglich immer abstrakter und allgemeiner wurde, als sich die Verhältnisse monetarisierten.

Dadurch veränderte sich die Bedeutung des Vermögens grundlegend. Einst hatten Land und Gebäude als die sichersten Anlagen gegolten, doch als im Laufe des 19. Jahrhunderts die Finanzmärkte aufkamen, investierten immer mehr Menschen in Wagnisprojekte – Eisenbahnen, Minen, Fabriken –, ohne sich direkt am Management zu beteiligen. Wer eher auf Nummer sicher gehen wollte, fand in Staatsanleihen eine Alternative: Der expandierende Staat bürgte mit all seiner Autorität und Aura für seine Anleihen.

Kurz: Sicherheit erschien nun als eine Sache des Privatvermögens. Die notwendigen Vorbedingungen der Befriedung sowie Sicherheit vor gewalttätigen Angriffen galten inzwischen als selbstverständlich – viele Gelehrte übergehen sie sogar völlig. Mit dem Wort »Vermögen« verband sich fast untrennbar der Zusatz »Privat«, als ob Wohlstand seinen Besitzer von anderen unabhängig machte. Doch faktisch hielt die Abhängigkeit von den Leistungen anderer unvermindert an, wenn auch auf abstrakterer, allgemeinerer Ebene. Soziologisch gesehen steht niemand »auf eigenen Füßen«, kann niemand aus eigener Kraft bestehen. Wohlstand hilft nur – ganz erheblich –, andere jetzt und in Zukunft zu beanspruchen. Gleichwohl ist das Konzept Autonomie – über sich selbst zu bestimmen – wesentlich, um zu verstehen, warum sich Menschen so ängstlich an das persönliche Vermögen klammerten, als sie vor die Wahl gestellt wurden, es zu kollektivieren. Genau um diesen Aspekt: staatliche Kollektivierung, ging es nämlich bei der Sozialversicherung. Er war das relativ Neuartige daran.

Der Kampf um die Sozialversicherung betraf vor allem das Für und Wider solcher Zwangskollektivierung des Vermögens zur Absicherung künftiger Risiken: Landesweite Ausdehnung und Durchsetzung seitens des Staates ergaben sich dagegen bei Kollektivierung der Vorsorge als notwendige Konsequenzen.

Der Kollektivierung widersprachen vor allem jene, die sich in der Geldwirtschaft – bei allgemeiner staatlicher Befriedung – mittels privater Vermögensbildung selber gegen Risiken absichern wollten: Kleinunternehmer, Ladeninhaber, Handwerker, Kaufleute, Landwirte und Freiberufler. Unterstützt wurde die Kampagne von Gruppen, die darauf nicht setzen konnten und zunehmend einsahen, daß dies kein individueller Mangel war, sondern den allgemeinen Bedingungen der Arbeitswelt entsprach: den Industriearbeitern. Großindustrielle, Politiker und Verwaltungsbeamte teilten zunehmend diese Ansicht und stimmten einer Kollektivierung der Vorsorge zu – aber nicht für sich selber, sondern für die Arbeiter.

Ende des 19. Jahrhunderts hatten Staatsapparate ungeahnte Ausmaße erreicht. Staatsbehörden unterhielten stehende Heere, überwachten die Armenfürsorge auf nationaler Ebene, organisierten landesweit die Massenerziehung und waren zuständig für die Sanitär-, Polizei- und Verkehrsnetze der Großstädte. Also schien der Staat inzwischen auch Verwaltungsaufgaben von der Größenordnung der geplanten neuen Sozialversicherungsmodelle gewachsen zu sein.

Die Akkumulation von Transferkapital in einer vierseitigen Figuration

Auch wenn aktivistische Regimes ihre Sozialversicherungsanstalten kurzfristig zu Wahlkampfzwecken und langfristig zur Ausdehnung des Staatsapparates gründeten, geschah das nie im luftleeren Raum: Die führenden Politiker und Bürokraten, aus denen das Regime bestand, waren auf Unterstützung angewiesen, damit ihre Gesetze akzeptiert sowie bei Arbeitnehmern und Arbeitgebern durchgesetzt wurden. Aus diesem Grund gingen sie Koalitionen ein, teils mit dem gemäßigten Flügel der organisierten Arbeiterschaft, teils mit reformerischen Unternehmerkreisen, manchmal auch mit beiden.

Zeitpunkt und Wirkung der Sozialversicherungsgesetze hingen stark vom Widerstand des vermögenden Kleinbürgertums ab. Der war weder sehr gezielt, organisierte sich also nicht eigens zu diesem Zweck, noch brachte er Alternativmodelle hervor: Man war einfach dagegen. Allerdings sank die Zahl der Selbständigen damals stetig. Sofern sie nicht selber noch in Großunternehmen oder staatliche Behörden wechselten, erlebten viele zumindest, daß ihre Kinder Angestellte oder Beamte wurden. In der neuen Mittelschicht von Arbeitnehmern regte sich kaum noch Widerstand gegen eine kollektive oder sogar gesetzliche Absicherung gegen Einkommensverluste. Sie mußte bloß deutlich anders – also besser – sein als alle Regelungen für die Arbeiterschaft: großzügiger, notfalls auch teurer. So arbeitete die Zeit für die Sozialversicherung: Als die Selbständigen oder deren Kinder lohnabhängig wurden, änderte sich ihre Einstellung gegenüber der privaten Vorsorge entsprechend.

In diesem Prozeß war jeder Schritt, jede Entscheidung, mühsam und heftig umstritten. Komplizierte Verwaltungstechniken mußten geplant und erprobt werden, bevor man Millionen von Menschen einbeziehen und die gewaltigen Geldsummen organisieren konnte. Der Aufbau des Sozialversicherungswesens war harte politische Arbeit, erforderte oft strategische Koalitionsbildung und taktische parlamentarisch-bürokratische Manöver. Dabei prägte es die Struktur der Anstalten – Verteilung von Macht und Kosten – nachhaltig, welche Koalitionen die Sozialversicherung zunächst im Parlament durchsetzten und dann den betroffenen Arbeitern und Unternehmern schmackhaft machten.

Sogar die fortschrittlichsten Modelle mußten jedoch im Umfeld der laufenden Arbeit, der bestehenden Institutionen und des geltenden Rechts umgesetzt werden. Nicht überall bedeutete das Kontinuität: Manchmal wurden bestimmte Vorschläge abgelehnt, weil sie früheren Experimenten zu ähnlich waren – zum Beispiel die Arbeiter-*carnets* im französischen Rentengesetz von 1911 oder Englands beitragsfreie Arbeitslosenversicherung, die alten Groll auf die Almosen nach dem Armengesetz wachrief. Mancherorts wirkte auch, so der holländische Historiker Jan Romein, ein »Gesetz des blockierten Fortschritts«: Wo die freiwillige Kollektivierung der Vorsorge sehr weit gediehen war und Vereine auf Gegenseitigkeit oder Gewerkschaften umfassende eigene Netze institutionalisiert hatten, lehnten sie meist sowohl staatliche Übernahme als auch gesetzliche Regelungen ab.

Schließlich erforderte die Sozialversicherung neue Gesetze nebst Anwendung, wobei die Dynamik politischer Vorgänge und die Struktur des bürokratischen Apparats eine besondere Rolle spielten. War die Arbeiterklasse stimmberechtigt, beeinflußten ihre Wünsche direkt die Wahlchancen von Politikern, andernfalls wurden sie nur nebulös berücksichtigt. Auch kam es sehr darauf an, ob soziale Spaltungen – also wiederum Wahlaussichten – Politiker zwangen, die Frage der Sozialversicherung erbittert kontrovers zu diskutieren oder ob sie offen miteinander und mit den betroffenen Interessengruppen reden konnten. Im übrigen dürfte eine rigoros zentralistische Politik besser als eine eher dezentrale dazu getaugt haben, einheitliche landesweite Sozialversicherungsmodelle durchzusetzen; auch gelang dies Staaten mit starken, ausgedehnten Verwaltungsapparaten viel leichter als solchen, die noch im Aufbau begriffen waren.

In diesem Kapitel liegt der Akzent auf den entscheidenden Phasen, in denen landesweite kollektive Zwangseinrichtungen zur Vorsorge für Einkommensverluste in den betreffenden Ländern neu eingeführt wurden. *Zeitpunkt und Abfolge* der Phasen hingen davon ab, welche Koalition das Modell trug und wie vehement vermögende Gruppen sich ihm widersetzten. Die Gesamtheit der Kleineigentümer »bremste« den Fortschritt, wohingegen die Koalitionen aktivistischer Regimes mit gemäßigten Gewerkschaftlern oder fortschrittlichen Industriellen ihn »vorantrieben«.[11] Das sich verschiebende Machtgefälle zwischen dem bremsenden, aber schrumpfenden Kleinbürgertum und der allmählich erstarkenden Reformkoalition bestimmte sowohl Zeitpunkt als auch Ablauf der Gesetzgebung aktivistischer Regimes; doch die *Verteilung der Macht und der Kosten* in dem Projekt hing vor allem davon ab, wie die tragende Koalition zusammengesetzt war.

Einziger notwendiger Akteur war das Regime: Ohne seine Initiative hätte es überhaupt kein Gesetz gegeben. Doch das Regime benötigte Unterstützung sowohl im Parlament als auch in der Bevölkerung. Das Projekt war gegen den offenen Widerstand der meisten organisierten Arbeiter weder zu verabschieden noch durchzudrücken, weil sowohl ihre Stimmen (oder ihr politischer Druck) im Parlament als auch ihr Beitrag zur Verwirklichung erforderlich waren. Die Zustimmung der Arbeiterklasse hing zwar stark von den konkreten finanziellen Regelungen ab, entscheidend war aber, daß die Arbeiterführer den Plan nur unterstützten, wenn sie institutionelle Mitspracherechte erhielten. Auch wenn sich das Regime kaum *gegen* die Gewerkschaften stellen konnte, war jedoch viel *ohne sie* zu erreichen, sofern die Unternehmer einen beträchtlichen Kostenanteil übernahmen und bei der Verwaltung mitwirkten. Andererseits vermochte das Regime sogar stärksten Widerstand der Unternehmer zu überwinden, wenn es sich auf die massive Unterstützung der Arbeiterklasse verlassen durfte. Oder es verzichtete auf Unternehmerbeiträge, stützte sich auf den eigenen Verwaltungsapparat sowie Arbeiterverbände und finanzierte das Modell aus allgemeinen Steuermitteln. (Die Arbeitnehmerbeiträge einzutreiben war und ist nahezu unmöglich ohne die Mitwirkung der Unternehmer.) Initiativen des Regimes waren also unabdingbar: Bei ausreichender Rückendeckung seitens der Arbeitnehmer ließen sich die Industriellen übergehen; boten diese jedoch die Unterstützung, brauchte die Arbeiterbewegung bloß stillschweigend einzuwilligen. Wie stark das Bündnis der Reformer zu sein hatte, um die Vorlage durchzubringen, hing von den Parlamentssitzen kleinbürgerlicher Oppositionsparteien ab. Doch wenn ein Gesetz erst verabschiedet und die Anwendungsphase gekommen war, spielte die Opposition kaum noch eine Rolle. Allerdings konnten sich Kleinarbeitgeber der Aufsicht entziehen, weshalb – anfangs zumindest – Haus- und Landwirtschaft oft einfach ausgespart blieben.

Im großen und ganzen bildeten vier Parteien die Figuration, in der das Transferkapital eingerichtet wurde, und alle vier durchliefen dabei ihrerseits eine Transformation. Die vermögenden Freiberufler lehnten grundsätzlich jede Zwangskollektivierung der Vorsorge ab. Ebenso sperrten sie sich gegen die meisten anderen Übergriffe des Staates und bekämpften zugleich die zunehmende Konkurrenz seitens der Großindustrie. Dennoch wechselten immer mehr von ihnen zu eben den Großunternehmen und staatlichen Behörden über.

Großunternehmer empfanden zwar Sympathie für ihre kleineren »Brüder« und Rivalen, hatten aber durch Arbeitskämpfe viel zu verlieren. So waren sie in puncto Sozialversicherungsgesetze tief gespalten. Am meisten hatten die Arbeiter davon zu gewinnen, aber deren Führung war noch viel zerrissener. Die Regierung schließlich stellte die unabdingbare vierte Partei.

Im Zuge der Industrialisierung waren Gewerkschaften, Unternehmer und Regierungsbeamte zunehmend gezwungen, regelmäßig miteinander zu verhandeln, wodurch sich ihre Auffassungen von Personalführung, Fabrikorganisation und Interdependenzen zwischen Nationalökonomie und internationalem Wettbewerb annäherten. Bei den so aufkommenden wechselseitigen Abhängigkeiten konnten aktivistische Regimes – die den Staatsapparat ausbauen und sich die politische Loyalität der wachsenden Arbeiterklasse sichern wollten – genügend Masse hinter sich versammeln, um den politischen Widerstand der Kleineigentümer und Unternehmer zu brechen. Wollte ein Regime die Sache in Angriff nehmen, mochte es die Unterstützung der Unternehmer suchen und die Wünsche der Arbeiter zumindest einbeziehen (siehe Deutschland); es mochte die Unterstützung der Arbeiter suchen und die Forderungen der Unternehmer bloß berücksichtigen (siehe England und Amerika); oder es mochte eine Dreierkoalition bilden (siehe Frankreich und die Niederlande). Die endgültigen Regelungen richteten sich nach der Zusammensetzung der Koalition. Alle Parteien wollten möglichst viel Einfluß gewinnen *und* möglichst wenig bezahlen: forderten für sich Sitze in der Verwaltung der Sozialversicherungsanstalt, aber die Kosten sollten die anderen tragen. Sooft es zu einer Einigung kam, gab es Macht nur gegen Übernahme von Kosten.

Die Geschichte der Sozialpolitik ist geprägt durch große Probleme, große Erfordernisse und große Persönlichkeiten vor dem Hintergrund großer gesellschaftlicher Transformationen. Aus den verwickelten Ursachen und Schritten, die so komplexe und umfassende Strukturen wie moderne Sozialversicherungsanstalten hervorbrachten, kann man zwei eng zusammenhängende, aber trotzdem noch weitreichende Fragen zur Klärung herausgreifen: Weshalb wurden kollektive, landesweite Zwangsregelungen eingeführt, um Lohnabhängige gegen finanzielle Risiken abzusichern? Woraus resultierten das

Wann und Wie, Finanzierung und Aufsicht, Deckungsumfang und -höhe der Sozialversicherung?

Die Schlüsselbegriffe sind – hier wie durchweg in dieser Studie – »kollektiv«, »gesetzlich« und »landesweit«, wobei es entscheidend auf die Phasen ankommt, in denen Regierungen entschieden, Modelle zur Einkommenssicherung für die nationale Industriearbeiterschaft einzuführen. Ihre Modelle waren insofern kollektiv, als sämtliche Mittel zusammengefaßt und Leistungen ungeachtet der persönlichen Beiträge aus dem gemeinsamen Fonds erbracht wurden[12]; sie galten landesweit, weil die Schranken einzelner Berufsgruppen und Industrien, kommunaler und regionaler Verwaltungen überschritten, alle Lohnabhängigen im Inland einbezogen wurden; gesetzlich waren sie, weil der Staat das Projekt kraft seiner Autorität, also ohne Rücksicht auf die Zustimmung der beteiligten Parteien, gegen alle Betroffenen durchsetzte, Abgaben erhob und Leistungen festlegte.

Die neue Regelung veränderten das Verhältnis zwischen Bürgern und Staat: Eine *Transferbindung* fesselte jene als Beitragspflichtige, potentielle und faktische Anspruchsteller an die öffentliche Hand, während diese ihre Ansprüche unter festgelegten Voraussetzungen erfüllen mußte. Damit entstand ein funktionales Äquivalent zu der Sicherheit, die Privatvermögen bieten konnte, nämlich die »soziale Sicherheit«. Außerdem war das Modell funktional äquivalent zu dem, was Hilfsvereine auf Gegenseitigkeit und kommerzielle Unternehmen anboten: eine »öffentliche Versicherung«. Im Gegensatz zu früheren Konzepten beruhte das neue Modell aber nicht auf Sparbereitschaft: Wenn Beitragspflicht bestand, wie gewöhnlich der Fall, wurden die Löhne im Abzugsverfahren belastet und »netto« ausgezahlt. Analog gab es Leistungen nicht pauschal, sondern in wöchentlichen oder monatlichen Raten.

Man ging – und geht – stets davon aus, daß Arbeiter in der Regel nicht imstande sind, sich mittels Sparen gegen künftige Risiken abzusichern. Eine gehegte Illusion galt es zu verabschieden: Das Proletariat könne sich in Nichts auflösen, wenn die Lohnabhängigen genug zur Seite legten, um sich als Handwerker oder Ladeninhaber selbständig zu machen. Was bliebe, wäre nur ein Rest unversorgter Arbeiter, die durch ihre fortdauernde Mittellosigkeit nichts als Charakterschwäche bewiesen. Bis Ende des 19. Jahrhunderts hielten viele das Industrieproletariat für ein Übergangsphänomen, das sich spätestens nach einer Generation von selbst erledigen werde – sei es, weil die Löhne im Zuge des generellen Wohlstandes rasch genug stiegen, um allen einen »anständigen«, das heißt kleinbürgerlichen Lebensstandard zu gestatten, oder weil sich die einzelnen Arbeiter im Lauf der Zeit mit ihren Ersparnissen selbständig machen, also »freikaufen« würden. Viele Facharbeiter und abhängig beschäftigte Handwerker hegten derartige Hoffnungen und gründeten freiwillige, kollektive Spar- und Versicherungskassen, um gemeinsam den Schutz zu erreichen, den die vermögenden Gruppen in privaten Ersparnissen suchten. Doch die informierte Öffentlichkeit wie auch die Arbeiter selbst mußten zunehmend erkennen, daß sie meist nicht aus eigener Kraft für anhaltende Phasen der Arbeitsunfähigkeit, das Alter oder Hinterbliebene vorsorgen konnten. Vielmehr schien es, als hätten die Industriearbeiter in dieser Hinsicht jede Hoffnung aufgegeben: Sie begannen statt dessen, sich in Gewerkschaften zu organisieren, Arbeiterparteien zu unterstützen und für Reformen, mehr noch: für Revolution, zu agitieren. Offenkundig löste sich das Proletariat nicht in Nichts auf. Weder wechselten Industriearbeiter *en masse* ins Kleinbürgertum über, noch übernahmen sie dessen Konzepte der Vorsorge. Im Gegenteil: Es bildete sich eine Arbeiterbewegung, die entschlossen war, kollektiv für institutionelle Veränderungen im Dienste der lohnabhängigen Klassen zu kämpfen.

Der Zwang zum Sparen

Für die Bourgeoisie bedeutete »soziale Frage« ursprünglich: Warum haben die Arbeiter nicht gespart, um für Wechselfälle des Lebens vorzusorgen? Waren sie leichtfertig, oder fehlten ihnen bloß die Mittel?

Die Zielrichtung bereits setzte voraus, daß sich die Einstellung gegenüber den Armen, zumindest den neuen des urban-industriellen Milieus, tiefgreifend gewandelt hatte. Der Industriegesellschaft galt Armut immer weniger als eine moralische Kategorie: Sie wurde vom blinden Schicksal verhängt und hatte keinerlei transzendente Bedeutung für das Seelenheil der Opfer oder ihrer Wohltäter. Im übrigen betrachtete man den Zustand nun als prinzipiell behebbar, statt als Folge unergründlichen göttlichen Waltens. Nach und nach reduzierte sich die neuartige Armut auf die eine nackte Tatsache: Geldmangel.

Solange der Wochenlohn hereinkam, konnten Arbeiterfamilien meist ein geregeltes Leben führen, blieb die Zahlung jedoch aus diesem oder jenem Grund aus, waren sie innerhalb weniger Wochen am Ende. Die Armut konnte, sogar nach langer Zeit der Plackerei, von einem Tag auf den anderen zuschlagen. In der Regel hatte sie offenkundig überhaupt nichts mit Charakter oder Lebenswandel zu tun, sondern war einzig und allein durch den Verlust der Erwerbsmöglichkeiten verursacht. Zudem war die urban-industrielle Armut augenfälliger, schwerer zu verbergen, als das traditionelle Elend auf dem Lande. Harris hat gezeigt, daß diese neuen Realitäten und die zunehmende Sichtbarkeit oft dazu beitrugen, die Einstellungen gegenüber den Armen zu verhärten, da die Armut nun so massiv und unabänderlich erschien.[13]

Die jahrhundertealte Abgrenzung der ehrlichen von den unehrlichen Armen wich der Distinktion zwischen fleißigen Menschen, die ohne Schuld verarmten, und solchen, die charakter- oder milieubedingt nicht arbeiten wollten. Letztere – im 19. und 20. Jahrhundert mit immer neuen Ausdrücken belegt – sollten bestraft, später gebessert und umerzogen, schließlich dann behandelt und geheilt werden. Die Restgruppe der Armen zog also weiter diverse Interpretationen und Heilbemühungen auf sich: von Buße und Besserung über pädagogische Konzepte der Umerziehung bis zur medizinisch-psychotherapeutischen Behandlung. Opfer blieben sie nach wie vor, wenn schon nicht mehr des Schicksals, so doch ihres fehlgeleiteten Willens.

Als sich der Armutsbegriff allmählich verschob, entstand mit der Arbeiterklasse eine Gruppe von Menschen, die zwar weder Land noch Aktien oder Maschinen besaßen, aber immerhin regulär beschäftigt waren und ein geregeltes Leben führten. Gegenüber den Bauern und Tagelöhnern früherer Zeiten beherrschten sie ihre Landessprache, konnten oft sogar lesen und schreiben, und waren fast rundum unleugbar »menschlich«: Wenn sie etwas auf die hohe Kante legten, Firmen oder Grundstücke kauften, mochten sie auch noch Unternehmer, Eigenheimbesitzer und Wähler werden.[14] Schwer verständlich blieb jedoch, warum sie nicht sparten und investierten wie andere anständige Bürger. Letzten Endes zeugte fehlende Voraussicht zwar von schlechtem Charakter, aber wenn man die Arbeiter dazu brachte, etwas zur Seite zu legen, würden sie dem Auf und Ab des Lebens in der modernen Gesellschaft gewiß trotzen können: »Die Republik muß den Arbeiter auf Schritt und Tritt begleiten, ihn beinahe an der Hand nehmen und behutsam zur Kapital- und Vermögensbildung führen, dem wahren Lohn der Freiheit, dem materiellen Ausdruck seiner Emanzipation.«[15]

Heutige Analysen zur industriellen Arbeiterklasse pflichten den radikalen Arbeiterführern und Experten jener Zeit darin bei, daß die Arbeiter einfach zu wenig verdienten, um sich ein Polster für schlechte Zeiten schaffen zu können.[16] In den niedrigsten Einkommensgruppen ist Sparen, besonders in engen Gemeinschaften, schon deshalb schwierig, weil Verwandte und Freunde ständig jeden anbetteln, der etwas zur Seite gelegt hat. Ihre Bitten sind kaum abzuschlagen – Grund genug, gar nicht erst zu sparen. Bürger von damals, und mit ihnen viele Arbeiter, meinten aber, Sparen setze nicht bloß höhere Löhne voraus, sondern vor allem mehr Disziplin. Verschwendeten die Arbeiter nicht jede Menge Geld für Alkohol und Nikotin?[17] Die Frage war nur, wo und wie die Arbeiter die erforderliche Selbstbeherrschung erlernen sollten. Zwar regten die Kirchen, mit ihrem unaufhörlichen Predigen von Abstinenz – obwohl nicht immer materieller Genügsamkeit –, zur Sparsamkeit an; aber die Arbeiter verließen sich nicht nur auf Mahnungen von Pfarrern und weltlichen Moralisten, sondern wollten ihren Entschluß selber stärken, indem sie sich mit Gleichgesinnten zusammenschlossen: Es galt, gemeinsam sparen zu lernen – und diese Bereitschaft sollten Spar- und Versicherungskassen auf Gegenseitigkeit bei Mitgliedern fördern. Warf man die Ersparnisse in einen Topf, taugten sie sogar noch besser zur Absicherung von Risiken. Damit sollten freiwillige Arbeiterversicherungskassen gezielt sozialer Kontrolle dienen, und die Arbeiter traten gerne ein, um ihre Sparpläne wechselseitig zu bestärken. Solche Zweckgemeinschaften, um Druck auszuüben und sich dem Diktat freiwillig zu beugen, sind etwas völlig anderes als die traditionellen dörflichen Institutionen der sozialen Kontrolle: In diese wurde man hineingeboren, und wer bewußt darüber nachdachte, konnte sich ihrer trotzdem kaum entledigen. Es vollzog sich also, was Parsons den »Übergang vom Status zum Kontrakt« nannte. Kassen auf Gegenseitigkeit bildeten das historische Bindeglied zwischen individueller Akkumulation und staatlich erzwungener Akkumulation von Transferkapital. Als solche zeigten sie alle Widersprüche, die mit derartigen Zwischenformen kollektiven Handelns verbunden sind – wie in Kapitel 4 gezeigt.

Die Kassen auf Gegenseitigkeit fügten sich einerseits nahtlos in liberalkapitalistische Konzepte der Selbsthilfe, andererseits entsprach ihre kollektive Ausrichtung nicht nur patriarchalisch-religiösen Gemeinschaftsvorstellungen, sondern auch radikaleren Ideen über die Solidarität der Arbeiterklasse. Damit boten sie sich als Allheilmittel geradezu an.

Doch im breiteren gesellschaftlichen Kontext bewährten sich die Hilfsvereine aus den genannten Gründen nicht, um Arbeiter gegen Berufsrisiken des urban-industriellen Kapitalismus abzusichern – obwohl sie nach und nach ein umfassendes, dichtes Netz bildeten. Das Gespenst der Armut ging weiter um, besonders bei Arbeitern der untersten Lohngruppen, da sie nicht einmal die Beiträge aufbringen konnten.

Trotzdem wollte man im Bürgertum nichts von Lohnerhöhungen wissen, sondern salbaderte von Ausgabendisziplin: Auch höhere Löhne würden durch Leichtfertigkeit bloß vergeudet. Entscheidend war aber, daß die Löhne als Resultat des freien Wettbewerbs auf dem Arbeitsmarkt galten. Sofern sie sich überhaupt per Dekret erhöhen ließen, hätte das allenfalls den Wettbewerbsvorteil der Industrie beeinträchtigt und die Kapitalakkumulation verzögert. Allein von ihr war aber zu erwarten, daß der nationale Wohlstand und damit der Lebensstandard der Arbeiterklasse selbst dauerhaft stiegen.

Da die bürgerliche Öffentlichkeit das Problem auf individuelle Entschlossenheit und Disziplin beschränkte, so daß es kaum anders behandelt werden konnte, mußten neue Wege gefunden werden, um die Sparbereitschaft der arbeitenden Schichten zu ihrem eigenen Besten zu fördern. Wo Mahnungen verpufften, sogar gegenseitiger Beistand nicht genügte, mußten – als letztes Mittel – eben Gesetze her. Der Staat sollte die Arbeiter zwingen, ihr Geld so anzulegen, wie sie es eigentlich selbst wollten, aber nicht konnten. »Darf der Mensch unbedacht handeln«, sinnierte Frankreichs Arbeitsminister Viviani 1901, »nur weil es ihm momentan nützt, die Bande der Solidarität abzuwerfen?«[18]

Was Ökonomen als »Sparbereitschaft« bezeichnen, verdankt sich der Affektbeherrschung, wobei der Wunsch unterdrückt wird, nach Lust und Laune Geld auszugeben. Zugleich mit der Haushaltskasse müssen die Affekte verwaltet werden; finanzielle ist also auch emotionale Zurückhaltung. Die alte soziologische These, wonach die Mentalität der Mittelschicht durch Lustaufschub geprägt ist, schließt diesen mühsamen Verzicht auf sofortigen Genuß mit ein.

In seiner Analyse des Zivilisationsprozesses hat Norbert Elias den Zusammenhang zwischen Staatsbildung und interner Befriedung sowie zunehmender Unterdrückung eigener und fremder Affekte betont: den »gesellschaftlichen Zwang zum Selbstzwang«.[19] Ihm zufolge sah sich die Mittelschicht primär durch den »Auftrieb von unten« – also niederer Schichten – zu mehr Selbstdisziplin gedrängt, um die soziale Distanz zu wahren. Ebenfalls um die soziale Distanz gegen einen Auftrieb von unten auszubauen, übernahmen die »tüchtigen und ordentlichen« Arbeiter viele bürgerliche Verhaltensweisen, die sie von den groben, ungehobelten Zuwanderern, Hilfsarbeitern und Armen abhoben.[20] Da die Arbeiterhilfsvereine so großen Wert auf manierliches Benehmen bei ihren Versammlungen legten, trugen sie mit zu dieser Abgrenzung innerhalb der Arbeiterschaft bei. Später kam, verschärfend, das kollektive Sparprojekt der Vorsorgekassen hinzu, mit dem die Zukunftsorientierung der Mitglieder gefördert werden sollte.

In der Mittelschicht scheinen die externen Zwänge zum Selbstzwang beim Umgang mit Geld durch Sozialisation so stark internalisiert worden zu sein, daß Erwachsene keine Fremdanstöße mehr brauchten, sondern Sparen von sich aus als Charaktersache ansahen. Aus dieser Sicht bildeten die Sparvereine ein Paradebeispiel für den externen Zwang zum Selbstzwang: Freiwillig, aber auch kollektiv, basierten sie auf persönlichem Einverständnis mit dem allgegenwärtigen Druck von Gleichgesinnten.

Mit dem Übergang zur gesetzlichen Sozialversicherung vollzog sich der entscheidende Schritt vom Selbstzwang zum externen, das heißt: staatlichen Zwang. Später trafen die äußeren Beschränkungen beim Geldausgeben nicht mehr bloß das ohnehin schrumpfende Proletariat, sondern erfaßten im Prinzip alle Arbeitnehmer, darunter Beamte und Angestellte, schließlich sogar Selbständige. Insgesamt verwischte diese fast durchgängig verordnete Vorsorge viele Kontraste, ebnete die relativ »fetten« bzw. »mageren« Jahre ein. Heute dämpfen hohe Abgaben und ziemlich großzügige Sozialleistungen die finanziellen Folgen von Lebensschwankungen für die große Masse der Bürger. So hat die Zwangsbeteiligung an der Akkumulation von Transferkapital die ökonomische Basis dafür gelegt, daß die Kontraste im sozialen Überbau schwinden konnten. Zugleich stärkte sie die Zuversicht, da sie es erleichterte, Karriere, Familie und Finanzprojekte auf der sicheren Basis des Transferkapitals langfristig zu planen. Erneut ist hier auf Elias' Analyse der internen Befriedung hinzuweisen, die zusammen mit dem staatlichen Gewaltmonopol kam: Sie erlaubte es den Menschen, selbstbeherrschter miteinander umzugehen, weil sie nicht mehr ständig mit gewaltsamen Angriffen rechnen mußten. Wie das Gewaltmonopol und seine notwendige Folge, das Steuermonopol, wichtige Aspekte der Staatsbildung sind, so fällt die Akkumulation von Transferkapital durch Zwangsabgaben als bedeutsamer Aspekt in eine spätere Phase der Staatsbildung: die Genese des Sozialstaats. Dieses Thema werde ich in Kapitel 6 erneut aufgreifen.

Die wichtigste Differenz zwischen bürgerlicher und proletarischer Mentalität mag noch heute in der Vorliebe für private Akkumulation oder für kollektive, gesetzliche Regelungen liegen. Hierbei stehen Arbeiterklasse *und* mittlere Angestellte den Rudimenten der alten Mittelschicht selbständiger Unternehmer gegenüber. Insofern fand also gewiß kein *embourgeoisement* des Proletariats statt. Vielmehr wurden alle Arbeitnehmer – auch die in der neuen Mittelschicht – proletarisiert, weshalb beide den Resten der alten Mittelschicht gegenüberstehen.

Nichts von alledem war bewußt geplant. Seinerzeit motivierte die Menschen vor allem eine massenhafte Unzufriedenheit der zunehmend organisierten

Arbeiter, die offenbar nicht in der Lage waren, für fast unausweichliche Perioden des Einkommensverlusts vorzusorgen. Weder persönliche noch kollektive Ersparnisse schienen wirkliche Abhilfe zu verheißen. Deshalb wurden Stimmen laut, der Staat solle ebenso eingreifen wie zuvor bei der Armenfürsorge, Erziehung und Städtesanierung: eine zwingende Sozialversicherung einführen.

Das war ein höchst massiver Eingriff in die persönliche Freiheit und wurde von vielen Bürgern – ob in der Bourgeoisie oder in der Arbeiterklasse – genau so wahrgenommen. Hinzu kam, daß es einen ungeheuren Verwaltungsaufwand bedeutete, wöchentlich die Beiträge einzutreiben und daneben die Leistungen auszuzahlen – eine enorme gesetzgeberische, ordnungspolitische Herausforderung, die Beiträge festzusetzen und, kniffliger noch, die Ansprüche zu staffeln. Am bedrohlichsten war jedoch, daß dem Staat damit die Verantwortung für ein beispielloses und kaum überschaubares finanzielles Wagnis aufgebürdet würde. Diese Aussicht erschien um so erschreckender, als auch noch der Vorschlag kam, der Staat solle einen Teil der Kosten tragen oder, wie der radikale Flügel der Arbeiterbewegung forderte, auf Beiträge der Arbeiter ganz verzichten und das Modell aus allgemeinen Steuermitteln finanzieren.[21]

Der Übergang von der individuellen Vorsorge durch privates Sparen zur freiwilligen kollektiven Absicherung gegen Einkommensverluste und später zur landesweiten gesetzlichen Sozialversicherung ging mit einem Wandel der Vermögensformen einher. Im Hinblick auf die Vorsorge entstand neben dem privaten das Transfervermögen als ein funktionales Äquivalent. Aus dieser Perspektive betrachte ich im folgenden die Genese der Sozialversicherung.

Zwar besteht eine gewisse Analogie zwischen Ansprüchen von Bürgern an den Sozialstaat und solchen von Investoren auf Kapitalerträge – aber Mitglieder der Sozialversicherung können nicht frei über ihre Anteile am Transferkapital verfügen, denn das Transfervermögen ist nicht übertragbar. Ihr Einfluß beschränkt sich auf ihre Rollen als Bürger oder Gewerkschaftsmitglieder, als Wähler, die – theoretisch – über Abgaben, Leistungen und Bedingungen der Sozialversicherung mitentscheiden können. In dieser Hinsicht ergeht es ihnen ähnlich wie Aktionären, die nur indirekt, und kaum gezielter als einzelne Wähler eines demokratischen Systems, steuern können, was mit ihren Invesitionen geschieht. Die neuen Aktiengesellschaften mit ihrer Trennung von Anteils- und Stimmrechten mögen das Nachdenken über Sozialversicherungsanstalten beeinflußt haben, sollten diese doch den Arbeitern, um Churchills »Bismarcksche Bemerkung« zu zitieren, »einen Anteil an ihrem Land« verschaffen.[22]

Der große Unterschied ist jedoch: Aktien kann man nach Gutdünken erwerben oder veräußern, Ersparnisse einzahlen oder abheben, aber der Anspruch auf Sozialversicherungsleistungen ist unverkäuflich: unveräußerliches Recht – und unentrinnbare Pflicht.[23] In ausgereiften Systemen werden die Arbeitnehmerbeiträge gesetzlich festgelegt und direkt vom Lohn einbehalten als Zwangsersparnisse, um das Einkommen für Notzeiten zu sichern. Nur in dieser Hinsicht sind sie dem Privatvermögen funktional äquivalent.

Wegen der funktionalen Äquivalenz gehen Sozialversicherungen meist auf Kosten der privaten Ersparnisse, da die Abgaben das verfügbare Einkommen der Haushalte stark reduzieren.[24] Das war einst ein Hauptargument gegen solche Modelle. Doch je mehr die Anstalten wachsen, desto notwendiger werden sie, nicht nur, weil Menschen – die ja bereits geschröpft wurden – es nun »dem Staat« überlassen, bedürftigen Nächsten zu helfen, sondern schlicht, weil ihnen das abgezogene Einkommen für die persönliche Daseinsvorsorge fehlt. Darin liegt eine weitere unbequeme Wahrheit über solche Modelle: Man geht davon aus, daß die Arbeitnehmer selber nicht wissen, was für sie gut ist. Offenbar darf man den Lohnabhängigen nicht ihren vollen Lohn anvertrauen, sondern muß sie zwingen, sich und ihre Angehörigen abzusichern. Damit verwaltet die Sozialversicherung ein Vormundschaftsvermögen.

Staatlicher Zwang sollte die unterstellte Disziplinlosigkeit der Arbeiter ausgleichen. Sogar wenn Gewerkschaftler argumentierten, die Löhne reichten für eine Zukunftsvorsorge einfach nicht aus: Die Mittel müßten von anderer Stelle – von den Unternehmern oder vom Staat – kommen, meinten auch sie, man dürfe die Arbeiter nicht individuell über das Geld verfügen lassen.

Bei dieser Frage verlief die Front weder zwischen Arbeitgebern und Arbeitnehmern noch zwischen Konservativen und Radikalen. Vielmehr paktierten Anarcho-Syndikalisten mit Kleinbürgern, Mutualisten und vielen Gewerkschaftlern gegen Zwangsbeiträge, während andererseits patriarchalisch gefärbte Konservative, Großindustrielle, gemäßigte Gewerkschaftsführer und Sozialdemokraten für gesetzlichen Zwang eintraten.

Obwohl die Debatte fast verbohrt um die Alternativen »Disziplin« oder »Leichtfertigkeit«, »Freiheit« oder »Zwang« kreiste, wirkten direkt unter der Oberfläche jene Ängste fort, die das Gespenst der verarmten Massen in der Industriegesellschaft weckte. Theoretisch ausgedrückt: Es ging um die externen Effekte der Massenarmut und um das Dilemma kollektiven Handelns, das jeder Lösungsversuch mit sich bringen würde.

In diesem Sinne lag das Problem darin, daß Tatenlosigkeit die Lage verschärfen, letztlich Chaos und Rebellion heraufbeschwören mochte – zum Schaden aller, denen die bestehende Gesellschaftsordnung am Herzen lag; wohingegen Handeln auf freiwilliger Basis entweder die Bedürftigsten ausschlösse (auf höherer Ebene die ärmsten Branchen, Gewerkschaftszweige oder Regionen) oder erforderte, daß Dritte die Last anderer aus eigenem Antrieb mittrugen. Bei gesetzlichem Zwang schließlich mußte eine Mehrheit für die mittellose oder unbedachte Minderheit aufkommen, sofern man nicht sogar den ärmsten der Armen einen Beitrag abknöpfen konnte. Das aber hätte Reglementierung und Repression eines Stils erfordert, den niemand für erstrebenswert oder machbar hielt: »einem nackten Mann in die Tasche zu greifen«. Falls man jedoch Nutznießer zuließ, die keine Beiträge zu leisten hatten, mochte das viele zum Schnorren veranlassen und damit das ganze Projekt gefährden.

Diese Konflikte fielen für die diversen Gesellschaftsschichten, Gruppen und Individuen je nach Stellung sehr unterschiedlich ins Gewicht.

Wechselnde Verhältnisse in der vierseitigen Figuration

Kleinbürger, Industrielle, Industriearbeiter und das herrschende Regime bildeten in allen Ländern gemeinsam Figurationen, in denen das Macht- und Interdependenzgefälle schwankte. Auch im breiteren Kontext des internationalen Wettbewerbs waren solche Figurationen entstanden. Staaten bildeten sich bei wechselseitiger Konkurrenz, Volkswirtschaften erstarkten im Kampf um ausländische Märkte, was wiederum die Verhältnisse zwischen Kleinbürgertum, Industriellen, Arbeiterklasse und herrschendem Regime beeinflußte. In derartigen Konstellationen mit ständigem Hin und Her zwischen Opposition und Koalition kam das Transferkapital alternativ zur Vorsorgefunktion des Privatvermögens auf.

Das Kleinbürgertum

Für das Kleinbürgertum war private Akkumulation der Angelpunkt des Wirtschaftslebens, so daß es sich hartnäckig und erbittert dagegen wehrte, kollektive Versicherungsmodelle einzuführen. Dabei ging es jedoch neben ökonomischen Aspekten um einen ganzen Lebensstil. Die Kleinunternehmer fühlten sich durch den Aufstieg von Konzernen und Massenindustrien bedroht, mißtrauten allen staatlichen Eingriffen und klammerten sich an ihre Autonomie, um Herr im eigenen Haus zu bleiben, nach eigenem Ermessen einstellen und entlassen zu können. Daher liefen sie Sturm gegen alle Gesetze, die ihre Souveränität bedrohten.[25] Noch als Industriearbeiter und Industrielle längst die Vorzüge der Sozialversicherung erkannten, setzten sich kleine Unternehmer, Landwirte und Freiberufler heftig dagegen zur Wehr; sie »bremsten« die Sozialreform: Gegen ihren Widerstand vor allem war die Sozialversicherung durchzudrücken.[26]

Doch dieser Widerstand gegen staatliche Eingriffe, wie wohlgemeint sie sein mochten, richtete sich im Kern auch gegen Gleichmacherei, und dieses Thema kümmerte Aristokraten oder die *grande bourgeoisie* der Vermögenden und Unternehmer weniger, denn sie fürchteten die Arbeiterschaft ja keineswegs als potentiell Gleiche oder Rivalen. So ging es um viel feinere Unterschiede, die staatliche Eingriffe hätten einebnen können, und entsprechend heikle Abgrenzungen: Auf dem Spiel stand die geringe Distanz, die selbständige Handwerker, Kaufleute und Unternehmer, Frankreichs fast sprichwörtliche *petits et moyens commerçants*, gerade noch sozial von den Facharbeitern und Angestellten abhob.

Vermögen bedeutete Sicherheit, und diese unterschied den Bourgeois vom Proletarier: Er konnte sie seiner Braut versprechen und später seinen Kindern weitergeben – sie machte ihn und seinesgleichen zu »etwas Besserem«.

So verschiebt sich der Akzent. Nicht, was die untere Mittelschicht zu verlieren drohte, erklärt ihre Ablehnung staatlicher Maßnahmen der Zukunftsvorsorge, sondern was die soziale Gruppe direkt unter ihr, die sie am stärksten bedrängte, hätte gewinnen können: einen minimalen Vorteil zwar nur, aber der genügte schon, um die soziale Distanz und Überlegenheit aufzuheben. Aus einem »Mehrsummenspiel«, von dem alle hätten profitieren können, machte das Kleinbürgertum ein »Nullsummenspiel«, worin jeder Gewinn der Arbeiterschaft sein Verlust war, da es in der Währung sozialen Prestiges rechnete. Es war also eine Strategie des Neides oder, soziologisch formuliert: Man wollte anderen verwehren, was man selbst bereits besaß, um die gesellschaftliche Abgrenzung beizubehalten.[27]

Sozialgeschichtler haben die Mentalität der viktimisierten, aber letzten Endes siegreichen industriellen Arbeiterklasse so eifrig erforscht, daß sie die Verlierer in dem Wettstreit aus dem Blick verloren: die selbständige Mittelschicht, das Kleinbürgertum. Mit den meisten ihrer Geschäfte, Lager und Büros sind die Erinnerungen an den Stolz und den Mut der Inhaber verschwunden, die wütend und ängstlich auf alles reagierten, was bedrohlich für sie wirkte: Sie vertraten weder eine edle noch eine revolutionäre Sache, sondern waren nur von bürgerlichen, ja reaktionären Sorgen geplagt.

Die Kleineigentümer verloren das Gefecht, trotz ihrer verbissenen Gegenwehr. Sie widersetzten sich der Sozialversicherung, weil sie befürchteten, das massive Zwangssystem zum allgemeinen Wohl werde allmählich das vorausschauende, verantwortliche Denken lähmen, da es alle gleichermaßen – ohne Rücksicht auf Ziele oder Absichten, Leistungen oder Verdienste – blindlings zu potentiellen Opfern mache.

Bevor die Kleinunternehmer ihre sozialpolitische Haltung änderten, wechselten sie zunächst die Schicht: traten in große Konzerne oder staatliche Behörden ein und überdachten dort ihre Lage neu. Meist bevorzugten sie dann betriebliche oder staatliche Rentenkassen vor der privaten Absicherung, besonders wenn Angestellte dabei weitaus besser abschnitten als Arbeiter, was der Regelfall war.

Die Geschichte des Sozialversicherungswesens zeugt vom »Erstarken der Arbeiterklasse« weniger als vom Machtverlust des selbständigen Kleinbürgertums und vom Niedergang der privaten Vermögensbildung. Ebenso steht auch nicht der Klassenkampf zwischen Proletariat und Bourgeoisie im Vordergrund, sondern vielmehr ein Konflikt zwischen dem Kleinbürgertum und wechselnden Koalitionen der aktivistischen, reformerischen herrschenden Regimes von Politikern und Bürokraten mit organisierten Arbeitern oder Großunternehmern. In diesem Sinne resultierte die Sozialversicherung zwar aus einem »Klassenkampf«, aber einem mit auf den Kopf gestellten Bündnissen.

Die Unternehmer

Bei Großunternehmern und Arbeitern in fortgeschrittenen Industrien vollzog sich ein besonders starker Meinungsumschwung. Bestens mit den industriellen Verhältnissen vertraut, bekamen beide Gruppen – auf je eigene Weise – gewiß als erste unmittelbar zu spüren, wie sich die erheblich verstärkte ökonomische Koordination auswirkte.

Anfangs argumentierten Groß- wie Kleinunternehmer, das Problem der Armut werde sich von selbst lösen, sobald die Industrie allen, die Arbeiter inklusive, Wohlstand beschert habe. Die Industrie könne aber nur wachsen und im internationalen Wettbewerb bestehen, wenn die Löhne nicht über das aktuelle Niveau stiegen. Meist sahen die Unternehmer das Lohnproblem als eine Sache der Wohltätigkeit oder Humanität, bestenfalls der aufgeklärten Personalführung. Es betraf also in erster Linie das Verhältnis zwischen ihnen, als souveränen Patronen ihrer Betriebe, und einzelnen Beschäftigten. Bei den sehr gesuchten zuverlässigen Facharbeitern waren sie oft gerne bereit, Krankheit oder Arbeitsunfähigkeit finanziell zu überbrücken, und kündigten ihnen sogar in Krisenzeiten nicht.

Unterdessen sollten die Arbeiter sparen lernen, um eigenständig für die Zukunft vorzusorgen. Zwar erkannten die Arbeitgeber, daß freiwillige Unterstützungskassen die Arbeitnehmer anregen mochten, sich gegen Krankheit, Invalidität und Alter abzusichern, aber sie mißtrauten jeder Form von Arbeiterorganisation, weil sich dahinter stets gewerkschaftliche Aktivitäten oder schlimmeres – politische Verschwörungen gar – verbergen konnten. Ihren besonderen Verdacht erregte die Arbeitslosenversicherung, die sich – argwöhnten sie – leicht in eine Streikkasse umwandeln ließ.[28] Verläßlicher erschienen dagegen Betriebskassen: Sie wurden zwar durch Beiträge der Arbeiter finanziert, aber von der Unternehmensleitung selbst verwaltet, manchmal auch bezuschußt.

Als erste richteten die damals größten Unternehmungen kollektive Versicherungsprojekte für ihre Beschäftigten ein: Minen[29] und Eisenbahnen, erstere gefährlich, letztere mit hohem Bedarf an Pünktlichkeit, und beide enger mit dem Staat verbunden als andere Industrien. Aufgrund ihrer zentralen Bedeutung für die Wirtschaft griff der Staat hier erstmals ein, um verbindliche Normen für die Beiträge und Leistungen vorzuschreiben. Auch Wachstumsbranchen – wie etwa die Textilindustrie in Nordfrankreich – gründeten eigene Versicherungskassen, die als Vorbild für andere Projekte dienten.

Unternehmer mußten jedoch einsehen, daß ihre betrieblichen Kassen Beschäftigte weniger florierender Branchen oder kleinerer Firmen ausklammerten und daß die Rücklagen der Arbeitnehmer im Fall des Konkurses dahin wären.[30] Letzteres Risiko veranlaßte sie, Gemeinschaftskassen zu bilden, wobei gemeinsame Vorsorgestandards hinzunehmen waren – doch sogar diese vereinigten Versicherungen erwiesen sich als krisenanfällig.[31]

Finanzstarken Unternehmen boten betriebliche Kassen beträchtliche Vorteile: Sie halfen bei der Anwerbung neuer Arbeitskräfte, waren nicht direkt zu finanzieren, und man konnte die Rücklagen in eigene Projekte investieren. Das Management regelte die Voraussetzungen der Fälligkeit und – *summa iniuria* für die Arbeiter – band dadurch die Belegschaft an den Betrieb, denn meist verfielen die Ansprüche bei Entlassung oder Kündigung, ohne daß die angesammelten Beiträge erstattet worden wären. Deshalb standen betriebliche

Kassen bei den Arbeitern stark in Verruf, sofern sie deren Verwaltung nicht selbst übernehmen konnten.

Langfristig riskierten jedoch sogar finanzstarke Großunternehmen, mehr für Invaliditäts- und Altersrenten aufwenden zu müssen als an Beiträgen hereinkam. Das drohte sie gegenüber Konkurrenzbetrieben zu benachteiligen, die derartige Kassen erst später oder noch gar nicht eingeführt hatten. Gegen Ende des 19. Jahrhunderts stieg die durchschnittliche Lebenserwartung für Arbeiter schneller als bei der Beitragsfestsetzung vorausgesehen, so daß arbeitsunfähige oder pensionierte Anspruchsteller länger Bezüge erhielten als erwartet. Aufgrund dieser demographischen Entwicklung kamen – besonders in Großbritannien – auch viele Arbeiterhilfsvereine in erhebliche Schwierigkeiten.[32]

Wenn moderne Unternehmer mit den Techniken der Personalverwaltung, der Lohnbuchhaltung und der langfristigen Großfinanzierung vetraut und darauf aus waren, ihre Belegschaft fest zu binden, ließen sie sich gerne auf obligatorische kollektive Versicherungsprojekte für ihre Mitarbeiter ein – unter der Bedingung jedoch, daß sie selber das Sagen hatten: Die Arbeitnehmer würden die Kosten tragen, und der Staat sollte sich möglichst heraushalten.[33] In einer Ära rapider Kapitalanballung fanden die Unternehmer auch neue Wege, Betriebskassen zu verschmelzen und die Risiken rückzuversichern. Wo sie annehmen mußten, daß die Arbeitnehmer eigene Hilfskassen aufbauen würden, ergab sich ein zusätzlicher Anreiz, ihnen mit betrieblichen Modellen zuvorzukommen.

Die nächste Hürde – nämlich von der betrieblichen Kollektivierung der Vorsorge zur landesweiten, staatlichen per Gesetz – war viel schwieriger zu nehmen, denn das Management befürchtete, damit an Einfluß auf die alltägliche Betriebsdisziplin seiner Belegschaft zu verlieren. Überall wo organisierte Unternehmer mit nationalen Versicherungsprojekten konfrontiert wurden, bemühten sie sich um alleinige Kontrolle, notfalls sogar um den Preis, einen Teil der Kosten zu tragen. Allein angesichts der drohenden Externalitäten und langfristigen Schäden freundeten sich die Industriellen mit der Sozialversicherung an.

Die Arbeiter

Schon Mitte des 19. Jahrhunderts wären viele Werktätige, die genug Geld hatten, durchaus bereit gewesen, in kollektive Versicherungen einzutreten, ob als Hilfsvereine, Gewerkschafts-, Gemeinde- oder Betriebskassen organisiert. Allerdings stand die Arbeiterschaft später keineswegs wie ein Mann hinter der

Sozialversicherung. Ein radikaler Flügel der Arbeiterbewegung lehnte alle Sozialreformen rundweg ab, weil sie rein kosmetische Operationen am repressiven Kapitalismus seien und die bevorstehende Revolution bestenfalls hinauszögern könnten. Die Maximalisten in der Arbeiterbewegung forderten, nur wenig moderater, der Staat müsse sämtliche Risiken des Einkommensverlusts gesetzlich absichern und die Reichen durch höhere Steuern dafür bezahlen lassen – darunter wollten sie es nicht tun. Andere Gruppen verbanden ihre Minimalforderung mit Widerstand gegen staatliche Eingriffe: Die Anarcho-Syndikalisten beharrten auf selbständiger Verwaltung der Hilfsvereine, da sie in autonomen Arbeiterzusammenschlüssen die Saat proletarischer Selbstverwaltung sahen;[34] ebenso die eher konservativen Mutualisten, doch sie erwarteten von solchen Verbänden eine Aufwertung der Arbeiter und wollten nicht aus der Hand geben, was sie so mühsam erreicht hatten.[35] Die Gewerkschaften hatten ihre eigenen Gründe, sich staatlichen Eingriffen zu widersetzen. Als Organisationen, die hauptsächlich kollektive Ziele verfolgten – Verbesserung der Löhne und Arbeitsbedingungen für alle Arbeiter – boten sie meist Versicherungen als *individuelles* Lockmittel an. Für sie war das der beste Weg, ein Dilemma ihres kollektiven Handelns aufzulösen, daß nämlich Nichtmitglieder Vorteile genossen, für die Mitglieder kämpfen mußten, obwohl sie sich nicht an den Kosten oder Risiken der Militanz beteiligten: Gewerkschaftliche Versicherungskassen boten Mitgliedern ein Privileg, von dem man die Nichtmitglieder ausschließen konnte. Solche selektiven Anreize spielten folglich eine wichtige Rolle, um neue Mitglieder zu werben und dann bei der Stange zu halten.[36]

Auch wenn manche Beschäftigte die betrieblichen Versorgungskassen begrüßt haben mögen, weil sie immerhin besser waren als überhaupt kein Schutz, erkannten die Arbeiterorganisationen schnell, welche Kontrollmöglichkeiten sich damit für das Management auftaten, und blieben deshalb mißtrauisch gegenüber Unternehmenskassen, sofern sie nicht an deren Verwaltung beteiligt wurden.

Macht in Versicherungskassen hatte ganz unmittelbar weitreichende Auswirkungen. Vor allem veränderte die Prüfung der Ansprüche das Gesicht der Arbeitgeber-/Arbeitnehmerbeziehungen: Was begründete rechtmäßiges Fehlen am Arbeitsplatz? Wer galt wann und wie lange als krank? Wer hatte hierbei das letzte Wort? Welche Krankheiten sollten als berufsbedingt und welche Unfälle als »Berufsrisiken« gelten? Wer war verantwortlich und wer haftbar? Was rechtfertigte eine Entlassung? Welche Ersatzarbeit sollte als zumutbar gelten? Zu welchem Lohn? Durften Arbeitslose als Streikbrecher eingesetzt werden bzw. die Streiklinien überschreiten? Galten Lebensgefährten oder uneheliche Kinder als Hinterbliebene? Sollten Schwangere und junge Mütter Abwesenheits- oder Krankengeld beziehen?

Zudem drohte die Versicherung, als dritte Kraft in den ständigen, allgegenwärtigen Kampf um Betriebsdisziplin einzugreifen. Da sie verwirkte oder verwehrte Löhne ausgleichen konnte, mochte sie am Ende das Machtgefälle zwischen Arbeitern und Management verändern. Als die Versicherungsleistungen zunahmen und zumal, als nationale Anstalten entstanden waren, konnten die jeweils Verantwortlichen tagtäglich den Kurs der Sozialpolitik steuern, ihn landesweit in allen Versicherungsämtern und Betrieben durchsetzen. Im Endeffekt vereinheitlichen diese summierten Eingriffe die Betriebspraktiken, Arbeitsgewohnheiten und sogar Familienangelegenheiten.

Doch die Macht der Versicherungen ging noch weiter. Rasch bildeten sie Bürokratien aus und suchten Männer mit Verwaltungskenntnissen, Talent für Konfliktbewältigung und Erfahrung mit den industriellen Arbeitgeber-/Arbeitnehmerbeziehungen: Betriebsführer. Mochte dieses Amt für die Ernannten selbst Aufstieg, Prestige, mehr Geld und erhöhte Sicherheit bedeuten: Wer mit solchen Anreizen winken konnte, hatte starken Einfluß auf die Arbeitersprecher. Das nutzten besonders die Gewerkschaften, die ansonsten wenig dafür bieten konnten, wenn Aktivisten ständig ihre Arbeitsplätze aufs Spiel setzten.[37] Die Anwerbung der Arbeiterführer für das Sozialversicherungswesen trug ungewollt auch dazu bei, die Arbeiterbewegung zu bezähmen, am weitesten die Sozialdemokraten im deutschen Kaiserreich[38]; im übrigen stärkte sie in jenen Ländern, wo bereits örtliche oder branchenweite Projekte eingeführt waren, die sehr viele ehemalige Gewerkschaftskämpfer beschäftigten, erheblich den Widerstand gegen deren Verstaatlichung.

Darüber hinaus bildete das in den Versicherungskassen akkumulierte Transferkapital eine Quelle enormer finanzieller und ökonomischer Macht: Es konnte an die betroffenen Unternehmen verliehen oder in Staatsanleihen investiert, für den Bau von Arbeiterwohnungen oder gar als Streikfonds verwendet werden. Als der Kapitalmarkt wuchs, vermehrte sich das Transferkapital noch schneller. Heute dürfte es die größte Investmentquelle der Gesamtwirtschaft sein.[39] Diese Aspekte entgingen auch Gewerkschaftsführern nicht, während die Basis sie meist wohl nur erahnte.

Wer schließlich die Versicherungskassen kontrollierte, gebot damit über die Loyalität der Arbeiter, die ein Leben lang ihre Beiträge eingezahlt und bei Berufsunfähigkeit die Früchte geerntet hatten. Solche Bindungen bildeten wiederum einen starken Rückhalt sowohl für innerbetriebliche Machtkämpfe als auch politische Konflikte auf nationaler Ebene.

Die relativ privilegierten Schichten der Arbeiterklasse – sicher beschäftigte Facharbeiter in fortgeschrittenen Industrien – traten im großen und ganzen für freiwillige und sogar betriebliche Kassen ein. Zugleich wehrten sie sich meist gegen umfassendere, besonders aber Zwangsversicherungen. Diese hätten ihnen nicht bloß Vorrechte entzogen und Risiken einfacher Arbeiter mit aufgebürdet, sondern auch ihren Einfluß dort geschwächt, wo sie zuvor höchst exklusiv versichert waren.

Viele Gewerkschaften hielt ein Generationenkonflikt davon ab, auf Sozialversicherungsgesetze zu drängen: Die Arbeiterbewegung, zumal ihr militanter Flügel, war zukunftsorientiert, wobei die Jugend als Vorhut im Rampenlicht stand.[40] Kranken-, Invaliditäts- und Altersversicherung oder Hinterbliebenenrenten betrafen jedoch mehr die Älteren – obendrein eine Lebensphase, die viele Arbeiter gar nicht zu erreichen glaubten. Höhere Löhne, kürzere Arbeitszeiten, bessere Arbeitsbedingungen bedeuteten hingegen Soforthilfe. Damit setzte das Versicherungsproblem ein Maß an Zukunftsplanung voraus, das viele jüngere Arbeiter noch gar nicht entwickelt hatten.

Um zunächst die Kollektivierung der Risikovorsorge und dann deren Verstaatlichung zu unterstützen, mußte die Arbeiterbewegung bloß ein wenig auf den Staat und sein Verwaltungspotential vertrauen; doch für die Gewerkschaften hieß es in erster Linie, landesweite Organisationen und eine nationale Orientierung aufzubauen. Gleich den Arbeitgeberverbänden mußten sie effiziente, administrativ und ideologisch einheitliche Filialnetze ausbreiten, wollten sie sich in der nationalen Politik Gehör verschaffen. Solange sie örtlich zersplittert blieben, entging ihnen die Bedeutung der verästelten Lokalprobleme für die nationale Ökonomie und Politik. Damit waren sie schwerlich in der Lage, landesweite Versicherungskonzepte zu entwickeln, geschweige denn derartige Vorschläge zu unterstützen, wenn sie von anderer Seite kamen. Solide Organisation mußte also entschlossenen Programmen vorausgehen.

Gewerkschaften konnten erst dann zur Sozialversicherung bekehrt werden, wenn sie nicht mehr auf Selbsthilfe oder eine direkt bevorstehende Revolution hofften und den begrenzten Horizont der örtlichen und branchenbezogenen Mitgliedschaft überschritten. Diese Erweiterung setzte jedoch eine verzweigte Organisation voraus. Verschiedenste Berufsgruppen mußten zusammenfinden, sektiererische Abspaltungen waren zu überbrücken, und es galt, Ortsfilialen auf der Provinz-, Gebiets- und schließlich Landesebene zu vernetzen. Wie so oft in solchen Integrationsprozessen wirkten Konflikte als die treibende Kraft. Man kämpfte mit Gegnern, die sich gleichermaßen gezwungen sahen, größere Einheiten zu bilden. Gewiß waren dabei Streiks und Aussperrungen für Arbeitgeber wie Arbeitnehmer Grund genug, sich mit ihresgleichen zu arrangieren: Auf der einen Seite galt es zu verhindern, daß Unternehmen Arbeiter beschäftigten, die bei einem Konkurrenten ausgesperrt waren; auf der anderen durften Arbeiter nicht einspringen, wo Kollegen streikten.[41] Verschmelzung und Zusammenschluß von Arbeitgeber- wie Arbeitnehmerorganisationen weisen in mehrerer Hinsicht ähnliche Züge auf wie die Dynamik der Staatenbildung: Sie stehen als Beispiel für eine Figuration, worin die Gegner einander auf immer höhere Ebenen treiben.

Mit seinen Eingriffen in die Arbeitgeber-/Arbeitnehmerbeziehungen trug auch der Staat dazu bei, daß sich beide Gruppen auf breiterer Basis organisierten. So waren Arbeiter, Unternehmer und wechselnde Regimes gemeinsam an einem fortlaufenden Lernexperiment beteiligt. Da Arbeitszeiten, Frauen- und Kinderarbeit, Produktqualität, Lärm, Schadstoffe etc. zunehmend gesetzlich geregelt wurden, griffen nun staatliche Inspekteure und Beamte unaufhörlich in die Beziehungen zwischen Arbeitern und Management ein. Wenn sich solche Bürokraten bei Verhandlungen mit Gewerkschaften und Unternehmen auf nationale Regeln, landesweit relevante Erwägungen beriefen, demonstrierten sie damit das Potential des Zentralstaates, umfassende zwingende Vorschriften durchzusetzen.

Unternehmer und Arbeiter zwangen einander, und wurden seitens des Staates gezwungen, sich verstärkt zu organisieren; dieser wiederum verstrickte sich immer mehr in die Beziehungen zwischen beiden. So mußten Unternehmer, Verwaltungsbeamte und Gewerkschaftsführer wohl oder übel ständig miteinander verhandeln und auskommen. Staatliche Eingriffe zwangen Unternehmer wie Arbeiter, sich auf der zentralen Ebene zu vereinigen, um dort ihre Interessen zu artikulieren. Mit den Großstädten und der Großindustrie kam also der »Großstaat«, auch wenn seinerzeit viele dagegen protestierten oder das alles nicht wahrhaben wollten.

Das Regime

Ab Mitte des 19. Jahrhunderts begründete eine neue Bürokraten- und Akademikergeneration die praktische Wissenschaft der öffentlichen Verwaltung, und viele konnten es kaum abwarten, mit dem erregend machtvollen neuen Staatsapparat zu experimentieren: Inspektorate, landesweite Behördennetze,

Register und so fort einzurichten. Das Wuchern des Staates eröffnete jungen Leuten, die nicht aus besten Familien kamen, ungeahnte Karriereaussichten. Im 19. Jahrhundert stammten viele Pioniere der Staatsexpansion aus kleinbürgerlichen Verhältnissen und kämpften sich mit Sachkenntnis, Beharrlichkeit und Hingabe nach oben – gegen jene Aristokraten, die nach wie vor glaubten, es gehe allein um Sinekuren ehrenhalber.

Doch Politiker durften sich nicht zu Abenteuern hinreißen lassen. Sie mußten ihr Budget ausgeglichen halten und die nächsten Wahlen gewinnen. Wo das Wahlrecht erweitert oder wo darum gekämpft wurde, kam es politisch zunehmend auf die Meinung der Arbeiterschaft an. Aktivistische Verwaltungsbeamte und Reformpolitiker, die mit dem Unterstützungspotential der Arbeiterklasse kalkulierten, planten ein neues Projekt, das die staatlichen Zwangs-, Verwaltungs- und Finanzmittel mobilisieren sollte: den Aufbau einer gesetzlichen Sozialversicherung.[42] Ohne ein derartiges aktivistisches Regime konnten Gesetze weder vorbereitet noch ausgeführt werden; die Regierung war also der notwendige Partner in jeder Koalition, die eine Sozialversicherung erwog. Doch ein aktivistisches Regime allein genügte nicht; erforderlich war noch die Unterstützung der Legislative und damit wichtiger Teile der Bevölkerung: sei es der Industriellen, der organisierten Arbeiter oder beider.

Gewiß ging der neue Reformeifer bei den politischen Eliten nicht allein auf die politische Emanzipation der Arbeiterklasse zurück, sondern auch auf Kriegserfahrungen und -vorbereitungen: Berichte über den schlechten Gesundheitszustand unter Rekruten veranlaßten eine breite Kampagne, um die Lebensbedingungen der Arbeiterklasse zu verbessern.[43] Zudem war die Loyalität der Soldaten in den neuen Volksarmeen durch das Versprechen einer Sozialreform zu sichern. Doch vor allem erzwang die Mobilisierung von Massen ein System umfassender Versorgung. Dabei lernten die Regierungen neue Verwaltungstechniken für eine breit angelegte Gesundheitsfürsorge; nach den Kriegen kamen umfangreiche Rentenanstalten für Veteranen hinzu: In den Vereinigten Staaten bestand die Wohlfahrt Ende des 19. Jahrhunderts überwiegend aus solchen Renten[44], und in Frankreich entfielen 1926 rund 13 Prozent aller Staatsausgaben auf sie.[45] Die totale moderne Kriegführung bezog zunehmend die Zivilbevölkerung mit ein. Das zwang die Regierungen zu umfassenden Rationierungs- und Schutzmaßnahmen, die dann staatliche Eingriffe in Friedenszeiten erleichterten.[46] Auf diese Weise trieben internationale Rivalitäten ebenso wie interne Klassengegensätze die Staatenbildung – und speziell den Aufbau von Sozialstaaten – voran.[47]

Kurz: Landwirte, Kleinunternehmer und Selbständige – grob gesagt, das Kleinbürgertum – lehnten ein staatliches Versicherungswesen durchgehend ab. Gegen ihren Widerstand kam nur eine Koalition an, die sich in der Legislative ebenso durchsetzen konnte wie in der Bevölkerung. Ohne ein williges, entschlossenes Regime konnte eine Sozialversicherung nicht entstehen. Dieses mußte jedoch abwarten, bis die Arbeiterklasse genügend politisches Gewicht besaß und bis die Großunternehmer ihren Widerstand aufgaben oder das Projekt gar aktiv unterstützten. Sollte das Vorhaben gegen die Opposition des Kleinbürgertums durchgesetzt werden, waren außerdem hinreichende Verwaltungskapazitäten unabdingbar. Damit spielte das Regime die entscheidende Rolle im Machtverhältnis zwischen Kleinbürgertum und den industriellen Klassen, das sich im Lauf der Industrialisierung meist zu deren Gunsten verschob.

Die institutionelle Ausprägung des Versicherungswesens folgte zwar älteren Vorbildern, hing aber auch in hohem Maße davon ab, welche Koalition die Sozialversicherung durchgesetzt hatte. So konnte das Regime mit den Großunternehmern paktieren und ein System schaffen, das den Arbeitern keine Mitspracherechte gewährte, sofern sie von Beiträgen befreit waren. Oder es koalierte mit den Gewerkschaften, gewährte ihnen erheblichen Einfluß und erhob entweder Beiträge von den Versicherten oder griff auf allgemeine Steuermittel zurück, um gar nicht auf eine Mitwirkung der Unternehmer angewiesen zu sein. Schließlich konnte das Regime sowohl die Unternehmer als auch die organisierten Arbeiter einbeziehen, also eine Dreierkonstellation der Kontrolle und Finanzierung bilden. Dazu mußten aber alle drei Parteien die Sozialversicherung akzeptieren, während die beiden anderen Strategien auch möglich waren, wenn eine der industriellen Parteien ein gesetzliches, landesweites System nicht unterstützen wollte: Die Opposition der Unternehmer war zu umgehen, sofern der Staat das Modell administrativ durchsetzte und aus dem allgemeinen Steuertopf oder über Mitgliederbeiträge finanzierte. Zwar konnte sich das Regime auch mit den Unternehmern gegen die Gewerkschaften verbünden; um einen totalen Fehlschlag zu vermeiden, mußte man die Wünsche der Arbeiter aber zumindest berücksichtigen.[48]

Aus den Spannungen zwischen diesen vier Polen gingen während des halben Jahrhunderts zwischen 1880 und 1930 staatliche Anstalten für die Akkumulation von Transferkapital hervor. Der Prozeß wurde dadurch stark verkompliziert, daß es auf unteren Ebenen bereits alle möglichen Versicherungskassen gab; gewerbliche, gewerkschaftliche, betriebliche und mutualistische Gesellschaften verteidigten ihre erworbenen Privilegien und mußten vom Regime entschädigt oder in die nationalen Anstalten eingegliedert werden. Im übrigen spielte für den gesamten Ablauf eine Berufsgruppe eine ganz entscheidende Rolle: die Ärzteschaft. Sie sollte die Versicherten behandeln und sämtliche Fälle von Arbeitsunfähigkeit unparteiisch begutachten. Im wesentlichen jedoch resultierte die Dynamik für den Aufbau der Sozialversicherung daraus, daß sich das Machtgefälle zwischen dem Kleinbürgertum und den industriellen Klassen allmählich verschob, wobei dem Regime die entscheidende Position zufiel.

Risiken des Erwerbslebens

Auf das Erwerbsleben der Arbeitnehmer bezogen stellten sich vier Risiken dar: Invalidität, Alter, Krankheit und Erwerbslosigkeit. In vielen Ländern galt daneben die finanzielle Belastung durch Kinder als ein kollektives Problem.

Invaliditätsversicherung

Bei der Invalidität infolge eines Arbeitsunfalls wurde zum ersten Mal anerkannt, daß ein Risiko für den einzelnen zwar unvorhersehbar, jedoch aufgrund der branchenweiten Arbeitsbedingungen durchaus möglich sein kann. Hier war die Lage des in Not geratenen Arbeiters nicht moralisch, sondern formalrechtlich zu beurteilen. Im Einzelfall mußte durch einen Schadensersatzprozeß festgestellt werden, ob der Arbeitgeber oder der Arbeiter selbst (bzw. seine Kollegen) die Schuld trugen. Entschädigung gab es nur, wenn ersterem mindestens Fahrlässigkeit nachgewiesen wurde. Kurioserweise wurde jedoch gerade in solchen Prozessen, so aufwendig wie nirgends sonst, nachzuweisen versucht, daß sich der Kläger selbst grob fahrlässig verhalten und obendrein noch betrügerisch simuliert hatte. Oft zogen sich diese Verfahren endlos hin, bis die mageren Mittel des Geschädigten für die Klage gegen seinen Arbeitgeber aufgezehrt waren. Bei Fabrikanten war es gang und gäbe, die Arbeiter so lange einzuschüchtern, bis sie ihre Schadensersatzforderungen fallenließen. Vielfach mußten sie gleich beim Eintritt in die betriebliche Versicherungskasse schriftlich auf derartige Ansprüche verzichten; oder sie wurden mit Pfennigen abgespeist (wobei man ihnen einredete, mit der Annahme hätten sie ihr Klagerecht verwirkt). Kurz vor Ende des 19. Jahrhunderts waren diese Schadensersatzprozesse durchweg in Verruf geraten.[49] Angesichts derart ungleicher Parteien konnte die Justiz offenbar nur scheitern. Außerdem erschien das Konzept der Individualschuld zunehmend unpassend für die Realität industrieller Arbeitsteilung, wo bei jedem Unfall sehr viele Menschen in die Kausalketten einbezogen sein konnten. Infolgedessen führten viele Länder den Begriff *risque professionel* ein. Damit kehrte sich die Beweislast um, und man ging von einer Pflichtverletzung des Unternehmers aus, solange nicht eindeutig bewiesen war, daß der Arbeiter selbst die Schuld trug oder kein Arbeitsunfall im engeren Sinne vorlag. Jetzt mußten sich die Industriellen gegen Forderungen ihrer Arbeitnehmer absichern, was wiederum ihr Interesse an der Sicherheit im Betrieb enorm anregte.

Durch Gesetzesänderungen stiegen zwar die Aussichten der Arbeiter auf Entschädigung erheblich, aber diese selbst fiel oft kümmerlich gering aus. Ein verzwicktes Problem blieb hierbei das Urteil über die Minderung der Erwerbsfähigkeit. Dieses wurde zum Spezialgebiet von Medizinern und zugleich eine der ersten Domänen, wo ärztliches Wissen dazu diente, Interessenkonflikte zwischen den Betroffenen – mit deren Einwilligung – einzukreisen, neutral zu begutachten und zu technischen Problemen umzudeuten, die »unbeteiligte« Fachleute lösen konnten (vgl. dazu auch Kapitel 6).

Einmal eingeführt, erfaßte die Invaliditätsversicherung rasch mehr als nur den Ausgleich bei Unfällen. Arbeiter ohne Altersversorgung blieben berufstätig, solange es ging, und danach waren sie in der Tat endgültig erwerbsunfähig. Chronische Berufskrankheiten und der berufliche Verschleiß galten ebenfalls zunehmend als Invalidität, fielen also unter die Haftung der Arbeitgeber und wurden damit als Anspruchsgründe anerkannt. So diente die Invaliditätsversicherung für Arbeiter vielfach zugleich als Altersvorsorge. Die Beteiligten und die breite Öffentlichkeit sahen zunehmend ein, daß Unfälle und Berufskrankheiten die Arbeiter meist schuldlos trafen, daß solche Risiken die neuen Industrien faktisch strukturell begleiteten. So wurden sie zum Gegenstand spezieller Vorkehrungen und entsprechend aus dem moralischen Diskurs der Zeit ausgeklammert. Auch wenn sich Bauern oder Schmiede nach wie vor schlecht vorstellen konnten, wie Unfälle ohne jedes persönliche Verschulden passieren sollten, kam von ihrer Seite weniger Protest als sonst bei Versicherungsfragen, zumal der Gesetzgeber Landwirtschaft und Kleinbetriebe aussparte. Als sich die Rechtslage klar zugunsten der Arbeitnehmer verschob, traten immer mehr Arbeitgeber mit für deren Forderung nach einer Sozialreform ein.[50] Doch je mehr Haftung ihnen auferlegt wurde, desto mehr Risiken trugen sie auch und mußten sie Kosten eines Sozialversicherungssystems übernehmen. Insofern forderten sie Einfluß auf die neuen Verwaltungsbehörden. Eine gesetzliche Invaliditätsversicherung hätte zudem das Problem der Unternehmen gelöst, die sich drückten, um Lohnkosten zu sparen, was zugleich viele Konkurrenten davon abhielt, ihre eigenen Betriebskassen zu erweitern. Außerdem hätte sie als Beitragsmodus ermöglicht, die unsichersten Unternehmen am höchsten zu belasten.

Die Gewerkschaften hatten gar nichts dagegen, wenn die Unternehmer mit der Haftung auch die Kosten trügen – bloß sollten weder diese noch ihre Beauftragten im Einzelfall über die Voraussetzungen der Invalidität entscheiden dürfen. Ihre eigene Chance sahen sie jetzt darin, ein gewisses Mitspracherecht in der Verwaltung zu erwirken, um Gewerkschaftsaktivisten dorthin zu entsenden und weitere Kreise der Arbeiterschaft zu erreichen. Allerdings hätten die Arbeitgeber eine Invaliditätsversicherung durchaus ohne sie verwalten können, sofern sie in der Lage waren, die Probleme des Wettbewerbsvorteils und der Lastenverteilung untereinander zu lösen. Daher traten die Gewerkschaften oft für nationale Modelle ein, um sich zumindest eine gewisse Mitsprache in der Verwaltung zu sichern.

Altersversicherung

Der Altersruhestand ist ein relativ neues Phänomen und spielte in der traditionellen Arbeiterkultur keine Rolle.[51] Wenn sie von der Fabrikarbeit erschöpft waren, suchten die Arbeiter weniger anstrengende Jobs, kehrten in ihre Heimatdörfer zurück, um auf dem Familienbesitz zu arbeiten, oder zogen zu ihren Kindern und halfen im Haushalt. Die Plagen des Alters waren Krankheit, Armut und Einsamkeit: hilflos und ohne Fürsorge zu sein.[52] Das fortgeschrittene Alter selbst veranlaßte für sich weder zum Rückzug aus dem Erwerbsleben, noch wollte man dafür Leistungen beanspruchen. Was manche Menschen mit zunehmendem Alter bedürftig machte, war körperlicher Verfall, der oft schon in relativ jungen Jahren einsetzte.

Die Realität sah jedoch Ende des 19. Jahrhunderts so aus, daß die ärmsten der Armem überwiegend Alte waren. Viele ländliche Kommunen beklagten, wie stark zurückkehrende ältere Arbeiter ihre Dorfkasse belasteten. Armenforscher wiesen immer wieder darauf hin, daß Alte nach einem langen Berufsleben meist in totales Elend gerieten. Ein Grund dafür mag die Hektik der Industriearbeit und des Stadtlebens gewesen sein. Außerdem waren die Familienbindungen und Traditionen nachbarschaftlicher Hilfe geschwächt, und um die Jahrhundertwende erreichten viele Arbeiter – oft völlig ausgelaugt, doch ohne jeden Anspruch auf Invaliditätsleistungen wegen Unfalls oder Krankheit

– ein deutlich höheres Alter als zuvor. Darauf waren die meisten in keiner Weise vorbereitet, womit dies nun zum eigenständigen sozialen Problem wurde.

Im übrigen war folgendes Problem besonders schwer lösbar: Wenn man mittels der Versicherungsstatistik die momentane durchschnittliche Lebenserwartung kalkulierte, besagte dies wenig über die nächsten zehn, zwanzig, vierzig Jahre. So lebten die Menschen – vermutlich wegen der verbesserten Sanitär- und Ernährungslage – später länger als Statistiker und Versicherer erwartet hatten. Invalide Arbeiter erreichten, trotz ihres Gebrechens, in der Regel ein höheres Alter als errechnet, und ihre Versorgungsansprüche belasteten die Kassen schwer. Ältere Menschen ohne spezifische Krankheit waren auf die Fürsorge und auf Almosen angewiesen. Jede Altersversorgung mußte, um das Vertrauen junger Arbeiter zu gewinnen, ihre Leistungen für mindestens fünfzig Jahre im voraus verbürgen. Nur außergewöhnlich beständige Institutionen hätten die damit verbundene Ungewißheit bewältigen können. Als Alternative bot sich an, stets die aktuell erwerbstätigen Menschen für die laufenden Altersrenten aufkommen zu lassen. Das aber setzte enormen Altruismus voraus, sofern man der genannten Ungewißheit nicht durch die Garantie begegnete, daß die Beitragspflichtigen selbst von Abgaben der Folgegenerationen profitieren würden. Der Vorschlag, eine gesetzliche Rentenanstalt könne aus den laufenden Beiträgen sowohl die künftigen Renten der Erwerbstätigen sichern als auch die aktuellen Renten begleichen, erschien der soliden, sparsamen Öffentlichkeit als unsinnig, wenn nicht gar betrügerisch. Doch offenbar kann ein Umlauffonds, worin die laufenden Leistungen aus den je eingehenden Beiträgen bezahlt werden, ebenso für lebenslange Absicherung bürgen wie ein direktes Deckungsmodell, bei dem man die akkumulierten Beiträge separat den damit belasteten Generationen vorbehält. Nicht nur die Erfahrungen der Arbeiterhilfsvereine, sondern auch Bilanzen von kommerziellen Versicherern und Betriebsrentenkassen zeigten jedoch, daß so lange Zeitspannen schwer zu überbrücken waren. Allerdings gab der Staat seit langem Anleihen mit dem Versprechen aus, sie in dreißig oder fünfzig Jahren zurückzuzahlen, schien demnach als die beständigste Institution genügend Vertrauen zu wecken.[53]

Die Arbeitgeber hatten wenig Anlaß, sich gegen Rentenanstalten zu wehren: Sie erleichterten es ihnen, älteren Arbeitern zu kündigen, und entlasteten die Unternehmen von den drückenden Verpflichtungen gegenüber ihren Pensionären. Selbstverständlich fiel ins Gewicht, daß so oder so erhobene Zuschüsse die Lohnkosten erhöhen würden – aber das traf ja alle arbeitsintensiven Unternehmen einer Branche etwa gleich, verzerrte also nicht den Wettbewerb, und begünstigte sogar Großunternehmen mit einer optimalen Lohnkosten/Kapital-

Quote gegenüber kleinen.[54] Manche Großindustrielle befürchteten zwar, höhere Lohnkosten könnten sie auf dem internationalen Markt zurückwerfen, und lehnten deshalb ein Rentengesetz ab, doch meist schienen die Vorteile einer zuverlässigen, loyalen Belegschaft zu überwiegen.

Für Großunternehmer und ehrgeizige, aktivistische Regimes schien der Hauptanreiz nationaler Rentenmodelle darin zu liegen, daß sie bestens dazu geeignet waren, die Arbeiter durch Anteile am akkumulierten Transferkapital lebenslang an ihr Unternehmen und an den Staat zu fesseln. Dem Projekt stand einzig und allein im Wege, daß es dabei um so enorme Zahlen und Beträge ging. Allgemeines Vertrauen weckte dieses beispiellose finanzielle Wagnis erst, als sich allmählich sein Gelingen abzeichnete.

Krankenversicherung

Als unfreiwillige, zeitweise Erwerbsunfähigkeit stellte Krankheit ein relativ leicht abzusicherndes Risiko dar: Man durfte annehmen, daß es sich etwa gleichmäßig über eine Bevölkerung verteilte, und die Kosten beschränkten sich auf ein paar Medikamente, sporadische ärztliche Behandlung und – das wichtigste – finanziellen Ausgleich für den Einkommensverlust. Fast jeder war schon mal erkrankt und mußte damit rechnen, daß sich dies wiederholte. Daher fiel es den Versicherten nicht schwer, kranke Anspruchsteller zu unterstützen. Probleme entstanden bei ansteckenden Krankheiten, die meist viele Mitglieder gleichzeitig befielen und so die Kassenmittel mit einem Schlag aufzehren konnten. Doch bei Seuchen mochten die Stadt- und Zentralverwaltungen mit Nothilfen eingreifen. Mehr Schwierigkeiten bereiteten chronische oder Alterskrankheiten, zumal Fabrikarbeiter des 19. Jahrhunderts davon häufiger befallen wurden als Angehörige der oberen Schichten. Das größte Problem lag allerdings darin, daß Arbeiter länger lebten, als bei Festsetzung der Beiträge Mitte des Jahrhunderts erwartet, und oft wegen chronischer Krankheiten oder Dauerinvalidität anspruchsberechtigt waren. Krankenkassen konnten derartige Ansprüche nämlich nur da auf andere Träger abwälzen, wo die Unfallversicherung eindeutig berufsbedingte Dauerinvalidität mitumfaßte.

Versicherungsschutz bei chronischen Krankheiten trägt daher viele Züge einer Invaliditäts- und Altersversicherung: Behandlungs- und Lohnfortzahlungskosten steigen mit wachsendem Alter, und je länger die Menschen leben, je mehr medizinische Hilfe bereitsteht, desto höher wird die Belastung.[55]

Zwar bedeuteten auch die Armen für Krankenversicherungen ein hohes Risiko, seit aber Seuchen vorherrschten, traten die Zusammenhänge zwischen

Armut und Krankheit in den Hintergrund. Nun betrachteten es Kassen nicht mehr als ungebührliche Belastung für ihre Solvenz, die untersten Einkommensgruppen aufzunehmen, sofern ihre Beiträge gesichert waren. Erneut wuchs jedoch der Anteil der Älteren unter den Allerärmsten.

Tragfähigkeit und Bedeutung der Krankenversicherung hingen also in erster Linie von den jeweiligen Risiken ab; sofern chronische und Alterskrankheiten separat versichert waren, ergab sich ein relativ simples statistisches Bild. Entsprechend haben die meisten Länder das Risiko der Dauerinvalidität eigenständig versichert, in aller Regel mit hohen staatlichen Zuschüssen.[56]

Freier Wettbewerb unter relativ autonomen Krankenkassen wäre ohne gesetzliche Aufnahmepflicht wie immer zu Lasten der Schwächsten gegangen. Ein derartiger Zwang ließ sich jedoch nur durchsetzen, wenn der Staat die Zusatzkosten für eine Versicherung der Armen übernahm. Gewöhnlich tat er das also, manchmal über nationale Ausgleichsfonds.[57]

Trotzdem blieb die Krankenversicherung umstritten, besonders aus zwei Gründen: Mitglieder können wegen Bagatellen, die in den Augen anderer ein Fehlen nicht rechtfertigen, einige Tage »blau machen«. Gegen solchen Mißbrauch wurden zahllose Maßnahmen ersonnen, etwa die einer mehrtägigen *Karenzzeit* ohne Lohnfortzahlung. Aber damit bestraft man die wirklich Kranken, so daß die Regelung auf starke Ablehnung stieß. In den meisten Ländern wurde sie daher nach und nach abgeschafft. Zunächst blieb jedoch die Pflicht, sich daheim für den Besuch eines Vertrauensarztes bereitzuhalten.

Das leitet über zur zweiten Quelle ständiger Konflikte im Bereich der Krankenversicherung: Sie war und ist durchgängig durch Ärzte geprägt. Ärzte entschieden, ob eine Krankheit wirklich ein Fehlen bei der Arbeit rechtfertigte, Ärzte verordneten die Behandlung und verschrieben Medikamente, beides zwar von den Kassen zu bezahlen, aber erbracht wiederum von Ärzten bzw. Apothekern.

Die Krankenversicherung transformierte latente Pflegebedürfnisse in manifeste, abgeklärte Forderungen nach ärztlichen Leistungen. So konnten sich die Ärzte zu einem Berufsstand organisieren, der ein staatlich geschütztes Monopol erhielt. Zwar bildeten auch die Krankenversicherer ihrerseits mit staatlicher Hilfe ein Oligopol oder Monopol, aber statt die Nachfrage zu begrenzen, gaben sie ihr noch enormen Auftrieb. So waren Ärzteschaft und Krankenversicherer aufeinander angewiesen, beklagten aber ständig ihre wechselseitige Abhängigkeit. Daraus entspann sich ein erbitterter Machtkampf: In einigen Ländern, etwa Frankreich, Deutschland und den Niederlanden, errang die Ärzteschaft großen Einfluß auf die Krankenversicherung und bemächtigte sich der Nachfrage- wie auch Angebotsseite eines kostspieligen Gesundheitswesens, das durch immer höhere Abgaben finanziert werden mußte. In anderen Ländern, wie Großbritannien oder Italien, wurden die Ärzte zu Arbeitnehmern eines nationalen Gesundheitssystems, ohne damit jedoch jeglichen Einfluß auf ihre Dienstverhältnisse und Praktiken zu verlieren. In einer Reihe von Entwicklungsländern und in den Vereinigten Staaten sicherte sich die Ärzteschaft zwar staatlich geschützte Monopole, lehnte aber trotzdem ein staatliches Gesundheitswesen ab, obwohl dadurch die Nachfrage bei den unteren Einkommensgruppen mangels Masse schwach blieb.

Vieles hing von der Situation ab: Anfangs traten aufgeschlossene Ärzte massiv für die Krankenversicherung ein. Doch nach Eingriffen des Staates und der Gesellschaft gingen die Ärzte zu organisierten Gegenmaßnahmen über. In der Standesführung saßen überwiegend jene renommierten Ärzte, deren Herz sehr an den Privatpraxen des freien Marktes hing, so daß sie es ablehnten, die medizinische Versorgung zu kollektivieren. Wo sich indessen starke, einheitliche Systeme der Krankenversicherung gebildet hatten, war der dadurch genährte Widerstand leicht zu überwinden. Bei eher fragmentierten Systemen gelang es der Ärzteschaft jedoch, die Bedingungen vorzuschreiben (vgl. dazu auch Kapitel 6).

Arbeitslosenversicherung

Die Arbeitslosigkeit ist das am schwierigsten abzusichernde Risiko moderner Industriegesellschaften. Vor allem betrifft sie Menschen nicht vereinzelt; vielmehr macht es – wie bei Infektionskrankheiten – jeder Fall wahrscheinlicher, daß weitere folgen werden. Gleich der Seuche kommt und geht die Arbeitslosigkeit in Schüben. Mögen diese auch zyklisch sein, sie bleiben unvorhersehbar. Daraus ergibt sich eine sporadisch sprunghafte Risikohäufung, mit den entsprechenden Problemen für die Versicherungen. Deshalb boten die kommerziellen Unternehmen keine Arbeitslosenversicherung an, sondern überließen das den Gewerkschaften und Hilfsvereinen, die dafür jedoch extrem ungeeignet waren, weil ihre Mitglieder in der Regel den gleichen Beruf ausübten.

Zweitens läßt sich schwer feststellen, wer wirklich unfreiwillig arbeitslos ist und wer heimlich schwarz arbeitet. Beurteilung und Nachprüfung wurden zur Domäne von Spezialisten; allerdings keiner Akademiker, die Verwaltungen und Antragsteller mit ihrer Autorität hätten voneinander abschirmen können, wie es Ärzte bei Fragen der Krankheit und Invalidität als neutrale Gutachter tun. Auch konnte die Arbeitslosenkasse mißbraucht werden, um entlassenen Aktivisten eine Abfindung zu zahlen oder Arbeiter bei Aussperrung und Streik zu unterstützen. Daher waren Arbeitgeber und Behörden mißtrauisch gegenüber solchen Kassen und versuchten oft mit allen Mitteln, sie aufzulösen. Schließlich schreiben Leistungen für Arbeitslose eine untere Lohngrenze auf dem Arbeitsmarkt fest. Daher wurde gegen sie eingewandt, sie steigerten bloß die Arbeitslosigkeit: hielten die Löhne künstlich über dem Niveau der bestehenden Nachfrage, so daß der Markt außer Kraft gesetzt sei und die Arbeitslosen nicht von selbst aufnehmen könne. Andere haben hingegen argumentiert, diese Leistungen hätten einen »Multiplikatoreffekt«. Sie steigerten die Kaufkraft und regten dadurch die Gesamtwirtschaft an.

Schon begrifflich besagt »Arbeitslosigkeit«, daß die dauerhafte, regelmäßige Beschäftigung als der Normalzustand gilt: Wer weder krank, invalide, sehr jung oder sehr alt ist noch Kinder erzieht, sollte feste Arbeit haben. In der frühindustriellen Gesellschaft mochte das Bürgertum kaum glauben, daß jemand schuldlos ohne Arbeit sein konnte.[58] Im Kanon der klassischen Ökonomie fand dieser Argwohn sogar Rückhalt: Der freie Markt finge ein Überangebot an Arbeitskräften auf, sobald die Löhne sänken und so die Nachfrage wieder stiege. Wenn trotzdem viele Menschen ohne Arbeit blieben, mußten sie eben arbeitsunwillig sein. In den achtziger Jahren des 19. Jahrhunderts wurden derart gobe Vereinfachungen durch mehrere Armenstudien widerlegt. Ökonomen entdeckten den Konjunkturzyklus und wiesen nach, daß die Arbeitslosigkeit ein typisches Merkmal der wirtschaftlichen Depression war, also nicht aus persönlichen Mängeln, sondern aus einer gesamtgesellschaftlichen Entwicklung resultierte.

Gleichwohl wurden Arbeitslose ebenso behandelt wie sonstige Arme, mit dem einen Unterschied, daß man sie auch noch bestrafte, weil sie kräftig und gesund waren: Ihre Lage mußte schlechter (»weniger erstrebenswert«) bleiben als die der erwerbstätigen Arbeiter. Der Arbeitsanreiz war durch karge Unterstützung und die Androhung des Arbeitshauses zu stärken. Daneben sollten unablässige Ermahnung, Maßregelung und Überprüfung noch die letzten Flausen und Laster austreiben.

Um die Jahrhundertwende schienen philanthropische Bemühungen, die Moral der Armen und Müßiggänger zu heben, zunehmend deplaziert, da man immer mehr über die ökonomischen Ursachen der Arbeitslosigkeit herausfand. Mehr versprach eine Reform des Arbeitsmarktes, so daß man Arbeitsvermittlungen einrichtete. Einige Beamte spielten sogar mit der Idee, öffentliche Bauprojekte für Arbeitslose zu schaffen, um so die Fürsorge zu entlasten, radikalen Umtrieben und Krawallen vorzubeugen. Im frühen 20. Jahrhundert begannen Stadtverwaltungen auf dem Kontinent, gewerkschaftliche Arbeitslosenversicherungen im »Ghent-System« zu subventionieren.[59] Solche Projekte waren freiwillig und betrafen nur bessergestellte Arbeitnehmer, die den Großteil der Gewerkschaftsmitglieder bildeten. Die Gewerkschaften ihrerseits wollten diese Modelle nicht erweitern, um keine »hohen Risiken« anzulocken, die nur wenige Wochen lang Beiträge bezahlten und dann Ansprüche stellten. Auch wenn die Leistungen meist minimal waren, überforderten sie schnell die Mittel der Gewerkschaften und sogar Stadtverwaltungen, weil sich die Arbeitslosigkeit gewöhnlich auf spezielle Branchen und Standorte konzentrierte.[60] Doch die große Masse der Arbeitslosen erhielt von keiner Versicherung etwas, sondern war auf Fürsorge und Almosen angewiesen.

Betriebskassen spielten bei der Arbeitslosenversicherung kaum eine Rolle. Zum einen unterstützten Arbeitgeber ohnehin nichts, was die Löhne über Marktniveau halten würde. Zum anderen ballten sich die Risiken in den einzelnen Unternehmen, statt sich zu verteilen. Im übrigen konnten Unternehmen, die Arbeitskräfte entlassen mußten, ja am wenigsten welche durchfüttern.

Am Ende blieb dem Staat keine Wahl – er mußte selbst einspringen. Doch sogar die ehrgeizigsten Bürokraten scheuten die Risiken einer landesweiten Arbeitslosenversicherung. Erste Modelle entstanden in Deutschland und England, getragen von Wirtschaftsbooms in gehobener Stimmung. Unter dem finanziellen Druck der Massenarbeitslosigkeit mußten sie später allerdings durch massive Beihilfen der Fürsorge abgestützt werden. Allein in den Vereinigten Staaten trat inmitten der Depression eine Arbeitslosenversicherung in Kraft. Frankreich und die Niederlande bewältigten die Krise der dreißiger Jahre mit Zuschüssen an die städtischen und gewerkschaftlichen Kassen sowie mit massiver, aber kärglicher Armenfürsorge; sie führten erst in den fünfziger Jahren nationale Arbeitslosenversicherungen ein, als beispielloses Wirtschaftswachstum den nationalen Konsens über die soziale Sicherheit förderte. Seinerzeit hatten Keynessche Theorie, Erfahrungen aus der Großen Depression und Kriegswirtschaft viele Regierungen gelehrt, wie man öffentliche Ausgaben optimal im Sinne der Vollbeschäftigung einsetzt. Das verweist auf eine grundlegende Differenz zu den übrigen Formen der Sozialversicherung: Krankheit, Invalidität und Alter sind relativ unabhängig von der staatlichen Politik, doch Arbeitslosigkeit ist durch Eingriffe der Regierung in die Wirtschaft steuerbar. Gleichwohl forderte die Politik der Vollbeschäftigung ihren Preis: Inflation. Heute betrachtet man die Arbeitslosenquote nicht mehr als externes Risiko, sondern als eine abhängige Variable der gesamten Wirtschaftspolitik:

Die Kosten der Arbeitslosenhilfe fließen als ein politischer Faktor unter anderen in die Kalkulationen ein.

Infolgedessen führen Menschen, die keine Arbeit finden, ihre Lage immer weniger auf Schicksal oder die unsichtbare Hand des Marktes als auf die Regierungspolitik zurück – erst recht, seit der Staat mit Abstand größter Arbeitgeber wurde, ständig für Investitionen wirbt und regelmäßig kapitalschwache Unternehmen subventioniert. Doch die Arbeitslosenversicherung bewährte sich nie besonders gut, wenn sie wirklich gebraucht wurde – und heute begreift man sie am besten als ein System von Sondersteuern und Erstattungen im Rahmen einer allgemeinen Rückstellung für jene, die man nicht gegen Lohn beschäftigen kann. Schon die Tatsache, daß sich der Staat für die Beschäftigung seiner Bürger verantwortlich fühlt (diese manchmal sogar in der Verfassung garantiert) und zur Rechenschaft gezogen wird, macht deutlich, wie weit die Kollektivierung der Fürsorge fortgeschritten ist: Weil sich der Zentralstaat des Problems der Arbeitslosigkeit annimmt, ist diese kein persönliches Risiko mehr, sondern ein kalkuliertes Ergebnis der Regierungspolitik, weshalb dafür Entschädigung zu leisten ist. In ihrer modernen Form wären die Probleme der Arbeitslosigkeit also nur durch eine gerechtere Verteilung der Arbeitsplätze unter der Bevölkerung lösbar.

Familienlöhne

Es dürfte kaum überraschen, daß Familienzuschläge erstmals und auf breitester Basis in katholischen Ländern eingeführt wurden, wo die öffentliche Meinung eine Familienplanung verurteilte. Unter diesen Bedingungen konnten Schwangerschaft und Fortpflanzung als Risiken des Erwachsenendaseins gelten. Zwar waren sie an sich keineswegs unerwünscht, schufen aber finanzielle Belastungen, die irgendwie abgesichert werden mußten. Die Kampagne für Familienzuschläge war zudem durch eine moralische Sorge um den Fortbestand der Familie als Institution geprägt: Man befürchtete, die urban-industriellen Lebensverhältnisse unterhöhlten die traditionellen Bande von Ehe und Familie in den unteren Schichten.

Fabrikanten bevorzugten verheiratete Männer und Väter, weil diese als beständigere, zuverlässigere Arbeiter galten und bereit waren, ihre Löhne durch Überstunden aufzubessern. Allerdings konnte diese Strategie die Wettbewerbsfähigkeit des Unternehmens gegenüber der Konkurrenz beeinträchtigen. Daher bildeten katholische Arbeitgeber – besonders in Frankreich – Gemeinschaftsfonds, um die Kosten der Familienzuschläge auszugleichen.

Gewerkschaften und sozialdemokratische Parteien widersetzten sich den Familienzuschlägen, da sie den Arbeitgebern einen unzulässigen Einfluß auf die Lebensweise ihrer Beschäftigten gewährten. Daneben betonten sie, daß die Löhne hoch genug zu sein hätten, um Familien auch ohne Sonderzuschläge zu ernähren.

Der Staat wurde in die Kassen für Familienzuschläge einbezogen, um die Lasten ausgewogen zwischen den Arbeitgebern zu verteilen. Sein Interesse wuchs mit der Sorge um die allgemeinen Geburtenziffern. Diese sinken in der Regel mit zunehmender Industrialisierung. Das wurde nach dem Ersten Weltkrieg, bei neuerlicher Kriegsgefahr, in Frankreich und im Nazi-Deutschland zum drückenden Problem.

Auch wenn Ansprüche auf Familienzuschläge eine besondere Form des Transfervermögens sind, verwandeln sie sich häufiger als sonstige Transfers in Negativsteuern. Die meisten modernen Länder gewähren je nach Familiengröße steuerliche Freibeträge, während zahlreiche andere Lohnsteuern erheben, um Familienzuschüsse durch nationale Modelle zu finanzieren. Unter den heutigen Verhältnissen ist die Fortpflanzung kaum noch Zufall, und die meisten Paare bekommen nur ein bis zwei Kinder. Auch scheinen finanzielle Erwägungen bei der Familienplanung keine große Rolle zu spielen. Daher begreift man Familienfreibeträge am besten als ein Mittel, Steuern gerechter zu verteilen.

Die Anfänge der Sozialversicherung in Westeuropa und in den Vereinigten Staaten

Bismarcks Initiative

In Deutschland verwirklichte Bismarcks alldeutsche Regierung – ein autoritäres, aktivistisches Regime *par excellence* – erstmals eine landesweite gesetzliche Versicherung gegen Einkommensverluste. Das geschah gegen den Widerstand der Arbeiterbewegung[61], gegen starke parlamentarische Opposition, doch meist unterstützt von der Führung des Zentralverbandes der Industrie. Bismarcks persönlicher Anteil am Projekt wird heruntergespielt[62], man bezweifelt – mit besseren Argumenten[63] – die Wirkung seiner Gesetze, aber niemand bestreitet die Vorreiterrolle seines Regimes: Andere Länder ahmten das Modell nach, und es überstand in groben Zügen – als Fundament des bundesdeutschen Sozialstaates – zwei Weltkriege, den Nationalsozialismus und die Besatzungszeit.[64]

Auch wenn die Sozialversicherung im deutschen Kaiserreich unter einzigartigen gesellschaftlich-politischen Verhältnissen entstand, rechtfertigen diese Besonderheiten nicht, sie so zu behandeln, als seien ihre Anfänge exzeptionell und mit den Entwicklungen andernorts völlig unvergleichbar.[65]

Bismarcks Projekt nahm viele Grundzüge jener Sozialgesetze vorweg, die andere Länder im folgenden halben Jahrhundert verabschiedeten. Es diente hauptsächlich der Staatsbildung, sollte ganz bewußt den neuen deutschen Staatsapparat stärken[66], eine industrielle Arbeiterklasse fest einbinden, die kommunistische Anführer damals als »vaterlandslos« betrachteten. Bismarck plante eine Klasse von Staatspensionären: der Regierung loyal ergeben und streitbar gegen jede Veränderung, die ihre kleinen Vorteile hätte gefährden können – zwar ohne Vermögen, aber mit einem eigenen materiellen Interesse am Bestand der politischen Ordnung.[67] Kurzfristig strebte er mit seinem sozialeren Pendant zum repressiven Sozialistengesetz (1878-1890) an, die rapide anschwellende Flut der Arbeiterbewegung einzudämmen.[68] Etwas besser verschleiert war der Plan, den Reichstag durch ein separates, berufsständisches Parlament für die Sozial- und Wirtschaftsgesetzgebung zu umgehen.[69] Keines der Ziele wurde jedoch erreicht. Die Sozialistische Partei wuchs nach Verabschiedung der Versicherungsgesetze sogar noch schneller, der Reichstag gewann an Einfluß, das Nebenparlament blieb Gedanke, und die Posten in der Versicherungsanstalt wurden überwiegend mit Arbeiterführern besetzt: Sie fanden dort sichere Zuflucht in einer Gesellschaft, die Streikführer und linksradikale Agitatoren sonst regelmäßig verstieß oder gar einsperrte.

Allerdings gelang es mittels der Sozialversicherung, die deutschen Arbeiter stärker an den neuen Staat zu binden. Sie mag auch zu der historischen Entscheidung der Sozialisten 1914 beigetragen haben, die Kriegsanstrengungen zu unterstützen, denn da waren schon viele Gewerkschafts- und Parteifunktionäre als Sozialversicherungsbeamte in das Staatsgefüge eingegliedert worden. Entscheidend war jedoch, daß die Sozialversicherung den Lohnabhängigen nun eine staatliche Alternative zur privaten Vermögensbildung eröffnete.

Obwohl Bismarck die Gewerkschaften völlig zu übersehen schien und die Reichstagsparteien umging, wo er nur konnte, drückte er seine Sozialversicherung nicht einfach per Handstreich durch. Vielmehr war sie ein Meisterstück sorgfältiger, allerdings auch tappender, Koalitionsbildung, wobei er jede Schwäche der Opposition geschickt nutzte.

Gaston Rimlinger[70], neuerdings Peter Flora[71] und Hans Albers[72], haben darauf hingewiesen, daß gesetzliche Versicherungsanstalten vor 1900 meist von autoritären Regimes in wenig industrialisierten Ländern eingeführt wurden: Deutschland, Österreich, Finnland, Schweden und bedingt auch Italien.[73] Zweifellos wollten die autoritären politischen Eliten dadurch die Parteien umgehen und direkt auf die arbeitenden Massen zugreifen, um sich deren Loyalität zu sichern. Doch Rimlingers Vermutung und Albers' Stützmaterial lassen eine weitere Deutung der Ereignisse zu. Unter diesen autoritären Regimes, allen voran das kaiserliche Deutschland, waren nicht bloß die Industriearbeiter faktisch von der Staatsmacht ausgeschlossen – wie in vielen parlamentarischen Demokratien jener Zeit ebenfalls –, auch das Kleinbürgertum besaß kaum Einfluß, jedenfalls erheblich weniger als in demokratischen Staaten. Zwar widersprechen die frühen Sozialgesetze autoritärer Regimes der Hypothese, daß eine mächtige Arbeiterklasse derartige Initiativen beschleunigte; sie bekräftigen aber den Ansatz, wonach ein schwaches Kleinbürgertum diese begünstigte. Im Wilhelminischen Deutschland fielen die Kleineigentümer politisch kaum ins Gewicht, dagegen die Junker (Landadel), Industriellen und Bürokraten um so mehr.[74] Solange die Gesetzesvorhaben ländliche Interessen nicht bedrohten, konnte das Regime den Widerstand der Kleinbürger – die innerhalb der katholischen Zentrumspartei und der liberalen Gruppen gespalten waren – per Koalition mit den Großunternehmern überwinden.[75] Der Schachzug des Regimes war nur möglich, weil die Verfechter von Liberalismus und Privateigentum nach 1848 keinen Anteil an der Staatsmacht errungen hatten, und in der Folge Außenseiter blieben. Aber relative Unabhängigkeit vom Drängen der Mittelschicht bedeutete auch fehlende Unterstüzung. Deshalb mußte das Regime um so hellhöriger sein für die Forderungen des neuen Industrieproletariats.

Beim Auf und Ab der deutschen Politik brachte eine von drei dafür typischen Koalitionen die Sozialversicherung zustande: das Bündnis zwischen den administrativen und politischen Eliten auf der einen und den Großindustriellen auf der anderen Seite. So zeichneten die Spitzen des *Industrievereins* für wichtige Teile der Gesetzentwürfe verantwortlich und traten auch in engem Einvernehmen mit Bismarcks Beamten persönlich für die Annahme des Modells ein.[76] Wie bekannt, wurde die deutsche Sozialversicherung ohne Unterstützung, ja sogar ohne formelle Konsultation der Arbeiterorganisationen in Kraft gesetzt. Allerdings blieben die Wünsche der Arbeiter dabei keineswegs unberücksichtigt. Vielmehr appellierte Bismarck, über die Köpfe jener Arbeiterführer hinweg, die er persönlich geächtet hatte[77], an die Arbeiter. Dies war ein

Paradebeispiel für Karl Friedrichs »Regel der unterstellten Interessen«: Die Arbeiter nahmen zwar keinen direkten Einfluß durch geäußerte Wünsche, aber die Planer des Modells berücksichtigten, was sie wollen könnten.

Bis 1880 hatten die deutschen Arbeiter eine starke, einheitliche, politisch sehr selbstbewußte Bewegung sowie ein umfassendes Netz von Krankenkassen und Gewerkschaftsversicherungen aufgebaut. Nach und nach durchbrachen sie örtliche wie berufliche Fixierungen, um sich zunehmend an der nationalen Politik zu orientieren. Doch die sozialistischen Arbeiter mißtrauten dem herrschenden Regime tief, sowohl ideologisch, als auch wegen seiner Politik der Repression. Auch wenn sie staatliche Eingriffe nicht grundsätzlich ablehnten – August Bebel verfocht sie sogar im Parlament, und ab 1890 fügten sich die Sozialdemokraten loyal in die bestehenden Strukturen ein –, konnten sie sich seinerzeit weder mit ihrem Erzfeind Bismarck verbünden, noch waren sie bereit, die Kontrolle über ihre eigenen Versicherungskassen abzugeben. So wurde der politisch bewußteste Teil der Arbeiterbewegung sowohl durch staatliche Repression als auch durch den Rückzug in radikale Positionen ausgeschaltet; ihr eher reformistisch orientierter Flügel verschanzte sich dagegen trotzig in Gewerkschaften und Arbeiterhilfskassen. Nachdem jedoch die Sozialversicherung verabschiedet war, erfaßte und verwertete die sozialdemokratische Elite rasch, was die Verwaltungsbehörden der Kranken- und Rentenkassen an Chancen boten, nicht zuletzt ihr Potential, die Arbeiterklasse zu organisieren. – Unter dem Strich beurteilte die Führung der Sozialdemokratie sehr treffend, welche Machtmittel die neuen Versicherungsanstalten für den Klassenkampf boten.[78]

Die Interessen der Großindustriellen spielten bei der Gestaltung des Modells eine viel direktere Rolle. Besonders in Preußen waren sie durch politische Bündnisse ebenso wie ökonomische Absprachen eng mit der Staatsbürokratie verquickt. Viele der Betriebe unterhielten längst eigene Versicherungskassen unter staatlicher Aufsicht. Solange der Staat die Großunternehmer durch Zölle vor ausländischer Konkurrenz schützte und ihre Vorteile gegenüber der inländischen mittels einheitlicher Regelungen wahrte, sahen diese kaum Grund, sich einer Sozialversicherung zu widersetzen. Vielfach waren sie sogar bereit, die Kosten der Versicherung teilweise oder ganz zu tragen, wenn sie dadurch die Herren im Betrieb blieben und die Fondsverwaltung allein beherrschten. Hierauf kam es besonders in der Unfallversicherung an, denn die Sicherheit war ein Problem, das andere Behörden hätte auf den Plan rufen können.[79] Im großen und ganzen stimmten – besonders in den Anfangsphasen – der *Centralverband* und das Regime prächtig überein.[80]

Das Regime suchte Wege, die Arbeiter enger an den Staat zu binden und ihre Bewegung zu zähmen. Daher war es stark interessiert, das geplante System selbst zu kontrollieren, sogar um einen Preis. Es scheute nicht die Aufgabe, ein dichtes Behördennetz zu spannen, um die Versicherungen zu verwalten, denn genau das lag den deutschen Staatsbildnern besonders am Herzen. Das Regime wollte sich an den Kosten beteiligen, wenn es dadurch die Kontrolle erwarb, war sogar bereit, die Versicherungsrisiken des Systems zu tragen. Bismarcks Regime hatte bereits weit höhere Einsätze gewagt, als es den Staat gründete und seine Macht im Konkurrenzkampf mit den Nachbarländern ausbaute. Es sah die Sozialversicherung stets im Zusammenhang der nationalen Einigung, die mit der Staatsbildung einherging. Sollte Deutschland seine Rolle im Wettstreit unter den Staaten spielen, schien eine starke, nationalistisch eingeschworene Arbeiterschaft unabdingbar. Da es hierbei auch um die ökonomische Vormacht ging, konnte nicht verlangt werden, daß die Unternehmer allein für die Kosten aufkämen, denn dies hätte sie gegenüber der ausländischen Konkurrenz benachteiligt. Doch als Gegenleistung für staatliche Unterstützung durch gesetzlichen Zwang und finanzielle Beihilfen (teilweise von den Einnahmen aus Schutzzöllen bezahlt) mußten die Arbeitgeber ein System mittragen, das auch für sie selbst zwingend war.

Schließlich wurden Unternehmer und Zentralregierung durch weitere Umstände gezwungen, Reformen zu planen: Nach dem alten Armenrecht mußten mittellose Arbeiter, die Fürsorge beanspruchen wollten, in ihre Geburtsorte zurückkehren. Aber ländliche Gemeinden schickten sie wegen leerer Kassen in die Städte ihrer letzten Arbeitsstellen zurück, wo sie den Kommunalbehörden zur Last fielen.[81]

Ein kurzer Überblick[82] über die neue Gesetzgebung soll zeigen, wie die Koalitionspartner ihre Wünsche umsetzten und wie Planer die Interessen der Arbeiter berücksichtigten.

In den achtziger Jahren des 19. Jahrhunderts wurden drei wichtige Versicherungsgesetze verabschiedet: für die Unfall-, Invaliditäts- und Krankenversicherung. Am umstrittensten war die erste und fand erst bei der dritten Vorlage 1884 eine Mehrheit. Nach dem Entwurf von 1871 hafteten Unternehmer für Arbeitsunfälle, sofern nicht der Geschädigte selbst grob fahrlässig gehandelt hatte. Entsprechend erhob man Versicherungsbeiträge von den Unternehmern, die sich in *Berufsgenossenschaften* zusammenschlossen. Diese übernahmen – unter Aufsicht eines Reichsversicherungsamtes – die Verwaltungsaufgaben und förderten die betriebliche Sicherheit. Unfallopfer sollten, je nach Minderung der Erwerbsfähigkeit, maximal zwei Drittel ihres letzten Lohnes erhalten.

Das Krankenversicherungsgesetz trat 1883 in Kraft. Dabei entfielen die Beiträge mit zwei Dritteln auf die Arbeitnehmer, mit einem auf die Arbeitgeber. Die Sitze in den Verwaltungsbehörden verteilten sich den Beitragsanteilen entsprechend. Neben bereits anerkannten sollten neu zu gründende Krankenkassen die Abwicklung übernehmen. Die Leistungen umfaßten ärztliche Behandlung sowie Krankengeld in Höhe von fünfzig Prozent des Lohnes für höchstens dreizehn Wochen, nach einer *Carenzzeit* von drei Tagen.

Die Invaliditäts- und Altersversicherung kam 1889 hinzu. Hierbei entfielen die vollen Deckungsbeiträge[83] zu gleichen Teilen auf Arbeitgeber und Arbeitnehmer (nach Löhnen gestaffelt), und der Staat steuerte jährlich pro ausgezahlter Rente einen festen Betrag bei. Die Verwaltung oblag Landesversicherungsämtern mit gewählten Spitzenbeamten. Bei Vollinvalidität zahlte die Versicherung – nach mindestens fünf Beitragsjahren – eine Rente von zwei Dritteln des letzten Lohnes; Arbeitnehmer mit mindestens dreißig Beitragsjahren erhielten ab dem siebzigsten Lebensjahr eine Rente; Witwen standen zwanzig Prozent des Endlohnes zu. Da eine Arbeitslosenversicherung zunächst nicht vorgeschlagen wurde, blieb diese bis zum Gesetz von 1927 Domäne der Gewerkschaften.

In der Unfallversicherung konnten Regime und Großunternehmer ihre Interessen am umfassensten umsetzen, weil die Arbeitnehmer dort überhaupt kein Mitspracherecht erhielten, allerdings auch nichts zu den Kosten beisteuern mußten. Bei den Regelungen für Krankheit und Invalidität waren die Interessen der vielen schon bestehenden Kassen zu berücksichtigen. Zudem wußte man, daß die Rentensummen ins Astronomische steigen würden – ein weiteres Hauptmotiv, neben den Arbeitgebern auch die Arbeitnehmer mit Beiträgen am staatlich bezuschußten Deckungssystem zu beteiligen. Daraus ergab sich eine Vertretung der Arbeitnehmer in den Verwaltungsbehörden. Auf diese Weise legte das Regime die Basis für eine spätere Dreierkoalition, die während der folgenden vierzig Jahre die Sozialversicherung in Deutschland trug und ausbaute. Nach dem Zweiten Weltkrieg wurde sie dann wiederbelebt, um den Sozialstaat der Bundesrepublik zu verwirklichen.

Im Rückblick entgeht einem leicht, welche ungeheuren Ausmaße die administrative Neuerung der Versicherungsanstalten im kaiserlichen Deutschland hatte. Ihre Grundprinzipien blieben seither stets die Richtlinien der gesetzlichen Sozialversicherung und erwiesen sich, in Deutschland und andernorts, als durchaus flexibel genug, um auf neue Bevölkerungsgruppen und weitere Deckungsbereiche ausgedehnt zu werden.

Der britische Durchbruch

Der nächste Schub sozialer Neuerungen folgte fast 25 Jahre später in Großbritannien. Dort blickte die Arbeiterklasse auf eine ältere Tradition zurück, war zahlenmäßig wie auch organisatorisch stärker als überall sonst. Trotzdem ging die Initiative hauptsächlich von einem aktivistischen Regime aus, dessen Politiker bei Arbeitern um Stimmen warben, während Bürokraten die neuen Verwaltungstechniken erproben wollten. In England spielten jedoch Großunternehmer fast keine Rolle. So traten die Renten- und Versicherungsgesetze 1908 bzw. 1911 überwiegend mit Hilfe der Arbeiterverbände in Kraft.

In der englischen Politik gaben kapitalistische Unternehmer ab den dreißiger Jahren des 19. Jahrhunderts zunehmend den Ton an. Unternehmerische Initative und private Akkumulation galten als Königswege zum individuellen Erfolg und zum nationalen Wohlstand, wohingegen alle etatistischen Ansätze auf erbitterten Widerstand stießen. Dennoch griff der Zentralstaat im 19. Jahrhundert immer stärker ins Schulwesen, den Sanitärbereich und die Armenfürsorge ein.[84] Aufgrund des Armengesetzes von 1834 hatte sich ein sehr differenziertes System der lokalen Fürsorge entwickelt, das nicht durchweg so knauserig war wie oft behauptet[85], und gegen allen Anschein ziemlich zentral gesteuert war.[86] Das tiefe Mißverhältnis zwischen örtlichen Fürsorgemitteln und dem von der ökonomischen Gesamtentwicklung abhängigen Bedarf erzwang immer wieder staatliche Eingriffe. Nach einem »Neuen« Armengesetz sollte das angedrohte Arbeitshaus die Flut der Fürsorgeanträge eindämmen. Falls dessen Aufseher oder Wächter die Hilfe verweigerten, konnte sie der »Poor Law Board« jedoch wegen Pflichtverletzung, ja sogar Mordes anzeigen. Übertriebene Großzügigkeit bestraften dagegen die örtlichen Wähler, die mit den Armenabgaben belastet wurden.

Neben dem sehr komplexen Fürsorgesystem entstand ein dichtes Netz privater Wohltätigkeitsverbände, denen es zunehmend angelegen war, alle Armen zu treuen Bürgern und Lohnabhängigen umzumodeln. Einen dritten Regelkreis der Unterstützung bildeten die Hilfsvereine und Gewerkschaftskassen, aber nicht für die Armen, sondern für regulär beschäftigte Arbeiter, und nicht aus Abgaben oder Spenden, sondern aus eigenen Beitragsfonds: Hier erzeugte kollektives Handeln ein funktionales Äquivalent zur Vorsorgefunktion des Privatvermögens. Arbeiterhilfsvereine standen für freiwillig angespartes, gemeinsam verwaltetes Transferkapital, also einen Übergang zum Zwangssparen unter staatlicher Aufsicht. Solche Vorsorge auf eigene Kosten der Mitglieder erschien als Alternative zum viktorianischen Sparideal mit diesem dennoch vereinbar.

Um 1880 hatte Großbritannien demnach eine Triade sehr verzweigter, ziemlich tragfähiger Einrichtungen. Dies und der politische Druck des Kleinbürgertums erklären weitgehend, warum es dann noch dreißig Jahre dauerte, bis eine gesetzliche Versicherung eingeführt wurde: Die genannten Institutionen selbst standen einer Sozialreform im Wege. Das Armengesetz nährte im Denken wie Handeln das Vorurteil, Armut mit moralischem Versagen, Fürsorge mit Strafe zu verbinden. So forderte der Dachverband »Charity Organization Society«, alle materiellen Zuwendungen an Maßnahmen der moralischen Besserung zu koppeln. Hilfsvereine wachten eifersüchtig über die Autonomie, die ihre Mitglieder so mühsam erkämpft hatten. Vermögende Bürger – ein großer Teil der Wählerschaft – sahen nicht ein, warum sie Geld für Steuern verplempern sollten, nur um Leute zu unterstützen, denen offenbar überhaupt nichts daran lag, aus eigenem Antrieb etwas zu sparen.

Erst zahllose Berichte über die Lebensbedingungen der englischen Arbeiterklasse rüttelten die Öffentlichkeit, zumal die politischen Eliten, für gewisse Realitäten der Industriegesellschaft wach: das unverschuldete Schicksal der Arbeitslosigkeit und die große Anzahl alter Menschen unter den Armen. Mehr Sozialwissenschaftler – wie wir sie heute nennen würden – als je zuvor waren direkt an dieser *prise de conscience* beteiligt und beeinflußten dann die politische Planung.[87] Außerdem bezog man sich während der gesamten Debatte ständig auf Bismarcks Gesetze.[88]

Entscheidend war jedoch, daß die Arbeiterhilfsvereine ihre älteren Mitglieder kaum noch versorgen konnten. Sie lebten im Durchschnitt länger als von Statistikern zur Jahrhundertmitte vorausgesagt und beanspruchten nunmehr Krankengeld für chronische Gebrechen, unter denen sie verstärkt litten. Damit wirkten Leistungen bei Krankheit und Invalidität auch in Großbritannien als verdeckte Altersrenten. Allein der drohende Bankrott veranlaßte die Vereine am Ende, einer staatlichen Rentenkasse zuzustimmen, wodurch sich die politischen Mehrheiten in dieser Frage kräftig verschoben. Die Gewerkschaften boten selbst keine Rentenversicherung an, hatten also nichts gegen staatliche Eingriffe in diesen Bereich, und unterstützten massiv die Kampagne des »National Pension Committee«.

Die katastrophale Niederlage der Konservativen bei den Wahlen von 1906[89] verhalf einer liberalen Regierung an die Macht. In ihr sammelte sich um

Schatzkanzler Lloyd George und Churchill vom neuen »Board of Trade« ein radikaler Flügel. Er bildete den harten Kern eines aktivistischen Regimes, das Sozialreformen anpeilte, um sich kurzfristig, bei den nächsten Wahlen, gegen die Labour Party durchzusetzen, und langfristig damit die Arbeiterklasse umfassend in die britische Gesellschaft integrieren wollte.[90] Zwecks Finanzierung plante man, die Armenfürsorge zu kürzen. Daneben war an Schutzzölle zugunsten des Handels mit überseeischen Besitzungen gedacht. Sie sollten ebenso dem Zusammenhalt des Empire dienen, wie die Sozialgesetze der nationalen Einheit.

Unter dem aktivistischen Regime fand die Arbeiterklasse zu einer breiten, gut organisierten Zustimmung zu den Sozialgesetzen. Daher wirkten beide Seiten beim Rentengesetz 1908 nicht minder eindeutig zusammen[91], als sich in Deutschland Regime und Unternehmer für das Unfallversicherungsgesetz 1884 verbündet hatten. Demgemäß hatten die Arbeitgeber nach dem britischen Rentenmodell überhaupt kein Mitspracherecht. Die beitragsfreie Rentenkasse wurde aus dem allgemeinen Steuertopf finanziert. Alle Bürger über Siebzig – mit Jahreseinkünften bis 26 Pfund – holten sich ihren Obulus bei den örtlichen Postämtern ab.[92] Das entsprach ziemlich genau den Forderungen der Gewerkschaften, mit denen sie jahrelang ihre Versammlungen bestritten hatten.

»Die Rente half den sehr Armen, den sehr Angesehenen und den sehr Alten«, schrieb Pat Thane rückblickend[93] – war aber auch ein beispielloser Durchbruch:[94]

> Älteren armen Menschen erschien es unglaublich, daß man bloß freitags zum Postamt gehen mußte, um fünf Schillinge zu erhalten. Besonders in ländlichen Gemeinden sahen sich Postfräuleins völlig unvermutet mit Obst und Blumen aus Gärten von Rentnern überhäuft, die sich schlicht für das verteilte Geld bedanken wollten.

Die Arbeitgeber hatten mit der Einführung staatlicher Renten wenig zu tun. Zwar bemäkelten die Handelskammern den hohen Kostenaufwand und rügte die »Charity Organization Society«, daß nichts geschehe, um die Empfänger zu bessern – für die Wohltätigkeitsverbände ein ganz zentraler Punkt –, aber viele Unternehmer billigten sie als Beitrag zum sozialen Frieden, mithin zur Produktivität.[95]

Als nächster Gesetzentwurf war geplant, die Risiken Krankheit und Arbeitslosigkeit abzusichern. Doch unterdessen verlor das Prinzip der Beitragsfreiheit viele Anhänger, nicht bloß aus Kostengründen, sondern auch, weil es zu sehr an die Almosen nach dem Armengesetz erinnerte.[96] Entscheidend war aber, daß Arbeitslosen- und Krankenversicherung seit langem landesweit von den Gewerkschaften und Arbeiterhilfsvereinen angeboten wurden. Da sie hierbei nicht in Nöte geraten waren wie bei der Altersversicherung, wollten sie am Ball bleiben, notfalls sogar zu Lasten ihrer Mitglieder. Daher verlangten sie, neben Arbeitgebern und dem Staat sollten auch die Arbeiter ihren Anteil beitragen. Andererseits löste die staatlich subventionierte Zwangsversicherung – beim Risiko Krankheit besser als bei der Arbeitslosigkeit – ein Dauerproblem der Gewerkschaften und Arbeiterhilfsvereine: Sie mußten entweder die ärmsten Arbeiter ausschließen oder hohe Risiken auf sich nehmen.[97]

Der erste Teil des Gesetzes, über die Krankenversicherung, sollte ursprünglich auch die Hinterbliebenenrente regeln. Doch hier stieß das Regime auf Widerstände der Arbeiterhilfsvereine und dann, wie aus heiterem Himmel, auch der sehr viel mächtigeren kommerziellen Industrieversicherungen mit ihrer gut organisierten Armee von gut 80 000 Kassierern. Da diese Männer florierende Nebengeschäfte mit Sterbekassen trieben, hatten sie zu befürchten, daß sich Ehefrauen fortan auf die Rente verließen und daher für die Beerdigungskosten nicht mehr vorsorgten. Der steinige Weg des Gesetzes innerhalb und außerhalb des Parlaments war aber auch sehr stark mit politischen Konflikten über völlig andere Probleme gepflastert. Dabei spielten organisierte Arbeitgeber oder Arbeitnehmer fast keine Rolle. Statt dessen inszenierten die kommerziellen Versicherer eine der ersten Massenkampagnen der modernen Politik, und Mediziner folgten ihrem Beispiel, kaum daß die Vorlage verabschiedet war.

Am Ende hieß es im Gesetz, »zugelassene Träger« dürften die Kassen verwalten. Das betraf sowohl die Arbeiterhilfsvereine als auch die kommerziellen Unternehmen. Letztere kamen damit ins Spiel, obwohl sie nie zuvor Krankenversicherungen angeboten hatten. An Beiträgen zahlten Arbeiter wöchentlich vier, Arbeitgeber drei und der Staat weitere zwei Pence, um die höheren Kosten für ältere Mitglieder zu decken.[98] Dafür gab es maximal 26 Wochen lang wöchentlich zehn Schilling Krankengeld, danach Invalidenhilfe auf unbestimmte Zeit. Eingeschlossen waren zudem »ambulante« ärztliche Behandlung und Medikamente von Ärzten auf der »Liste«.[99] Stationäre Behandlung war allein bei Tuberkulose – einer Infektionskrankheit mit handfesten externen Effekten – vorgesehen. In *einer* Hinsicht blieb dieses Gesetz kompromißlos: Es bezog alle Beschäftigten ein, auch Hausgehilfen – was großes Geschrei zur Folge hatte, da sich die Herrinen nun gezwungen sahen, für ihre Hausmädchen Marken zu kleben. Angehörige waren, von Mutterschaftsleistungen abgesehen, jedoch nicht mitversichert.

Das Regime um Lloyd George hatte zwar selbst wesentlichen Anteil am Sieg der Krankenversicherung, koalierte dabei jedoch nicht mit organisierten Arbeitgebern oder Arbeitnehmern. In dem Machtkampf dominierten vielmehr die angestammten Rechte der allerorten fest etablierten Arbeiterhilfsvereine. Hinzu kamen die aufstrebenden kommerziellen Versicherer und Medizinergruppen. Arbeitnehmer und Industrielle scheinen die Dreiteilung der Lasten nahezu tatenlos hingenommen zu haben, ohne auch nur gegen die Zugeständnisse des Regimes an die Hilfsvereine und die kommerziellen Versicherer zu protestieren.

Viel stärker engagierten sich Arbeiter- und Unternehmerverbände bei der Arbeitslosenversicherung. In diesem Fall verbreiterte das Regime seine Basis, indem es um Mitwirkung auch der Arbeitgeber warb.

Die Kommunalbehörden hatten sich beim Problem der Arbeitslosigkeit als besonders hilflos erwiesen: »Unkoordinierte örtliche Versuche, die Erwerbslosen zu unterstützen oder ihnen Stellen zu vermitteln, behinderten die Mobilität der Arbeiterschaft und lockten eindeutig Arbeitskräfte in Krisengebiete. Im übrigen stiegen oder sanken die örtlichen Mittel stets gegenläufig zum Bedarf.«[100]

Die Depressionen 1879 und 1908 führten der Öffentlichkeit deutlich vor Augen, daß Arbeitslosigkeit weder von individuellem Versagen noch von Drückebergerei zeugte, sondern mit der Gesamtwirtschaft zusammenhing.[101]

Doch diese Einsicht allein wies noch keinen Ausweg. Wie gezeigt, ist Arbeitslosigkeit ein kumulatives Risiko, das seinerzeit sogar als »unversicherbar« galt.[102] Das damals einzige Beispiel für eine gesetzliche Arbeitslosenversicherung, ein gescheitertes Experiment im Schweizer Kanton Sankt Gallen, schreckte lediglich ab. Seitdem zogen es die Behörden auf dem europäischen Festland stets vor, freiwillige Gewerkschaftsversicherungen im Rahmen des »Ghent-Systems« zu unterstützen.[103] Sogar Bismarck mied das Problem einer gesetzlichen Arbeitslosenversicherung, und in Deutschland traten entsprechende Vorschriften erst 1927 in Kraft.

Trotzdem trieb das Regime eine nationale Arbeitslosenversicherung voran und beharrte wegen des Dilemmas freiwilliger Regelungen auf Zwangsmitgliedschaft. Beveridge und Churchill forderten, auch die Arbeitgeber mit Beiträgen zu belasten. Zum einen hebe eine solche Versicherung langfristig das Leistungsniveau zu ihren Gunsten, zum anderen seien es Arbeitgeber, die Leute einstellten und entließen. Churchill schrieb: »Arbeitslosigkeit ist vor allem ein Problem der Arbeitgeber ... Ihre Verantwortung ist unstrittig, ihre Kooperation unverzichtbar.«[104] Dennoch waren die Unternehmer in dieser Frage uneins, mehrheitlich aber für die Versicherung.[105]

Hilfsvereine spielten bei der Arbeitslosenversicherung fast keine Rolle. Auch kommerzielle Versicherer mieden diesen Risikobereich, aber die Gewerkschaften waren hier zunehmend aktiv geworden. Ihre Sorgen mußten also zuerst beschwichtigt werden: Kein Erwerbsloser würde gezwungen, unter Tarif oder im Streikfall zu arbeiten. Auch sollten die bestehenden Gewerkschaftsversicherungen nicht in die öffentliche Hand übergehen.

Nach dem Gesetz von 1911 mußten Arbeitgeber wie Arbeitnehmer pro Woche zweieinhalb Pence aufbringen, der Staat etwas weniger. Für je fünf Beitragswochen sollten Erwerbslose wöchentlich – maximal 15 Wochen pro Jahr – sieben Schillinge erhalten. Das Modell betraf nur 2,5 Millionen Arbeiter im Bauwesen und in der Schwerindustrie, wurde aber später auf weitere Branchen ausgedehnt.[106] Ein neues Ministerium richtete etwa 1 200 Vermittlungsstellen ein, um Angebot und Nachfrage auf dem Arbeitsmarkt besser zu koordinieren (und die Arbeitsbereitschaft der Empfänger zu prüfen).[107] Diese Stellen und – bei Mitgliedern – die Gewerkschaften zahlten auch die Leistungen aus. Über strittige Fälle entschieden Gremien aus – vom Board of Trade ernannten – Arbeitgebern und gewählten Arbeitervertretern.[108]

Die Arbeitslosenversicherung war im wesentlichen eine Übereinkunft zwischen drei Parteien, worin der Staat dominierte. Zwar traten ab 1908 die Arbeitgeber der Koalition für Sozialgesetze bei, aber die Dreierbeziehungen zwischen den alten Partnern blieben sehr stark. Anders als das »Krankengeschäft« zog die Arbeitslosenversicherung keine kommerziellen Unternehmen an. Faktisch beschränkte sie sich aber auf stärkere Branchen und sparte die ökonomisch anfälligeren aus.

Die britische Sozialversicherung begann als staatliche Initiative mit Unterstützung der Arbeiterschaft, wobei die Arbeitgeber nach Möglichkeit umgangen wurden. Als die Großunternehmer bereit waren, die Gesetze mitzutragen, erwuchs daraus jedoch ein Dreierprojekt. Beim ehrgeizigsten Vorhaben – der Arbeitslosenversicherung – hielt die Finanzdecke später dem Druck der massenhaften Erwerbslosigkeit nicht stand. So verwandelte sie sich in ein zeitlich unbegrenztes umfassendes Fürsorgesystem. Doch inzwischen waren die Fundamente der sozialen Sicherheit bereits gelegt, und deren Risse brachten die Öffentlichkeit nicht gegen sie auf, sondern dienten eher als zusätzliches Argument für ein erweitertes, zentralisiertes System, das nach 1945 entstand.

Frankreich: Motor und Bremse

Extrem vereinfacht dargestellt begann die Sozialversicherung in Deutschland, durch eine Koalition zwischen Industriellen und dem Regime, wobei zunächst nur mutmaßliche Wünsche der Arbeiter, dann jedoch die *Arbeiterklasse* selbst einbezogen wurden. In England schloß die Koalition zwischen Regime und Arbeiterbewegung später – bei der Arbeitslosen- bzw. Krankenversicherung – die Arbeitgeber sowie die kommerziellen und mutualistischen Versicherer ein. Als sich die Sozialversicherung später auch in Frankreich durchsetzte, war dafür, wiederum schematisch dargestellt, eine Dreierkoalition zwischen Regime, dem gemäßigten Flügel der Arbeiterbewegung und Großindustriellen verantwortlich, die dem *mouvement mutualiste* entgegenkommen wollten.

Weil die gesetzliche Versicherung in Frankreich erst relativ spät kam, verschob sich ihre Entwicklung insgesamt. Unterdessen gab es nämlich zahlreiche mutualistische und gewerbliche Kassen, die ihre angestammten Rechte gegen die einheitliche Sozialversicherung ins Feld führten. Oppositionelle Koalitionen hatten Zeit genug, ihren politischen Widerstand zu organisieren und alternative Anstalten zu gründen, in denen sie selbst das Sagen hatten. Zudem bewiesen diese dann in der politischen Debatte, daß keine der staatlichen Initiativen besonders dringlich sein konnte. Etwas ähnliches war auch in England geschehen, wo die Arbeiterhilfsvereine lange vor den staatlichen Versicherungsplänen entstanden waren, also deren Umsetzung verzögerten. In Frankreich blieben die Arbeitgeber und *mutualistes* weitere zwanzig Jahre relativ unangefochten, bis 1930 ein nationales System in Kraft trat.[109]

In Frankreich »bremste« ein imposantes Bündnis von Kleinbürgern – deutlicher als in den anderen genannten Ländern – die Einführung einer gesetzlichen Sozialversicherung. Henri Hatzfeld hat diesen Widerstand beschrieben, und seine breit gefächerte Analyse gilt nicht nur für die Verhältnisse in Frankreich.

Im Frankreich der Dritten Republik herrschte die Bourgeoisie, und das war ebenso sehr eine Reaktion auf die Bedrohungen der Pariser Kommune[110] wie auf die etatistischen Modelle von Napoleon III.[111] Mehr als überall sonst galt die Sozialversicherung dort als Alternative zum Privatvermögen, sogar als Angriff darauf, was um so mehr Widerstand anstachelte. Kleine Sparer befürchteten, gewaltige Investmentfonds könnten die bei der Sozialversicherung angesammelten Gelder benutzen, um den Kapitalmarkt zu beherrschen. Außerdem protestierten sie, Zwangsbeiträge raubten den Arbeitern ihre letzten Pfennige, die sie für sich oder ihre Kinder anlegen oder verwenden könnten, um sich selbständig zu machen. Durch eine gesetzliche Sozialversicherung würden die Arbeiter also für alle Zeiten zur Lohnabhängigkeit verdammt. Auch wenn die Argumentation im Rückblick ziemlich verquer erscheinen mag, konnten sich kleine Selbständige im 19. Jahrhundert durchaus noch vorstellen, daß die Abhängigkeit des Proletariats ein

Übergangsphänomen war, also bei Wirtschaftswachstum und zunehmendem Wohlstand verschwinden würde. Diese Auffassung war keineswegs unvereinbar mit der Ideologie des *patronat*, wonach patriarchalische Sachwalter aus väterlicher Sorge und christlicher Liebe für die Schutzbefohlenen sorgten. Dem Geist dienender Güte, der über schnöden Mammon weit erhaben war, konnte gesetzlicher und staatlicher Zwang nämlich nur schaden.[112] Katholische oder säkulare Morallehren verpflichteten alle gleich, eines anderen Last zu tragen, nicht nur spontan aus Nächstenliebe, sondern im Rahmen von durchorganisierten, aber stets freiwilligen Einrichtungen wie der *caisses mutuelles*.

Der störrischste Flügel der Arbeiterbewegung teilte manche dieser Ideale, jedoch mit einem Vorbehalt: Zwar setzten auch die Anarcho-Syndikalisten auf Selbsthilfe, begriffen sie aber als kollektives Anliegen der Arbeiter selber. Ihre Mitglieder, meist Facharbeiter in Kleinbetrieben, konnten noch unter vorindustriellen Bedingungen werkeln. Insofern hatte ihre Radikalität leicht nostalgische Züge.

Gegenüber dem Kleinbürgertum und den Anarchisten bekannte sich der Nationale Arbeiterbund CGT einmütig zu staatlichen Eingriffen und einer beitragsfreien Versicherung. Gespalten war die CGT bloß in der Frage: »Reform oder Revolution?«. Sollte man dem bestehenden französischen Staat, der Dritten Republik, die Sozialversicherung anvertrauen – oder ihn zuerst stürzen und durch eine Diktatur des Proletariats ersetzen? Jules Guesde vertrat den radikalen Flügel, der prinzipiell alle Maßnahmen ablehnte, da die von den Arbeitern erhobenen Beiträge nur den Kapitalismus am Leben erhielten. Jean Jaurès führte die Reformer an, und er unterstützte vorsichtig die Initiativen mehrerer Regimes, sogar das dürftige Rentengesetz von 1910.

Bei Konfliktfigurationen, worin gemäßigte Hauptlager mit radikalen Rändern die eine Seite stellen, kommen oft Kompromisse heraus. Die moderate Mehrheit kann das Potential der Radikalen ausnutzen, also ständig mit der Warnung operieren, diese würden die ganze Bewegung übernehmen, oder die Radikalisierung der Basis schreite voran: Man solle sich besser rasch mit den Gemäßigten einigen, als später die Radikalen am Hals zu haben. Obwohl die beiden Lager einander meist erbitterter bekämpfen als den gemeinsamen Gegner, kann dieser Spuk durchaus Kompromisse fördern, falls die Warnung wunschgemäß wirkt. Nicht so in Frankreich.[113] Das ohnehin schon kümmerliche Rentengesetz von 1910 wurde per Gerichtsurteil aufgehoben, da die Beitragspflicht verfassungswidrig sei. »Dieses Gesetz hatten Leute verabschiedet, die es am allerwenigsten wünschten«.[114] Es war also von Anfang an verkorkst. Infolgedessen ging die Zahl der Rentenversicherungsträger danach sogar zurück.[115]

Das Versicherungswesen blieb die Domäne der *sociétés mutuelles* und der Betriebskassen. Die Hilfsvereine waren 1791 – ebenso wie alle übrigen Arbeiterorganisationen – verboten worden, und während der Restauration wurden sie wegen Verschwörung strafrechtlich belangt. Napoleon III. erkannte die »zugelassenen« Kassen zwar an, ließ sie aber durch ernannte Aufsichtsräte streng überwachen.[116] In der Dritten Republik knüpfte der *mouvement mutualiste*, zumal nach dem Gesetz von 1895, jedoch wieder ein dichtes Netz freiwilliger, sogar staatlich bezuschußter Vereine. Am meisten begünstigte ihre *liberté subsidiée* Leute aus der Mittelschicht, da sie die Prämien bezahlen konnten.[117] Der *échec* des Rentengesetzes machte diese Vereine zu den wichtigsten Partnern, um diverse Risiken des Einkommensverlusts abzusichern – mit allen Mängeln freiwilliger Kassen.

Weil die staatliche Versicherung so lange auf sich warten ließ, spielten Betriebskassen in Frankreich eine bedeutendere Rolle als andernorts. Doch auch dort entwickelten sie sich vor allem in der Großindustrie, besonders im Bergbau, bei Stahlhütten und bei den Eisenbahnen. 1850 schuf Napoleon III. einen Ausgleichsfonds – die *Caisse Nationale de Retraites* –, und viele Arbeitgeber hatten ihre Kassen bereits branchenintern verschmolzen oder bei kommerziellen Unternehmen rückversichert. Genau das diente Bismarck später als Vorbild. Ab 1898 hafteten Unternehmer für Arbeitsunfälle, sofern kein klares Verschulden des Arbeitnehmers vorlag[118], was sie veranlaßte, sich gegen derartige Ansprüche zu versichern. Das Bemühen, eine gesetzliche Invaliditätsversicherung nach deutschem Vorbild einzuführen, schlug jedoch fehl, da man Kleinunternehmern nicht zutraute, die Kosten aufbringen zu können.

Betriebskassen entstanden zuerst dort, wo die Arbeitskräfte knapp waren, besonders aber bei neu gegründeten Unternehmen:[119]

> *Patrons* sind auf Schwerstarbeiter angewiesen. Diese gesuchten, unentbehrlichen Kräfte sind disziplinlos, unstet und launisch. Die Arbeiter wissen, wie nötig sie gebraucht werden, und nutzen ihren Vorteil. Um diese *relation de dépendence* zu ihren eigenen Gunsten umzukehren, folgen die Firmenchefs einzig und allein der Devise: Die Schwerstarbeiter müssen gefestigt, beruhigt, an den Betrieb gefesselt, »infeudiert« werden. Das Mittel: die Arbeiter mitsamt ihren Familien total vom Unternehmen abhängig zu machen.

Dann beschreibt Ewald die dazu passende patriarchalische Ideologie »Wohlwollen gegen Leistung«. Sie wurde formuliert von Fréderic le Play und Firmendirektor Cheysson, deren Betriebsmodelle primär auf Sachleistungen basierten, besonders freies Wohnen, denn: »Je mehr man Arbeitern bezahlt, desto weniger leisten sie.«[120] Alle Sonderzuwendungen wurden ausdrücklich als »Treueprämien« gewährt. Da Betriebskassen die Arbeiter durch Rentenanwartschaften, die bei Entlassung oder Kündigung verfielen, lebenslang an ein Unternehmen banden, stießen sie bei Gewerkschaftsmitgliedern auf erbitterten Widerstand.[121] Berüchtigte Skandale und Konkurse einiger Betriebskassen bewiesen Ende des 19. Jahrhunderts auch zunehmend, daß weder Einzelkassen noch Gemeinschaftsfonds tauglich waren, um Rentenansprüche in hoher Zahl abzusichern.[122] Allerdings wollten die Unternehmer nicht auf dieses Mittel verzichten, ihre Belegschaften unter Druck zu setzen. Außerdem benutzten sie die angesammelten Beiträge der Arbeitnehmer als Wagniskapital, auch wenn dieses durch moralische Verpflichtungen stark belastet war. Später fielen jedoch die Arbeitgeberbeiträge und die wachsenden Forderungen stärker ins Gewicht. Da Invalide und Rentner länger lebten als die Versicherer aufgrund der Statistiken von Mitte des Jahrhunderts angenommen hatten, gerieten ältere Unternehmen durch die zunehmenden Ansprüche gegenüber den neueren in Nachteil. Daher freundeten sich Großindustrielle und Arbeitgeber in traditionellen Branchen langsam mit einer staatlichen Versicherung an. Sie waren auch bereit, ihren Teil beizutragen, wenn man sie nur nicht zwang, die Kassen aus der Hand zu geben – und damit ihren Zugriff auf die Belegschaften zu lockern. Doch die französischen Großindustriellen wollten sich wegen der Versicherungsfrage nicht mit den kleineren Arbeitgebern überwerfen, was ihr Eintreten für den nationalen Plan dämpfte.[123] Noch 1925 scheiterte sogar ein sehr begrenztes Vorhaben: erwerbslosen *mutualistes*, die ihre Beiträge nicht mehr aufbringen konnten, den Versicherungsschutz zu erhalten.

Wie manche Sozialwissenschaftler die Sozialversicherung förderten, so trugen andere zu ihrem Scheitern bei. Jacques Rueff führte in Frankreich massenhaft statistische Daten ins Feld, um anhand der Korrelationen zwischen Arbeitslosenquote und Niveau der Reallöhne zu beweisen, daß beide durch Gewerkschaftsdruck und Leistungen für Arbeitslose künstlich hochgehalten würden.[124] Weitere gut drei Jahrzehnte mußten vergehen, bis sich das Regime 1958 mit den organisierten Arbeitgebern und Arbeitnehmern auf ein Konzept für die Arbeitslosenversicherung einigen konnte.

Kaum fünf Jahre nach dem Fehlschlag von 1925 trat landesweit eine gesetzliche Kranken-, Invaliden- und Rentenversicherung für alle Beschäftigten in Handel und Industrie in Kraft.[125] Zuvor hatte sich eine Dreierkoalition aus Großunternehmern, gemäßigten Gewerkschaften und Regime auf ein Modell der gemeinsamen Aufsicht verständigen können, das keinen der Partner verprellte und sogar für die Hilfsvereine akzeptabel war, die ja das Versicherungswesen beherrschten. Nur die Ärzteschaft war kaum zu überzeugen, stimmte dann jedoch vorläufig zu.[126] Die Kommunistische Partei und Gewerkschaft lehnte das »faschistische Gesetz« als Ausgeburt einer *chicanerie bourgeoise* ab. Erst nach 1945 traten sie öffentlich für Sozialgesetze ein.[127]

Im Rahmen der *assurance sociale* von 1930 durften 744 »zugelassene« Kassen ihre Mitglieder bei aufgeteilten Beiträgen gegen Krankheit, Mutterschaft und Tod absichern. Etwa achtzig Anstalten übernahmen die Invaliditäts- und Altersversicherung auf der Grundlage voller Deckungsbeiträge.[128] Alle Departements gründeten *caisses* für jene, die keiner »Primärversicherung« beitreten wollten oder abgelehnt wurden.[129] Die *caisses départementales* sollten auch als Prämieneintreiber, Rückversicherer, Abrechnungsstellen und Aufsichtsbehörden für die freiwilligen Kassen fungieren, um dem fragmentierten mutualistischen System eine starke staatliche Struktur überzustülpen. Doch in der zweiten Fassung des Gesetzes (1930) übertrug man solche Verwaltungs- und Aufsichtsfunktionen separaten Institutionen unter einer *Caisse générale de garantie*. Damit hatte die mutualistische Bewegung staatliche *supercaisses* abgewehrt. Doch später wurde ihr Erfolg teilweise wieder zunichte gemacht, als die *caisses départementales* einen unerwartet starken Mitgliederzustrom verzeichneten und 1931 mehr als sechzig Prozent der Bevölkerung versicherten.[130] Diese Entwicklung diente 1945 als zusätzliches Argument für ein einheitliches System.

In seiner letzten Fassung schloß das Gesetz von 1930 Landarbeiter und Mitglieder anderer Versicherungen aus – vor allem Eisenbahner und Staatsbedienstete. Trotzdem versicherte es bald zehn Millionen Lohnabhängige. Arbeitgeber und Arbeitnehmer trugen je vier Prozent der Löhne bei, und der Staat schoß einen Teil dessen zu, was er an den Renten nach dem Gesetz von 1910 und an öffentlichen Beihilfen einsparte.[131]

Arbeitgeber- und Arbeitnehmervertreter übernahmen gemeinsam die Verwaltung der *caisses*. Bloß die von Arbeitern selbst gegründeten blieben – ein Zugeständnis an alte Gewerkschaftsforderungen – fest in ihrer Hand.[132] Über dieser vielfältigen, fragmentierten Basis hatte sich jedoch bereits eine Verwaltungszentrale gebildet. Sie ordnete Zwangsmitgliedschaft für Arbeiter an, setzte Beiträge für sie und die Arbeitgeber fest, regelte Deckung und Verwaltung, glich Defizite einer Filiale oder Region mit Überschüssen anderer aus, prüfte alle Leistungen und Dienste. Damit war der Weg geebnet für die weitere Verstaatlichung der Sozialversicherung nach 1945.

In Frankreich kam eine gesetzliche Versicherung vor allem deshalb so spät, weil das Kleineigentümertum – als wichtigstes Hindernis – politisch sehr stark war. Warum jedoch ließ es seinen Widerstand 1930 nach mehreren gescheiterten Versuchen fallen? Gewiß »wurmte« das peinliche Vorbild von Elsaß-Lothringen, wo die Deutschen ihre Sozialgesetze eingeführt hatten, die sich nicht einfach widerrufen ließen, als das Gebiet an Frankreich zurückfiel. In den zwanziger Jahren hatte der Wohlstand zugenommen, und nun brachten steigende Steuern dem Staat satte Einnahmen. Außerdem wuchs die Neigung der sozialdemokratischen Gewerkschaften, mit dem herrschenden Regime zu verhandeln. Die Großunternehmer leisteten eher demonstrativen als sturen Widerstand: Ihnen kam es mehr auf Einfluß als auf die Kosten an. Daneben ersannen Experten und Bürokraten, *les grands commis de l'État*, immer neue Strategien, neue Kompromisse, um die Sozialgesetze durchzubekommen.[133] Doch Frankreich brachte keinen Staatsmann hervor, der sich gleich Bismarck, Churchill oder Roosevelt für die Sozialversicherung eingesetzt hätte.

Schließlich verschoben sich die Mehrheiten, reüssierte eine Reihe von Mitte-Rechts-Kabinetten, wo ihre Vorgänger gescheitert waren. Das lag vor allem an einer schleichenden Erosion der politischen Privilegien, die das Privateigentum vermittelte, am Erstarken der Lohnabhängigen, besonders der privilegierten *salariés* unter ihnen, sowie am Wachstum der Großunternehmen und der Staatsmacht. Als die mutualistische Bewegung staatliche Zuschüsse und staatlichen Zwang prinzipiell anerkannt hatte, trat die zentrale Verwaltung auf den Plan. Hierbei behielten die unbeirrbaren Verfechter der *liberté mutualiste* recht, mehr sogar als sie selbst geahnt hatten: Als das Gesetz verabschiedet war, bewährte es sich bestens. Die Franzosen traten in *caisses départementales* ein, plädierten für erweiterten Versicherungsschutz und Geltungsbereich, ohne sich noch besonders um die *autonomie mutualiste* zu kümmern, solange der Staat für die Leistungen und Dienste bürgte.

Während des langen Ringens entstand eine weitere Alternative zur staatlichen Sozialversicherung – diesmal kein Versicherungssystem, sondern eines von Zuschüssen, die Arbeitern je nach Familiengröße gezahlt wurden.[134] Diese *allocations familiales* gingen auf katholische Initiativen zurück, als ein »dritter Weg« zwischen dem liberalen *laissez-faire* und den staatlichen Zwangsversicherungen, für die Sozialisten und radikale Arbeiter eintraten. Katholische Arbeitgeber führten die Regelung freiwillig ein, obwohl es danach teurer wurde, Familienväter zu beschäftigen. Später verteilten die betreffenden Unternehmen ihre Lasten über Gemeinschaftsfonds. Per Gesetz von 1932 (das der päpstlichen Enzyklika *Quadragesimo anno* – zum vierzigsten Jahrestag der Sozialenzyiklika *De rerum novarum* – folgte) wurden diese Familienzuschüsse obligatorisch, wobei die Verwaltung der *caisses familiales* den Arbeitgebern überlassen blieb, bis der Staat sie 1945 übernahm.

Frankreich hinkte mit der Sozialgesetzgebung ebenso hinterher wie die Vereinigten Staaten. Bei Frankreich lag das an der relativen – besonders politischen – Stärke des Kleinbürgertums: Erst als seine Machtbasis verfiel, konnten die Sozialgesetze verwirklicht werden. Gewiß waren die französischen Gewerkschaften nicht so schwach wie die deutschen oder amerikanischen, sondern bloß in der sozialen Frage tief gespalten. Zwar befanden sich Frankreichs Großunternehmer in einer ähnlich starken Position wie die deutschen, waren aber nicht so eng mit dem Regime verbündet wie diese unter Bismarck; außerdem fühlten sie sich den Kleinunternehmern stärker verpflichtet. Wenn Frankreich den Anschluß im sozialen Bereich dadurch verpaßte, daß sein mächtiges Kleinbürgertum »bremste«, blieben die Vereinigten Staaten weit zurück, weil der zentrale Bundesstaat desorganisiert war und die Gewerkschaften kaum eine Rolle spielten.

Amerikas »Urknall«

Zusammen mit Franklin D. Roosevelts Politik des »New Deal« kam die Sozialversicherung in den Vereinigten Staaten zwar plötzlich, aber nicht völlig unvorbereitet: Schon Ende des 19. Jahrhunderts hatte sich eine Art »Sozialstaat« abgezeichnet, als nach dem Bürgerkrieg ein äußerst großzügiges und umfassendes Rentensystem für Veteranen entstand. Später lockerte sich allmählich der innere Zusammenhang zwischen Kriegsbeschädigung und Invalidität. Nahezu jeder, der für die Republik gekämpft hatte, erhielt Invaliden- oder Altersrente – und für Hinterbliebene gab es eine Witwen- oder Waisenrente. Diese Großzügigkeit folgte keiner gesetzgeberischen Absicht, sondern ihr lagen Tausende von Eingaben zugunsten der verschiedenen Wahlkreise zugrunde.[135] 1890 bezogen etwa zwei Drittel aller weißen Nordamerikaner ab dem 65. Lebensjahr eine Bundesrente; Schwarze blieben ebenso ausgeschlossen wie Immigranten, deren Zustrom sich seit 1865 verstärkt hatte.

An der Ostküste sorgten die ethnischen Gruppen im Geflecht ihrer städtischen Parteipolitik für eigene Fürsorgemaßnahmen. Chefs von Wahlbezirken kümmerten sich um die Neulinge aus ihren jeweiligen Herkunftsländern und stellten sicher, daß sie auch die richtigen Kandidaten wählten. Sobald sie im Amt waren, bedankten sich diese Politiker mit Arbeitsplätzen, Verträgen,

Beihilfen und Geschenken an ihre ethnisch dominierten Wahlkreise. Das System beruhte auf politischer Überredung, Interessenvertretung, Beschwörung der ethnischen und religiösen Zugehörigkeit, Drohung und Ermahnung, aber auch einem engmaschigen Netz kleiner Gefälligkeiten und Hilfen für verwirrte Neuankömmlinge, Bedürftige und Alte. Insofern ersetzte es zugleich philanthropische Maßnahmen und nahm, wie diese, schon die spätere Sozialarbeit und Gemeinschaftsaktion vorweg.[136] Angesichts ihrer engen Verflechtungen mit der Stadtverwaltung enthielten die örtlichen Parteiapparate den Keim einer staatlichen Fürsorge, und ihre Hilfen (auch zwielichtiger Art) waren stark personenbezogen. Außerhalb dieser Kreise dürfte das Parteiensystem kaum anerkannt gewesen sein, da es so tief in Vetternwirtschaft verstrickt und deshalb nicht geeignet war, um eine ordnungsgemäße, zuverlässige Unterstützung zu gewährleisten.

Einwanderer gründeten auch Hilfsvereine nach europäischem Vorbild, die gegen Krankheit, Unfall und Tod versicherten.[137] Diese Kassen kamen bei der Öffentlichkeit aber nie besonders gut an. Bis 1929 hatten die Unternehmen nur 750 000 Beschäftigte in »Hilfsvereinen auf Gegenseitigkeit« angemeldet.[138] Gleichzeitig deckten industrielle Gruppenversicherungen ähnliche Risiken für etwa eine Million Arbeiter.[139] Gewerkschaften spielten hingegen bei der Absicherung ihrer Mitglieder kaum eine Rolle, und kommerzielle Versicherer traten eben erst auf den Plan.

Die Armenfürsorge blieb durchweg örtlich organisiert, getreu der elisabethanischen Tradition des Armenhauses und der Armenabgaben. Doch jede Kommune hatte eigene Vorstellungen und hielt daran fest. Auch die religiöse Wohltätigkeit war der Gemeindeebene verhaftet. Dagegen beschäftigte die neuartige, industrielle Armut zunehmend philanthropische Vereine, die meist pädagogische Prinzipien der britischen *Charity Organization Society* übernahmen.[140]

Infolgedessen bestand die Wohlfahrt 1910 aus einer archaischen Armenfürsorge sowie moderneren, landeseigenen Regelungen, etwa dem Veteranenmodell und den städtischen Parteiapparaten, wobei diese zwar große Teile der Bevölkerung erreichten, jedoch zunehmend mit Wahlgeschenken oder örtlicher Korruption gleichgesetzt wurden. Bis dahin spielten weder staatliche, kommerzielle noch mutualistische Versicherungen eine größere Rolle.

Die *Progressive Movement* für »gute Regierung« konzentrierte ihren Reformeifer auf Großkampagnen gegen Vetternwirtschaft, Korruption und »Werbegeschenke«. Dadurch beseitigte sie nicht nur große Teile der örtlichen Parteiapparate, ohne deren Hilfen und Gefälligkeiten durch eine reguläre öffentliche Unterstützung zu ersetzen, sondern auch die Grundlage der Veteranenrenten, die sich durchaus zu einer allgemeinen Dauerregelung hätten entwickeln können. Damit erwiesen sich »ehrliche Regierung« und »ausgeglichenes Budget« als für die Sozialpolitik ungeeignete Ziele.[141]

Im folgenden Vierteljahrhundert wurde zwar mit vielem aufgeräumt, aber die Lücken blieben ungeschlossen. Um 1930 erhielten höchstens zehn Prozent der alten Menschen irgendeine Rente, und meist waren es Veteranenhilfen. Gegen Arbeitslosigkeit gab es überhaupt keine staatliche oder private Absicherung[142], fast ebenso wenig eine gegen Krankheit oder Invalidität.[143]

Doch Fachleute der »Progressiven« setzten sich für Sozialreformen ein.[144] Immerhin erreichten sie ein neues Gesetz über die Haftungsproblematik, die in den Vereinigten Staaten wie andernorts aufgrund der Industrialisierung geregelt worden war. Zwischen 1911 und 1920 novellierten 45 Bundesstaaten ihre Entschädigungsgesetze, allerdings mit sehr ungleichen und meist minimalen Ansprüchen für Arbeiter.[145] Viele Staaten führten daneben »Mütterrenten« für »verdiente Witwen« mit minderjährigen Kindern ein, überließen aber sowohl die Festlegung der Kriterien als auch die Finanzierung den Kreisen und Kommunen.[146]

Neben diesen kleineren Novellen erließen die 48 Staaten der Union bis in die dreißiger Jahre kaum Reformgesetze. Weder Hilfsvereine noch betriebliche Versorgungskassen füllten die Lücken. Fachleute der »American Association for Labor Legislation« drängten fast als einzige auf Sozialreformen. Als größter Gewerkschaftsbund billigte die »American Federation of Labor« unter Gompers ab 1909 Renten, verurteilte jedoch Sozialgesetze bis Anfang der dreißiger Jahre kategorisch. Sie vertrat überwiegend weiße Facharbeiter in Branchengewerkschaften und setzte ganz auf Lohnverhandlungen. Die AFL war von alters her feindselig gegenüber dem Staat eingestellt. Ihre »typisch amerikanische« Abneigung gegen staatliche Eingriffe teilte sie mit Wirtschaftskreisen. Da die gewerkschaftliche Arbeit jedoch lange unterdrückt worden war, neigte sie zu einer beinahe sozialistischen Sicht des Staates als Instrument der herrschenden Klasse. Jede Reform zugunsten der Arbeiter, ohne Mitspracherechte der Gewerkschaft, erregte dort den Argwohn staatlicher Usurpation. Außerdem befürchtete man in der Gewerkschaft, viele Mitglieder zu verlieren, wenn Hilfe für sie von ganz anderer Seite kam.[147] Offenbar hatten die Gewerkschaften in den Vereinigten Staaten nie viel Gelegenheit, in der Aufsichts- und Gremienarbeit sachlich mit Bürokraten zu verhandeln. Ihre Führung schienen die Karriere- und Machtaussichten, die eine staatliche Regulierung mit sich bringen konnte, kaum zu verlocken. Sie setzten auf

»Freiwilligkeit« – die Arbeitsbedingungen sollten, ungestört durch staatliche Eingriffe und fern von Fragen der Sozialversicherung, in Tarifverhandlungen festgelegt werden.[148]

Auch wenn nicht alle Arbeitgeber so vehement ablehnend reagierten wie die »National Association of Manufacturers«, verweigerten sie den Sozialgesetzen zumindest ihre Unterstützung. In den zwanziger Jahren entwickelten einige fortschrittliche Unternehmen neuartige Beteiligungsmodelle und »Human-Relations«-Techniken, um sich ihrer Belegschaften zu vergewissern. Unter dem gleichen Aspekt richteten sie Pensionskassen und Krankenversicherungen ein. Obwohl derartige »Nebenleistungen« die Sozialversicherung für Arbeitnehmer nach dem Zweiten Weltkrieg beträchtlich ergänzten, »war die kapitalistische Fürsorge in den zwanziger Jahren erbärmlich dürftig«.[149]

In den zwanziger Jahren, als die Wirtschaft prosperierte, konnten die konservativen republikanischen Präsidenten ihre Sozialpolitik darauf beschränken, freiwillige Initiativen auf Unternehmensebene zu fördern. Der »begleitende Staat«, wie Herbert Hoover es nannte, schützte nur jene, die sichere Arbeitsplätze hatten.

Rückblickend machten die überaus mächtigen vermögenden Schichten Amerikas jeden Versuch zunichte, Sozialgesetze durchzudrücken und Institutionen aufzubauen, die eine Alternative zum privaten Sparen bieten konnten: »Die Industrialisierung bescherte den Kapitalisten im 19. Jahrhundert so viel Macht, daß die Maßnahmen der Judikative und Legislative fast unmittelbar die Wünsche und Interessen einer einzigen privilegierten Schicht widerspiegelten.«[150] Viele Fabrikarbeiter, besonders die Immigranten unter ihnen, sahen ihre Lage noch lange als vorläufig an: Schon die Folgegeneration würde gesellschaftlich aufsteigen. In Amerika galten Lohnabhängige, mehr als überall sonst, nicht als die besitzlosen, sondern als die noch nicht besitzenden Schichten. Die Vorstellung, man müsse und könne mit eigener Hände Arbeit redlich seinen Lebensunterhalt verdienen und noch etwas für Notzeiten beiseite legen, war übermächtig und erstickte alle Initiativen für eine kollektive Vorsorge. Als die Große Depression viele Hoffnungen zunichte machte, vorübergehend auch die politische Dominanz der Geschäftsinteressen brach, ließ die Sozialversicherung nicht mehr lange auf sich warten.

Die Figuration föderativer Bundesstaaten gab der amerikanischen Entwicklung eine Eigendynamik. Für Soziales waren die einzelnen Staaten zuständig, die sich jedoch wirtschaftlich nicht gegen den Bund abschirmen konnten. Den europäischen Nationalstaaten dagegen stand es frei, Zollschranken zu errichten, um ihre Industrien vor ausländischer Konkurrenz zu schützen. In dieser Hinsicht erinnert die Stellung der amerikanischen Staaten, die der Konkurrenz ihrer Nachbarn ausgesetzt waren, eher an Kommunal- oder Regionalbehörden europäischer Nationalstaaten als an einen Zentralstaat im engeren Sinne. Doch im Lauf des 20. Jahrhunderts verloren die Kommunen in Europa alle sozialen und wirtschaftlichen Zuständigkeiten an die Zentralen, während die amerikanischen Staaten in diesen Bereichen vorrangige Kompetenz behielten. »Sofern man die Arbeitgeber nicht überall gleich hoch besteuerte, hätten rückständige Bundesstaaten ihnen Vorteile gegenüber fortschrittlicheren geboten ... Nur ein Bundesprogramm für eine konzertierte Aktion aller Staaten konnte das Problem bewältigen.«[151] Entsprechend mußten Experten und Industriegewerkschaften, als sie für Sozialreformen kämpften, gleichzeitig ganze Gruppen benachbarter Staaten ansprechen und auf der Bundesebene für ihr Projekt werben. Sobald die Bundesregierung ihnen jedoch Zuschüsse zu ihren Programmen versprach, führten die Einzelstaaten umgehend Sozialversicherungen ein. Kurz, die Dynamik einer Gesamtwirtschaft auf der Basis getrennter Bundesstaaten mit je eigener Legislative erklärt weitgehend, warum sich die Sozialversicherung in Amerika zunächst lange verzögerte und später plötzlich durchsetzte.[152] Der dramatische Finanzkollaps von 1929 und die schwere, anhaltende Wirtschaftskrise der Vereinigten Staaten trugen mit zu diesem »Unknall« bei.[153] Nachdem die Sozialversicherung jedoch eingeführt war, nährte ihre Eigendynamik einen bürokratischen Expansionsdrang, und sie entfaltete sich, von der Krankheitsvorsorge abgesehen, ganz ähnlich wie in den übrigen Ländern.

Mit der Großen Depression von 1929 verschoben sich die politischen Gewichte. 1932 kamen Roosevelt und die Demokratische Partei an die Macht, wodurch günstige Voraussetzungen dafür geschaffen waren, in den Vereinigten Staaten ein Sozialversicherungswesen einzuführen – innerhalb von nur drei Jahren entstand bundesweit ein gesetzliches System der Alters- und Arbeitslosenversicherung.

In diesem Fall wurde ein aktivistisches Regime von organisierten Arbeitern massiv unterstützt. So hatte sich die AFL durchgerungen, für Sozialgesetze einzutreten, und ihre überparteiliche Strategie zugunsten eines Bündnisses mit den Demokraten aufgegeben. Im CIO organisierten sich unterdessen neue Industriegewerkschaften, die – nicht am Handwerk orientiert – vehement für die Sozialversicherung und für die Demokratische Partei eintraten.[154]

Flutartige Massenkampagnen für eine Rentenversicherung überrollten das Land. Auch wenn sie weder von Gewerkschaften noch von Parteien getragen waren, erhöhten sie den Reformdruck mächtig. Kleinbauern wurden von einer Konkurswelle erfaßt und traten ebenfalls für die Sozialversicherung ein. Bei einer Arbeitslosenquote von 25 Prozent und mehr »drängten Kommunen und Einzelstaaten 1932 den Bund, etwas für ihre verzweifelten Wahlkreise zu tun«.[155] Schließlich sank »das Ansehen der Wirtschaftsvertreter auf einen historischen Tiefpunkt«.[156] Insofern waren die Besitzenden – Erzfeinde der Sozialversicherung – politisch in Auflösung begriffen, während die Einzelstaaten – mit ihrem Haß auf Eingriffe des Bundes – nicht mehr ohne diesen auskamen. Im Rahmen dieser Konstellation warb das Roosevelt-Regime behutsam für seine Vorschläge.

Auf den ersten Blick zwang das Sozialversicherungsgesetz 1935 fast alle Beschäftigten bundesweit, einen Anteil ihrer Löhne für Renten zu sparen, die ab dem 65. Lebensjahr auszuzahlen waren.[157] Es wirkte wie ein starres, personenbezogenes Deckungskonzept, das Leistungen nur aufgrund erbrachter Beiträge gewährte. Doch hinter der strengen Fassade entstand eine komplexe, diffuse und manchmal auch großzügige Praxis. Erstens garantierte man eine Mindestrente für jene, die nur kurzfristig oder von geringen Löhnen eingezahlt hatten; bei höheren Beiträgen stieg die zu erwartende Rente nicht proportional.[158] Zweitens richteten die Einzelstaaten, um die Zeit bis zur Fälligkeit zu überbrücken, vom Bund bezuschußte Rentenkassen ein. Dieser *don royal* war bloß als Übergangsmaßnahme gedacht, blieb jedoch seither ein wichtiges Merkmal des gesamten Systems.[159] Zusammen mit dem Hauptprojekt kamen weitere Maßnahmen, etwa eine Blinden- und Kinderhilfe. Sie alle beruhten auf amtlicher Bedürftigkeitsprüfung, wobei keine Mindestzahlungen festgelegt waren. Die Südstaaten lehnten einen Minimalsatz ab, da er ihrer alten Diskriminierungspraxis gegenüber den einheimischen Schwarzen widersprochen hätte.[160] Drittens sah das Gesetz von 1935 eine Arbeitslosenversicherung vor, wobei die Arbeitgeber ihre einzelstaatlich zu regelnden Beiträge von den Bundessteuern absetzen konnten: »Innerhalb von zwei Jahren hatten alle Staaten eigene Gesetze für die Arbeitslosenversicherung.«[161] Die meisten Staaten übernahmen das System von Wisconsin, Unternehmer geringer zu besteuern, wenn sie gegebenenfalls auf Entlassungen verzichteten.[162]

Zwar blieb, in einer nationalen Konstellation starker politischer Radikalisierung, wenig von den ursprünglichen Plänen der Experten aus Wisconsin übrig, da Roosevelt sie emsig zurechtstutzte und der Kongreß die Rechte der Einzelstaaten und der Unternehmer stärkte. Doch nachdem das Programm in Kraft getreten war, nahmen sich die Funktionäre im »Social Security Board« seiner an, um es behutsam, sehr gewieft und zielstrebig auszubauen.[163] Ab 1939 wurde die Altersversorgung auf Angehörige und Hinterbliebene ausgedehnt, 1956 kamen Leistungen wegen Invalidität hinzu, und 1965 trat eine Krankenversicherung für Alte (Medicare) und für Fürsorgeempfänger (Medicaid) in Kraft. Zwar wenden die Vereinigten Staaten nach wie vor unter allen demokratischen Industrieländern (außer Japan) den geringsten Anteil des Bruttosozialprodukts für soziale Sicherheit auf, aber die Quote hat sich zwischen 1960 und 1970 verdoppelt – diese Wachstumsrate wurde nur von den skandinavischen Ländern und von den Niederlanden übertroffen.[164]

Eine nationale Krankenversicherung führten die Vereinigten Staaten nie ein. Als Folge waren 1973 drei Viertel der zivil beschäftigen Arbeitnehmer in den zahlreichen Privatunternehmen gegen Krankheit versichert.[165] Sechs Bundesstaaten, darunter New York und Kalifornien, unterhielten 1983 Versicherungen gegen vorübergehende Erwerbsunfähigkeit. Die übrigen Arbeitnehmer im Privatsektor waren fast zur Hälfte durch betriebliche Versorgungskassen oder Verträge zwischen Gewerkschaften und Management geschützt.[166]

Heidenheimer wie Janowitz betonten, die Vereinigten Staaten seien bloß bei der Sozialversicherung hinter Europa zurückgeblieben, im Bildungswesen jedoch vorausgeeilt: »Massive Unterstützung für den Ausbau des öffentlichen Bildungswesens, einschließlich der höheren Anstalten, gehört wesentlich zum amerikanischen Wohlfahrtskonzept. Dahinter steht die Vorstellung, durch das staatliche Bildungswesen nicht nur den einzelnen zu verbessern, sondern auch die nationale, soziale und wirtschaftliche Entwicklung zu fördern.«[167] Rivalitäten zwischen den Konfessionen regten das Interesse an der Erziehung an, und Wissenserwerb in einer frühen Lebensphase galt als solide Investition in eine spätere Laufbahn. Im Bildungswesen fiel es Kommunen und Einzelstaaten leichter, zur Kollektivierung beizutragen als bei der Risikovorsorge, da ersteres langfristig ihre Wettbewerbsposition verbessern würde, letztere sie dagegen kurzfristig verschlechtern konnte.

In den Vereinigten Staaten verhalf die Koalition zwischen einem reformerischen Regime und Arbeiterverbänden der Sozialversicherung zum Durchbruch und baute sie dann aus.[168] Dabei wurden die mutmaßlichen Wünsche der Arbeitgeber ebenso berücksichtigt wie die Rechte der Einzelstaaten. Dennoch erweiterte sich die Basis nie zu der Dreierkoalition anderer Länder, die den Verwaltungsapparat der Sozialversicherung hätte prägen können.[169] So verhandelten Gewerkschaften und Arbeitgeber weiter außerhalb des Sozialsystems über eigenständige Betriebsmodelle. Das verstärkte später noch die allgemeine Tendenz des amerikanischen Sozialwesens, bloß Menschen mit festen Arbeitsplätzen großzügig zu unterstützen. Die ziemlich schmale politische Basis der Sozialversicherung trug außerdem dazu bei, daß Interessengruppen – wie Versicherungsunternehmen und die Ärzteschaft – praktisch ein Vetorecht erhielten.

Die besondere Dynamik resultierte aus der Figuration von politisch bedingt autonomen Einzelstaaten rings um eine Bundesregierung, die innerhalb einer Gesamtwirtschaft miteinander konkurrierten. Zuerst verzögerte sie die Verabschiedung von Sozialgesetzen. Doch nachdem die Große Depression und politische Umwälzungen das Blatt gewendet hatten, die Sozialversicherung faktisch eingeführt war, konnte die Bundesregierung ihre Macht auf Kosten der Einzelstaaten ausbauen. So trieb die Entwicklung, wie auch andernorts, die Staatsbildung voran.

Die Niederlande: Langes Zischen, später Knall

In den Niederlanden war das Entstehen der Sozialversicherung durch bruchstückhafte, halbherzige Gesetze geprägt. Zwar wurde 1901 ein Arbeiterentschädigungsgesetz verabschiedet, doch erst zwölf Jahre später schlug Talma eine Invaliden- und Altersrente vor, die 1919 in Kraft trat. Eine Krankenversicherungsvorlage, die ebenfalls 1913 eingebracht wurde, kam 1930 durch. Schließlich führte das deutsche Besatzungsregime 1941 die Vorschriften für eine Krankenkasse aus. Die zwingende staatliche Arbeitslosenversicherung kam sogar nicht vor 1952.[170]

Trotzdem wandten die Niederlande Ende der siebziger Jahre weltweit den höchsten Anteil des Volkseinkommens für Soziales auf. Sowohl der relativ langsame, kümmerliche Beginn als auch der späte, aber rasante Ausbau der niederländischen Sozialversicherung sind somit erklärungsbedürftig.

Die Frühgeschichte der niederländischen Sozialpolitik deckt sich mit dem Aufkommen erster Parteien, der Gründung von Gewerkschaften und Arbeitgeberverbänden. Ein Schwerpunkt der Organisation war die soziale Frage, besonders nach 1897, als das Wahlrecht ausgedehnt wurde: auf »den in seinem Staate ansässigen Arbeiter«.[171] So löste ein neuer Konflikt über Probleme der gesellschaftlichen Organisation den Schulkampf ab, der schließlich 1917 durch einen Kompromiß der »Befriedung« endete.

Die Industrialisierung setzte in den Niederlanden später ein als in den Nachbarländern und beschleunigte sich gerade in den Jahren 1895 bis 1914.[172] Infolgedessen waren sowohl die Arbeiter als auch die Unternehmer Ende des 19. Jahrhunderts noch schlecht organisiert. Außerdem hatte die Polarisierung im Streit über ein staatliches oder konfessionelles Schulwesen die Gesellschaft tief geprägt, so daß sich Parteien, Gewerkschaften und andere Gruppen stark an konfessionellen Richtlinien orientierten. Katholische und protestantische Unternehmer schwankten, ob sie »allgemeinen« oder konfessionellen Verbänden beitreten sollten, während es Aktivisten und sozial eingestellten Funktionären gelang, gläubige Arbeiter in konfessionellen Gewerkschaften zu organisieren. Das alles gehörte zu einer tiefgreifenden *verzuiling* der holländischen Gesellschaft in konfessionelle »Säulen« unter dem gemeinsamen nationalen Dach – auf jener Ebene trugen die Eliten der einzelnen Konfessionen ihre Differenzen aus. Diese Umschichtung begann in der zweiten Hälfte des 19. Jahrhunderts und dauerte bis weit in die fünfziger Jahre hinein. Aufgrund der kreuz und quer verlaufenden konfessionellen Risse dieser »versäulten« Gesellschaft blieben sozial-ökonomische Konflikte darin immer etwas diffus und gedämpft.[173]

Bei dieser Konstellation dominierten die Protestantische und die Katholische Partei – deren Wählerschaften sozioökonomisch äußerst heterogen waren – ab 1901 im Parlament. Bis heute regierten nahezu ununterbrochen Koalitionen zwischen den beiden, zeitweise von den Liberal-Konservativen und nach 1939 auch von den Sozialdemokraten unterstützt.[174] Um diese Schlüsselposition zu verteidigen und ihre heterogenen Wählerschaften zusammenzuhalten, erstrebten vorsichtige christliche Politiker in der Sozialpolitik von Anfang an einen Dreierkonsens. Sie verbanden mit der Sozialversicherung vor allem das Ziel, Anstalten aufzubauen, worin Arbeitnehmer und Arbeitgeber, geleitet von konfessionellen Organisationsprinzipien, zusammenarbeiten würden.[175] In der zweiten Hälfte dieses Jahrhunderts, als die Industrialisierung mächtig fortgeschritten war und der Konfessionalismus zunehmend an politischer Bedeutung verlor, drohten die christlichen Parteien ins Abseits zu geraten, zumal ihnen die Sozialdemokraten bei sozioökonomischen Fragen in der Arbeiterschaft direkt Konkurrenz machten.[176] Als dann ein überparteiliches Dreierbündnis die Sozialversicherung stützte, wurde die Akkumulation von Transferkapital durch diese Konkurrenz sogar beschleunigt. Zur Finanzierung dienten die Erträge aus dem internationalen Handel und aus inländischen Erdgasvorkommen.

Der Übergang zur parlamentarischen Monarchie – in den Jahren 1848 bis 1868 – vollzog sich in den Niederlandem relativ friedlich und ohne jene Agitation, die Kleinbürger anderer Länder massenhaft in politische Organisationen trieb. Da später aus dem Schulkampf ein konfessionelles Parteiwesen erwuchs, konnten Kleineigentümer und Selbständige ihre Interessen überdies kaum deutlich und druckvoll artikulieren. Bevor der Einfluß des Landadels und des städtischen Patriziats in den westlichen Provinzen verfiel und die Kleinbürger mit einer Stimme sprechen konnten, hatten sie sich bereits an den neuen konfessionellen Lagern orientiert. In den christlichen und liberalen Parteien gingen ihre Interessen diffus auf, statt durch eigene politische Organisationen gebündelt wahrgenommen zu werden. Allein die relativ wenigen Großindustriellen konnten sich aufgrund ihrer sozioökonomischen Interessen organisieren, und das taten sie im Widerstand gegen das Arbeiterentschädigungsgesetz.[177]

Die letzte liberal-konservative Regierung verabschiedete das stark durch Bismarcks Initiative gerägte Gesetz von 1901. Dabei wäre es dem – in dieser Hinsicht zumindest – aktivistischen Regime beinahe gelungen, Arbeitnehmer wie Arbeitgeber zu umgehen, denn es wollte auf Kosten der Unternehmer eine gesetzliche Kollektivversicherung im Sinne des *risque professionel* schaffen, die von der staatlichen *Rijksverzekeringsbank* verwaltet worden wäre. Allerdings stieß die Vorlage auf ungeahnten Widerstand der Arbeitgeber. Diese wollten sich entweder selbst versichern oder zu diesem Projekt freiwillig zusammenschließen. Gegen ein Monopol der *Rijksverzekeringsbank*, über Ansprüche zu entscheiden und Leistungen auszuzahlen, hatten sie weniger einzuwenden und lehnten auch deren Aufsicht über ihre geplanten freiwilligen Versicherungsanstalten nicht ab. Vielmehr waren die Arbeitgeber auf die Barrikaden gegangen, weil sie fürchteten, dem Entwurf solle eine Flut von Sozialgesetzen folgen.[178] Mit ihrem begrenzten Ziel war diese Kampagne erfolgreich – die Vorlage wurde überarbeitet, und man ließ freiwilliges »Rückversichern« zu. Auch langfristig bewährte sie sich, denn später ging daraus eine Zentrale Unternehmerversicherungsbank[179] hervor und, mehr noch, 1899 entstand mit der *Nederlandse Vereniging van Werkgevers* der bis heute wichtigste Arbeitgeberverband. Doch andernorts fand die Kampagne der Arbeitgeber ein Echo.[180] So verfaßte der protestantische Politiker Kuyper einen »großen Verfassungszusatz« mit den christlichen Grundsätzen der sozialen Sicherheit. Obwohl er seinerzeit nicht durchdrang, legte er damit das Fundament für alle späteren Sozialgesetze. Sozialistische und radikale Arbeiter sammelten sich zögernd in einem nationalen Komitee zugunsten der ursprünglichen Vorlage und halfen so der Regierung, sie mit ganz geringen Änderungen durchzusetzen. Die Kleinunternehmer leisteten dabei fast keinen Widerstand, zumal sie ebenso wie eher risikoarme Branchen bis zur Novelle von 1921 im Gesetz ausgespart blieben.

Damit ging das erste Sozialversicherungsgesetz der Niederlande auf ein aktivistisches Regime zurück, das die mutmaßlichen Wünsche der seit kurzer Zeit wahlberechtigten Arbeiter berücksichtigte und auf die Unterstützung der

Arbeitgeber zählte. Da ihm keine mächtigen Arbeitgeberverbände Paroli bieten konnten, strebte das Regime ein staatliches Verwaltungsmonopol an. Doch gerade damit mobilisierte es die Arbeitgeber unbeabsichtigt gegen seine Vorlage und setzte eine politische Kampagne in Gang, worauf die Unternehmer sich gut organisierten und die Arbeitnehmer wiederum mit eigenen Maßnahmen antworteten.

Kaum war dieses Gesetz erlassen, da veränderte sich die politische Lage radikal: Die christliche Koalition kam ans Ruder, und Kuyper bereitete eine ganze Reihe von Sozialgesetzen vor, wodurch er das katholische Prinzip der »Subsidiarität« sowie das protestantische »souveräner Zirkel« körperschaftlich verwirklichen wollte. Die je nach Glauben organisierten Arbeitgeber und Arbeitnehmer sollten in Berufsgenossenschaften oder Betriebsräten mit »Repräsentanten der Krone« zusammenarbeiten, um die Arbeitsbedingungen festzulegen und die Sozialversicherung zu verwalten. Dieser Wunsch nach geregelten Arbeitgeber-/Arbeitnehmerbeziehungen entsprach dem Globalziel, den Klassenkampf durch strikt konfessionelle Gesellschaftsorganisation zu ersticken: *verzuiling* (»Säulenbildung«). Hierbei äußerte sich das kleinbürgerliche Mißtrauen gegenüber der Staatsmacht, dem Big Business und den Gewerkschaften nicht in totaler Opposition gegen soziale und ökonomische Zwangsregelungen. Vielmehr wurde es durch ein Modell abgeschwächt, das deren Kräfte in relativ kleinen und autonomen Orts- oder Branchenverbänden bezähmen, nämlich aufspalten und fesseln sollte – eine Vision, die damals in ganz anderer Form auch Sozialisten, Faschisten und sogar Anarchisten teilten. Damit konnten die Kleinunternehmer hoffen, außerhalb der Ständeordnung zu bleiben oder, wenn man sie doch hineinzwang, gleichberechtigt mitverhandeln zu können und Zwangsregelungen nur um den Preis von Schutz akzeptieren zu müssen.

Nach zwölf Jahren christlicher Koalitionsregierung legte Talma mit Gesetzen über Betriebsräte, Krankenversicherung sowie Alters- und Invalidenrente das Fundement der christlichen Sozialpolitik. Doch keines der Gesetze wurde ausgeführt, obwohl die Regierung – sei es versehentlich oder planmäßig[181] – duldete, daß man bei der *Rijksverzekeringsbank* sofort allgemeine Renten für Bürger über Siebzig einführte. Erst das Elend der Massenarbeitslosigkeit während des Ersten Weltkriegs, als die Niederlande neutral blieben, und dann eine kurze Revolutionsangst bewirkten, daß das Rentengesetz 1919 angewandt wurde.[182] Da jedoch erwarteten alle mindestens ebenso günstige Bedingungen wie bei der provisorischen Rente von 1913.[183] Talmas Krankenversicherungs- und das ergänzende Kassengesetz verzögerten sich jedoch unerwartet. Hauptproblem war erneut die Kontrolle der Ausführung. Die Sozialdemokraten traten für die »Betriebsräte« von 1913 ein, vertrauten also auf örtliche, halb-öffentliche Gremien. Die konfessionellen Parteien bevorzugten dagegen »Berufsgenossenschaften«. (Aus einer Arbeitgeberinitiative hervorgegangen, ließen sie damals bis zur Hälfte Arbeitervertreter zu). In ihnen sollten Arbeitnehmer- und Arbeitgeberorganisationen branchenbezogen kooperieren.

Da sich die Gewerkschaften zunehmend national orientierten, ließ ihr Interesse an lokalen Gremien nach, und in den zwanziger Jahren hatten sie gewöhnlich nichts mehr gegen – landesweite, sektorale – Berufsgenossenschaften als Vollzugsorgane der Sozialversicherung. Doch für die Beiträge sollten die Arbeitgeber aufkommen. Am Ende wurden beide Verwaltungsarten gesetzlich zugelassen – die Kosten trugen Arbeitgeber und Arbeitnehmer je zur Hälfte.[184] Nun traten die Mediziner auf den Plan, deren Widerstand bewirkte, daß das Krankenkassengesetz *sine die* vertagt wurde. 1941 führten die deutschen Besatzungsbehörden es per Dekret aus. Die Prämien wurden bei den Arbeitgebern erhoben, die fünfzig Prozent des Betrages vom Lohn abziehen durften.[185] Erst 1952 folgte die gesetzliche Arbeitslosenversicherung. Unterdessen hatte die Zentralregierung freiwillige Gewerkschaftskassen bezuschußt, in den zehn härtesten Jahren der Großen Depression auch die städtische Fürsorge.

Die politische Geschichte der niederländischen Sozialversicherung ist kaum erforscht, so daß man über die Ursachen der Verzögerung nur mutmaßen kann. Parlaments- und Rechtshistoriker haben diverse Gründe und Koinzidenzen ins Feld geführt, die aber durchweg kaum überzeugen können. Fast in keinem Stadium sei stark und beharrlich genug auf Sozialgesetze gedrängt worden. Der politische Kampf habe zu wenig auf die Sozialversicherung per se gezielt, dafür mehr auf die Regelung der Arbeitgeber-/Arbeitnehmerbeziehungen und auf die allgemein gesellschaftlichen Verhältnisse im Lande, das heißt, die »Gesellschaftsordnung«.[186] Mit ihrer Schlüsselrolle in der holländischen Politik hätten die christlichen Koalitionsparteien zwar die Richtlinien festlegen und sozialpolitische Probleme als solche der Gesellschaftsordnung formulieren können; ihre knappen parlamentarischen Mehrheiten hätten es ihnen aber nicht gestattet, dieses Muster ins Gewebe der Industriegesellschaft einzuweben. Im Verlauf von drei Jahrzehnten sei es ihnen allerdings gelungen, ein ziemlich unumstrittenes Dreiparteiensystem der Sozialversicherung aufzubauen. Dieses habe langsam die alte etatistische, an Bismarck orientierte Struktur des Arbeiterentschädigungsgesetzes abgelöst und die Rentengesetze überschritten, indem es die »industriellen Partner« in Strukturen zusammenbrachte, die zwischen »Staat und Gesellschaft« vermitteln sollten.

Weder hitzige Kampagnen noch aktivistische Cliquen oder politische Unruhen führten einen gesetzgeberischen Durchbruch herbei. Deshalb waren die Sozialgesetze weitgehend additiv, ab 1900 stets auf drei Parteien verteilt. Sie wurden weder breit unterstützt noch scharf bekämpft. Doch unter den sozioökonomischen Bedingungen der Nachkriegszeit förderte die gleiche politische Figuration, die vor dem Zweiten Weltkrieg vieles verzögert und zersplittert hatte, den rapiden Fortschritt der Sozialgesetzgebung.

Erstens wurden die Niederlande nach Kriegsende von einem massiven Industrialisierungsschub erfaßt. So zahlte sich das Bestreben der Vorkriegszeit, die Arbeitgeber-/Arbeitnehmerbeziehungen zu regeln, in den fünfziger Jahren aus, als ein höchst effizientes System der Konsultation zwischen Arbeitnehmern, Arbeitgebern und »Vertretern der Krone« entstand. So konnten diese fast unbedrängt Kompromisse aushandeln und Gesetze vorantreiben, was wiederum nachhaltig dazu beitrug, die Wirtschaft anzukurbeln. Dadurch wuchs die politische Macht der Großunternehmer und nationalen Gewerkschaften. Zweitens schrumpfte die – politisch nie sehr starke – kleine Mittelschicht von Selbständigen nach 1945 weiter, wohingegen die Lohnabhängigen einen immer größeren Anteil stellten.[187] Drittens konnten die christlichen Parteien zwar ihre zentrale Stellung im Parlament halten, ihre Mehrheit wurde aber immer knapper, und 1967 ging sie endgültig verloren; seit 1945 regierten sie mit Unterstützung sei es der Liberalen oder der Sozialdemokraten. Allmählich schwand der Einfluß des Konfessionalismus auf die niederländische Politik. Als 1946 die neue Arbeiter-Partei auftrat, begann zwischen Katholiken und Sozialisten ein heftiger Wettstreit um einen »Durchbruch« bei den katholischen Wählern des Südens. Viertens schließlich bestand ja bereits ein wenig umstrittenes Sozialversicherungswesen – während der Kriegsjahre hatten das deutsche Besatzungsregime, die holländische Exilregierung, aber auch die politische Führung des Untergrundes emsig dafür geplant.

So verabschiedete ein aktivistisches Regime aus Sozialdemokraten und christlichen Parteien, beflügelt durch die wichtigsten Ideen des Beveridge-Planes und eine allgemeine Aufbruchsstimmung, nach dem Krieg ein provisorisches Rentengesetz.[188] 1956 wurde es durch das Allgemeine Gesetz über Altersrenten abgelöst. Damit entstand die erste Volksversicherung (*volksverzekering*) für alle Bürger – ohne amtliche Bedürftigkeitsprüfung. Schon 1949 war eine Arbeitslosenversicherung verabschiedet worden, die 1952 in Kraft trat. Verwaltet wurde sie von den Berufsgenossenschaften, und die Kosten trugen Arbeitgeber und Arbeitnehmer je zur Hälfte.

Zwei neue Gesetze ließen die Einkommenstransfers ab den sechziger Jahren sprunghaft wachsen: das Allgemeine Beihilfegesetz 1963 und das Invalidengesetz 1967.[189] Gedacht als Schlußsteine der niederländischen Sozialgesetzgebung, veränderten ihre ungewöhnlich großzügigen Regelungen in der folgenden Rezession ganz unerwartet die Bedingungen des Arbeitsmarktes: Das erste schuf eine mehr oder weniger tragfähige und sichere Alternative zur Erwerbstätigkeit, das zweite ermöglichte einen ziemlich komfortablen Rückzug aus der Plackerei.[190]

Beide Gesetze wurden ohne größere Konflikte im Parlament oder in der Bevölkerung verabschiedet, in Kraft gesetzt und später sowohl von christlich-liberalen als auch von christlich-sozialistischen Koalitionsregierungen erweitert. Was die Berufsgenossenschaften gegenüber den früheren Gesetzen an Gewicht verloren, gewann der Zenralstaat hinzu.

Im großen und ganzen erwuchsen beide Gesetze – in einer Zeit, als der politische Rückhalt der selbständigen Mittelschicht schwand – aus Koalitionen von organisierten Arbeitgebern und Arbeitnehmern mit mehreren expansiven Regimes.[191] Eine anhaltende Phase mit Vollbeschäftigung, guten Handelsbilanzen und reichen Erträgen aus den inländischen Erdgasvorkommen hob die Stimmung und öffnete finanzielle Spielräume, um das soziale Netz auszubauen.[192] Schließlich gab der anhaltende Wettstreit zwischen Sozialisten und konfessionellen Parteien (hier Katholiken, da Protestantische Anti-Revolutions-Partei) um die Wählergunst der Arbeiterklasse weitere Impulse, die Sozialversicherung zu reformieren.[193]

In den Niederlanden bewährten sich die Sozialgesetze zwischen 1948 und 1970 ebenso wie andernorts. Einmütigkeit über den Sozialstaat verdrängte allmählich die bitteren Erinnerungen an die Große Krise und nährte ein historisch vielleicht beispielloses Vertrauen. Kaum jemand sah während dieser langen Phase sozialer Sicherheit voraus, daß die Arbeitslosigkeit erneut schwere soziale Probleme bereiten könnte, wie ab den frühen siebziger Jahren geschehen. Als die Zahl der Erwerbslosen stetig anstieg, kumulierten sich die in besseren Zeiten festgesetzten Sozialleistungen drastisch, und die total aus dem Ruder laufenden Sozialausgaben erzeugten ein Haushaltsdefizit, das fast unkontrollierbar wuchs.

Im Endeffekt bewirkte die Entwicklung in den Niederlanden, daß der Anteil des Privatvermögens am Gesamtaufkommen merklich sank, weil der des Transferkapitals unaufhaltsam stieg. Läßt man dieses außer acht (da es in den Statistiken unberücksichtigt bleibt), verteilte sich das Privatvermögen immer noch weitaus weniger gerecht als die Einkommen. Ähnliche Entwicklungen vollzogen sich auch in anderen demokratischen Industrieländern.[194] Diese gleichmäßigere Einkommensverteilung geht in hohem Maße auf Transfers zurück. So wurde geltend gemacht, das Gesamtaufkommen an Transferkapital steige oder sinke gegenläufig zur Summe der Kapitalerträge (Mieten oder Gewinne). Doch das gesamte »institutionelle Einkommen« aus beiden Quellen bleibe konstant gegenüber dem Erwerbseinkommen.[195] Dieses Resultat ließe vermuten, daß sich Transferkapital faktisch direkt auf Kosten des privaten bildet, womit sich die schlimmsten Befürchtungen früherer Generationen von besitzenden Kleinbürgern bestätigt hätten, auch wenn viele ihrer Abkömmlinge zu den größten Nutznießern gehören.

Resümee

Landesweit eingeführte Sozialversicherungen gaben nicht bloß dem Kollektivierungsprozeß des 19. Jahrhunderts entscheidende Impulse, sondern läuteten auch bei der Staatenbildung eine neue Runde ein. Erstmals wurde ein großer Teil der Bevölkerung, der fortan stetig wuchs, durch einheitliche, gesetzliche, kollektive Modelle gegen die Risiken des Erwerbslebens abgesichert.

Um die Jahrhundertwende schien diesem Projekt allein der Staat mit seiner Verwaltungskapazität, Reichweite und Festigkeit gewachsen zu sein. Nur er konnte durch seine Befugnisse, Abgaben zu erheben und Zwangsmitgliedschaft anzuordnen, das Dilemma des freiwilligen kollektiven Handelns überwinden.

Zwangsakkumulation von Transferkapital bedeutete direkten Eingriff in den Geldfluß zwischen Arbeitgebern und Arbeitnehmern und in das Konsumverhalten der Lohnabhängigen – damit zugleich Vordringen der Staatsbürokratie in jeden Betrieb, jeden Haushalt. Dagegen setzten sich kleine selbständige Unternehmer überall hartnäckig zur Wehr. Je stärker ihre politische Position war, desto länger zögerten sich die Sozialgesetze hinaus.

Arbeiter traten meist für die Sozialversicherung ein, sobald ihre Organisationen Fuß faßten und eine landesweite Basis entwickelten, um sich entsprechend an der nationalen Politik und am Zentralstaat zu orientieren. Den Großunternehmern waren die Kosten des Projekts und die Eingriffe der Bürokratie ein Dorn im Auge. Doch sie sahen auch ein, daß sich die Beziehungen zu den Arbeitnehmern entspannen und sie von der Verantwortung für invalide oder alte Arbeitnehmer nebst Familien entbunden würden. Für die Großunternehmer wie auch für die Arbeiter wurde die Sozialversicherung zunehmend zu einer Kosten- und Machtfrage, am Ende zum Verhandlungsproblem.

Die vierte Partei in der Figuration – das herrschende Regime – war der einzige notwendige Akteur. Ohne es ging nichts. Um jedoch den Widerstand des Kleinbürgertums zu überwinden und die Durchführung des Projekts zu gewährleisten, benötigte es die Unterstützung der Legislative und der Bevölkerung. Das Regime mochte, wie Bismarcks Regierung, ohne Rücksicht auf die Gewerkschaften vorpreschen, doch bloß, wenn es auf die Mitwirkung der Großunternehmer setzen konnte und wußte, daß die Arbeiter seine Pläne stillschweigend billigen würden. Auch konnte es die Arbeitgeber umgehen, wie Lloyd Georges Kabinett, was ein Bündnis mit den Gewerkschaften voraussetzte. In den Vereinigten Staaten nutzte Roosevelts Regime die Unterstützung der Gewerkschaften, überließ es aber den Bundesstaaten, mit diesen und mit den Unternehmern im einzelnen Kompromisse auszuhandeln. In Frankreich und in den Niederlanden wurden die Sozialgesetze durch heikle Dreierkoalitionen stark verzögert. Überall jedoch starb der Widerstand eines »natürlichen« ökonomischen Todes, als die Schicht der Kleinunternehmer schrumpfte, während die Unterstützung mit dem Anteil der Lohnabhängigen unter den Erwerbstätigen wuchs.

Kapitel 6

Schluß: Die Kollektivierung und ihre Folgen

Inzwischen ist der Sozialstaat zu einem gewaltigen Konglomerat aus landesweiten, gesetzlichen, kollektiven Einrichtungen geworden, um die externen Effekte von Risiken und Defiziten aufzufangen. Diese Kollektivierung, ein Phänomen der Moderne, vollzog sich im Westen zusammen mit der Staatenbildung und dem Aufstieg des Kapitalismus. Den Hauptimpuls erhielt die Entwicklung vom Kampf der Eliten gegen die Risiken des Zusammenlebens mit den Armen, wobei sie zugleich auch deren Potentiale nutzen wollten. Doch bei aller Macht und allem Reichtum waren die gesellschaftlich Etablierten weder den Chancen noch den Risiken aus eigener Kraft gewachsen, sondern stets auf kollektives Handeln angewiesen. Allerdings genügte in der Regel die Aussicht, daß die untätigen Eliten von derartigen Bemühungen mitprofitieren würden, um bei allen anderen jede Initiative im Keim zu ersticken. Die wichtigsten Etappen in der Geschichte der Armenfürsorge, des Gesundheits- und Schulwesens lassen sich auf Konflikte der Eliten darüber zurückführen, wie die mittelbaren Auswirkungen der Plagen zu bekämpfen waren, unter denen die Massen direkt litten – Armut, Krankheit, Unwissen. Um die vielfältigen Interdependenzen zwischen Reichen und Armen sowie zwischen den Eliten selbst in den Griff zu bekommen, schuf man kollektive Fürsorgeeinrichtungen: anfangs bloß kommunale, später städtische und schließlich landesweite. Solange eine zentrale Koordination ausblieb, wurde das ursprüngliche Patt allgemeinen Mißtrauens häufig dadurch überwunden, daß man einander Hoffnung machte oder gemeinsam Illusionen pflegte. Wenn es jedoch zum kollektiven Handeln kam, konnten sowohl Kollektivgüter als auch echte Kollektive entstehen. Im Zuge der Kollektivierung kamen neue Formen wechselseitiger Kontrolle und Abhängigkeit auf und stützten das kollektive Projekt. Als Stadtverwaltungen und Staaten in der Moderne ihre Macht immer effizienter ausüben konnten, griffen sie zudem in Konflikte zwischen örtlichen Eliten über den Umgang mit den Armen ein. Mit derartigen Maßnahmen wurden die kollektiven Einrichtungen eng an die Kommunal- und Zentralregierungen gebunden – was wiederum den Staatsapparat ausdehnte.

Kurz gefaßt: Staatsbildung und Kollektivierung der Fürsorge

Mit fortschreitender Staatsbildung waren Produktion, Lagerhaltung, Transport und Handel zunehmend vor Raub oder Plünderung geschützt. Allgemeine Sicherheit bedeutete, daß sich die spezifisch feudalen Schutzbeziehungen auflösen konnten, um weithin durch intensivierte Eigentumsverhältnisse und durch Zahlungsverkehr ersetzt zu werden – rechtlich und letzten Endes durch Staatsgewalt abgesichert.

Doch je weitere Kreise die Wirtschaft zog, desto anfälliger wurde sie auch für vereinzelt auftretende, plötzliche Attacken, denn die interne Befriedung hatte Kriminalität und Banditentum nicht völlig beseitigt. An den Rand gedrängte, vagabundierende Arme bedeuteten bei wachsenden Ernten, größeren Lagern, längeren Lieferwegen sogar mehr Gefahr. Diese wollten die wohlhabenden Schichten bannen, als sie sich – im Rahmen der »Restpazifierung« – kollektiv bemühten, die gefährlichen Armen zu befrieden.

Wo man die Armen nicht vertrieb, beschwichtigte man sie mit Hilfe der Fürsorge. Als »Wohlfahrtsunternehmer« traten mittelalterliche Priester für einheitliche Verteilungsregeln ein, die das Almosengeben über »Brennpunkte« koordinieren halfen. Außerdem beeinflußten sie die allgemeinen Erwartungen der vermögenden Familien und schufen ein öffentliches Klima für demonstratives Spenden und penible Prüfung der einzelnen Gaben. Die kollektive Wohltätigkeit trug ihrerseits dazu bei, daß sich die Gemeinde als Kollektiv verstand. Im Rahmen dieser aufkeimenden Gemeinschaften wuchs die soziale Bedeutung der »öffentlichen Ordnung« als Kollektivgut. Die Gemeinde erleichterte auch wechselseitige soziale Kontrolle und entwickelte Sanktionen gegen jene, die Spenden verweigerten.

Das Grunddilemma kollektiven Handelns kehrte im Europa der frühen Neuzeit auf einer höheren gesellschaftlichen Ebene wieder. Damals sahen sich relativ autonome Kommunen durch regionales Vagabunden- und Banditentum bedroht, konnten aber ohne zentrale Koordination nicht effizient handeln. Erneut waren sie aufeinander angewiesen, um die regionale »Restpazifizierung« zu bewirken, konnten einander aber weder trauen noch zur Kooperation zwingen. Jede der Kommunen wollte ihre Bürde der Hilfesuchenden auf die nächste abwälzen und verschlimmerte dadurch das allgemeine Chaos. Keine konnte es sich erlauben, als einzige ihre Tore für Bedürftige zu öffnen. Diesmal überwand man das Dilemma kollektiven Handelns durch eine Illusion: den Irrtum, Kommunen könnten den Zustrom der Hilfesuchenden durch Arbeitshäuser eindämmen und die Armen für ihren Lebensunterhalt arbeiten lassen. Als die Ernüchterung kam, hatten viele Kommunen bereits Arbeitshäuser eingerichtet. Zentralbehörden setzten ihre damals noch begrenzten Mittel ein, um das regionale Gleichgewicht der Armenfürsorge zu wahren: Sie veranlaßten die Kommunen, ihre Arbeitshäuser in Betrieb zu halten, um ihre Quote an Vagabunden einzusperren (Kapitel 1).

In einer Zeit wachsender Märkte und Staatsbürokratien betrachteten Unternehmer und Beamte die Armen auch als ein Potential. Die neuen kapitalistischen und bürokratischen Eliten wollten möglichst weite Kreise direkt ansprechen können, also versuchten sie, den Landadel und -klerus zu umgehen, die monopolistisch zwischen ihrer relativ isolierten Klientel und der restlichen Gesellschaft vermittelten. Fern von den Großstädten sprachen Bauern, Handwerker und Arme oft ausgeprägte regionale Dialekte und verstanden die »Standardsprache« nicht; lesen oder schreiben konnten die wenigsten von ihnen. Das bis dahin im Alltag meist nicht hinderliche Unwissen verwandelte sich in ein Defizit, als die Bindung an den Zentralstaat und die nationalen Märkte immer stärker wurde. Örtliche Eliten, die ihren regionalen Dialekt und die Standardsprache fließend beherrschten sowie lesen und schreiben konnten, hatten von wachsender Nachfrage nach ihren monopolistischen Mittlerdiensten viel zu gewinnen. Durch die allgemeine Unkenntnis der nationalen Kommunikationskodes blieb es den großstädtischen Eliten versagt, weite Kreise der Bevölkerung direkt anzusprechen.

Somit herrschte eine »sprachliche Blütenfiguration«, bestehend aus mehreren relativ disjunkten, separaten Kommunikationsnetzen: Meist waren die Dialekte wechselseitig nicht verständlich, und sofern es eine gemeinsame Sprache gab, trennten der Analphabetismus und die Mühen des Reisens. Örtliche Eliten vermittelten in der Hochsprache oder schriftlich zwischen ihren lokalen Netzwerken und der übrigen Nation. Sie bildeten die »Schnittmengen« zwischen diesen relativ disjunkten peripheren Netzwerken und den Metropolen, wo man die Standardsprache sprach, las und schrieb.

Metropolitanische Beamte und Unternehmer – auf dem »Blütenboden« der Figuration – wollten die örtlichen Mittlermonopole mit einer Kampagne für

Sprachvereinheitlichung und Massenalphabetisierung brechen: ein bedeutender Aspekt im größeren Rahmen des nationalen Aufbruchs. Sie strebten landesweite Elementarschulpflicht an, um die nationalen Kommunikationskodes mittels normierter Curricula zu verbreiten. Die lokalen Eliten widersetzten sich zwar dem Projekt, aber der Wettstreit zwang sie, eigene Schulen einzurichten. Später gründeten sie, ebenfalls durch Konkurrenz getrieben, landesweite Schulvereine, um gegen Staatsmonopole zu kämpfen, und schließlich staatliche Unterstützung zu fordern, wofür sie zugleich zentrale Regelungen hinnahmen. Zu guter Letzt sahen sie sich in ein anderes, landesweites Schulwesen einbezogen, das fast überall einheitlich und zwingend war und auf das sie in den meisten Ländern nur noch nominellen Einfluß hatten (Kapitel 2).

Industrialisierung und Urbanisierung drängten Menschen – in einem neuen Aggregatszustand – massenhaft auf engstem Raum zusammen: in den Industriestädten des 19. Jahrhunderts. Aufgrund der Vermassung brachten die ständigen Begleiter der Armut – Elend, Unterernährung und Krankheit – neuartige Risiken hervor: Es drohten Seuchen. Zwar wüteten sie unter den Armen am schlimmsten, gefährdeten aber auch wohlsituierte Bürger und lähmten das soziale und wirtschaftliche Leben der Städte.

Zum Paradigma der neuen, bedrohlichen urbanen Interdependenz wurde das Schreckgespenst der Cholera. Als typische Reaktion erwies sich das Projekt der Städtesanierung durch ein »Venen-Arterien-System« für Trinkwasserversorgung und Kanalisation. Einerseits schirmte es die Städter voneinander ab, indem es die Privatsphäre einkapselte, andererseits verband es jedoch alle mittels der umfassenden Netze der städtischen Dienste.

Inzwischen waren Bürger, die es sich leisten konnten, in »bessere« Viertel umgezogen. Im Endeffekt teilten die individuellen Schritte den Raum in sozial homogene Zonen auf. Für die neuen, wohlhabenden Viertel erleichterte diese Entwicklung ein kollektives Handeln der städtischen Eliten, um die externen Effekte der Armut im gesamten Stadtgebiet zu bekämpfen: Kriminalität, Rebellion, Infektion und »soziale Ansteckung«. In diesem Zusammenhang führte man ständige Polizeiüberwachung ein und legte diverse Versorgungsnetze an. So durchzogen Wasserleitungen und Kanäle, Gasrohre und Elektrokabel, Straßenbahnschienen und Telefonleitungen die Städte. Am Ende des 19. Jahrhunderts installierte man sie oft zuerst in wohlhabenden Bezirken und zweigte sie später von dort ab, bis fast das gesamte Stadtgebiet angeschlossen war. Nur Armenviertel blieben ausgespart – und wurden erst durch staatlichen Zwang angeschlossen, wenn die Grenznutzenrechnung das opportun erscheinen ließ (Kapitel 3).

Zunehmende industrielle Massenproduktion machte die Lohnabhängigen zur überwältigenden Mehrheit der Erwerbstätigen. Im Unterschied zu Vermögenden besaßen sie keine Rücklagen für Verdienstausfall wegen Invalidität, Krankheit, Alter oder Erwerbslosigkeit, noch konnten sie für ihre Angehörigen vorsorgen. Lohnabhängige sparten selten privat, doch manche schlossen gewerbliche Versicherungen ab, und viele traten in Versicherungsvereine auf Gegenseitigkeit ein. In einer bestimmten Phase waren diese kleinen, relativ selbständigen Hilfsvereine bei Arbeitern am beliebtesten, um Risiken kollektiv abzusichern. Was ihren Erfolg ausmachte, war jedoch zugleich ihre Schwäche. Klein und von den Mitgliedern selbst verwaltet, fehlten ihnen Sachkenntnis ebenso wie Mechanismen für Aufsicht, normierte Entscheidungen und Konfliktlösung. Ihre Miedgliedschaft war sozial äußerst homogen, was zwar den Zusammenhalt stärkte, aber die Kassen auch durch Häufung ähnlicher Risiken belastete. Da Hilfsvereine auf Gegenseitigkeit autonom waren, neigten sie stets dazu, extrem schlecht bezahlte und besonders gefährdete Arbeiter auszuschließen – sofern die Konkurrenz ähnlich verfuhr, war dies sogar notwendig. Wie so oft ließ ein System kleiner, autonomer Einrichtungen eine Gesellschaftsschicht darunter »im Regen stehen« (Kapitel 4).

Die Versicherungsvereine auf Gegenseitigkeit waren dem Problem der industriellen Armut zunehmend weniger gewachsen. Allmählich setzte sich die Erkenntnis durch, daß die Armut unter urban-industriellen Verhältnissen nicht den moralischen Wert der Person widerspiegelt, sondern wahllos jeden treffen kann, der keine feste Arbeit findet. Wohlsituierte Städter empfanden die düsteren Massen der Armen als bedrohlich. Da sich die Arbeiter verstärkt organisierten, schienen auch ihre Gewerkschaften den sozialen Frieden und die öffentliche Ordnung zu bedrohen. In dieser Situation schlugen Großunternehmer, gemäßigte Arbeiterführer, aktivistische Bürokraten und Politiker vor, landesweit gesetzliche Gemeinschaftskassen einzurichten, um Arbeiter gegen Verdienstausfälle wegen unfreiwilliger Entlassung abzusichern. Kollektive Akkumulation von Transferkapital bildete eine Alternative zur Vorsorgefunktion des Privatvermögens. Kleine Unternehmer und Selbständige bekämpften derartige Modelle, da die gewaltigen Fonds ihre Anlagen auf den Kapitalmärkten bedrohten und Zwangsmaßnahmen ihre Autonomie eingeengt hätten. Im übrigen gingen von der geplanten Sicherheit für die Arbeiterschaft auch Gefahren für ihre eifersüchtig bewachte soziale Distanz zu dieser Schicht aus.

Nur ein aktivistisches Regime konnte diesen politischen Widerstand überwinden, wozu es auf die Unterstützung der Großunternehmer, der organisierten Arbeiterschaft oder beider angewiesen war. Zeitpunkt und Dynamik der Sozialversicherungsgesetze bestimmten sich durch das Machtgefälle zwischen dem Kleinbürgertum und den erstarkenden industriellen Klassen der Arbeitnehmer und Arbeitgeber, wobei dem politischen Regime eine Schlüsselrolle zufiel. Die Reichweite und Struktur der Anstalten für Transferkapital hingen vor allem davon ab, wie die jeweilige politische Koalition zusammengesetzt war.

Nachdem Deutschland die ersten Sozialversicherungsgesetze erlassen hatte, entstanden während der nächsten fünfzig Jahre in sämtlichen demokratischen Industrienationen landesweit staatliche, kollektive Einrichtungen zur Akkumulation von Transferkapital. Vor Ausbruch des Zweiten Weltkriegs hatten die westeuropäischen Länder und die Vereinigten Staaten alle insitutionellen Fundamente gelegt, um das Gesundheits- und Schulwesen sowie die Einkommenssicherung bleibend zu kollektivieren. Sie stützten die hoch aufstrebende Konstruktion der Nachkriegszeit: »Die zweite große Revolution des Jahrhunderts im Bereich der Sozialfürsorge setzte den Prozeß fort. Sie begann nach Dünkirchen und nahm ab 1945 schnell immer konkretere Formen an.« [1]

Kollektivierung nach 1945: Hyperbolische Expansion

Seit dem Zweiten Weltkrieg zogen Schulwesen, Gesundheitsvorsorge und Einkommenstransfers in Europa wie in den Vereinigten Staaten unaufhaltsam ihre Kreise. Mehr Kinder besuchten, zunehmend länger, immer bessere Schulen. Der Zentralstaat baute seine Kontrolle über das Bildungswesen rasant aus. Mehr Menschen ließen sich mit immer neuen Beschwerden behandeln, fanden stark verbesserte Dienste und Einrichtungen vor, die ebenfalls rasch unter staatliches Regiment gerieten. Auch die Akkumulation von Transferkapital beschleunigte sich rapide. Bald war fast die ganze Bevölkerung abgesichert, und die Leistungen erfaßten ein immer breiteres Spektrum von Risiken, wurden – absolut wie relativ betrachtet – zusehends großzügiger. Zudem griffen staatliche Behörden mehr denn je in die Verwaltung von Unternehmen sowie in die Privatsphäre von Arbeitnehmern und Anspruchstellern ein.

Die Ausdehnung erfolgte in zwei schubartigen Phasen: von Ende der vierziger bis Anfang der fünfziger und von Mitte der sechziger bis Anfang der siebziger Jahre. Seitdem stagnierte sie, kehrte sich in seltenen Fällen sogar um.

Bis Ende der dreißiger Jahre hatten alle Regierungen des Westens die administrativen und fiskalischen Prinzipien des Sozialstaates eingeführt und erprobt. Staatsbürokratien bewiesen, daß sie in der Lage waren, gewaltige Bildungs-, Gesundheits-, Versicherungs- und Fürsorgesysteme aufzubauen und zu verwalten. Außerdem zeigte sich, daß diese landesweiten kollektiven Zwangseinrichtungen eine breite politische Basis finden können. Die Finanzierungsprobleme schienen prinzipiell lösbar. Millionen von Schülern, Studenten, Patienten, Klienten, Beitragspflichtigen und Anspruchstellern bewährten sich als kompetente Mitglieder der Anstalten. Kurz: Nicht Schlüsse aus luftigen Axiomen bewiesen deren Tragfähigkeit, sondern Induktion – auf der Basis solider, alltäglicher Empirie. Heclo zufolge war die »Experimentierphase« abgeschlossen, und die »Konsolidierungsphase« hatte begonnen, in den fünfziger Jahren gefolgt von einem weiteren »Expansionsschub«.[2]

Während des Zweiten Weltkriegs hatte sich gezeigt, daß die neuen Prinzipien der Staatsverwaltung ausbaufähig waren, denn die – in enger Kooperation mit der Großindustrie und den Gewerkschaften – betriebene Kriegswirtschaft zeitigte, besonders in England und in den Vereinigten Staaten, spektakuläre Resultate. Nach 1945 blieb das »Kriegsdreieck« bestehen.[3]

Durch die Mobilmachung für den totalen Krieg erweiterten sich die Kapazitäten des Staatsapparates enorm. Damit waren die Bürokratien bestens für die administrative Herausforderung gerüstet, ein stark gewachsenes Fürsorgewesen zu organisieren.[4] Kriegsprojekte wie Heeresverwaltung, Materialschlachten, Zivilschutz, Evakuierung und Propagandafeldzüge hatten viele westliche Regierungen gelehrt, die Wirtschaft zu steuern, die öffentliche Meinung zu bündeln und das Leben der Bevölkerung zu verwalten. Das alles stellte weitaus höhere Anforderungen als der Betrieb eines Sozialstaates – obwohl dieses Projekt kurz zuvor noch als kolossal gegolten hatte. Wie es schien, unterstützte eine große Mehrheit solche massiven Eingriffe des Staates. In England und in den Vereinigten Staaten trugen sie zum totalen militärischen Sieg bei. Handfester staatlicher Zwang war offenbar mit Demokratie nicht bloß vereinbar, sondern schien jetzt sogar deren Bestand abzusichern – gegen externe Bedrohungen ebenso wie gegen interne Unzufriedenheit. Die »zahme« Variante der Zwangskollektivierung überzeugte auch die Holländer, Franzosen und Deutschen, nachdem sie der totalitären ausgesetzt waren: Ab 1945 schien die Demokratie überall den Sozialstaat einzuschließen.

Die Prinzipien des Kriegsdreiecks und der Kriegswirtschaft wurden durch gleichgerichtete Sachzwänge verstärkt: In der Vorkriegs- und Kriegszeit mußten sich die politischen Eliten um die Loyalität der Arbeiterklasse bemühen, denn sie brauchten zum einen Soldaten für den internationalen Konflikt und zum anderen Wählerstimmen für den innenpolitischen Kampf. Als sich viele Arbeiter und Intellektuelle – besonders Kontinentaleuropas – wie magnetisch vom Faschismus und Nationalsozialismus anziehen ließen, bewies das Sowjetsystem seine Stärke durch militärische Leistungen, und einheimische Kommunisten hatten im Widerstand gegen die Nazis an vorderster Front gekämpft. Daher schien sich das kommunistische Programm als eine Alternative sowohl zum nationalsozialistischen Staatsterrorismus als auch zum Krisenkapitalismus der Vorkriegszeit anzubieten. So befürchteten Politiker der demokratischen Volksparteien später – als nicht mehr dringend Rekruten gebraucht wurden und entlassene Soldaten auf dem Arbeitsmarkt oft schlechte Karten hatten, weil man mit einer sehr langsamen Erholung der Friedenswirtschaft rechnete – vor allem die Gefahr einer revolutionären Arbeiterbewegung.[5] Im übrigen waren die demobilisierten Soldaten ja auch Wähler und hatten die Kriegsverheißung einer »Welt ohne Armut« nicht vergessen. Als die Dekolonialisierung Großbritannien, Frankreich und die Niederlande in eine Reihe begrenzter, aber weit entfernter, kostspieliger und unpopulärer Kriege verstrickte – die Vereinigten Staaten in Korea militärisch eingriffen –, sahen sich die Regierungen auch dadurch veranlaßt, mit einer großzügigen Sozial- und Bildungspolitik um die Wählerstimmen der Arbeiter und Soldaten zu buhlen.

Die Kriegswirtschaft hatte viele Großindustrielle mit staatlichen Eingriffen versöhnt. Sie und die Große Depression durchbrachen die Produktionsmuster und politischen Organisationsformen der schmalen Mittelschicht von Geschäftsinhabern, Handwerkern, Kaufleuten und Bauern. Zum einen erschienen die starken Wechselkursschwankungen der zwanziger und dreißiger Jahre sowie die Währungsmaßnahmen der Kriegszeit als ein Hohn auf privates Sparen. Zum anderen waren die rechtsextremen kleinbürgerlichen Gruppen in Auflösung begriffen. Der traditionelle Widerstand gegen eine staatliche Sozialpolitik verlor noch weiteren Boden, als die selbstbewußten Verfechter der Sozialversicherung neue Modelle auch für Selbständige zu fördern begannen. Freilich bildeten sie eine starke Verlockung für viele Kleinunternehmer, die lange Jahre unter Inflation und Mangel gelitten hatten.

In Amerika verabschiedeten die Demokraten, in Europa Christ- und Sozialdemokraten – meist von ökonomisch konservativen »Liberalen« unterstützt – Programme, um Sozialversicherung, Gesundheits- und Bildungswesen auszudehnen. Momentane finanzielle Engpässe glichen sie durch administrativen Eifer aus und legten so die Fundamente für eine Expansion, sobald sich die Kassen füllten. Diese Politik fand breiteste Zustimmung. Bündnisse aus wichtigen Gewerkschaften, Großindustrie und herrschenden Regimes verständigten sich über die erhöhten Sozialausgaben. Sie sollten aus allgemeinen

Steuermitteln finanziert werden – im Stillen hoffte man jedoch, Verkäufermärkte ließen es zu, die ansteigenden Lohnnebenkosten an die Verbraucher weitergeben zu können. Dem lag die simplifizierte These Keynes' zugrunde, Staatsausgaben förderten den Konsum. Getragen wurde die Flut der Sozialausgaben jedoch von einer anhaltenden Welle unerwartet und außergewöhnlich starken Wirtschaftswachstums.[6] So »ruhte die Sozialpolitik, während der Motor des Wirtschaftswachstums arbeitete«.[7]

In der Nachkriegszeit brachte die Anfangsphase des hyperbolischen Wachstums tiefgreifende soziale Veränderungen mit sich. Kollektive Einrichtungen für Gesundheitsvorsorge und Einkommensschutz bezogen die Masse der Bürger ein. Zunächst widersprachen viele Wähler den kollektiven, öffentlichen Ausgaben und hohen Steuern generell. Wo es jedoch darum ging, einzelne Sozialleistungen zu streichen, die sie persönlich betrafen, protestierten die meisten viel vehementer gegen solche Maßnahmen, als sie abstrakt für allgemeine Kürzungen eingetreten waren. In der Folge verbündeten sich stark motivierte Minderheiten erfolgreich, um ihre Interessen wahrzunehmen, sobald eine – notwendigerweise weniger entschlossene und verschworene – Opposition diese bedrohte.[8]

Die zweite Konsequenz dieser Ausweitung war, daß sich eine Schicht von wissenschaftlichen Fachleuten und Staatsbeamten bildete, deren berufliches Fortkommen von kollektiven Einrichtungen abhing. Daher trat diese bunt gemischte »neue« Mittelschicht in breitester Front für ihren Ausbau ein. Die Akademikergruppen knüpften nicht allein enge Bindungen zum Staatsapparat, sondern unterwarfen weite Teile der Bevölkerung ihrem »Regiment« – formten sie sich als Klientel. Ihre Machtübernahme im Erziehungs-, Gesundheits-, neuerdings auch Fürsorgewesen gab dem Vorstoß der Sozialstaaten im 20. Jahrhundert ganz entscheidende Impulse. Dieses Thema werde ich unten (S. 254-267), speziell auf die Ärzteschaft bezogen, genauer erörtern.

Drittens veränderten die Expansion kollektiver Einrichtungen und, damit verbunden, die Herrschaft von Expertenregimes die Mentalität der Bürger heutiger Sozialstaaten. Dieser Wandel vollzog sich auf drei Ebenen: 1) Das Angebot von Expertenregimes in Sozialstaaten – Gesundheit, Erziehung und Schutz vor Verdienstausfällen – wurde aufgewertet. Kurz, Menschen lernten solche Werte zu schätzen und begriffen alltägliche Ereignisse zunehmend im Sinne der Fachleute, deren Hilfe sie beanspruchten – eine »Protoprofessionalisierung«. 2) Selbstdisziplin und Zukunftsorientierung spielten eine immer größere Rolle. Dabei wirkten die Prozesse der Kollektivierung und der Zivilisation zusammen. 3) Die durchgängige Interdependenz der modernen

Gesellschaft trat verstärkt ins Bewußtsein. Statt Abläufe überwiegend per Religion, Magie oder Verschwörung zu deuten, wurde man sich der wechselseitigen Abhängigkeiten bewußt – und erkannte, daß Defizite und Risiken einer Gruppe indirekt andere mitbedrohen: Wohltätigkeit ging in soziales Bewußtsein über. Auf S. 267-280 erörtere ich, wie eine kollektivierte Fürsorge die Mentalität verändert.

Im Endeffekt trug die Ausweitung des Sozialstaats dazu bei, daß er weiter expandierte. Die erste Wachstumswelle – der Nachkriegszeit – brachte vielfältige gesellschaftliche Veränderungen mit sich und setzte so weitere Kollektivierungsschübe in Gang. Damit steigerte sich die sozialstaatliche Eigendynamik. Kollektive Einrichtungen bauten zunehmend das strategische Umfeld aus – den Kontext für das alltägliche Tun oder Unterlassen der Bürger.

Die zweite Ausbauphase dauerte von den sechziger bis zu den frühen siebziger Jahren.[9] Ohne das anhaltende Wirtschaftswachstum ab Ende der fünfziger Jahre wäre sie unmöglich gewesen. Allerdings hätte man den Mehrwert auch anders einsetzen können. Doch aufgrund öffentlicher Agitation für mehr Sozialleistungen und des Drängens der Sozialbürokratien selbst – die seinerzeit zu mächtigen, aktiven Interessengruppen angewachsen waren – wandte man große Teile davon auf, um das soziale Netz zu erweitern. Am explosivsten verlief die Entwicklung, wo sich beides verband: wo akademische Sozialexperten eingriffen, um Gruppen potentieller Klienten und Anspruchsteller politisch zu organisieren.

Auch mehrere spektakuläre Ereignisse alarmierten die Regierungen und weckten ihre Bereitschaft, eine neue Runde von Sozialreformen einzuläuten. Ende der sechziger Jahre geriet das Problem der Armut in den USA durch Rassenunruhen – besonders unter Schwarzen in den Slums – ins Rampenlicht. Gleichzeitig beleuchteten die weltweiten Studentenproteste gravierende Mängel des höheren Bildungswesens, das erst kurz zuvor, als sich die Erziehungsspirale wieder einmal gedreht hatte, für Arbeiterkinder geöffnet worden war.[10] In Europa gingen massive Arbeiterstreiks mit den Studentenunruhen einher. Eine neue Intellektuellengeneration – meist Soziologen – schürte die Rebellion mit der passenden politischen Deutung. Die ganze Abfolge kleiner Revolten, mal hier, mal dort aufflackernd, beschwor ein lange vergessenes Gefühl der Eile und Gefahr. Damit trugen die Unruhen der sechziger Jahre ein weiteres notwendiges Element zur Sozialreform bei: die Angst der Eliten.[11]

Regierungen trieben seit langem Gesundheitsaufklärung, um Hygiene und Vorbeugung zu fördern. Schulkinder und Erwachsene strömten in die Kurse – Sozialhelfer und Sozialarbeiter wiesen den Weg durch das verschlungene

Labyrinth der Vorschriften. Teils als Reaktion auf die Unruhen der sechziger Jahre schickten Verwaltungen zudem Sozialpädagogen in »Problemviertel« und beauftragten Anwälte, die Interessen von Mietern gegenüber Vermietern, von Anspruchstellern gegenüber Sozialämtern wahrzunehmen.[12] Die Marschbefehle solcher Vorhutzüge des Sozialstaats setzten gewöhnlich Soziologen auf.[13] Kurz, staatliche Behörden legten die Saat, um sich fortlaufend zu vermehren.

Das zunehmende Angebot an Hilfsdiensten steigerte stets unfehlbar die Nachfrage. Doch diese an sich richtige Beobachtung läßt außer acht, daß Klienten, die nun erstmals den Wunsch nach fachkundiger Hilfe äußerten, auch vorher bereits unter Mängeln und Beschwerden gelitten hatten. Zwar mögen sie durchaus »von außen angestachelt« worden sein, aber innere Unzufriedenheit war – wie immer – schon vorhanden. Auch wenn das Angebot an professionellen Experten die manifeste Nachfrage schuf: Das Elend selbst erzeugte es jedenfalls nicht.

Die zweite hyperbolische Wachstumsphase des Sozialstaats ging auf anhaltendes Wirtschaftswachstum zurück. Prägend wirkte dabei eine spezielle Konstellation politisch stark motivierter Minderheiten. Sie forderten mehr Mittel für Sonderprogramme und stießen generell auf wenig echten Widerstand gegen höhere Staatsausgaben.[14] In diesem Ambiente warben Verwaltungsexperten und professionelle Helfer für ihre jeweiligen Leistungen. Unterstützt wurden sie von einer Bevölkerung, die staatliche Eingriffe zunehmend als geeignet hinnahm, um »soziale Probleme« zu lösen, und das Expertentum immer mehr als ein Allheilmittel gegen gesellschaftliche wie persönliche Mißstände betrachtete.

Obwohl sich der Kollektivierungsprozeß damit zu verselbständigen drohte, flaute er allmählich ab – die Wachstumshyperbel näherte sich ihrem Grenzwert.

Ab Mitte der siebziger Jahre erlahmte der starke Expansionsschub – vor allem wegen klaffender Haushaltslücken. Als die Voraussetzung wirtschaftlichen Wachstums entfiel, oder man zumindest nicht mehr selbstverständlich mit unbegrenztem, ungestörtem Wachstum rechnen konnte, expandierte das soziale Netz langsamer. Die Wende kam mit der Ölkrise 1974. Doch unterschwellig hatten langfristige Faktoren des internationalen Wettbewerbs mitgewirkt. Sozialversicherung und Gesundheitswesen wurden überwiegend aus Lohn- und Einkommensteuern finanziert, erhöhten also die Lohnnebenkosten. Damals waren viele der neuen, nicht-westlichen Industrieländer wegen ihrer geringeren Lohnkosten bei Fertigwaren schon international konkurrenzfähig. Da die Sozialausgaben im Westen weiter stiegen, ohne daß Regierungen, Gewerkschaften oder Unternehmer die Abgaben erhöhen wollten, taten sich Lücken auf, die durch öffentliche Anleihen oder inflationäre Ausgaben zu schließen waren: Daraus resultierte eine »Haushaltskrise«. Sozialistische Regierungen wie die Mitterands in Frankreich sahen sich außerstande, ihre expansive Politik fortzusetzen.[15] Andererseits gelang es sogar konservativen Regimes wie der Reagan-Adminisration in den Vereinigten Staaten nicht, die Gesundheits-, Bildungs- und Sozialversicherungsausgaben zu senken.[16] In Mehrparteiensystemen kurbelte Koalitionsgezänk die Ausgaben meist noch weiter an. Wo abwechselnd bürgerliche und sozialdemokratische Parteien regierten[17] – siehe die Niederlande, Skandinavien und Italien –, stiegen die Sozialausgaben gleichwohl stetig.[18] Was Mitte der achtziger Jahre in den meisten Ländern durchgedrückt oder erreicht wurde, war eine Politik begrenzten Wachstums, um die Hyperbel einem asymptotischen Gleichgewicht anzunähern.[19] In einigen Ländern kürzte man die Leistungen drastisch. Betroffen war vor allem die Sozialhilfe für arme Familien (oder Mütter) mit minderjährigen Kindern, für dauererwerbslose Jugendliche – deren Zahl überall sprunghaft stieg – und für Dauerinvalide, die schon lange oder von je her ohne Arbeit waren. Mit den Kürzungen schlug man da am härtesten zu, wo Menschen kaum organisiert und politisch schwach waren.[20] Allerdings erwiesen sich ältere Leute als ein mächtiges Bollwerk.

Als es um Einschnitte in das soziale Netz ging, besaßen die jungen helfenden Berufe weder viel akademisches Prestige noch politischen Einfluß. So erlitten Sozialhelfer, Psycho- und Physiotherapeuten, Sozialpfleger, Familienberater, Sozialarbeiter und so fort mit den schwersten Rückschlag.[21] Ärzteschaft und Lehrkörper setzen sich dagegen erfolgreicher zur Wehr.

Doch die Koalitionsbasis zur Stützung des Sozialstaats hat in den meisten Ländern noch heute Bestand.[22] Sogar ausgesprochen konservative Regimes, wie die Thatchers oder Reagans, stellten die Grundlagen – Kollektivierung und Akkumulation von Transferkapital – nicht in Frage.[23] Insofern war der »Sozialabbau« keine langfristig geplante oder praktisch betriebene Maßnahme, sondern eher ein ideologisches Wortgeplänkel.[24] Bisher wurde die Umkehr weniger vollzogen als immer wieder angekündigt. So griffen Konfliktparteien aus je eigenen Gründen auf eine rein rhetorische Hyperbel zurück. Auf der Linken beschreit man jeden Versuch, die Kosten zu dämpfen, als ersten Schritt zum Abbau des Sozialstaats. Die Rechte nutzt das hyperbolische Wachstum für ihre rhetorische List, alle Haushaltskürzungen dadurch zu rechtfertigen, daß außer Kontrolle geratene Ausgaben begrenzt werden müßten.

In Wahrheit ist der Grundkonsens über sozialstaatliche Prinzipien nach wie vor so umfassend, daß er wie eine »schweigende Mehrheit« weitgehend unbemerkt bleibt. Umstritten sind fast nur relativ neue Zusätze, die – trotz ihrer großen symbolischen Bedeutung – bei den Gesamtausgaben kaum ins Gewicht fallen. Doch gewiß spielen sie für alle direkt Betroffenen eine äußerst wichtige Rolle. Wenig Konsens besteht hingegen darüber, welche Leistungen künftig kollektiviert werden sollten. Auch insofern scheint die Hyperbel ihre Asymptote zu berühren, so daß derzeit offenbar Stillstand herrscht. Zurück will fast niemand mehr, und noch weniger Menschen haben eine klare Vorstellung davon, in welche Richtung sich die Politik in Zukunft entwickeln sollte.[25]

Was Finanzierung und Verwaltung angeht, sind dem Sozialstaat keine Grenzen gesetzt. Allerdings scheint das Potential der Umverteilung faktisch begrenzt zu sein. Viele Kritiker sehen die Prinzipien der Gerechtigkeit und der bürgerlichen Moral verletzt oder halten die Anreize und Zuteilungen für schädlich. Doch es gibt noch weitere Einwände. Der heutige Sozialstaat bildet ein strategisches Umfeld, in dem sich Menschen wie kalkulierende Unternehmer verhalten. Das gilt für Experten, die ihr Geld mit Diensten in einem extrem kollektivierten Kontext verdienen, ebenso wie für Anspruchsteller, die ihn nutzen. Immerhin finanzieren Steuerzahler die Vorsorge zum Teil mit über der Hälfte ihres Einkommens, profitieren aber selber erst viele Jahre später oder vielleicht nie davon. Der Sozialstaat, als anonymes, gemeinhin »wertfreies« System, bietet so mannigfache Bereicherungschancen, schränkt so immens ein und erhebt so endlose Abgaben, daß er zum Absahnen und Täuschen geradezu einlädt. Reiche Leute können Spezialisten beauftragen, ihnen Lücken im Steuerrecht zu suchen: Anwälte, Steuerberater, sogar »Subsidiologen«[26] hauptamtlich auf neue Umgehungstricks ansetzen. Doch gleichzeitig machen Bürokraten das Wirrwarr der Verwaltungsvorschriften immer unüberschaubarer, um es amtlichen Erfordernissen anzupassen. Zwar müssen normale Steuerpflichtige und bedürftige Anspruchsteller bei der Nutzenmaximierung und Kostenminimierung meist auf eigene Faust vorgehen; Ratgeber in Buchform, Medien, Gerüchte und Gesprächstips liefern ihnen aber brauchbare Rezepte, um gewieft mit Steuern und Leistungen umzugehen. Es gibt zu wenig Beamte, um jeden einzelnen Fall genau unter die Lupe zu nehmen, alle Pflichtigen gebührend zu belasten und zu prüfen, ob alle Anträge wirklich berechtigt sind. Zudem bedeutet strengere Prüfung stets, daß der Staat verstärkt in die Privatsphäre eingreift – etwa um zu kontrollieren, wie jemand seine Tage verbringt (unangemeldete Erwerbstätigkeit?) oder mit wem er Tisch und Bett teilt (steuert ein Lebensgefährte zu den Kosten bei?). Offenbar müssen Sozialeinrichtungen mit größerem »Verlust« arbeiten. Doch verglichen mit einem Verbrennungsmotor oder einer Glühbirne, die mehr als zwei Drittel ihrer Energie für nutzlose Wärme verbrauchen, sind Sozialversicherung und Sozialhilfe wahre Wunder der Effizienz: Nur knapp ein Zehntel ihrer Kosten entfällt auf die Verwaltung, und durch Mißbrauch oder Betrug geht kaum mehr verloren. Allerdings wirft man Maschinen ihre Verschwendung nicht vor, sondern löst sie bloß durch immer bessere ab. Bürger dagegen nehmen anderen ihre Betrügereien zwar übel, neigen aber aus Neid oder Trotz auch zur Nachahmung. Überträgt man Greshams Gesetz auf den Sozialstaat, so »verdrängen« unehrliche Praktiken regelmäßig die ehrlichen. Schlimmer noch: Ein absolut effizient organisierter Sozialstaat wäre nur als Polizeistaat denkbar. Das ist das größte Dilemma jeder künftigen Sozialpolitik.

Zwischen Sozialstaat und der Masse seiner Bürger vermitteln mehr oder weniger autonome Experten, die nachhaltigen Einfluß auf die Gestaltung kollektiver Fürsorgeeinrichtungen hatten. Auch trugen sie erheblich dazu bei, das Miteinander und die Erfahrungen der Bürger von Sozialstaaten zu verändern.

Transformation der Mittelschicht und Expertenregimes

Im 20. Jahrhundert ging die Kollektivierung der Fürsorge mit einer Transformation der gesellschaftlichen Mittelschicht einher. An die Stelle von Selbständigen und Kleinunternehmern traten auf breiter Basis hoch gebildete Arbeitnehmer großer Organisationen.[27] Dadurch verschob sich ihr Rückhalt vom privaten Wirtschaftskapital zum Bildungs- und zu Anteilen am kollektiven Transferkapital. Zwar verließen sich mittlere Chargen, besonders Staatsbedienstete – wie andere Lohnabhängige – zunehmend auf kollektive Transferanstalten statt auf private Ersparnisse, sind aber in der Regel weit besser versichert als Arbeiter. Die großzügigen Regelungen für Beamte und Angestellte sollten ebenso eine präkäre soziale Distanz wahren wie allgemeine sozialpolitische Standards setzen.[28] Daß diese gebildeten lohnabhängigen Kader in großer Mehrheit zu kollektiver Vorsorge neigen, zeugt von ihrer »Proletarisierung« gegenüber den Selbständigen. Von lohnabhängigen Arbeitern hoben sie sich jedoch durch individuellen Bildungserwerb ab, als deren *embourgeoisement* sonstige Klassengrenzen zu verwischen drohte. So mußten Fachwissen und kollektiv begründete Transferansprüche die Berufsautonomie und private Vermögensbildung der ehemals selbständigen Mittelschicht ersetzen.[29]

Auch auf andere Weise war die Transformation der Mittelschicht mit dem aufkommenden Sozialstaat verkoppelt: Durch Kollektivierung des Gesundheits-, Bildungs- und Versicherungswesens entstanden in den neuen Verwaltungszweigen massenhaft Arbeitsplätze für ausgebildete Experten. Ein und dieselbe Entwicklung zog das einst selbständige, nun aber von Konzernen und Großindustrien bedrohte Kleinbürgertum und ehrgeizige Sprößlinge aufstrebender Industriearbeiter, die in großen Organisationen voranzukommen hofften, in die expandierenden Sozialämter. Dort hatten sie mit Leuten zu tun, die nicht arbeiten konnten, wollten oder mußten.[30] Somit schluckte das Kissen der Beschäftigung im Sozialdienst viele Tränen des Bürgertums und Hoffnungen der Arbeiterklasse: Es nahm immer neue Generationen in die »Verteilereliten« auf, um die wachsende »Sozialklientel« des Staates zu bedienen. Dort halfen ihnen bürokratische Anweisungen, knappe Mittel gegen politische Loyalität einzutauschen.[31]

Als Figurationen von Menschen verknüpfen Staaten soziale Gruppen innerhalb ihres Territoriums, und in ihrer Gesamtheit bilden sie eine »Staatenfamilie« in wechselseitiger, wettbewerbsorientierter Interdependenz. Am sichtbarsten in solchen Staatsfigurationen sind die Spitzen der Hierarchien: nominell verantwortliche Bürokraten und Politiker, die manchmal sogar den Lauf der Dinge beeinflussen können. Sie bilden das sogenannte politische Regime. Doch Staaten bestehen durchweg aus Menschen. Je mehr der Staatsapparat wächst, desto mehr Beschäftigte verdienen also dort ihren Lebensunterhalt, bilden Gruppen, Untergruppen und Splittergruppen, verteidigen ihre persönlichen, kollektiven, beruflichen oder sektoralen Interessen gegen andere, identifizieren sich jedoch gegenüber Außenstehenden mit dem ganzen Staatsapparat. Gleichzeitig haben sich jenseits der offiziellen Bürokratie weitere Gruppen formiert, die stark auf den Staat angewiesen sind, um rechtliche Garantien, Subventionen oder politische Unterstützung zu erhalten. Als Gegenleistung bieten sie Dienste, Fachwissen, Autorität und Loyalität und streben immerfort an, ihre Position zu Lasten anderer Gruppen auszubauen. Sie bilden professionelle und halb-professionelle Kohorten, die zwar mit dem Zentralstaat verbündet, aber nie ganz von ihm abhängig, nie völlig verläßlich sind, sondern sich nur total daran ausrichten, um ihre Stellung weiter zu festigen.

Man kann solche Gruppen unter zwei Aspekten betrachten – in ihrer Sonderbeziehung zum Staat und als Anbieter eines speziellen Gutes: Fachwissen. Ob diese beiden Attribute sie zu einer »Klasse«, einer »sozialen

Schicht«, einer »Kategorie« oder einem »Bestandteil« von etwas anderem machen, steht nicht zur Debatte. Jedenfalls sind sie stark differenziert und heben sich durch ihre Gemeinsamkeiten erst allmählich von anderen Gesellschaftsgruppen ab. Hier kommt es vor allem darauf an, wie solche Gruppen im Verlauf der Staatenbildung entstanden sind, und womit sie ihrerseits zur Kollektivierung der Vorsorge beigetragen haben.

Professionalisierung und aufkommende Expertenregimes

Erzieher, Ärzte und Krankenpfleger, Sozialarbeiter und Bürokraten: Sie alle leisten Expertendienste für ihre Schüler, Patienten oder Klienten, haben direkt mit ihrer Klientel zu tun. Die persönliche Beziehung zwischen Klienten und Experten ist in einen zweifachen Kontext eingebettet – durch Verbindungen zum Berufsstand und zum Staat geprägt.[32] Beide geben solchen Experten die jeweils anwendbaren Verfahren und Mittel vor, stellen jedoch häufig auch widersprüchliche Anforderungen. So unterliegen Sozialarbeiter der beruflichen Schweigepflicht, aber den staatlichen Behörden müssen sie Auskunft erteilen. Um derartige Widersprüche tagtäglich lösen zu können, verfügen berufsmäßige Helfer über beachtliche, jedoch wechselnde Ermessensspielräume.

Staatsbezogene Experten bewegen sich im Umkreis von Berufsstand und Staat. Hinzu kommt ein – virtueller – dritter Kreis, nämlich ihre aktuelle und potentielle Klientel. Ein typisches Merkmal der modernen Staatsentwicklung ist, daß dieser dritte Kreis weitgehend virtuell blieb: Zwar ordnen Staat, Arbeitsmarkt oder Berufsstände die Kranken, Bedürftigen und Unwissenden klar umgrenzten Gruppen von Patienten, Klienten oder Lernenden zu, aber diese selbst haben sich – abgesehen von der Klientenbeziehung – kaum zu selbständigen Kreisen organisiert. Am erfolgreichsten gründeten Studenten eigene Organisationen und konnten damit in der Tat dem Lehrkörper und dem Staat gegenübertreten. Hier und da haben sich außerdem spezifische Patientengruppen gebildet, definierten ihre Zugehörigkeit aber mit Kategorien der Ärzteschaft und traten meist für deren Forderungen an den Staat ein. Für Elternverbände und Lehrer, Stadtteilgruppen und Sozialplaner gilt ähnliches wie für Patienteninitiativen und Ärzte. Klienten der Sozialversicherung und Fürsorge sind als sehr passiv bekannt, artikulieren ihre Forderungen fast ausschließlich über Gewerkschaften oder Parteien, wo sie in einem Wust sonstiger Interessen untergehen.[33] Die Klientel der staatsbezogenen Experten ist also überwiegend ein virtueller Kreis geblieben, den Akademiker, Bürokraten und Politiker definieren. Zwar beschwören diese ihn auch als Teil ihrer Mandantschaft, aber die Betroffenen werden fast immer bloß zitiert, kommen kaum einmal selbst zu Wort, sind eine Schicht nicht »für sich«, sondern »für andere«.

So werden Bedürfnisse und Interessen der Klienten durchweg für sie definiert; sämtliche Curricula, Therapien oder Programme sind von Berufsverbänden und vom Staat vorgefertigt, so daß staatsbezogene Experten sie bloß noch nach eigenem Ermessen und flexibel anwenden müssen. Darin liegt ihre Verwaltungsaufgabe.

Im Lauf des letzten Jahrhunderts fielen Lehren, Heilen und Helfen zunehmend in die Domäne stark organisierter Gruppen innerhalb des Staates und an seinen Rändern. Wer dort einsteigen möchte, braucht eine formelle Ausbildung, also Bildungskapital. Dieses erwirbt man auf einem langen Marsch durch Lehranstalten, die in einem früheren Schub der Kollektivierung und staatlichen Regulierung entstanden. Den Rückhalt der Experten bildet ein offiziell anerkanntes Wissen, das durch Diplome austauschbar und bescheinigt ist.

Im frühen 19. Jahrhundert, als zentrale Behörden Gilden auflösten, »Koalitionen« von Handwerkern, Kaufleuten und besonders Arbeitern zerschlugen, entstand ein neuartiges, staatliches Gruppenmonopol: in der Elementarschulbildung – einem Bereich, der bis dahin fast uneingeschränkt Kirchendomäne gewesen war. Als metropolitanische Unternehmer- und Beamtenkreise gegen Regionaleliten des Adels und des Klerus ankämpften, wurde der Staat allmählich in diese Sphäre hineingezogen. Daraus resultierten nach nicht allzu langer Zeit zentral geregelte Standards für Curricula, Schulen und Lehrer.

Nachdem der Staat die Normen angeordnet hatte, mußte er sie auch durchsetzen, was ihn zwang, entsprechende Mittel bereitzustellen. Da er die Lehrerzulassung regelte, mußte er auch Einheitsschulen gründen und die Besoldung so gestalten, daß Abgänger tatsächlich eine Lehrerlaufbahn einschlugen – alsdann gewährleisten, daß die Schulämter sie bezahlen konnten. Diese Maßnahmen zogen nach sich, unfähige Lehrer aus dem Schuldienst zu entfernen. Das wiederum bedeutete, Druck auf die Schulämter auszuüben, denn diese mußten jetzt viele Leute ablehnen oder entlassen, die nur aufgrund ihres Lehrersalärs keine Armenhilfe zu beanspruchen brauchten. Auch für diese Maßnahme mußte bezahlt werden: mit Beihilfen.

In der Folge entstand ein sozial homogener Lehrkörper mit ziemlich einheitlichem Ausbildungsniveau und – im öffentlichen Schulwesen – übereinstimmenden Weltanschauungen. Wo konfessionelle Schulsysteme aufkamen, wurden parallel hierzu Lehrertrupps eingezogen, die bei sehr ähnlicher sozialer Herkunft und Ausbildung ganz andere Werte verfochten. Doch im pädagogischen Sendungsbewußtsein und *esprit de corps* glichen sich alle Lehrer, und früher oder später wurden sie zunehmend direkt oder indirekt vom Staat bezahlt.

Der Lehrerberuf hatte zu den niederen gehört, gewann jedoch durch die großen Schulkämpfe erheblich an Prestige. Später verbesserten staatliche Eingriffe auch die finanziellen Konditionen nachhaltig. Daher erschien die Lehrerlaufbahn vielen begabten Kindern aus der Arbeiterschaft zur Jahrhundertmitte sehr reizvoll; den Söhnen des selbständigen Kleinbürgertums bot sie wenigstens eine erträgliche Alternative.[34] Im übrigen wurde der Lehrerberuf durch die finanziellen Verbesserungen und das gehobene Ansehen auch zu einer ehrbaren Laufbahn für Mädchen aus der Mittelschicht, eine Zeitlang fast die einzige, bis ähnliche Entwicklungen in Krankenhäusern und karitativen Einrichtungen den Frauen neue Wege in pflegenden und betreuenden Berufen eröffneten.

Eine wichtige Folge der Schulkämpfe war eine anhaltende fiebrige Kampagne, um bei Kindern, Eltern und Arbeitgebern für die Schulen zu werben und alle Hindernisse für den Schulbesuch abzubauen. Als dieser zunahm, wandelten sich die herrschenden Vorstellungen von Kompetenz: Man erwarb und bewies sie nicht mehr bei alltäglichen häuslichen oder beruflichen Verrichtungen, sondern in speziellen Anstalten unter Anleitung von Fachleuten – sogar durch offizielle Dokumente bestätigt. Nachdem sie viele Menschen von den Vorzügen des Schulbesuchs überzeugen konnten, machten die Schulmänner ihn auch noch für alle unverzichtbar. So wurde der Analphabetismus zu einem neuartigen Defizit, einer »Restignoranz«, und zeugte damit vom Erfolg der Alphabetisierung. Mit der allgemeinen Schulpflicht kamen Restproblemgruppen – die »Unbelehrbaren«, »Unansprechbaren« und »Schulverweigerer« –, um die sich unterdessen pädagogische Experten kümmern.

So unterwarf die Schulbewegung, vom Staat flankiert und mit einer Infanterie aus Lehrern, die Bevölkerung einem *Erziehungsregiment*. Niemand kam mehr ohne Schulbildung aus – sie allein bot gültiges, also bestätigtes, anerkanntes Wissen. Weite Strecken der Kindheit und Jugend gerieten direkt unter schulische Kontrolle, womit das Familienleben auf die Stundenpläne und Ferien sowie Sauberkeits-, Kleidungs- und Sprachnormen einzustellen war.

Nur in einer Hinsicht blieb den Lehrern ein Erfolg versagt: Ihnen gelang es nicht, Unterrichtsformen, Curriculum und Berufszulassung selbst zu gestalten. Nie erreichten sie ebenso viel Autonomie wie etwa Juristen und Mediziner. Das hat drei Gründe: Erstens erschien ihr Fachwissen zu wenig esoterisch – war bloß der Minimalkonsens, auf den sich alle Eliten einigen konnten. Zweitens gab es für die Lehrerschaft keine Alternative zu der Beschäftigung im Schulwesen; was es an privaten Einrichtungen gab, schwand mit dem Aufstieg der staatlichen Erziehung schnell dahin. So konnten Lehrer nicht, wie etwa Ärzte, mit Abwanderung auf den freien Markt drohen. Drittens ist das ganze Bildungswesen, vom Kindergarten bis zur Universität, hierarchisch gegliedert, so daß die Pädagogen einzeln aufsteigen konnten, statt sich mit den anderen solidarisieren und kollektiv Standesverbesserungen anstreben zu müssen.

Allerdings gibt es eine akademische Pädagogenzunft, aber in ihr haben Lehrer nicht das Sagen, sondern sind Lernende und Klienten. In den Nischen zwischen pädagogischen Kanons und dem offiziellen Curriculum finden sie gewisse Ermessensspielräume. So streben aktivistische Lehrer nach mehr Prestige und Autonomie, indem sie Prinzipien der fortschrittlichen Pädagogik gegen die Forderungen des staatlichen Lehrplans ins Feld führen.

Lehrer bildeten aufgrund ihrer Vielzahl von früh an die Masse der neuen Gehaltsempfänger.[35] Zudem beherrschten sie zunehmend die rationierte Zuteilung genau des Bildungskapitals, dem die neue Mittelschicht ihren sozialen Aufstieg verdankt.

Die offizielle Ausbildung eröffnete auch Laufbahnen im wachsenden Staatsapparat selbst, wodurch Beamte eine wichtige neue Formation der lohnabhängigen Mittelschicht wurden. In den letzten 150 Jahren sind Kommunal- wie Zentralverwaltungen enorm gewuchert[36], nahmen immer neue Beamtenkohorten auf, was für die meisten primär Sicherheit, etwas Prestige und Fortkommen bedeutete.[37] Die Staaten des 19. Jahrhunderts wurden zwar »Armenhilfe für den Adel« genannt, aber ein Land nach dem anderen ersetzte Erbansprüche oder politische Gefälligkeiten durch leistungsbezogene Anstellungs- und Beförderungssysteme.[38] Infolgedessen bekamen junge Männer aus der alten Mittelschicht, die ihr Examen gut bestanden hatten, sichere, ehrbare Arbeitsplätze im Staatsdienst und konnten so als staatliche Experten der neuen Mittelschicht beitreten.

Auch wenn Angehörige der Staatsbürokratie nominell wenig Freiräume besitzen, erreichten einige Expertenchargen in dieser Pyramide ein hohes Maß an Autonomie – zum Beispiel die Ingenieurskorps oder die Haushalts- und Rechnungsbehörden –, wobei solche Spezialisten ihre Ämter professionell und mit *esprit de corps* ausfüllen. Interessen- und Sachkonflikte tragen sie gewöhnlich nicht öffentlich aus, und die Hintergründe ihrer hierarchischen Entscheidungsprozesse werden sorgfältig vor der Außenwelt abgeschirmt. Doch gewiß arbeiten alle Staatsbeamten innerhalb ihres bürokratischen Kontextes auf eigene Faust, schaffen sich bestimmte Freiräume und treiben sie über die nominellen Grenzen ihrer Ämter hinaus. Vorgesetzte dagegen streben immer mehr

Autonomie für ihre Abteilungen an. Dieser interne Kampf um mehr Freiraum und Autonomie bedeutet Vergrößerungsdruck. Daraus resultiert nicht nur ein Zwang zu ständiger Expansion, sondern der Staatsapparat wird für das nominell herrschende politische Regime auch immer unkontrollierbarer.

Gegenüber den Beziehungen zwischen Lehrern und ihren Schülern sind »Nahkontakte« zwischen Staatsvertretern und Bürgern in aller Regel kurz, förmlich und bleiben auf spezielle Behörden beschränkt.

Die Polizei – als öffentlich präsenteste und sichtbarste Behörde – mag zuweilen für manche soziale Schichten, besonders die Armen des 19. Jahrhunderts, eine ähnlich prägende Rolle gespielt haben wie der Lehrkörper. Inzwischen unterliegt die ganze Bevölkerung einem mehr oder weniger strengen Polizeiregiment. Meist diskret und kaum wahrnehmbar, wird es bei der Steuerung von Massen und des modernen Verkehrs ziemlich handfest; für überführte Straftäter oder Bürger von Polizeistaaten nimmt es totalitäre Züge an.

Wo Wehrpflicht besteht, wirkt das – befristete, aber intensivere – »totale Militärregime« auf junge Männer noch viel repressiver. Den stärksten Einfluß auf das Leben der Mittelschicht dürfte heute von allen Behörden das Finanzamt ausüben – nicht in erster Linie wegen der erhobenen Steuern, sondern weil es den Pflichtigen ständig zur Selbstüberwachung zwingt: Er muß alle seine Geschäfte durch Belege dokumentieren, damit sie im Sinne der steuerrechtlich vorgesehenen oder mißbilligten Absetzung umdeutbar werden.[39]

Hier interessiert speziell die Organisation der Sozialversicherung und Fürsorge. Modernen, routinierten Bürokratien bereitet es kaum noch Mühe, wöchentlich oder monatlich zahllose Beiträge zu erheben und Milliardenfonds zu verwalten, wobei relativ wenige Mitarbeiter erforderlich, Konflikte und Korruption selten sind.[40] In der Regel werden Sozialversicherungsbeiträge vom Lohn oder Gehalt einbehalten, ohne daß Pflichtige etwas tun oder verstehen müßten. Die hochgradig technisierte Fondsverwaltung liegt ganz und gar in den Händen von Spezialisten.

Die alltäglichen Kontakte mit Fürsorgeempfängern und Mitgliedern der Sozialversicherung sind an eigenständige Ämter delegiert, und mit Einsprüchen gegen deren Entscheidungen befaßt sich gewöhnlich die Sozialgerichtsbarkeit. Dadurch reicht der Sozialstaat bis ins Privatleben seiner Bürger hinein und wirkt direkt gestaltend. An den Schnittstellen zwischen Staats- und Privatsphäre nehmen heute Expertengruppen monopolistische Mittlerpositionen ein.[41] Bei ablehnenden Bescheiden mangels eindeutiger Anspruchsgrundlage müssen die Behörden mit Widerspruch rechnen – Antragsteller ihren Fall möglichst überzeugend darlegen: Der Vorgang überschreitet die Grenzen (oder besser:

Ideale) des Verwaltungsaktes, tritt in eine Verhandlungsphase ein. Seit es verläßliche Geburtenregister gibt, entfällt bei der Rentenversicherung der einst schwierige Nachweis des Alters. Auch bei der Hinterbliebenenrente erbringen amtliche Register die nötigen Angaben. Bei allen sonstigen Ansprüchen sind jedoch genauere Nachweise erforderlich, und oft müssen die Anträge regelmäßig erneuert werden. Das ist die Domäne von Sozialarbeitern und staatlichen Fürsorgebeamten: Fachleuten für Bedürftigkeit, die zwischen den Leistungsbehörden und deren Klientel vermitteln. Wird die Bedürftigkeit amtlich geprüft, oder gehen gar Verhaltensnormen damit einher, dürfen die Klienten möglichst nichts tun, was ihren Anspruch gefährden könnte. In anderen Fällen – oder parallel dazu – wirken Sozialarbeiter fördernd auf das Verhalten ihrer Klienten ein: helfen ihnen, sich für Leistungen zu qualifizieren, und ihre Ansprüche zu begründen. In ihrer Gesamtheit bilden diese Maßnahmen das Wohlfahrtsregime. Es begleitet die Nutznießer des Sozialstaats, nach feinsten Härtegraden abgestuft, bis zu den totalen Regimes der Rehabilitations- und Vormundschaftsbehörden. Im Sinne der älteren Terminologie ausgedrückt, reicht das Spektrum »von der freien bis zur Anstaltsfürsorge«.

In dieses Wohlfahrtsregime band man schon früh Ärzte und Juristen ein: Bei Prozessen wegen Unfallhaftung äußerten sich medizinische Sachverständige über Ursachen, Schwere und Folgen der Verletzung; Anwälte strengten die meist langwierigen Verfahren an, und am Ende entschieden Richter. Obwohl spätere Haftungsgesetze die Beweislast neu regelten, stieg der Bedarf an medizinischer Sachkenntnis noch, weil sich die Anspruchsgrundlagen erweiterten. Als schließlich die Krankenversicherungen kamen, kämpften die Ärzte bis aufs Messer um Mittlerpositionen. Hier blieben Juristen der vordersten Frontlinie fern, entwarfen bloß die Vorschriften und nahmen sich umstrittener Fälle an. Sooft jedoch der körperliche – zunehmend auch geistige – Zustand von Anspruchstellern nur entfernt zur Debatte stand, bezog man Ärzte ein: Sie setzten in der Folge die Maßstäbe dafür, welche Leistungen der moderne Sozialstaat gewährte.

Um die Figuration nachzuzeichnen, in der sich Ärzte zwischen den Staat und seine Klientel schoben, möchte ich genauer darstellen, wie sie beim Ausbau des Sozialstaats um Machtpositionen kämpften.

Widerwilliger Imperialismus der Ärzteschaft

Ihren heutigen gesellschaftlichen Rang verdankt die Ärzteschaft einem Aufstiegskampf und drei damit verbundenen Entwicklungen: Aus den alten Asylen und Armenspitälern gingen medizinische Kliniken für wissenschaftliche Ausbildung und Behandlung hervor; der Staat baute Gesundheitsdienste auf, um Infektionskrankheiten und andere Auswirkungen der städtischen Armut einzudämmen; und schließlich entstand ein Massenpublikum für ärztliche Leistungen, die durch Transferkapital in Form von Sozialversicherung, Sozialhilfe und Krankenversicherung finanziert wurden. Diese Vorgänge bereiteten den Boden dafür, daß die medizinische Praxis und Forschung rasch expandieren konnten. Doch Ärzte hatten sich schon zu organisieren begonnen, bevor die wichtigen medizinischen Durchbrüche gelangen, Sozialversicherung und sanitäre Anlagen eingeführt wurden. Mitte des 19. Jahrhunderts wollten prominente Ärzte und Professoren die Berufsausübung regeln, unfähige Kandidaten ausschließen, Gebühren festlegen und ihre Richtlinien durch staatliche Gesetze erzwingen lassen.[42] Im Zentrum dieser Bewegung standen Universitäts- und Lehrkliniken. Daneben stärkte das Überweisungssystem zwischen renommierten Kollegen die Einheit der Zunft gewaltig, und ab Ende des 19. Jahrhunderts förderten wissenschaftliche Fortschritte das Ansehen der Medizin enorm. Die neuen Heilverfahren erweiterten den Behandlungsspielraum der Ärzte, besonders in Einzelpraxen. Dadurch verlagerte sich der Akzent jedoch wieder von kollektiven Vorbeuge- und Sanitärmaßnahmen auf die private, freie Heilpraxis.[43] Die Ärzte selbst waren in dieser Frage ambivalent und gespalten. Kollektives Gesundheitswesen bedeutete vor allem geringes Risiko – und wenig Gewinn: Zwar schienen Niederlassung und stetiger Bedarf an ärztlichen Leistungen im nationalen Gesundheitswesen gesichert, aber das Einkommen fiele mäßig aus, und die berufliche Autonomie würde wahrscheinlich beschränkt. Ein freier Markt für ärztliche Dienste verhieße dagegen wenigen angesehenen Praktikern hohe Gewinne, doch Zweitklassigen bliebe ein dürftiges Einkommen aus Hinterhof- oder Landpraxen.[44] Unabhängige Praxis bedeutete mehr Autonomie und vollere Verwirklichung der Standesideale, außer einem: gleiche Behandlung für Bedürftige, die durch kollektive Regelungen besser gewährleistet schien.

Damit stand die ganze Zunft vor einem Dilemma, das einzelne Ärzte und organisierte Gruppen je nach den Verhältnissen unterschiedlich lösten. Vieles hing hierbei von den Marktbedingungen für ärztliche Leistungen ab: Wie stark war der medizinische Nachwuchs, wie hoch der allgemeinen Bedarf, und welche Erfahrungen hatte man zuvor mit Kollektivprojekten wie Versicherungsvereinen auf Gegenseitigkeit und Krankenkassen gemacht?[45]

Die Meinung der Ärzteschaft wurde stark durch dominierende Eliten in Standesorganisationen geprägt: Führende Praktiker neigten eher zur freien, selbständigen Berufsausübung, wohingegen Professoren, Krankenhausärzte und Beamte des staatlichen Gesundheitswesens oft für kollektive Einrichtungen plädierten. Politische Überzeugungen spielten natürlich auch eine wichtige Rolle, dürften jedoch meist dem gesellschaftlichen Rang entsprochen haben.[46]

Heute ist der sozialstaatliche Status der Ärzteschaft je nach Land unterschiedlich geregelt, und diesbezüglich weichen die nationalen Systeme fast am stärksten voneinander ab.[47] Überall jedoch baute die akademische Medizin ihren Einfluß enorm und auf ähnliche Weise aus; überall auch errang die Ärzteschaft ein, verglichen mit anderen Berufsständen, beispielloses Maß an Autonomie.[48]

Man könnte die Kollektivierungsstufen der Medizin auf einer Skala eintragen. Ganz unten stünde das Gesundheitswesen der Vereinigten Staaten. Doch sogar dort sind Medicare/Medicaid gewaltige, weiter expandierende landesweite Kollektiveinrichtungen unter staatlicher Aufsicht. Hinzu kommen Blue Cross und Blue Shield als freiwillige, »halböffentliche« Einrichtungen, getragen von einer Koalition aus Standesorganisationen und Einzelstaaten.[49] Betriebs- und Gewerkschaftskrankenkassen – beide bloß nominell freiwillig oder privat – bieten die dritte Form kollektiven Schutzes.

Weiter oben auf der Skala folgte das französische Modell mit der sakrosankten *entente directe* zwischen Arzt und Patient. Das System der staatlichen Krankenkasse mit freiwilligen Zusatzversicherungen in »Vereinen auf Gegenseitigkeit« sorgte für starke Dritteinflüsse und eine überragende Rolle des Staates. In Deutschland und in den Niederlanden sind Ärzte nominell selbständig und unabhängig, aber die Abrechnung über staatliche Krankenkassen hat ihre Autonomie – zugunsten ökonomischer Sicherheit – weitgehend ausgehöhlt. Ganz oben auf der Skala stünde schließlich Großbritannien, mit seinem umfassenden nationalen Gesundheitswesen, doch sogar dort beziehen Ärzte keine Festgehälter und sind nominell unabhängig. Nur in den sozialistischen Ländern gehören die Gesundheitssysteme als direkter Bestandteil zur Staatsbürokratie.

Die Medikalisierung der Gesellschaft folgte nicht automatisch aus dem wissenschaftlichen Fortschritt. Auch andere Faktoren spielten mit. Ärzte wurden zunehmend in eine Sonderform der Konfliktlösung einbezogen.[50] Da sie eine Definitions- und Zuteilungsmacht errangen, konnten sie im Streitfall verbindlich über den Zustand des einzelnen und über knappe Mittel befinden.

Bis heute streben Ärzte an, ihr Einkommen und Prestige zu steigern sowie ihre Standesideale zu verwirklichen. Darin unterscheiden sie sich kaum von anderen, obwohl die Verwirklichung der Standesideale den besonders anspruchsvollen und relativ autonomen Berufsgruppen vorbehalten bleibt.

Ärzte erproben – allein oder in Spezialistengruppen – ständig neue Heilverfahren, definieren neue Krankheitsbilder und vertreten neue Ideale der medizinischen Versorgung.[51] Manchmal setzen sie bei Problemen, die man zuvor auf moralische oder soziale Konflikte zurückgeführt und entsprechend behandelt hatte, ihre medizinischen Konzepte durch.[52] Zur Jahrhundertwende deuteten Mediziner abweichendes Sexualverhalten als therapiebedürftig um. Eheprobleme von Frauen verrieten eine organische Störung der Geschlechtsorgane oder eine Krankheit namens »Hysterie«. Chronische Beschwerden von Unfall- oder Kriegsopfern galten nicht mehr vorab als »simuliert«, sondern konnten auf »posttraumatische Neurosen« hinweisen. Allen solchen Fällen lagen jedoch offen oder verdeckt soziale Konflikte zugrunde – sexuelle Phantasien kollidierten mit moralischen oder rechtlichen Normen; Frauen enttäuschten Erwartungen ihrer Männer, Arbeiter die ihrer Chefs. Zudem packten Ärzte heiße Eisen wie die Prostitution nur an, um Geschlechtskrankheiten zu bekämpfen; nicht minder heikle Themen wie Verhütung und Abtreibung betrachteten sie ebenfalls rein medizinisch, auf die Gesundheit beider Partner, die Gefährdung der Mutter und die Lebensfähigkeit des Fötus bezogen.

Als mit den Versicherungen das Krankengeld kam, oblag es Ärzten zu entscheiden, wann Fehlen am Arbeitsplatz gerechtfertigt war. Damit griff die Medizin auf den betrieblichen Alltag über, worauf viele Disziplinarkonflikte sorgfältig in medizinische Begriffe verpackt wurden. Am häufigsten trat medikalisierte Unzufriedenheit in Form erlaubten Fehlens wegen Krankheit auf.

Ärztliche Gutachter – und Psychologen, die sich am medizinischen Modell orientierten – wurden eingeschaltet, um Bewerber auf Herz und Nieren zu untersuchen, sowie über Wehrtauglichkeit, Prozeß-, Haft- und Schuldfähigkeit oder Einweisung in die Psychiatrie zu befinden. Außerdem entschieden Ärzte, wer zu welchen Konditionen in eine Unfall-, Lebens- und Hypothekenversicherung aufgenommen wurde. Als Vater Staat zunehmend in die Verteilung knapper Güter einbezogen wurde, gewährten »medizinische Gutachten« Bürgern ein bevorzugtes Anrecht auf Wohnungen, auf Sonderrationen, sogar auf private Parkplätze. Meist bereiteten Sozialarbeiter die Fälle vor und schickten strittige Klienten zum medizinischen Gutachter, der gewöhnlich das letzte Wort hatte – kam es zum Gerichtsverfahren, entschieden oft erneut Gutachten von ärztlichen Sachverständigen.

Wenn die Ärzte verbindlich Zustände feststellen oder knappe Güter zuteilen und ihr Urteil im medizinischen Fachjargon begründen, so ist das eine Form von Konfliktlösung – eine wichtige, aber latente Funktion der Medizin in modernen Gesellschaften.[53] Solche Maßnahmen wurden den Menschen weder vom Staatsapparat oder von der herrschenden Klasse aufgezwungen, noch maßte sich die Ärzteschaft diese Aufgabe einfach an.[54] Mögen Ärzte auch zuweilen die Initiative ergriffen haben: Sie gingen stets mit stillschweigender Einwilligung der Beteiligten vor. Die schwächere Partei, etwa der einzelne Arbeitnehmer, konnte profitieren, falls ihre Forderungen medizinisch gerechtfertigt erschienen. Damit wurden die Ansprüche zwar versachlicht, gleichzeitig aber auch personifiziert, auf das spezifische Problem des jeweils Betroffenen begrenzt. Gerade wegen dieser Streitbegrenzung mochte die stärkere Partei – zum Beispiel das Management – eine medizinische Konfliktlösung akzeptieren, um soziale Weiterungen zu verhindern.[55] Die Medikalisierung des strittigen Problems führte automatisch einen Ausnahmezustand herbei. Auch wenn dieser Hunderttausende, Millionen von Menschen betraf, machte die Medikalisierung sie alle zu Einzelfällen, die sich nie als Partei eines größeren sozialen Konflikts formierten. Sogar wenn fünf bis zehn Prozent aller Erwerbstätigen medizinisch als arbeitsunfähig galten, spiegelte dies nicht die herrschenden Arbeitsbedingungen wider, sondern bloß individuelle Defizite. So addierten sich medizinische Diagnosen auch in massiver Häufung nie zu einer Sozialkritik auf. Als lachende Dritte konnten Ärzte dabei ihr Einkommen und Prestige steigern und ihre Standesideale verwirklichen.

Konfliktparteien strebten zunehmend medizinische Problemlösungen an. Um allerdings eine wissenschaftlich-technische Umdeutung ihres Disputs annehmen zu können, mußten sie einigermaßen mit ärztlichen Grundkonzepten und -einstellungen vertraut sein. Erforderlich war demnach eine gewisse »Protoprofessionalisierung« – ein »externer Effekt«, den die professionalisierte Medizin auf immer breitere Laienkreise ausübte.[56]

Solche Dreierkonstellationen zwischen Konfliktparteien und Ärzten traten zunächst bloß vereinzelt auf, ohne daß sich die Beteiligten vor Augen führten, wie ihre Konfliktlösungsstrategien im größeren Kontext langfristig wirkten. Doch bald wurden die akademischen und Standeseliten der Ärzteschaft mit den Gesamteffekten der gezielten medizinischen Maßnahmen konfrontiert. Da diese allmählich zu einer weit verbreiteten, anerkannten Praxis von Ärzten und Ärztegruppen geworden waren, mußte man nunmehr verbindliche Standesrichtlinien formulieren. Sobald solche sozialen Streitfragen jedoch im Rahmen der Ärzteschaft erörtert wurden, keimten dort fast unausweichlich Legitimationsprobleme auf. Wo die neuen Praktiken nicht umfassend durch einen medizinischen Fachkonsens gedeckt waren, sprießten in der Zunft ebenso mannigfache Ansichten wie in der Bevölkerung. Innerhalb der Ärzteschaft stritt man über Probleme wie Abtreibung, Verhütung, Prostitution und Homosexualität. Für Konflikte sorgten auch die Dauerfolgen von Arbeitsunfällen oder Kriegsverletzungen. Neuer Zündstoff kam hinzu, als gewisse Ärzte begannen, Kunden von Versicherungen und Bewerber routinemäßig zu untersuchen, während andere harte Drogen verschrieben oder Süchtige behandelten, beim Selbstmord berieten oder unheilbar kranken Patienten Sterbehilfe leisteten. Jene sozialen Konflikte, die man per Medikalisierung verschleiert hatte, drohten nun innerhalb der Ärzteschaft selbst aufzubrechen. Allerdings basierte die Macht des Berufsstandes auf internem Konsens, wurzelte seine Autorität in gemeinsamen Kanons der wissenschaftlichen Medizin. Daher drohten, als deren Regiment auf Lebensbereiche übergriff, in denen ärztliche Sachkenntnis zur Legitimation nicht mehr ausreichte, weltanschauliche Differenzen die Zunft zu spalten. Ein Bruch hätte die Verhandlungsposition der Standeseliten gegenüber dem Staat und seinen Anstalten geschwächt. Als die Grenzen der wissenschaftlichen Legitimation überschritten wurden, litt darunter auch das öffentliche Ansehen der Medizin, so daß man die Ausübung der ärztlichen Kunst zunehmend kontrollierte und politisch erörterte. Dabei ging es genau um die Achillesferse der Zunft, deren Politik sich allein fachlich nicht rechtfertigen ließ, obwohl sie ihre Macht ganz auf diese Legitimation stützte.

Faktisch zögerte die Ärzteschaft oft, ihr Regiment auszudehnen, wo sich Gelegenheit dafür zu bieten schien, denn auf der Standesebene sind Konsens, Autorität, also auch Macht, besonders stark bedroht. Solche Legitimationsprobleme erklären zudem, weshalb sich die Elite der Manager und Akademiker weigerte, das medizinische Regime immer weiter voranzutreiben.[57] Daß es trotzdem wucherte, folgte zum Teil unbeabsichtigt aus immer neuen ärztlichen Eingriffen in soziale Konflikte, denen die beteiligten Parteien stillschweigend zustimmten. Am stärksten beteiligten sich die weniger angesehenen Standesmitglieder an den mannigfaltigen Formen einer medizinischen Konfliktlösung: Betriebs- und Versicherungsärzte, praktische Ärzte und Psychiater. Doch auf ihr Bemühen vor allem geht es zurück, daß die Medizin ihr Regiment weit über die im 19. Jahrhundert üblichen Grenzen hinaustreiben konnte.

Auch in der wissenschaftlichen Medizin selbst angelegte Ursachen trugen dazu bei, ihre gesellschaftliche Stellung auszubauen. Durch Massenuntersuchungen auf Infektionskrankheiten wurden viele Bürger mit medizinischen Verfahren konfrontiert. Zunehmend raffiniertere Techniken der Prophylaxe brachten immer mehr Menschen – die allem Anschein nach gesund waren – in die Behandlungszimmer. Inzwischen gibt es nurmehr Patienten und Noch-Nicht-Patienten, und sie alle versuchen, ärztliche Ratschläge zu befolgen: abnehmen, fit halten, nicht rauchen und gesund ernähren. Erneut lassen umtriebige

Ärzte den geltenden Standeskonsens weit hinter sich, wenn sie gefügigen »Protopatienten« die richtige Lebensweise, Ernährung und Disziplin verschreiben.[58]

Auch wenn das zwanglose medizinische Regiment heute die wichtigste alltägliche Orientierung bildet, hat seine totale, institutionelle Variante nicht minder expandiert: Chronische und Alterskrankheiten erzwingen ständige Hospitalisierung, und eine alternde Bevölkerung bürgt für voll belegte Altersheime mit langen Wartelisten. Kollektivierte Kranken- und Rentenversicherungen erleichterten es, solche Formen der Anstaltspflege zu finanzieren, doch die gesetzliche Vorsorge für Invalidität und Alter beschleunigte wiederum die Ausbreitung des medizinischen Regiments. Ärzte schlichten in vieler Hinsicht soziale Konflikte, urteilen in einer Gesellschaft, der fast alle anderen Quellen moralischen Konsenses abhandengekommen sind, über soziale Normen.[59] Zwar versuchten andere Berufsstände, das medizinische Modell nachzuahmen, aber letzten Endes mußten sie die Kompetenz der Ärzteschaft anerkennen, selbst über die Grenzen der eigenen Kompetenz zu befinden.

Vor allem das medizinische Regiment, dann aber auch das Bildungs-, Fürsorge-, ja sogar Polizei-, Militär- und Steuerregime, begründen einen sozialen Kontext, in dem Menschen ihre Erlebnisse schildern und ihr Miteinander ordnen. In diesem Sinne prägen Expertenregimes die Mentalität der Bürger im Sozialstaat.

Kollektivierung und Zivilisation

Die Kollektivierung des Schutzes vor Risiken und Defiziten hat den Alltag verändert. Im Verlauf dieser Entwicklung beeinflußten neue Expertenregimes die Grundlagen, auf denen Menschen ihr Miteinander und Erleben organisieren. Diese Veränderungen sind auf drei Ebenen analysierbar: 1) kognitives Ausstrahlen der Professionalisierung auf Laien: Protoprofessionalisierung; 2) zivilisatorische Wirkung der kollektivierten Fürsorge auf den Affekthaushalt; 3) Übergang vom wohltätigen Empfinden zum sozialen Bewußtsein.

Professionalisierung und Protoprofessionalisierung

Ärzte, Sozialarbeiter, Anwälte, Psychologen und dergleichen wirken immerfort bildend und aufklärend. Sie liefern ihren Patienten oder Klienten nicht nur

Fakten, sondern erklären und beraten auch. Oft schreiben sie daneben Bücher für ein breites Publikum, publizieren in Illustrierten oder Zeitungen, treten in Funk und Fernsehen auf. Der Kern ihrer Botschaft – in Sprechstunden oder über öffentliche Medien aufgeschnappt – wird in persönlichen Gesprächen unter Laien wiedergegeben, erweitert und zu einem ungeschriebenen Handbuch für die helfenden Berufe verwurstet. Patienten und Klienten nehmen als erste professionelle Begriffe und Einstellungen auf, geben sie an Verwandte und Bekannte weiter. Außerdem vermittelt der offizielle Schulunterricht – oft implizit, als Bestandteil des »verborgenen Curriculums« – ein allgemeines Bild von der Arbeitsteilung unter den akademischen Berufen, ihren wichtigsten Ideen und Praktiken.

So gerät eine vereinfachte, zensierte Version des professionellen Wissens an Klienten, Patienten, Schüler und an ein Massenpublikum, werden Bürger des Sozialstaats über hygienische Prinzipien und ein begrenztes Spektrum von Krankheiten nebst Symptomen und Therapien aufgeklärt. Sie erhalten Einblick in die wesentlichen Abgaben und Leistungen sowie in Grundzüge des Straf-, Zivil- und Prozeßrechts. Sie übernehmen den Ansatz, daß Menschen verborgene Wünsche haben, die sogar ihnen selbst verschlossen bleiben und seelische Qualen bereiten können. Diese *éducation permanente* in der Kunst, moderne Staatsbürger zu sein, stattet Menschen heute mit mehr oder weniger »gesellschaftlicher Kompetenz« aus.[60] Zugleich jedoch wird Wissen durch allgemeine Verfügbarkeit entwertet[61], weshalb das Ansehen der wissenschaftlichen Medizin und der Ärzteschaft und mit ihm die Nachfrage nach ärztlichen Leistungen stieg.

Der eher kalkulierende, weitsichtige Umgang mit dem Körper findet sein Pendant in einer neuen Sicht der Psyche als Objekt der Pflege – die notfalls Spezialisten besorgen: Psychologen, Therapeuten und Psychiater. Analoges gilt für menschliche Beziehungen, da Juristen und Psychologen um äußerste Versachlichung wetteifern. Statt sich in Konflikte zu stürzen und diese auszutragen, betrachten Menschen sie zunehmend mental distanziert. Sie neigen dazu, ihre eigene und die Gegenposition allgemein und formal zu analysieren, greifen auf abstrakte, weithin anerkannte Regeln zurück. Nicht bloß wollen sie ihre Leidenschaften zügeln, oft sehen sie auch von dem ab, was sie persönlich für richtig oder falsch halten, um praktische Regeln zu finden, mit denen sich der Streit schlichten läßt. Im Streben nach Distanz zum eigenen Körper, zu ihren Affekten oder zu Mitmenschen wenden sie meist – implizit oder explizit – Grundkonzepte an, die sie den einschlägigen akademischen Berufen zuschreiben.

Menschen orientieren sich also im Alltag zunehmend an Werten der akademischen Berufe und übernehmen entsprechende Verhaltensnormen. Dadurch werden sie selber jedoch keine Akademiker, bloß solche *in nuce*: Protoakademiker. Diese Protoprofessionalisierung – wie man die ständige Medikalisierung, Psychologisierung, Juristifizierung und Fiskalisierung des Alltags nennen könnte – folgt als externer Effekt aus der Professionalsierung. Diese erreicht immer breitere Laienkreise, verbreitet von Klienten der Akademiker sowie mit dem »verborgenen Curriculum« des Schulunterrichts; zunehmend auch über Massenmedien, die das menschliche Chaos in editorischen Rubriken entlang der akademischen Arbeitsteilung ordnen.

Je weiter die Protoprofessionalisierung im persönlichen Umfeld von Menschen fortgeschritten ist, desto leichter erhalten sie Zugang zu professionellen Leistungen. Gut informierte Laien artikulieren ihre Probleme meist schon lösungsbezogen und suchen entsprechende professionelle Hilfe[62], und Experten bevorzugen Klienten, die Probleme ihres Kompetenzbereiches klar darstellen können.

Dieser Hinweis hilft, bestimmte verbreitete Irrtümer zu vermeiden. Erstens drängen sich Akademiker nicht einfach naiven, unwissenden Klienten oder »Klientensystemen« auf – gewöhnlich haben es solche Personen oder Familien längst gelernt, ihre Probleme im Sinne des kursierenden protoprofessionellen Jargons zu definieren. Zweitens steigert das Angebot an professionellen Leistungen in der Tat die Nachfrage, denn offenbar gilt: Je geringer die soziale Distanz zu solcher Hilfe, desto mehr Menschen formulieren ihre Sorgen in den einschlägigen protoprofessionellen Konzepten. Allerdings erzeugt, wie oben erwähnt, das Angebot an Expertendiensten, obwohl es die manifest artikulierte Nachfrage steigern kann, nicht das Leiden. Probleme entstanden bereits, lange bevor es berufsmäßige Helfer gab – seither entstehen sie bloß anders. Auch wenn Menschen ihre persönlichen Sorgen mit Begriffen aus dem akademischen Fachjargon umdeuten, halten sie gleichzeitig an mehreren anderen Vokabularen fest, die gesellschaftlich geläufig sind. Die professionelle Hilfe ist nur eine mögliche Option neben vielen anderen Strategien, die ihre Umwelt anbietet.

Die Protoprofessionalisierung gehört als ein Aspekt – eine Phase – zur Rationalisierung des Alltags. Insofern entspricht sie einer allgemeineren, eng mit ihr verwandten Entwicklung: dem Prozeß der Zivilisation.

Kollektivierung und Zivilisation

Der kollektivierte Schutz vor Risiken und Defiziten griff auch in das emotionale Erleben und in die Beziehungen der Menschen ein. Im großen und ganzen verstärkte sich ihre emotionale Kontrolle, wurde aber zugleich feiner und flexibler. Außerdem wägte man zunehmend die Folgen eigenen Handelns für andere und für die persönliche Zukunft ab.

Diese Einflüsse der kollektivierten Erziehung, Gesundheitsvorsorge und Einkommenssicherung wirkten sich bei den Arbeitern, Bauern und Armen nachhaltiger aus als bei den höheren Gesellschaftsschichten. Zwar trugen diese zum Aufbau der Einrichtungen bei, konnten jedoch stets auf andere Mittel zurückgreifen, um persönliche Risiken und Defizite abzuwehren.

Entsprechend veränderten sich Affektkontrolle und Verhaltensweisen während des letzten Jahrhunderts innerhalb der Arbeiterklasse ganz ähnlich wie in früheren geschichtlichen Phasen beim Adel und beim Bürgertum: Die Kollektivierung trug den Prozeß der Zivilisation in die unteren Gesellschaftsschichten.

Norbert Elias hat den europäischen Prozeß der Zivilisation ab dem Spätmittelalter analysiert und untersuchte speziell die Feudaleliten, die »höfische Gesellschaft« und das »Berufsbürgertum«.[63] Seiner Auffassung nach zwang der Konkurrenzkampf zwischen sozialen Gruppen – innerhalb zunehmend dichterer und komplexerer Netzwerke der Interdependenz – deren Angehörige, ihre Affekte mittels strengerer Standards zu kontrollieren, wobei es auch »dem Auftrieb von unten« zu widerstehen galt.[64] In seiner »Zusammenfassung: Entwurf zu einer Theorie der Zivilisation« bemerkt Elias zur Entwicklung der unteren Gesellschaftsschichten[65]:

> Was der abendländischen Entwicklung ihr besonderes Gepräge gibt, ist die Tatsache, daß in ihrem Verlauf die Abhängigkeit aller von allen gleichmäßiger wird. In steigendem Maße hängt das höchst differenzierte, höchst arbeitsteilige Getriebe der abendländischen Gesellschaften davon ab, daß auch die unteren, agrarischen und städtischen Schichten ihr Verhalten und ihre Tätigkeit aus der Einsicht in langfristigere und fernerliegende Verflechtungen regeln. Diese Schichten hören auf, schlechthin »untere« soziale Schichten zu sein. Der arbeitsteilige Apparat wird so empfindlich und kompliziert, Störungen an jeder Stelle der fließenden Bänder, die durch ihn hingehen, bedrohen so sehr das Ganze, daß die leitenden, die eigentlich verfügenden Schichten, im Druck der eigenen Ausscheidungskämpfe zu immer größerer Rücksicht auf die breiteren Massenschichten genötigt sind.

Gewiß geht der Zivilisationsprozeß ebenso wie die Kollektivierung damit einher, daß die Interdependenzen zwischen Menschen wachsen, daß sich die »externen Effekte« ihres Handelns zunehmend ausweiten und verstärken. In seiner jüngsten Phase erfaßte dieser Prozeß der Zivilisation besonders auch die arbeitenden Klassen.[66]

Elias' »Zwänge zur Langsicht und zum Selbstzwang« erinnern daran, daß Philanthropen im 19. Jahrhundert den Armen und Arbeitern ihre Ideale der »Vorsorge« und der »Anständigkeit« aufdrängen wollten. Gewöhnlich beherrschen die Angehörigen der niederen Schichten ihre momentanen Affekte und zügeln ihr Verhalten »unter hohem sozialen Druck«. Doch die von Priestern, später Philanthropen, schließlich Beamten der Sozialverwaltung gezielt verhängten Reglements wurden keineswegs – wie eine frühere, »naive« Generation von Historikern und Sozialforschern behauptete – widerstandslos befolgt[67]; noch können diese Klienten der niederen Schichten als Opfer einer bürokratisch-akademischen Verschwörung gelten, mit der sie total abhängig gemacht werden sollten – wie später viele Soziologen und Sozialgeschichtler meinten. Eine selbstbewußt kritische Generation von Autoren im Anschluß an Illich und Lasch, Foucault und Donzelot führte die veränderte Mentalität der Arbeiterklasse darauf zurück, daß ihre ehemalige Privatsphäre unter externe Einflüsse geriet und mit fremden Elementen durchsetzt wurde.[68] So entlarvte man die gesetzliche Fürsorge sowie professionelle Dienste als »soziale Kontrolle« oder »Disziplinierung« – als wären Klienten, Patienten, Schüler, Studenten und Anspruchsteller bloße Objekte ohne aktiven Einfluß auf die Entwicklung gewesen.[69] Wenn sie nicht gar als hilflose Opfer der teuflischen Bürokratie galten, so doch als Betrogene, die nicht merkten, daß man sie unter dem Vorwand, ihre »wohlverstandenen Interessen« wahrzunehmen, einem »geheimen Plan« unterwarf: sie klammheimlich zu Sklaven ihrer alltäglichen Umwelt machte.

Verständlicher wird die Entwicklung jedoch, wenn man zur Kenntnis nimmt, daß das Verhältnis zwischen Bürokraten und Experten auf der einen – nicht immer derselben – und ihrer Klientel auf der anderen Seite durch Interaktion, Kampf und Kollaboration, Einwilligung und Duplizitäten geprägt war. Klienten der niederen Schichten, Schüler und Patienten griffen ebenso aktiv ein wie professionelle Akteure, und keine der beiden Seiten konnte das Resultat vorausplanen oder steuern. Außerdem ist bei den unteren Schichten kaum leichter als bei den übrigen einzuschätzen, ob sie im Prozeß der Zivilisation zufriedener oder unzufriedener wurden.

Affekt- und Triebzügelung erfolgten nicht nur von außen, sondern auch von innen. Nach Norbert Elias wurden die »gesellschaftlichen Zwänge zum Selbstzwang« schließlich als »ichgerecht« – integraler Bestandteil der eigenen Person – empfunden.

Zwar knüpfte man das Almosengeben schon bald an die Bedingung, daß sich die Armen anständig betrugen, aber ihr alltägliches Verhalten unterlag fast keiner Aufsicht. Erst in den Armenhäusern der frühen Neuzeit begann das gezielte Bemühen, sie systematisch zu maßregeln, doch das Regime war so streng und so willkürlich, daß es die Insassen kaum mehr als zum Schein disziplinieren konnte.

Die allgemeine Elementarschulpflicht schuf erstmals einen strikt kontrollierten Rahmen, um die Kinder den »Zwängen zum Selbstzwang und zur Langsicht« zu unterwerfen. Schon das Ziel, eine normierte Version des Sprechens, Lesens und Schreibens zu erzwingen, setzt den Willen voraus, alle davon abweichenden lokalen Eigenarten und Redewendungen auszutreiben. Als Musterschüler galt wahrscheinlich, wer jederzeit vom Familien- und Dorfkode des Verhaltens und Redens auf den nationalen Schulkode umschalten konnte. Doch keine dieser mühsam erlernten Fertigkeiten zahlte sich für das Kind sofort aus: Sie alle erforderten, sich an einer fernen Zukunft zu orientieren, in der sie sogar schon überholt sein konnten. Die Schule war, wie ihre Verfechter behaupteten, die zivilisatorische Institution *par excellence*. Ihre Aufgabe erfüllte sie durch manifeste Lehrinhalte, erweitert um das »verborgene Curriculum« – Körperhaltung und Gang wurden ebenso steng reglementiert[70] wie genaue Aussprache und penible Handführung beim Schreiben, Einhaltung eines starren Zeitplanes und Orientierung an einer Zukunft, die in der Tat sehr fern erschienen sein muß. Demgegenüber dürften gestriezte Arbeiter die Werksdisziplin als weniger belastend empfunden haben. Außerdem zwang man Kinder nicht bloß zum Schulbesuch, sie sollten ihn auch noch selbst wünschen, und allmählich lernten sie, wie man mit den mächtigen Erwachsenen über die kleinen, zulässigen Toleranzgrenzen verhandelt. Dabei konnten sie stets aus ihrer Erfahrung lernen. So verwandelten sich den äußeren Zwänge zum Selbstzwang, nach und nach in selbstverhängte – eine »zweite Natur«.

Im 19. Jahrhundert zwangen sanierte Städte und neu gebaute große Arbeitersiedlungen die Werktätigen, sich strengeren Standards der Reinlichkeit und der äußeren Erscheinung zu unterwerfen. Zugleich erhielten sie jedoch relativ geschützte Räume für ein ungestörtes Privatleben. Damit ließen sich häusliche Szenen vor Außenstehenden verbergen und speziell für Besucher inszenieren. Für Körperpflege und Notdurft gab es nun »einsame Örtchen«, Wände schlossen Kinder von elterlichen Intimitäten aus.[71] Als gesellschaftliche Zwänge solche Standards der Intimität und Privatheit durchsetzten, trug die Sozialpolitik dazu bei, daß Arbeiterfamilien sie auch im häuslichen Leben zu beachten und charakterlich zu internalisieren lernten.

Hierzu schreibt Elias[72]: »Nicht weniger bezeichnend als die ›Rationalisierung‹ des Verhaltens ist für den Prozeß der Zivilisation zum Beispiel etwa auch jene eigentümliche Modellierung des Triebhaushaltes, die wir als ›Scham‹ und ›Peinlichkeitsempfinden‹ zu bezeichnen pflegen.« Zur »Senkung der Scham- und Peinlichkeitsschwelle« in der Arbeiterklasse trug die städtische Politik des 19. Jahrhunderts entscheidende materielle Voraussetzungen bei.

Nirgends wirkten die »gesellschaftlichen Zwänge zum Selbstzwang« augenfälliger als in den Arbeiterhilfsvereinen, wo die Mitglieder einander und sich selbst stark unter Druck setzten. Ihre strengen Verhaltensnormen assimilierten sie nicht nur an die nächst höhere Gesellschaftsschicht – selbständige Handwerker und Ladeninhaber –, sondern erzeugten auch soziale Distanz zu den niederen Schichten. Zudem wehrten sie den »Auftrieb« von Hilfsarbeitern und Armen ab, die oft auf Standesunterschiede pfiffen, sofern diese ohnehin nach wenigen Wochen Arbeitslosigkeit hinfällig wären. Die statistischen Berechnungen, nach denen die Arbeiterhilfsvereine ihre Mitglieder unter den Arrivierten suchten und »wacklige Kandidaten« abwiesen, entsprachen genau dem Statuskalkül, das die Mitglieder veranlaßte, Normen der »Oberen« nachzuahmen und die Distanz zu den »Niederen« auszubauen.

Doch hauptsächlich boten diese Vereine eine kollektive Alternative zum privaten Sparen. In der Sparneigung äußert sich das Bestreben, »momentane Affekte ferneren Zielen unterzuordnen«, an die Zukunft zu denken, dauernd Selbstzwang zu üben und Wünsche aufzuschieben. Das war die überragende Tugend der »berufsbürgerlichen Schichten«. In den Arbeiterhilfsvereinen zwangen die Mitglieder einander genau so zur Sparsamkeit, wie bürgerliche Familien den Kindern von früh an einprägten, für ihre Zukunft vorzusorgen. Der einzige Unterschied bestand darin, daß sich diese Arbeiter auf kein Familienvermögen verließen, sondern auf die Solidarität der Genossen.

Aus oben bereits erörterten Gründen konnten die Hilfsvereine ihre Klientel letzten Endes nicht gegen Verdienstausfälle absichern, so daß staatliche Zwangsakkumulation von Transferkapital das private und kollektive Sparen ersetzte. Weil Sozialabgaben direkt vom Lohn einbehalten werden, besteht hier ein bisher nicht internalisierter gesellschaftlicher Zwang fort. Darüber hinaus drückte staatlicher Zwang sogar immer neue Maßnahmen der Zukunftsicherung durch. Sie schlossen auch die mittleren Angestellten ein und zwangen sie zum kollektiven Sparen, wo die selbständige Mittelschicht einst unter Selbstzwang individuell akkumuliert hatte.

Dabei scheinen zwei verwandte Entwicklungen zusammenzuwirken. Zum einen zwingen Sozialabgaben zur Zukunftvorsorge, zum anderen sind heutige

Bürger besonders »risikoscheu« – opfern zunehmend momentan Einkommen, um künftige Risiken zu meiden.

Auch unter Arbeitern, denen man früher nachgesagt hatte, sie seien leichtfertig und sorgten nicht vor, wuchs allmählich der Wunsch nach finanzieller Sicherheit. In vorindustriellen Gesellschaften hatte sie und die Armen stets eine »unsichtbare Versicherung« begleitet: Die schlimmste Not linderten Familie, Nachbarn oder Freunde, auch wenn sie selten absolut verläßlich waren. Fürsorge oder Almosen – meist in Naturalien – bewahrten viele weitere vor dem Verhungern, zudem warfen Dorfanger oder kleine Gemüsegärten etwas Nahrung ab. Doch Industrialisierung, Urbanisierung und eine Reihe staatlicher Maßnahmen kappten diese Auswege aus der Geldwirtschaft einen nach dem anderen. Claus Offe charakterisierte die ganze Geschichte der Sozialpolitik als »eine Transformation von Nicht-Lohnarbeitern in Lohnarbeiter«. Angesichts dieser »aktiven Proletarisierung« hätten die besitzlosen, »passiven« Proletarier ihre Arbeitskraft für Lohn anbieten und so zur Mehrwertbildung beitragen müssen.[73] Im weiteren Verlauf wurden die Arbeiter total von der Geldwirtschaft, vom Arbeitsmarkt und somit von Löhnen und finanzieller Absicherung abhängig. Erst seitdem fiel ihre besondere »Risikoscheu« sogar den Wirtschaftshistorikern auf.

Seit Arbeiter Lebensstile und Konsumverhalten des Kleinbürgertums imitierten, fiel es ihnen auch in anderer Hinsicht schwerer, sich mit einem niederen Lebensstandard abzufinden. Soziales Abgleiten, einst dem unabänderlichen Auf und Ab des Lebens zugerechnet, galt zunehmend als beschämend und entwürdigend. Zudem erzielt Eigentum, besonders Immobilien, nicht seinen vollen Preis, wenn man es unter finanziellem Druck veräußern muß, zumal wenn der Markt von ähnlich in Not geratenen Verkäufern überflutet ist. Daher verstärkte auch der Erwerb eines Eigenheims die Risikoscheu und trug ebenfalls zu einer gewissen Verbürgerlichung bei.

Schließlich ist zumindest nach der Grenznutzentheorie zu erwarten, daß arme Leute, sobald sie in die Geldwirtschaft einbezogen sind, mehr Risikoscheu zeigen als reiche: Bei ihnen entscheiden Risiken darüber, ob sie knapp durchkommen oder verhungern, während es für Wohlhabende, die etwas Vermögen besitzen, bloß darum geht, ob sie komfortabel leben können oder sich einschränken müssen. Aus allen diesen Gründen wuchsen, als die Geldwirtschaft vollends herrschte, die finanzielle Risikoscheu und die Nachfrage nach Versicherungen, auch in der Arbeiterschaft.

Risikoscheu bedeutet – wie Elias sagen würde –, daß man momentane Affekte zugunsten der »Langsicht« unterdrückt. Offenbar haben sich die meisten Menschen inzwischen mit dem Wunschaufschub abgefunden, ohne beim Sparen nur auf ihren Selbstzwang setzen zu wollen. Damit bildet die Zwangsversicherung eine äußere Stütze der Fähigkeit zum Selbstzwang, die noch nicht als völlig selbstverständlich gilt.

Die Sozialversicherung ebnet alle Höhen und Tiefen der materiellen Existenz ein: Sie kostet zwar einen Teil des laufenden Einkommens, gleicht aber Verluste aus. Auch spontane Impulse und der Druck von Kollegen, alles Verfügbare sofort auszugeben, haben nachgelassen. Aus modernen Gesellschaften sind Armenfeste oder Bettlerbankette ebenso verschwunden wie Hungern als freiwilliges oder erzwungenes Fasten. Mit der Verzweiflung des Hungers verlor auch die Ekstase des Überflusses ihre Basis. Gleich dem Auf und Ab des materiellen Daseins ebneten sich die emotionalen Höhen und Tiefen ein. Die Ära technisierter Landwirtschaft und weltweiten Nahrungshandels – mit einem gleichbleibenden Fleisch- und Gemüseangebot – beseitigte die jahreszeitlichen Speisepläne. Bei Knechten und Landarbeitern wich der Wechsel zwischen erzwungener Plackerei und ebenso erzwungenem Müßiggang einer geregelten Folge von Arbeitstagen, Feiertagen und Ferien. Die Einebnung der Lebensereignisse geht damit einher, daß Stimmungen und Verhaltensweisen der Menschen kontrastärmer werden. Gleichzeitig verlieren sich auch viele Gegensätze zwischen höheren und niederen Gesellschaftsschichten – Elias zufolge ein weiterer Aspekt des zivilisatorischen Prozesses. Während Müßiggang ehemals bloß den Oberschichten vergönnt, Arbeit ein Fluch der unteren war, erwartet man heute von jedem gesunden Menschen, daß er sich durch geregelte Arbeit ernährt.[74] Außerdem gewährleisten Sozial- und Arbeitsrecht, daß die Arbeiterklasse bei der Freizeit nicht zu kurz kommt.

In allen diesen Bereichen prägten Kollektivierung und Prozeß der Zivilisation gemeinsam die Verhaltensstandards von Arbeitern und mittleren Angestellten ebenso wie ihre Formen der Affektkontrolle.

Von der Wohltätigkeit zum sozialen Bewußtsein

Im Lauf der Neuzeit erörterte man die Probleme Unwissenheit, Armut und Krankheit zunehmend im sozialen, statt religiösen Sinne. Gewiß markierte die aufkommende »wissenschaftliche Philanthropie« einen Wendepunkt im Diskurs über die Armut und ihre Plagen. Die Akzente begannen sich jedoch lange vor dem 19. Jahrhundert zu verschieben – von religiösen Heilserwartungen der Spender auf das eher profane Kalkül, Bedürftigen zur Selbsthilfe zu verhelfen. Allerdings blieb der sich wandelnde Diskurs über das Elend stets durch Ängste und Hoffnungen der Etablierten gegenüber den Armen geprägt.

Im früheren Armutsdiskurs hatte die Furcht vor fremden Vagabunden den Gedanken blockiert, sie als Landarbeiter oder Knechte nutzen zu können. Schließlich gab es nicht für alle zu tun, viele mußten also verjagt oder mit Almosen beschwichtigt werden – ein Problem der »Restbefriedung«. Bis heute sind arbeitslose Jugendliche als potentielle Kriminelle oder Rabauken gefürchtet. Wenn Soziologen also »gesellschaftliche Probleme« wie Kriminalität, Vandalismus, Drogenmißbrauch auf sozioökonomische »Deprivation« zurückführen, setzen sie implizit eine alte Tradition fort: geben zu verstehen, daß Armut die Sicherheit der Etablierten gefährdet, *solange* sich die Verhältnisse nicht bessern. Statt religöser Beschwörungen und moralischer Appelle bemühen sie jedoch lediglich die für das Genre typische »Rhetorik der Induktion«.[75] Seit wir lange Phasen der »Vollbeschäftigung« erlebt haben und Arbeit für alle gesunden Menschen denkbar scheint, gelten die kräftigen Armen – prinzipiell zumindest – als nützlich, ihr Müßiggang als soziale Vergeudung. So bergen diese »Randgruppen« nicht bloß Gefahren, sondern mehr denn je auch große Potentiale: Sie bilden zugleich eine »industrielle Reservearmee« und ein »Segment des Verbrauchermarktes« – sind als Kohorte rekrutierbar und als »Wähler« zu umwerben.

Der Armutsdiskurs hat sich auch in anderer Hinsicht transformiert. Trotz aller christlichen Appelle blieb das Gleichheitsideal meist fürs Geistliche reserviert, und als praktische Devise galt: »Aber von Gottes Gnade bin ich, was ich bin.«[76] Die Differenz zwischen den Armen auf der einen, etablierten Bauern oder Bürgern – geschweige denn Adligen – auf der anderen Seite wurde als gewaltig empfunden, wie bei verschiedenen Spezies. Doch nach und nach setzte sich die Einsicht durch, daß Menschen durch soziale Umstände geprägt sind, daß die Armen – unter einem günstigeren Stern – den Wohlhabenden sehr ähnlich wären. »Aber durch die Gnade der hohen Geburt und des sozialen Aufstiegs bin ich, was ich bin.«

Vor allem jedoch erweiterte sich der Horizont des Diskurses. Hatte die mittelalterliche Barmherzigkeitslehre den direkten Kontakt des gläubigen Christen mit seinem armen Nächsten betroffen, so sah man die Armen im Lauf der Zeit als eine größere, weitläufigere Gruppe. Nicht nur das Elend vor der eigenen Haustür bereitete also Sorgen, sondern auch das in anderen Stadtteilen und Regionen, ja sogar am Rande der neuzeitlichen Welt.

Mit dem Armutsdiskurs veränderte sich, durch die »generalisierte gesellschaftliche Interdependenz« bedingt, das Verhältnis zu den Armen. Wachsende Abhängigkeiten führten den Menschen ihre soziale Verstrickung immer klarer vor Augen. Kriege, Seuchen, Hungersnöte, Revolutionen und Wirtschaftskrisen beschleunigten den Lernprozeß. Daneben dienten Marktmechanismen, zunehmende Arbeitsteilung sowie Maßnahmen des Staates und seiner weitverzweigten Behördennetze als Dauerlektionen. Moralistische Ökonomen und ihnen folgende soziale Denker deuteten diese Ereignisse als menschliche Handlungsketten und erleichterten es dadurch, gesellschaftliche Interdependenzen anzuerkennen.

Verbindet sich das Wissen um die wachsenden Abhängigkeiten mit der Bereitschaft, kollektive Vorsorgemaßnahmen zu unterstützen, nennen wir dies »soziales Bewußtsein«. Dieser zunächst kognitive Zustand setzt voraus, langfristige soziale Fernwirkungen mitzubedenken. Er bringt ein allgemeines Verantwortungsgefühl mit sich, weshalb der Begriff auch moralische Konnotationen hat.[77]

In seinem Aufsatz »Capitalism and the origins of the humanitarian sensibility« kritisierte Thomas Haskell Versuche, den Kampf gegen die Sklaverei durch »Interessen« zu erklären: »Mag der aufkommende Kapitalismus die allgemeinen Ideen und Werte noch so sehr mittels der Klasseninteressen beeinflußt haben, stärker wirkte er auf die Ursprünge des Humanismus, weil der Markt die Wahrnehmung oder den *kognitiven Stil* veränderte.«[78] So belohnte und förderte – argumentiert Haskell – die »marktorientierte Lebensform ein leicht berechnendes, ziemlich forsches Auftreten«. Zudem »lehrte sie die Menschen, Wort zu halten« und »die langfristigen Folgen ihres Tuns zu bedenken«.[79] Haskell begreift die Entwicklung, »ähnlich wie Elias«,[80] als eine Etappe im Prozeß der Zivilisation. Norbert Elias betonte das Gewaltmonopol im Zuge der Staatsbildung und die mit der Pazifizierung einhergehenden Zwänge. Erst als die Gesellschaft weitgehend befriedet war und wirtschaftliche Abläufe relativ frei von gewaltsamen Eingriffen blieben, konnte sich eine »marktorientierte Lebensform« entwickeln, deren zivilisatorische Wirkung Elias nicht näher untersucht.

Haskell betont jedoch die Orientierung an den Marktverhältnissen, denn diese »brachte neue Gewohnheiten der Kausalverknüpfung hervor und ebnete damit den Weg des Humanismus«.[81] Die wachsende Aufmerksamkeit für mittelbare Fremdwirkungen des eigenen Tuns habe immer mehr Menschen davon überzeugt, direkt kausal in das Leiden mittelloser Fremder verstrickt zu sein. Mit dieser Lebenshaltung hätten sie überdies »Rezeptwissen« erworben und gelernt, handfest einzugreifen. Ihre neuen Rezepte betrafen »angemessene Normalität, Familiarität, Zielstrebigkeit und planmäßiges Handeln«.[82]

Die Marktorientierung stärkte also das Bewußtsein für die kausale Verstricktheit und praktische Verantwortung sowie das Vertrauen in gezielte Maßnahmen. Mit den Marktverhältnissen breitete sich – so Haskell – kulturell der Brauch aus, Wort zu halten, und kräftigte das menschliche Gewissen, »setzte neue Maßstäbe für das Befolgen ethischer Maximen«.[83]

Haskells Argumentation erklärt in der Tat, warum die Philanthropie aufkam – Menschen sich engagiert an kollektiven Hilfsmaßnahmen für oft sehr ferne, unbekannte Gruppen beteiligten. Doch trotz seiner Breitenwirkung blieb das humanitäre Empfinden zunächst auf eine – überwiegend bürgerliche – Minderheit beschränkt. Als später Massen von Menschen dem Arbeitsmarkt unterworfen wurden, entwickelten sie im Sinne Elias' und Haskells ein »proletarisches Empfinden« – eine »Solidarität« mit fernen, ihnen unbekannten Kollegen.

Wie gezeigt, verließen sich Arbeiter zwar stärker auf kollektive Einrichtungen als Kleinbürger, aber ihr Kollektivismus ging meist mit starkem persönlichen Engagement einher. Als freiwillige Vereine und Kassen durch landesweite, staatliche Zwangsmaßnahmen abgelöst wurden, wich das persönliche Engagement zunehmend institutionellen Eingriffen hauptamtlicher, professioneller Verwaltungsexperten.

Anstelle des humanitären und proletarischen Empfindens setzte sich langsam ein soziales Bewußtsein durch: Wissen um Interdependenzen und ein Gefühl, für andere verantwortlich zu sein, verbanden sich mit der Überzeugung, diesen müsse geholfen werden, bloß nicht mehr von irgendwem speziell: »Etwas müßte geschehen!« Wo es Elend gibt, »muß etwas getan werden« – aber nicht vom Zeugen selbst, sondern von irgendwem sonst – von »ihm«, dem verborgenen Subjekt solcher Floskeln: dem Staat, als abstraktem, universellem, anonymem Hüter aller Gesellschaftsmitglieder. Niemand ist dem Fremden, der Hilfe erbitten mag, direkt verpflichtet. Heute kann man sich intensiv um die Kranken und Armen jenseits des eigenen Gesichtskreises sorgen, weil das Mitgefühl garantiert niemanden zuviel kostet – allenfalls eine geringfügige Abgaben- und Steuererhöhung. Sobald Menschen den winzigen Bruchteil der kollektiven Bürde aufbringen können, lassen sie sich durch den Anblick von Leiden leichter bewegen. Der Preis des Mitgefühls ist so stark verfallen, daß ihn sogar kleine Leute bezahlen können.

Falsch wäre jedoch, das »soziale Bewußtsein« zu diffamieren, bloß weil es diffus und abstrakt ist – nicht zur direkten, persönlichen Hilfe drängt –, denn es ist keineswegs umsonst. Vielmehr setzt es stillschweigendes Einverständnis mit einer erheblichen Steuerlast und Umverteilung voraus, die vertikale Einkommensdifferenzen zwar wenig, dafür aber die zwischen den Generationen und Geschlechtern, Erwerbstätigen und Nichterwerbstätigen um so mehr betreffen. Zudem rechtfertigt das soziale Bewußtsein permanent sämtliche Ansprüche auf Entschädigung, Erstattung und Beihilfe, zumal wenn der Apparat effizient, die Mittel vorhanden zu sein scheinen.[84]

Soziales Bewußtsein verhält sich zur Wohltätigkeit wie Transferkapital zu Almosen und Industrieproduktion zum Handwerk.

»Am meisten veränderte das Empfinden«, schreibt Haskell, »daß die herkömmlichen Grenzen der Verantwortung verrutschten«.[85] Der heute entscheidende Wandel betrifft das Gefühl, für das Elend in der »Dritten Welt« – Hungersnot, Krieg und Staatsterrorismus – mitverantwortlich zu sein. Besonders Fernsehberichte scheinen das westliche Publikum stark für diese Nöte sensibilisiert zu haben; auch der Massentourismus trug erheblich dazu bei. Zugleich förderten popularisierte sozialwissenschaftliche Theorien über ökonomischen Imperialismus und Welthandel den Eindruck, westliche Staaten und Konzerne seien kausal in die Misere verstrickt – oder sogar daran mitschuldig. Bisher scheint es allerdings keine Erfolgsrezepte zu geben, um das Elend gezielt zu bekämpfen. Das erklärt, warum der westliche Diskurs über die Armut an den Rändern der Welt so stark durch Tragik und Ohmacht geprägt ist.

So arm sie sind – die Elenden dieser fernen Länder scheinen weder Gefahren noch Chancen zu bergen. Nur reichere Nationen der Dritten Welt können sich Waffen für begrenzte Kriege oder internationalen Terrorismus leisten, doch sie bieten zugleich beste Aussichten für Handel und Investitionen. In der Staatenfamilie ist Terrorismus zwar die Waffe der Schwächeren, aber nicht der Schwächsten. Zudem soll er weder Furcht vor den Armen verbreiten noch reiche Nationen unter Druck setzen, die Not der Ärmsten zu wenden. Über die Waffen verfügen stets kleine Eliten, die Interessen des Staates und ihrer eigenen Gruppe vertreten, sich jedoch oft kaum um das Elend in der Gesellschaft scheren.

Massenmedien und Luftverkehr wirken nicht eingleisig: Menschen in der Dritten Welt werden über westliche Lebensformen informiert und können ihrerseits reisen. So überfluten immer mehr Immigranten von den Rändern der modernen Welt die Metropolen der »Kernregionen«. Die reichen Nationen mögen versuchen, sie abzuwimmeln, können die Flut aber oft nicht eindämmen, da sich Grenzen nicht ständig auf voller Länge überwachen lassen. Manche Heimatbehörden fördern die Abreise der Migranten in der Hoffnung auf sinkende Arbeitslosenquoten oder harte Devisen von Fremdarbeitern. Auf den Märkten der »Kernländer« dagegen bilden diese Immigranten ein Reservoir von billigen – oft illegalen – Arbeitskräften. Doch während die einen ihren Zustrom als belastend für die öffentlichen Ordnung und die Staatskasse beklagen, beschäftigen andere sie gerne klammheimlich in den schäbigsten Nischen der Wirtschaft.

Der Migrantenstrom von ärmeren in reichere Regionen weckt bei den »Kernländern« ein starkes Interesse daran, die Lebensverhältnisse an den Rändern zu verbessern. Westliche Staaten haben sich bemüht, die Beschäftigung in den Heimatländern der Immigranten zu fördern. Vielleicht verstärken sie solche Initiativen noch, zumal wenn der Immigrantenstrom sie gezielt betrifft und andere Industrieländer nicht übermäßig von ihren Maßnahmen mitprofitieren. Doch wiederum tritt das Dilemma des kollektiven – diesmal weltweiten – Handelns auf, und erneut liegt das Problem in der Koordination zwischen den Reichen.

Heute gibt es internationale Organisationen, die in gewissem Maße als zentrale Koordinationsstellen wirken können, aber noch weniger Mittel und Autorität besitzen als die absolutistischen Staaten des 17. Jahrhunderts. Auch wenn die Interdependenz zwischen Reich und Arm und das Dilemma kollektiven Handelns ihre Dynamik nun weltweit entfalten, besteht keinerlei historische Notwendigkeit dafür, daß die Kollektivierung global fortschreitet.[86]

Anmerkungen

Einführung

1 Vgl. Elias, 1970, S. 143 ff.; Goudsblom, 1979, S. 7-9 und 135-142.
2 Auf dieses Dilemma hat Mancur Olson die Sozialwissenschaftler erneut hingwiesen.
3 Vgl. zu diesem Thema Esser, besonders S. 685 f.
4 Vgl. de Swaan, 1978a.
5 Vgl. Baumol, S. 25: »Eine Externalität beruht auf Interdependenz bei fehlender Entschädigung«. Ich verwende den Begriff weiter als in der Ökonomie: Er betrifft nicht bloß Effekte wirtschaftlichen Handelns, sondern auch die anderer menschlicher Interaktionen oder von »Naturprozessen«.
6 Siehe dazu etwa seine Darstellung der Klassen, 1985, S. 318 ff., besonders S. 342-344.

Kapitel 1: Kommunale Fürsorge, regionales Vagabundieren und nationale Unterstützung

1 Sahlins, S. 37.
2 *Ibid.*, S. 95 ff.
3 Mollat, S. 42.
4 Vgl. Furet; de Pauw; Gutton 1971.
5 Vgl. den Titelessay in de Swaan, 1982.
6 Vgl. Gouldner, 1973, S. 242: »In ihrer allgemeinen Form stellt eine Gegenseitigkeitsnorm zwei Mindestanforderungen: 1) Menschen sollen jenen helfen, die ihnen geholfen haben, und 2) sie sollen denen, die ihnen geholfen haben, nichts zuleide tun.« Hier kommt vor allem die zweite Bedingung zum Zuge.
7 Entsprechend Bonenfant, S. 117 und 156 ff.; Stekl, S. 24; Dorwart, S. 96 f.; Geremek, 1974, S. 351.
8 Briod, S. 15.
9 *Ibid.*
10 Geremek, 1974, S. 351.
11 Geremek, 1976, S. 209; Gutton, 1971, S.23.
12 Geremek, 1976, S. 212; Garraty, S. 28.
13 Geremek, 1976, S. 221.

14 Abbiateci; Hufton, S. 206; E. Weber, S. 16; Geremek, 1976, S. 215.
15 Beier, S. 14.
16 Küther, S. 16; vgl. Hufton, S. 202 ff.
17 Sie mußten »Prahler« und »Aufrechte Männer« sein, wie Thomas Hardons hochrangigste Gauner hießen; zitiert in Aydelotte, S. 27.
18 Vgl. Salgado, S. 91: »Für allein in elisabethanischen Dörfern lebende alte Frauen mochten eine Handvoll Erbsen, ein Beutel Korn oder ein paar Eier über nacktes Überleben oder fast unerträgliche Not entscheiden. Angst vor hexerischen Gaben nutzte ihnen bedingt, so daß Nachbarn sie nicht allzu oft völlig im Stich ließen.«
19 Vgl. *ibid.*, S. 87: »Man muß annehmen, daß es sich um Frauen handelte, da alte Frauen und kinderlose Witwen die sozioökonomisch schwächsten Mitglieder kleiner Gemeinden waren.«
20 Le Goff, 1964, S. 297.
21 Küther, S. 38; anderer Auffassung sind Endres, S.223-225, Sachße und Tennstedt, S. 102; zu Frankreich vgl. Geremek, 1974, S. 358.
22 Lis und Soly, S. 115.
23 Aydelotte; Geremek, 1976; Mollat, S. 198-202; Salgado.
24 Sahlins, S. 88 und 194.
25 2. Mose 20, 17; in 5. Mose 5, 21 kommt noch der »Acker« hinzu, aber da waren die Juden bereits seßhaft und bearbeiteten das Land.
26 Beier schätzt, daß die Vagabunden in der elisabethanischen Ära täglich nur wenige Kilometer wanderten, wobei sie im Lauf der Zeit ein »Revier absteckten«, sich aber nie weit von ihrem Geburtsort entfernten.
27 Das ist die klassisch marxistische Auffassung, die oft auch funktionalistisch formuliert wird.
28 Blum beschreibt europäische Dörfer ab dem Mittelalter, etwa auf S. 541: »Die für Finanzen, Wirtschaft und Überwachung zuständige Dorfkommune entstand in Europa erst während des Spätmittelalters und breitete sich in den folgenden Jahrhunderten über dem ganzen Kontinent aus.« Und S. 546: »Die Gemeinde bot ihren Mitgliedern auch Fürsorgedienste... Sie kümmerte sich um Bedürftige, Kranke und Waisen, ernannte manchmal auch Vormünder für Minderjährige.«
29 Klöster und Altenheime versorgten eine feste Gruppe von Armen, die oft durch eine relativ großzügige Fürsorge privilegiert waren; Goglin, S. 54; Mollat S. 165-169.
30 St. Chrysostom ordnete an, das reichste Zehntel solle für das ärmste Zehntel sorgen; Goglin, S. 30.
31 Mollat, S. 64; C. Bloch, S. 125 f.; Gonthier, S. 141 ff.
32 Bonenfant, S. 26; Mollat, S. 57 und 221; Goglin, S. 167.
33 Goglin, S. 33; Mollat, S. 55 und 66.
34 Die Hälfte für den Klerus, je ein Viertel für Gebäude und für die Armen; Goglin, S. 31. Doch die meisten Bauern argwöhnten, der Zehnte bereichere vor allem den oberen Klerus – und haßte ihn entsprechend; Le Goff, S. 225. Das ging bis zur Revolution so weiter, C. Jones, S. 39.
35 Troeltsch, S. 134 ff.
36 Vgl. Fischer; Gutton, 1974; Gonthier; Bonenfant; Kossmann-Putto.
37 Gonthier, S. 152.

38 Fischer, S. 314; vgl. auch Sachße und Tennstedt, S. 63 ff.
39 Fischer, S. 265.
40 Bonenfant, S. 117 und 150 ff.
41 Vgl. besonders Axelrod. Interessant ist hier, daß alle Ansätze, das Problem zu lösen, sogar die strikt reduktionistischen, dieses zunächst prozessual definieren, sei es als »natürliche Selektion«, »iterierte Spiele« (M. Taylor) oder Ausbreitung einer speziellen – im Wettbewerb vorteilhaften – Strategie (etwa »wie du mir, so ich dir«) in einer Population (Axelrod).
42 Boorman und Levitt haben einen interessanten, aber weitgehend erfolglosen neodarwinistischen Ansatz entwickelt.
43 Dawkins, 1978; vgl. auch Elster, 1979, wonach Theorien der »Selektion« nicht mit solchen des »Handelns« und der »Intention« vereinbar sind.
44 Merton, S. 475 ff.
45 Vgl. Bowman, der Erwartungen an die Kollaborationsbereitschaft anderer als Variable verwendet.
46 Zur dörflichen Ächtung vgl. Blum, S. 551 f.
47 Le Goff, S. 85, folgt W. Arthur Lewis, nach dem Europa ab dem Beginn des 14. Jahrhunderts kein »Neuland« mehr barg.
48 Geremek, 1974, S. 366 f.; Gutton, 1974, S. 41.
49 Als die Stadträte von Brabant es leid waren, immer neue Rotten entlassener Soldaten in die nächste Stadt zu jagen, kamen sie 1459 erstmals zusammen und richteten eine Petition an die Staaten von Brabant, eine Verordnung gegen das Vagabundieren zu erlassen. Die Regionalregierung stimmte zu, erwies sich aber als unfähig, das Gesetz anzuwenden. Blockmans und Prevenier, S. 533.
50 Gutton, 1974, S. 38: Fremde Arme erhielten manchmal Almosen an den Stadttoren, die dann für sie geschlossen wurden.
51 Zu Amsterdam vgl. Oldenwelt.
52 Foucault, 1969, S. 68 ff.
53 Vgl. Oxley. Zur privaten Philanthropie siehe Jordan. Wrighton und Levine, S. 173 ff., beschreiben die Auswirkungen des Gesetzes in einem Dorf.
54 Zitiert nach Tate, S. 163.
55 Zitiert nach *ibid.*, aus der Präambel des Gesetzes von 1662.
56 Oxley, S. 15.
57 Geremek, 1974, S. 365.
58 Zum Beispiel van den Eerenbeemt, 1977, S. 149.
59 Vgl. Rothman, Trattner.
60 Rothman, S. 50; Coll, S. 132.
61 Rothman, S. 50.
62 Vgl. Endres, S. 230 f.; Küther, S. 15.
63 Van den Eerenbeemt, 1968, S. 117-119; vgl. auch van Loo, S. 26 ff.
64 Trattner, S. 22; vgl. auch Gutton, 1974, S. 122 ff.
65 Foucault, 1969, S. 91; vgl. auch Kingdon, S. 51, über die »Laifizierung und rationale Begründung« der Armenfürsorge in Calvins Genf und andernorts.
66 Martin, S. 31.
67 Vgl. T. C. Schellings Ausführungen zu »fokalen Lösungen«.

68 Vgl. Gutton, 1971, S. 458.

69 Vgl. Martin.

70 Vgl. etwa Guttons Darstellung der wechselhaften königlichen Eingriffe in Lyon, 1971, S. 455 ff. und 486; siehe auch C. Bloch zum *ancien régime* Frankreichs; Dorwart, S. 94-111, über Preußen; Midwinter (1922) zur frühviktorianische Reform in Großbritannien; Schama, 1977, zur *Bataafse Republiek* in den Niederlanden, Melief speziell zu dem Jahren 1795 bis 1854; zu Amerika, Trattner, S. 98: »sofern Städte einzelstaatliche Arme unterstützten, wurden sie aus der Kolonialkasse entschädigt«; vgl. auch S. 38 f. zu den lokalen Eingriffen der Einzelstaaten, als die USA unabhängig waren.

71 Dupeux, S. 67.

72 Trattner, S. 22.

73 Abel, S. 46-54.

74 Vgl. Katz, 1986, S. 21, zu den USA im frühen 19. Jahrhundert: »Oft gaben die Städte mehr Geld dafür aus, die Armen loszuwerden, als ihre Unterstützung gekostet hätte. Abgesehen vom Ärger und von den Kosten endloser Prozesse, war das System oft grausam, da alte und kranke Arme, sogar im tiefen Winter, von Stadt zu Stadt verfrachtet wurden.«

75 Vgl. die beinahe farcenhafte Unfähigkeit und Opposition bei den Kommunalbehörden von Brabant, geschildert in van den Eerenbeemt, 1968, S. 106 ff. Die Stadt Den Bosch weigerte sich, Maßnahmen zu finanzieren, da diese auch dem Lande dienen konnten.

76 Gutton, 1971, S. 458.

77 Vgl. Beloff, S. 107 und 116 ff.; Burg.

78 »Faktisch läßt sich dieses Machtgleichgewicht nur wahren, wenn man den kategorischen Imperativ Kants beschwört: Handle so, daß es deinem eigenen Interesse entspräche, wenn alle so handelten.« Rapoport, S. 306. Vgl. jedoch die Argumentation im Text.

79 Olston, S. 46.

80 *Ibid.*, S. 29.

81 Ch. Tilly, S. 440.

82 Martin, S. 32: das »Angebot des Hauses«; vgl. J. Taylor, S. 60, mit einem Zitat aus dem »Workhouse Test Act« 1723: widerspenstige Arme »sollen Spenden und Fürsorge weder erbitten oder erhalten dürfen...«; vgl. auch Foucault, 1969, S. 94.

83 Gutton, 1971, S. 435.

84 Vgl. L. Koch, S. 431; Foucault, 1969, S. 97 ff.; Lis und Soly, S. 123 ff.; Sachße und Tennstedt bezeichnen diese vielfältigen Zwecke zu Recht als »funktionale Überlastung«, S. 116.

85 Das Arbeitshaus im niederländischen Gouda schaffte 1854 die warmen Mahlzeiten ab, um den Zustrom gesunder Armer einzudämmen (vgl. van den Eerenbeemt, 1977).

86 Vgl. Charles Dickens' *Oliver Twist* und *Little Dorritt* sowie Arnold Bennetts *Clayhanger*.

87 Vgl. Geremek, 1974, S. 356.

88 Vgl. Küther, S. 142; Strekl zu Österreich; Ignatieff zum brutalen Strafcharakter der *workhouses* in England zur Mitte des 19. Jahrhunderts.

89 Vgl. die »almshouses« in den Vereinigten Staaten; vgl. Coll, S. 135.

90 Vgl. Oxley, S. 32; J. Taylor, S. 70.

91 Oxley, S. 85; vgl. van den Eerenbeemt, 1977, S. 34 ff. Katz, 1986, S. 24: »Verfechter der Armenhäuser weckten sogar Hoffnungen, die Armen könnten sich selbst ernähren und produktiv arbeiten... Wenige Jahre später entstandene Berichte widersprechen meist dem Optimismus früher Förderer und Verwalter von Armenhäusern.«

92 Vgl. J. Taylor, S. 63.

93 Vgl. *ibid.*, S. 63.

94 Gutton, 1971, S. 466 f.

95 Lenhardt und Offe, S. 101.

96 Rusche und Kirchheimer: »Die Besserungsanstalten erwuchsen aus einer sozialen Situation, als die Bedingungen des Arbeitsmarktes für die niederen Schichten günstig waren«, S. 7.

97 Lis und Soly argumentierten hingegen, in Frankreich hätten die Arbeitshäuser bis mindestens 1640 billige Arbeitskräfte für Zeiten hoher Nachfrage bereitstellen – in der anschließenden Krisenzeit jedoch vor allem die Armen maßregeln sollen. Lis zeigte auch, daß die Armenfürsorge im Antwerpen des 19. Jahrhunderts reformiert wurde, um Arbeitskräfte für die Textilindustrie zu liefern.

98 Piven und Cloward, 1972, S. 3.

99 Vgl. Gutton, 1971, S. 458 ff.

100 Vgl. Depauw, S. 403: Die exilierten Armen tauchten meist im Pariser Gewimmel unter; vgl. Kaplow, S. 129 ff., und Dorwart, S. 111, zu Preußen.

101 Vgl. Foucault, 1977, S. 113, sowie Koch, S. 347. Sachße und Tennstedt, 1980, argumentieren, daß es – zumindest in Deutschland – zu wenige Arbeitshäuser gab, um den Arbeitsmarkt zu regulieren; sie hätten primär der Maßregelung und Abschreckung gedient.

102 Vgl. Coll, S. 134.

103 Wallerstein, S. 254. Vgl. J. S. Taylor, S. 60: »Die Bekehrung erfolgte durch erfolgreiches Beispiel; senkte irgendwo ein neues Arbeitshaus die Armenquoten und die Zahl der Fürsorgeempfänger, folgten die Nachbargemeinden rasch nach...«

104 Foucault, 1969, S. 99-104.

105 Vgl. Stekl, S. 54; Lis und Soly, S. 118 ff.

106 Vgl. Geremek, 1974, S. 363.

107 Vgl. Küther, S. 143; van den Eerenbeemt, 1972, S. 51 ff. Kingdon, S. 67 ff., tritt für die gegenläufige Diffusion ein.

108 Vgl. Foucault, 1977, S. 155 ff.; Ignatieff, *passim.*

109 »Die nach dem alten Armenrecht eingerichteten Arbeitshäuser können durchaus als Vorläufer der meisten Institutionen moderner Sozialstaaten gelten.« Oxley, S. 79.

110 Midwinter, S. 194.

111 Vgl. Gutton, 1971, S. 454 ff.; C. Jones, S. 131 ff.

112 Elias, 1978b, S. 154.

Kapitel 2: Das elementare Curriculum als nationaler Verständigungskode

1 1980 besuchten weltweit rund 74 Prozent aller Kinder im Alter zwischen sechs und elf Jahren die Schule, gegenüber 62 Prozent im Jahr 1962; offizielle Statistik der Unesco, *Statistical Yearbook* für 1984. In Nordamerika sind es hundert, in den europäischen und anderen »Industrieländern« über neunzig Prozent; in Afrika stieg die Quote zwischen 1960 und 1980 von 32 auf 63 Prozent. Doch bei Mädchen sind die Zahlen deutlich geringer.

2 Der Begriff stammt von Bernstein.

3 Kaestle (1976, S. 81) schreibt über England: »1825 waren nicht Verfechter, sondern Gegner der Massenerziehung in der Defensive.« Vgl. Graff, S. 22: »In den dreißiger Jahren des

19. Jahrhunderts war die Opposition gegen die allgemeine Schulpflicht in den angloamerikanischen Ländern und großen Teilen Westeuropas weitgehend verschwunden. Obwohl sich der Widerstand von Großbritannien über die kanadischen Provinzen bis zur amerikanischen Republik höchst unterschiedlich geäußert hatte, ähnelten sich Ziele und Inhalte – wenngleich nicht immer Strukturen – der Anfang des Jahrhunderts erreichten pädagogischen Lösungen.«

4 Zum ländlichen Frankreich vgl. E. Weber, S. 30 ff.

5 In Paris galt die *campagne* als »ein Land von Wilden«, *ibid.*, S. 3-22.

6 Vgl. Mandeville, *Die Bienenfabel* (1724), FfM 1980, S. 328 f: »Um die Gesellschaft glücklich und die Leute selbst unter den niedrigsten Verhältnissen zufrieden zu machen, ist es notwendig, daß ein beträchtlicher Teil davon sowohl unwissend wie auch arm sei. Kenntnisse vergrößern und vervielfachen unsere Bedürfnisse, und je weniger Dinge ein Mensch begehrt, um so leichter kann er zufriedengestellt werden... Lesen, Schreiben und Rechnen sind sehr wichtig für diejenigen, deren Beruf solche Fertigkeiten verlangt; wo aber die Menschen nicht auf jene Künste angewiesen sind, wie bei den Armen, die ihr täglich Brot durch ihrer Hände Arbeit verdienen, da sind sie höchst verderblich.«

7 »Zwischen 1680 und 1780 ließ die Alphabetisierung merklich nach, da die oberen Schichten meinten, die Erziehung des Volkes habe zu den revolutionären Umtrieben der vierziger und fünfziger Jahre beigetragen«, L. Stone, 1969, S. 136.

8 Chisick, S. 261 und 263.

9 *Ibid.*, S. 270; Rousseau schrieb in *Julie ou la Nouvelle Héloïse* (zitiert nach Chisick, S. 269), man konnte »die Lage der Bauern allenfalls lindern, ohne sie je daraus zu befreien«. Ganz ähnlich Voltaire: »Mir erscheint es wesentlich, daß die Bettler unwissend bleiben müssen«, und: »Das Volk soll geführt, nicht unterwiesen werden; das hat es nicht verdient« (zitiert nach Ariès, S. 925).

10 Vgl. *Der Wohlstand der Nationen*, Erstes und Zweites Kapitel (S. 9-19). Vgl. auch Maynes, 1985, S. 123: »Die Frühphasen der Industrialisierung und das mit ihnen einhergehende Wuchern der Städte wirkten sich negativ auf den Stand der Alphabetisierung aus.«

11 Zitiert von M. Tylecote (1851) in Simon, S. 153.

12 Schama, 1970, S. 593.

13 Vgl. van der Giezen, S. 24.

14 Vgl. Heinemann.

15 H. Silver, 1977, S. 206.

16 Vgl. Aumüller, S. 63; auch Tyack, S. 14, zur Lage in ländlichen Regionen Amerikas um 1900.

17 Vgl. W. E. Tate, S. 31.

18 J. S. Taylor, S. 70; ebenso Landstreicher und Veteranen, von denen manche eine Konzession hatten, Alkohol auszuschenken, um ihr Einkommen aufzubessern: Aumüller, S. 59 f. und 63.

19 Vgl. Chartier *et al.* zum Frankreich des 18. Jahrhunderts, S. 41-44.

20 Die technischen Sparten des Militärs könnten zu den ersten Ausnahmen gehört haben. Die Artillerieschulen im Frankreich des 18. Jahrhunderts nahmen Gemeine auf und bereiteten sie auf hohe Ränge vor, ungeachtet des Standes und Wohlstandes ihrer Familien. Danach geriet die Waffengattung Artillerie insgesamt in Verruf, bis sie wieder ihre gewaltige Macht bewies und den Niedergang der äußerst aristokratischen Kavallerie herbeiführte. Vgl. McNeill, 1982, S. 166-173.

21 Drucker, S. 15, vgl. S. 18. Bis zum 20. Jahrhundert hatte sich das geändert: »Wir erleben die Revolution des Bildungswesens, weil die Mühe des Lernens auf Waren und Dienstleistungen bezogen nicht mehr unproduktiv ist. Angesichts der neuen Organisation ist Lernen die produktive Arbeit schlechthin.«

22 Vgl. Tyack, S. 16.

23 Vgl. Strauss, S. 96, zu Deutschland in den dreißiger Jahren des 16. Jahrhunderts: »Bibellektüre geriet in Verdacht, die Saat eines unkontrollierbaren Sektierertums zu legen.« Noch drei Jahrhunderte später bargen Lesen und Schreiben den Keim der Rebellion: »Früher oder später stoßen lesekundige Sklaven und Arbeiter auf Schriften von Abolitionisten bzw. Gewerkschaftsführern.« (Cremin, 1980, S. 493.)

24 Vgl. Gontard, S. 8.

25 »Alles spricht dafür, daß erstens die Volkserziehung im Westen vor allem deshalb zunahm, weil die christlichen Glaubensgruppen um geistige Macht über die Armen kämpften; zweitens, daß zuerst Protestanten den potentiellen Wert der Schule und der Druckerpresse als Waffen in dieser Schlacht erkannten.« Stone, 1969, S. 83.

26 Barker (S. 67 f.) behauptet, daß die Bildungseinrichtungen in protestantischen Ländern schneller von der Kirche auf den Staat übergingen, »weil die Säkularisierung religiöser Stiftungen im Zuge der Reformation die Ressourcen der Kirche so stark auszehrte, daß protestantische Staaten zwingend einige der alten Funktionen übernehmen mußten.« Das scheint der Beobachtung zu widersprechen, daß Elementarschulen dort am häufigsten waren, wo Gemeinden über gemeinsames Vermögen verfügten, um die Kosten der Erziehung zu bestreiten; vgl. Maynes, 1979.

27 Zu den Alphabetisierungsquoten in England und in den USA vgl. Cressy, Lockridge, Schofield (alle abgedruckt in Graff, Hrsg.), L. Stone, 1969; zu Frankreich: Furet und Ozouf. (LeRoy Ladurie stellt eine enge – jedoch fadenscheinige – Korrelation zwischen Alphabetisierung und Körperlänge fest, da beide vom regionalen Wohlstand abhingen). Zeitreihenvergleiche bei Chartier *et al.*, S. 87-109, und Maynes, 1985, S. 14.

28 Vgl. Chisick.

29 Vgl. Heinemann.

30 In Amerika war es, sogar unter den Eliten, praktisch einhellige herrschende Meinung, für die Massenerziehung einzutreten, doch die Oberschichten Englands und anderer Teile Europas blieben in dieser Frage gespalten; vgl. Kaestle, 1976.

31 Das Problem der Mädchenerziehung war etwas ganz anderes, sogar stärker durch moralische Vorbehalte geprägt; vgl. Maynes, 1985, S. 97-102 (mit weiteren Nachweisen).

32 Vgl. Aumüller.

33 Zur Rolle solcher Mittelsmänner im ländlichen Frankreich des 14. Jahrhunderts vgl. Duby, II., S. 248 ff. Der Notar vereinigte in seiner Person alle Verbindungsfunktionen des Dorfes für die rund zwanzig umliegenden Weiler (S. 254). Zum Europa der Neuzeit vgl. Maynes, 1985, S. 13: »Obwohl es viele rückständige Regionen gab, in denen fast nur Analphabeten lebten, konnten Städter sogar dort Lesen und Schreiben und müssen die Landbewohner durch häufige Kontakte mit Inhalten der Schriftkultur bekannt gemacht haben.«

34 »Kein Forscher, der die Bildungsgeschichte der vergangenen 15 Jahre auch nur annähernd kennt, kann ernsthaft versuchen, schlicht über den Sieg von Wohlwollen und Demokratie zu berichten.« Katz, 1976, S. 382.

35 Parsons, 1961, S. 434.

36 Vaughan und Archer, 1971, S. 5.

37 Jüngst lebte die Debatte über diese Themen durch eine Polemik zwischen Elster (1982) und anderen wieder auf.

38 Vgl. etwa die Beiträge in Hartmann, Nyssen und Waldeyer sowie Bowles und Gintis. Cremin (1977, S. 55) kritisiert, daß Bowles und Gintis per Analogie von der Funktion auf die Erklärung schließen: »Wieder einmal wird die Entsprechung behauptet statt nachgewiesen, und außer der Ähnlichkeit tritt nichts wesentliches zutage.« Ein kurzes Resümee der Diskussion in England geben Digby und Searby, S. 24 f.

39 Vgl. Vaughan und Archer, 1971, und L. Stone, 1969, S. 95: »Da englische Heiratsurkunden ab 1780 von zunehmender Alphabetisierung zeugen, müssen sich die Bildungseinrichtungen etwa 15 Jahre zuvor verbessert haben, demnach lange bevor die Industrielle Revolution ernsthaft einsetzte.« Schofield beschließt seine Studie über die englischen Alphabetisierungsquoten 1750-1850 wie folgt (S. 453): »Statistiken über männlichen Analphabetismus – national bis zum Jahrzehnt 1805-1815 sowie für mehrere Berufsgruppen bis zur Mitte des 19. Jahrhunderts – stützen kaum die Idee, daß Alphabetisierung zwingend Wirtschaftswachstum auslöst oder damit einhergeht.« Graff stellt fest, daß sich lesen und schreiben zu können im Ontario des 19. Jahrhundert nicht eindeutig auf die Bezahlung oder Beförderung auswirkte (S. 198 und *passim*). Daraus schließt er generell: »In weiten Teilen Nordamerikas ging die Schule der Industrialsierung *voraus*« (S. 231). Lundgreen beendet seine quantitative Studie über Quoten des Schulbesuchs und Volkseinkommen (aus Arbeit) mit der Folgerung: »Die eindrucksvollen Wachstumsraten im Deutschland des 19. Jahrhunderts, wie auch der Nachkriegsjahre 1950-1962, hatten wenig mit verstärkter Ausbildung zu tun« (S. 47).

40 Katz (1976) erklärt die aufkommende Massenerziehung im Kontext des Überganges zum Kapitalismus, ohne »systemische Erfordernisse« zu bemühen. Ländliche Unruhen, Immigration, Urbanisierung und die anschwellende Lohnarbeiterklasse hätten bei der Bourgeoisie große Ängste geweckt, so daß sie versuchte, die Massen mit neuartigen Institutionen zu beherrschen, darunter die Schule. Das erklärt die kulturellen und politischen Aspekte der Entwicklung und wird auch der Zeitfolge gerechter. Dennoch reagierte die »metropolitanische« Bourgeoisie nicht bloß, als sie für nationale Verständigungkodes eintrat.

41 Vaughan und Archer, 1971, S. 16.

42 *Ibid.*, S. 217; Laqueur, 1973, wendet jedoch ein, weder habe die Amtskirche das Erziehungswesen so vollständig kontrolliert (es gab in der Tat viele Privatschulen), noch seien die Mittelschichten je derart homogen gewesen.

43 Die Vorstellung nationaler und regionaler Kommunikationsnetze entspricht Karl Deutschs Idee (1953) imaginärer »Landkarten von *Sprachgemeinschaften*, auf denen jeder Sprechkontakt durch eine einzelne Linie dargestellt würde, um die relative *Dichte des Sprechverkehrs* darzustellen«, S. 41.

44 Glück, S. 67-90, erörtert die Probleme, indem er diese Begriffe definiert und einschätzt, in welchem Maße man einander, besonders in soziohistorischen Untersuchungen, wirklich verstanden hat (sog. »Interkomprehensibilität«).

45 Faktisch ähneln die Sprachen in einer Figuration einander mehr oder weniger. Daher könnte man das Modell mühelos um einen Index der wechselseitigen Verständlichkeit zwischen Sprachen erweitern. Allerdings fehlen systematischen Daten über Sprachähnlichkeiten, die für ein revidiertes Modell in Frage kämen.

46 Eine Kombination ist eine Teilmenge von **S**; aus einer Menge von k-Elementen lassen sich n!/k!(n - k)! verschiedene Kombinationen bilden.

47 Eine Variation ist eine geordnete Kombination, das heißt, eine Teilmenge von **S** mit einer spezifischen Sequenz von Elementen. Für jede Kombination von k-Elementen gibt es k! Variationen.

48 Greenberg interessierte vor allem, *Sprachsysteme* im Sinne ihrer allgemeinen Diversität (**A**) oder ihres Kommunikationspotentials (**H**) darzustellen. Greenbergs **A** entspricht Fragmentierungsindizes (zum Beispiel bei einem Wahlvolk); der Ausdruck (1) unten ist formal identisch mit Greenbergs **H**. Lieberson hat Greenbergs Indizes genauer ausgearbeitet (1981).

49 Ganz ähnlich beschreibt Marc Raeff die höfische Bürokratie im Preußen des frühen 18. Jahrhunderts: »Da er in die Tagesabläufe seiner Untertanen eingriff, auf maximale Nutzung aller Mittel und kreativen Energien drängte, unterhöhlte der absolutistische Staat die Struktur des Grundbesitzes, von der er praktisch oft abhing – förderte er die Dynamik der Modernisierung und der Klassenbildung« (S. 1228). Goody analysiert die Funktion der Alphabetisierung für den Prozeß der Staatsbildung.

50 Einer Berufsgruppe lag unmittelbar an der Alphabetisierung: den Verlegern, vor allem von Zeitungen und Lehrbüchern. Amerikanische Autoren haben betont, wie stark ihr Bündnis mit den Pädagogen dazu beitrug, die allgemeine Elementarschulpflicht voranzubringen, vgl. Tyack, S. 95, Soltow und Steven, S. 58-88, und Cremin, 1980, S. 298-334.

51 Magraw beschreibt, wie sich ländliche *notables* und der Klerus Mitte des 19. Jahrhunderts gegen ein öffentliches Bildungswesen stemmten.

52 In manchen Fällen kann man die monopolistischen Mittlervorteile ganz wörtlich nehmen. So waren Meisterkopisten und ihre Verbände im 17. Jahrhundert erbost über die Konkurrenz der *petites écoles* und verklagten sie immer wieder erfolglos (Ariès, S. 911). Diese Kopisten dienten gleichzeitig als Schreiber, Übersetzer, Rechner und Buchhalter.

53 Vgl. Maynes, 1985, S. 37: »Im großen und ganzen jedoch regelten bessergestellte Grundbesitzer – teils Kleinbürger, teils Adlige – überall in Europa die dörflichen Angelegenheiten. Die städtischen Honoratioren waren Grundbesitzer, *rentiers*, Kaufleute, Akademiker, Beamte und ähnliche. Sie hatten sich gegen Ende des *ancien régime* der Stadtpolitik bemächtigt und übten oligarchische Macht aus. In den neuen Industriestädten spielten Unternehmer eine entscheidende Rolle.«

Als Sprecher der Lingua franca, mit einem Mittlermonopol über ihre regionale Klientel, nehmen die örtlichen Kleinbürger in dem Modell eine andere Position ein als die metropolitanische Beamten- und Unternehmerbourgeoisie. Klasse, Region, und Stellung im Netzwerk gehen hier nicht mit gleichlautenden Interessen einher.

54 M. Bloch, S. 103.

55 Eisenstein, S. 61.

56 Laslett, S. 193.

57 Vgl. Cohen, besonders S. 81; wiederabgedruckt in: Deutsch, S. 42.

58 Zur aktuellen Situation vgl. Siguan.

59 Stephens gibt einen Überblick über die im heutigen Europa erhaltenen Regionalsprachen.

60 Vgl. Hechter.

61 *Ibid.*, S. 110 ff.

62 Vgl. Withrington.

63 Vgl. Marsden; David Williams, S. 246 ff.

64 Vgl. K. Morgan, S. 242 ff.

65 E. Weber, S. 70 ff.

66 *Ibid.* S. 71. Chartier *et al.* (S. 107) schreiben über Okzitanien im 18. Jahrhundert: »So bedeutete Zweisprachigkeit, daß eine Elite ihre Integration in die nationale Gemeinschaft vorantrieb, indem sie sich des Französischen bemächtigte und den Dialekt ablehnte, während die breite Masse ihre Sprache weder lesen noch schreiben konnte.«

67 Vgl. Cruzon, S. 40.

68 E. Weber, S. 86.

69 Vgl. van der Plank, S. 241-247.

70 Engel, S. 70.

71 Glück, S. 196-236.

72 *Ibid.*, S. 297 ff.

73 Goudsblom, 1970, S. 109 f.

74 van der Plank, S. 68.

75 Thernstrom (Hrsg.), S. 619. Heute in den USA lebende Hispanics – überwiegend Mexikaner und Puertorikaner – können als Ausnahme zu dieser Regel gelten, bezahlen jedoch mit sozialer Zweitrangigkeit für das offizielle Privileg, Spanisch sprechen und schreiben zu dürfen.

76 Dorian, S. 37 und 40; van der Plank (S. 114) stellt fest, daß sich niedere Schichten einer Sprachmajorität oft dagegen wehren, eine heteroglotte Minderheit an die vorherrschende Sprache zu assimilieren, da sie wachsende Konkurrenz fürchten.

77 Ein Sprecherpaar h und i, mit gemeinsamen Sprachen L, läßt sich um den »störenden Dritten« j erweitern, der die gleichen Sprachen mit h teilt wie dieser mit i. Von der Kommunikation zwischen h und i wäre der störende Dritte lediglich durch eine beiden gemeinsame »Exklusivsprache« L auszuschließen, die j *nicht* versteht. Es müßte also ein L geben, für das gilt LŒc_h *und* LŒc_i *und* Lœc_j. Die Chancen u_h' für h, einen i zu finden, mit dem er L teilt, und einen in L unkundigen j auszuschließen, sind: $u_h' = \Sigma_i \Sigma_j (f_i . f_j)$, für LŒ$c_h$ *und* LŒc_i *und* Lœc_j. Die Bedingung erfüllt niemand, der bloß die allgemeine Sprache beherrscht; für solche Sprecher gilt $u_h' = 0$. Sprecher der allgemeinen *und* einer Exklusivsprache L können jedoch einer Triade angehören, die der Bedingung genügt, so daß gilt: $u_h' > 0$. Darin äußern sich die Vorteile, eine Exklusivsprache zu beherrschen.

78 Van der Plank.

79 Vgl. Stephens, *passim*, besonders zu Okzitanien, S. 297.

80 Vgl. Dorian, mit einer genauen Untersuchung der Sprachpraktiken heutiger Hochland-Schotten.

81 »– Er ist Engländer, sagte Buck Mulligan, und er findet, in Irland sollten wir Irisch sprechen. – Sollten wir bestimmt, sagte die alte Frau, und ich schäme mich, daß ich die Sprache selber nicht kann. Ich hab mir sagen lassen, es wäre eine ganz großartige Sprache, von Leuten, die sich auskennen.« James Joyce, *Ulysses*, S. 23. Vgl. auch Hobsbawm und Ranger (Hrsg.), besonders den Beitrag von P. Morgan.

82 Vgl. Wallerstein, S. 152: »Offenbar kann man generell jedes komplexe Ideensystem so manipulieren, daß es beliebigen sozialen oder politischen Zwecken dient. Auch die katholische Theologie ließ sich ihrem sozialen Milieu bestens anpassen.« So trat die katho-

lische Führung Lateinamerikas im 18. Jahrhundert dafür ein, die Quechua und Aymara sprechenden Indianer zu castilianisieren. Vgl. Heath und Laprade in Cooper.

83 Der Begriff stammt von Cremin (etwa 1980, S. ix). Er betont die einzigartige Leistung der USA, »eine echte Landessprache« für das Schulwesen zu entwickeln, um »evangelischen Glauben, demokratische Hoffnungen und Nützlichkeitsstreben« zu verbinden und eine geeinte (amerikanische) Gesellschaft zu schaffen. Gewiß war dieses Bemühen in den USA monumental, aber ähnliches versuchten die holländischen *Nut* in der Batavischen Republik. Auch viele Bildungspolitiker anderer Länder hegten solche Hoffnungen.

84 Butts (S. 206) verfolgt diese zweigleisige Entwicklung weiter zurück. »Im allgemeinen kristallisierte die Reformation folgende Differenz heraus: Elementarschulbildung in der Landessprache für die niederen und klassische, höhere Ausbildung für die oberen Schichten.« Vgl. Mialaret und Vial zu Frankreich.

85 Vgl. Digby und Searby (S. 36-40) zur Wiederbelebung der Klassik im England des 19. Jahrhunderts.

86 Zu den Niederlanden vgl. Röling, S. 72; zu Stratifizierung und Erziehung in den Niederlanden des 18. Jahrhunderts vgl. Frijhoff.

87 Bernstein, S. 104; der Autor fährt fort: »Der Zugang zu einem elaborierten Kode ist nicht psychisch bedingt, sondern dadurch, ob man spezielle Positionen innerhalb der Sozialstruktur erreicht und sich ein besonderes Sprachmodell aneignen kann. Solche Positionen entsprechen normalerweise – wenn auch nicht immer – einer Schicht, die Zugang zu wichtigen Entscheidungsbereichen der Sozialstruktur anstrebt oder schon besitzt.« Noch ausdrücklicher (S. 131): *»Eine Funktion des Klassensystems ist, den Zugang zu elaborierten Kodes zu begrenzen.«*

88 Heinemann, S. 23.

89 In *De la littérature allemande* (1780), von Heinemann (S. 60, auf Deutsch) zitiert. Eine weitere »metropolitanische« Metapher: »Wie das Geld in Umlauf gekommen sei, so müsse auch die Kultur in Umlauf kommen.« (*Ibid.*, S. 61.)

90 *Ibid.*, S. 38.

91 *Ibid.*, S. 58 f.

92 *Ibid.*, S. 111 ff. Doch einer von ihnen, von Rochow, führte auf seinen Gütern umwälzende Reformen durch, hob die »Gemeinheiten« auf und gründete Schulen für alle seine Bauern. »Kinder gehören dem Staat; der Staat will, daß sie erzogen werden« (Heinemann, S. 149). Er veröffentlichte viel zum Thema der Bildungsreform und wurde zu einem der engsten Berater Friedrichs, aber seine Projekte wurden auf anderen Gütern nicht übernommen.

93 Van den Eerenbeemt, 1977, S. 47.

94 Zitiert nach Tate, S. 169.

95 Heinemann, S. 60 ff. (Zitat S. 77); vgl. Müller, *passim*.

96 Heinemann, S. 136; Roessler, S. 139, zitiert einen Bauern, der aufschrie: »Lieber soll ich geköpft werden, als daß mein Kind neue Bücher in die Hände bekommt.«

97 Maynes, 1979, S. 613. »Wo jedoch ökonomische Möglichkeiten den ländlichen Werdegang unterbrachen, traten die Bauern schnell für Schulen ein.« E. N. Anderson, S. 268.

98 Heinemann, S. 135.

99 Dorwart, S. 173.

100 »In Preußen gingen das Prinzip und in gewissem Maße auch die Praxis der Elementarschulpflicht auf die Hohenzollernherrschaft des 18. Jahrhunderts zurück.« E. N. Anderson, S. 261.

101 Dorwart, S. 179. Es gab jedoch eine dritte Lingua franca: das Französische als Sprache des Hofes.

102 Aumüller führt diese in den Armenhäusern und Regimentsschulen verwirklichten Modelle auf den dringenden Bedarf an Facharbeitern im aufkommenden Kapitalismus zurück. Sie entsprachen jedoch eher dem Bestreben, aufmüpfige Arme zu braven Bürgern umzuerziehen, als dem praktischen Ziel, Arbeiter für die neuen Fabriken auszubilden. Kurz, »Maßregelung« spielte eine wichtigere Rolle als »Ökonomie«, und das gilt für die Politik der Armenhäuser insgesamt. Vgl. auch Roessler, S. 303-305.

103 Vgl. zu den sozialen Konsequenzen des Landrechts: Kosellek, 1977.

104 E. N. Anderson, S. 276.

105 Busshoff, S. 392; der König warnte vor dem »Übel der Überbildung« bei Lehrern und ihren Schülern.

106 Ende des Jahrhunderts gab es in Deutschland insgesamt 36 000 Schulen, davon etwa 7 300 katholische und 22 000 protestantische (vgl. E. N. Anderson, S. 276). In der ersten Jahrhunderthälfte war die Katholische Kirche eine Minderheitenkonfession – mit starken örtlichen Machtbasen im Süden und Osten (vgl. auch Glück, S. 178-196). Solange ihre lokalen Monopole respektiert und ihre religiöse Lehre nicht beschnitten wurden, begnügte sie sich mit dem liberalen Standpunkt gleicher Unterstützung aller Konfessionen, nahm jedoch die Vorzugsbehandlung der Lutherischen Staatskirche hin. So wurde sie strikt regionalistisch. Erst nach Reichsgründung 1871 begann ein ernsthafter *Kulturkampf.*

107 Vgl. E. N. Anderson, S. 276.

108 »Man kann durchaus sagen, daß der Volksschullehrerstand im 19. Jahrhundert eine Plattformfunktion eingenommen hat«, Busshoff, S. 396.

109 Aumüller, S. 53.

110 Hartmann, S. 180.

111 Vgl. Müller, *passim*; Waldeyer, besonders S. 161 ff.

112 Gontard, S. 15; vgl. auch Chartier *et al.* zur Erziehung in Frankreich unter dem *ancien régime*.

113 Ludwig XIV. hatte 1698 die Arbeit von Kindern unter 14 Jahren verboten und Schulpflicht eingeführt; die *intendants* mußten dafür sorgen, daß Schulen gegründet und Armenkinder – aus Mitteln der Kommunen – kostenlos unterrichtet wurden; »die Schulen wurden zunehmend teils kirchlich, teils säkular überwacht«, schreibt Poutet, S. 110.

114 Gontard, S. 14.

115 Allain, S. 33.

116 Gontard, S. 187.

117 In alle Gemeinden, wo man Dialekt sprach, sollten französische *instituteurs* geschickt werden, vgl. Allain, S. 37.

118 Gontard, S. 187, zum Konvent von 1793. Diese Ideen gingen auf Vorschläge von La Chalotais in seinem *Essai d'éducation nationale* (1763) zurück: »Für die Nation fordere ich nachdrücklich eine rein staatliche Erziehung, denn jede Nation hat ein unveräußerliches, unverfallbares Recht, ihre Angehörigen zu unterweisen.« (Von Ariés auf Französisch zitiert, S. 919.)

119 E. Weber, S. 72.

120 Gontard, S. 122; doch die Lehrer stellten sich nicht ein, oder die Stadtverwaltungen schufen keine Einrichtungen, oder die Eltern schickten ihre Kinder nicht zur Schule; vgl. Gontard, S. 129-131.

121 Vgl. Godechot, S. 461: »Daher kümmerten sich die konservativen Bourgeois im *Directorat* fast nur insofern um das Schulwesen, als sie ihren Söhnen eine gute Ausbildung verschaffen und die Macht der Bourgeoisie festigen wollten.«

122 Ein *rapprochement* hatte bereits unter dem Konsulat begonnen, vgl. Gontard, S. 192 f.; zum Bildungsverhältnis zwischen Kirche und Staat im 19. Jahrhundert vgl. auch Gerbod.

123 Godechot, S. 648, zitiert ein Dekret von 1811: »Inspektoren der Akademie sollen überwachen (*surveilleront*), daß die Lehrer nicht mehr als Lesen, Schreiben und Rechnen unterrichten...«

124 *Ibid.*, S. 252.

125 Vgl. *ibid.*, S. 273-296: »In diesem Vierteljahrhundert war die Methode wahrhaft eine Offenbarung. Mit ihr wurde der Kampf um die Volkserziehung gewonnen« (S. 296).

126 *Ibid.*, S. 312.

127 Abgeordneter Cuvier, zitiert nach Gontard, S. 357.

128 Vgl. *ibid.*, S. 419. »Die Hälfte der Wehrpflichtigen von 1832 konnte weder lesen noch schreiben.« Es bestanden jedoch eindeutige geographische Abweichungen: »Eine Linie von der Bucht St. Michel bis zum Genfer See trennt den erstaunlich gebildeten Nordosten vom relativ unbedarften Süden... Möglicherweise liegt die Erklärung im unterschiedlichen ökonomischen Entwicklungsstand oder darin, daß es im Süden Dialekte gab, die nur mehr oder weniger entfernt ans Französische erinnerten.« Dupeux, S. 116; vgl. Post, S. 104-108.

129 Vgl. auch R. D. Anderson, 1975, S. 18 f.

130 Gontard, S. 453, mit Hinweis auf die triumphale Stimmung der Bourgeoisie.

131 Vgl. Vaughan und Archer, S. 127 f.

132 Das heißt: für Knaben; Mädchen wurden meist übergangen. Vgl. Gontard, S. 533. Vgl. Mayeur, *passim*; Post, S. 102.

133 Vgl. Gontard, S. 493-536.

134 Vgl. Gontard, S. 538.

135 Magraw, S. 198.

136 *Ibid.*, S. 196.

137 R. D. Anderson, 1975, S. 38; vgl. Ariès, S. 949.

138 Magraw, S. 209; je höher der Anteil großer Güter, desto mehr legitimistische *notables* gab es. Post, S. 177: Parteien von Laien und Klerus traten stets gemeinsam auf, förderten und verstärkten einander. Katholiken mußten der »Vernunft« wehren, Laien dagegen der »Religion«. Beide befürchteten, durch Anerkennung der anderen würden sie selbst ausgeschlossen, und sahen sie entsprechend als Gegner. Zeldin, S. 228: Das faktische Curriculum wich kaum davon ab.

139 Vgl. Harrigan.

140 Vgl. Ariès, S. 925-930; Gontard, S. 272. So sollte jedenfalls nicht der Eindruck entstehen, als leite die kurz zuvor eingeführte praktische Fortbildung zum höheren Schulwesen über. Sogar Durkheim insistierte: »Es ist äußerst wichtig, sie abzugrenzen.« Mialaret und Vial, S. 109.

141 R. D. Anderson, 1970, S. 69.

142 Prost, S. 192-220.

143 Zur Geschichte Hollands unter französischer Herrschaft vgl. Schama, 1977, Kossmann, R. R. Palmer.

144 »Der Verein nutzte jeden politischen Lokalkonflikt zum eigenen Vorteil.« So kämpfte er mit der katholischen Bevölkerung Brabants gegen die verwurzelten Privilegien der reformierten *heren*, drängte sie, ihre Kinder nicht in Schulen der reformierten Kirche, sondern in solche des Vereins zu schicken (Schama, 1970, S. 597).

145 *Ibid.*, S. 596.

146 *Ibid.*, S. 609.

147 *Ibid.*, S. 599.

148 Das Friesische klingt, ebenso wie die Dialekte von Brabant, Groningen und Limburg, für Holländer aus anderen Regionen meist fremd. Älteren Dialektsprechern bereitet der Standard-ABN noch heute Mühe, auch wenn sie ihn verstehen, lesen und schreiben können.

149 Um 1800 sollen 75 Prozent der Männer alphabetisiert gewesen sein, nur überboten von Schottland (88 Prozent); vgl. Knippenberg, S. 35; Frijhoff, S. 15-17.

150 *Ibid.*; vgl. auch Schama, 1977, S. 534: »Die Republik brauchte die ›Nut‹, um ihr erstes diplomatisches Korps aufzubauen und die Eigendynamik der Reformpropaganda zu stärken. Die ›Nut‹ brauchte den Staat, um zulässige Mindestanforderungen festlegen zu können« – und um die Lehrergehälter zu finanzieren.

151 Van der Giezen betont die starke anti-unitarischen Opposition.

152 Vgl. Dodde, S. 8.

153 Das Schulgesetz von 1806 »trat tatsächlich in Kraft und schuf eine ausgezeichnete Basis für das staatliche Elementarschulwesen«. Kossmann, S. 96. »Ernsthafte Schwierigkeiten traten nur 1812 auf, als die Holländer (erfolglos) bewegt werden sollten, Französisch an Elementarschulen als erste Fremdsprache einzuführen«, und das Finanzchaos Frankreichs die Lehrerbesoldung gefährdete; Schama, 1977, S. 540.

154 Vgl. van Tijn.

155 Vgl. Knippenberg, S. 90; Röling, S. 75-84. Vgl. auch Verberne, S. 219; Dasberg und Jansing, 1978, S. 56 ff.

156 Vgl. Röling, S. 85.

157 Lijphart nannte das holländische Modell »konsozialistisch«. Vgl. auch Stuurman.

158 Vgl. Barnard, 1947, S. 42-50; H. Silver, 1975, S. 1-5.

159 Vgl. Laqueur, 1976.

160 Zitiert nach Hansard in Hurt, 1972, S. 20.

161 Die Einführung der Pfennigspost 1840 galt als »sehr mächtiger Beitrag zur Erziehung«, da sie den Schriftverkehr und entsprechend die Alphabetisierung fördern sollte; vgl. H. Silver, 1975, S. 96. Gewiß ist das ein Musterbeispiel dafür, wie man die Kommunikation im nationalen Netzwerk erleichtert.

162 Im Jahr 1834 erhielt die National Society Postprivilegien, die British Society dagegen keinerlei Hilfe, vgl. Hurt, 1972, S. 27.

163 L. Stone, 1969, S. 81; vgl. auch Hurt, 1972, S. 21 ff.

164 Vgl. Johnson, S. 98: »Gewiß sprach, schrieb und predigte nur eine wortgewaltige Minderheit so viel über Erziehung. Die Mehrheit wählte im Stillen mit ihren Taschen und mußte auf lange Sicht über Steuern die Zeche bezahlen.«

165 Vaughan und Archer, S. 37.

166 Vgl. Digby und Searby, S. 7 f. Das Bildungsministerium führte Lehrerzulassungen ein und besoldete danach, wieviele Schüler ihre Prüfung ablegten. Man »zentralisierte heimlich, nicht per Gesetz, sondern per Verordnung, was sich der parlamentarischen Kontrolle weitgehend entzog. Zudem enthielt das Verfahren eine Art inneren Multiplikator für die Staatsbürokratie: Als mehr Lehrerkandidaten eingestellt wurden, ließ man mehr Assessoren zu, und mehr Schulen erhielten Anspruch auf Beihilfe, so daß die Zahl der Inspekteure und Sekretäre, die den Geldfluß überwachten und abwickelten, immer weiter stieg« (*ibid.*).

167 Zur Rolle der Inspekteure beim Aufbau der Institutionen, aus denen der britische Sozialstaat hervorging, vgl. Roberts, *passim*: »Ihr Fleiß war sprichwörtlich – und ihre Integrität allem Anschein nach unterschütterlich.« Zu den Schulinspekteuren, vgl. S. 185-202. Vgl. auch Johnson.

168 Der örtliche Klerus war es gewohnt, seine Angelegenheiten über zwanglose soziale Kontakte zu regeln, und daher völlig unerfahren im Umgang mit einer zentralen Bürokratie wie dem Ministerium. So wußte er nicht, wie man Beihilfen beantragt. Vgl. Hurt, 1972, S. 47 f.

169 Simon, S. 126 ff., beschreibt die ambivalente Mittelschicht-Politik: mit den arbeitenden Massen gegen Kirche und Adel, gegen sie zum Schutz der eigenen Privilegien. »Grundsätzlich hielten die Utilitaristen eine Erziehung der Arbeiterklasse für notwendig, um das Kapital: die Mittelschicht – nicht die Gewerkschaften, nicht die Arbeiterklasse selbst – zu emanzipieren« (S. 128).

170 Vaughan und Archer, S. 40.

171 Vgl. Simon, S. 152 (S. 173). Wie andernorts protestierten auch hier mittellose Eltern, die ihre Kinder nicht zur Schule schicken wollten: »Sie mußten nicht bloß das Schulgeld aufbringen, sondern obendrein auf den Lohn des Kindes verzichten.« Hurt, 1979, S. 34.

172 Vgl. auch Simon, S. 277: Die Chartisten-Bewegung machte sich als Arbeiterpartei unabhängig und trat zusammen mit den Radikalen für Parlamentsreformen, zusammen mit den Tories für Fabrikgesetze ein.

173 Vaughan und Archer, S. 40-42.

174 Sutherland, S. 15. Deshalb nennt H. Silver (1977, S. xi) die Volkserziehung im 19. Jahrhundert »eine Art Militärgeschichte«. Vgl. auch Digby und Searby, S. 10; Glass, S. 392 ff.

175 Besonders in den Städten konnten freiwillige Hilfsvereine die sozial schwächsten Gruppen nicht erreichen. Vgl. Mars.

176 Vgl. Simon, S. 183; Laqueur, 1976, S. 242: »So führte man die Radikalität der Arbeiterklasse auf die Alphabetisierung zurück ... Sonntagsschulen mögen anfangs der Überwachung und Indoktrination gedient haben, wurden den Arbeitern aber nie aufgezwungen. Diese übernahmen viele Werte der Mittelschicht, grenzten sich von den Ungehobelten und Aufsässigen ab. Ihre radikalen politischen Anschauungen erhielten sie aus dem Religionsunterricht, ihre rhetorischen und organisatorischen Fähigkeiten mittels der Alphabetisierung.«

177 Vaughan und Archer, S. 127 f.

178 Simon, S. 166.

179 *Ibid.*, S. 126; vgl. auch Hurt, 1972, S. 111 ff.

180 Zum Beispiel die Tractarian Party in den Jahren um 1860. Die Kongregationalisten vertraten dieselbe Auffassung und verließen die British and Foreign Society; Hurt, 1972, S. 45 f.

181 Wardle, S. 67.
182 Vgl. Lawson und Silver, S. 314 ff.
183 Vgl. Sutherland, S. 3; Musgrave, S. 63. Wardle (S. 73) zitiert einen zeitgenössischen Vergleich mit der Eisenbahn: »Privatschulen bildeten die erste, höhere und weiterführende Schulen die zweite, Elementarschulen dagegen die dritte Klasse. Jede Schulart diente einer anderen sozialen Schicht und bereitete ihre Schüler auf spezielle Berufsebenen vor.«
184 Hurt, 1979, S. 95.
185 Musgrave, S. 44.
186 Marsden, S. 187.
187 »England, der reichste Staat von allen, ließ sich besonders viel Zeit.« L. Stone, 1969, S. 96.
188 Vgl. R. D. Anderson, 1975, S. 6 f.
189 Vgl. Jefferson, besonders S. 362 f.
190 Cremin, 1977, S. 51.
191 R. Collins, S. 107.
192 Baylin, S. 45 f.: Nach der Revolution »planten die meisten großen Staatsmänner umfassende nationale Bildungssysteme... Doch ihre Pläne ließen sich nicht umsetzen... Überall wo die geplanten staatlichen Bildungssysteme den Einfluß konfessioneller Gruppen bedrohten, wurden sie zerschlagen oder fielen unter kirchliche Kontrolle.«
193 Vgl. Kaestle, 1973, S. 80 ff.
194 Cremin, 1980, S. 174.
195 *Ibid.*
196 Tyack.
197 Cremin, 1980, S. 70.
198 Kaestle, 1973, S. 166.
199 Vgl. Cremin, 1980, S. 166-170. Als sich abzeichnete, daß der Staat die Katholiken stützen würde, forderten die anderen Kirchen gleiche Hilfe für Schulen ihrer Konfession. Das mag die Behörden davon abgebracht haben, den katholischen Forderungen nachzugeben.
200 Cremin, 1977, S. 49-53.
201 Cremin (1980, S. 148-185) schildert den Aufbau öffentlicher Schulsysteme in den einzelnen Staaten. Der Autor warnt jedoch: »Ausnahmen waren die Regel« (S. 149).
202 Vgl. Baylin, S. 102; auch Kaestle, 1973, S. 20 f., zumindest im 18. Jahrhundert: »Zur sprachlichen oder religiösen Anpassung zwang das Eigeninteresse, nicht gesellschaftliche Regulierung.«
203 Thernstrom, S. 307 f.; Tyack, S. 104-109. Manche einflußreiche Immigrantengruppen bestanden jedoch nicht auf Unterricht in ihrer Sprache, der das Schulsystem hätte fragmentieren können. Bestimmte kleinere Gruppen widersetzten sich dem Fremdsprachenunterricht nur deshalb, weil ihre Sprache ohnehin nicht gelehrt worden wäre: ein Beispiel für die Gleichgültigkeit oder gar Feindseligkeit zwischen unterschiedlichen »peripheren« Gruppen in der Blütenfiguration.
204 Katz, 1976, S. 397.
205 Vgl. Katz, 1976, S. 394: »Kurz, die Furcht vor kultureller Heterogenität beschleunigte den Aufbau öffentlicher Schulsysteme; die staatlichen Schulen dienten von Anfang der kulturellen Normierung.«
206 Tyack, S. 69 ff.; Katz, 1968, S. 163 ff.; Kaestle, S. 126-137.

207 Die städtische Schulreform des 19. Jahrhunderts ist ein bis heute heftig umstrittenes Thema. So meint etwa Katz (1971, S. 3): »Das öffentliche Schulwesen entstand primär aus konservativen, rassistischen und bürokratischen Motiven.« Wohingegen Kaestle (1977) und Cremin (1980) positiver urteilen.

208 Vgl. Monroe, S. 196: »Bis zur Bürgerkriegszeit tat die nationale Regierung nichts mehr für das Schulwesen« (S. 198).

209 R. Collins, S. 108.

210 Cremin, 1980, S. 177.

211 Bowles und Gintis, S. 217: »Um die Wende des Jahrhunderts wurde John D. Rockefeller und anderen wichtigen Finanzleuten klar, welche Bedeutung die landwirtschaftliche Produktivität der Südstaaten und die schwarzen Arbeitskräften für die fortgesetzte Profitabilität der kapitalistischen Unternehmen hatten.« Es gelang ihnen jedoch nicht, Schwarze in das System einzuführen, so daß sie an diesem Punkt den örtlichen Mittlermonopolen nachgeben mußten: Die Schulen für Schwarze blieben abgesondert und wurden immer schlechter.

212 Vgl. Tyack, S. 109-125; Cremin, 1980, S. 218-245.

213 In dieser Darstellung folge ich Liberson, 1980, S. 137-145.

214 *Ibid.*, S. 167.

215 *Ibid.*, S. 239.

216 »Erziehung war in der Bundesverfassung nirgends erwähnt... Daher fühlten sich die Einzelstaaten traditionsgemäß berechtigt, in der Bildungspolitik eigene Wege zu gehen, obwohl sie von Anfang an voneinander lernten und fröhlich Geld hin und her verliehen.« Cremin, 1980, S. 159 f.

217 Parteipolitik und ethnisch geführte Wahlbezirke können jedoch dazu gedient haben, zwischen einer relativ isolierten ethnischen Klientel und der Welt von Kommerz und Politik zu vermitteln. Die vielsprachigen Immigrantengruppen der amerikanischen Küstenstädte bildeten Blütenfigurationen eigener Art. Parteipolitiker konnten ihr Mittlermonopol so lange nutzen, bis neue Generationen in der Schule genügend gelernt hatten, um sich selbständig am größeren Kommunikationsnetz zu beteiligen.

218 O. Handlin (1982, S. 6) weist nach, daß Immigranten, die in ihren Heimatländern Minderheiten angehörten – zum Beispiel Juden, türkische Griechen und Armenier –, ihre Schulen dort traditionell selbst organisiert und insofern in den USA Vorteile hatten.

219 Berrol zufolge (S. 37) fahndeten Lehrer um 1900 auf den Schulhöfen der überwiegend jüdischen New Yorker Lower East Side nach Schülern, die Jiddisch sprachen.

Kapitel 3: Medizinische Polizei, Infrastruktur und städtische Gesundheit

1 Vgl. Lampard, S. 5, zur jährlichen Ballungsrate von Städten mit über 10 000 Einwohnern. In der ersten Jahrhunderthälfte erlebte Großbritannien die stärkste Urbanisierung; ab 1850 holten Preußen, die USA und Frankreich mächtig auf. Die Niederlande hatten ihren höchsten Urbanisierungstand um 1800 erreicht und hinkten bis zur Jahrhundertmitte hinterher. Vgl. auch Schmal (Hrsg.).

2 Vgl. Lampard; auch Verdoorn, S. 31, zu Amsterdam.

3 Ende des 19. Jahrhunderts waren London, New York, Paris und Berlin – in dieser Reihenfolge – die weltgrößten Ballungszentren, und ihre Bevölkerung verdoppelte sich weiter alle dreißig Jahre; vgl. Lampard, S. 9.

4 Vgl. Banks zu Großbritannien, S. 112.

5 Dyos, S. 5.

6 Ariès, S. 129, beschreibt Paris vor 1850 in diesem Sinne: »Die Vermassung verhindert jede sozialen Abgrenzung. So gibt es keine Arbeiterviertel, nur eine große, wimmelnde Menschenmasse, in der sich alles ununterscheidbar vermischt. Ein und dasselbe Haus kann einen idyllischen Hinterhof nebst aristokratischen Gemächern und noblen Lebensformen bergen, an der lauten, schmutzigen Frontseite dagegen düstere Geschäfte oder Mietwohnungen, teils bürgerlichen Stils, teils armselig, sogar elend, oft unter Mansardendächern.« Zitiert nach Butler und Noisette, S. 55.

7 Die Wiener *Griasler* lebten in der städtischen Kanalisation, vgl. Bergmann. Daneben gab es »Trödler« und »Lumpensammler«, die Abfall durchstöberten und sich später vehement gegen regelmäßige Müll- und Abfallbeseitigung wehrten. Vgl. La Berge, S. 224, zu Paris.

8 Vgl. Elias und Scotson, besonders Elias' Einführung zur holländischen Ausgabe von 1976.

9 Vgl. O. Handlin, 1979, S. 65-69.

10 Chevalier, S. 517 und *passim*.

11 Vgl. G. S. Stones, S. 146. Im übrigen galten die städtischen Armen gegenüber dem »gesünderen« und vielleicht auch gefügigeren Landvolk als »entartet«; vgl. S. 127 ff.

12 Cobb, S. 241 f., beschreibt einen erfolglosen Versuch in Paris um 1800; ein neueres und subtileres Modell war, »asoziale« oder »untragbare« Familien in bestimmte Viertel umzusiedeln, wo sie unter strenger Aufsicht standen; vgl. de Regt, S. 199-239.

13 Viele Regierungen in stark urbanisierten Ländern wollten die Landflucht eindämmen. Totalitäre Verwaltungstechniken, die das effizient ermöglichten, entwickelten sich aber erst im Lauf des 20. Jahrhunderts, zum Beispiel in der Sowjetunion und in China.

14 Neuere Studien bestätigen diese Befürchtungen und Stereotype des 19. Jahrhunderts nicht. Im Gegenteil stellte M. Anderson fest, daß Mitte des 19. Jahrhunderts mehr als die Hälfte der britischen Städter nicht am Wohnort geboren waren. Die »meisten inländischen Migranten hatten genügend Fertigkeiten, Mittel und Kontakte, um das Stadtleben zu bewältigen« (S. 89). Die Iren waren jedoch im Nachteil und wurden diskriminiert.

15 Darin folge ich Loflands Ideen über den historischen Wandel der städtischen Ordnung, die in ihren Kapitelüberschriften treffend zusammengefaßt sind: »Die vorindustrielle Stadt: Scheinordnung«; »Die frühindustrielle Stadt: Konfusion und dynamischer Wandel«; »Die moderne Stadt: räumliche Ordnung«.

16 Vgl. Burnett, S. 65: »...meist lagen die Mietwohnungen in alten Häusern, wo einst begüterte, wenn nicht gar reiche Familien gelebt hatten. Inzwischen waren sie jedoch zu wenig respektablen oder gar anrüchigen Pensionen abgesunken: bewiesen den städtischen Verfall, nachdem die wohlhabenden Schichten ab dem späten 18. Jahrhundert die lauten, schmutzigen, stinkenden und überfüllten Stadtzentren verlassen hatten und in ruhige, sozial homogene Vororte umgezogen waren. Dabei hinterließen sie leere Räume, die schnell von immer neuen Migrantenwellen überflutet wurden.« Vgl. zu den USA: O. Handlin, 1982, S. 366-372; zu Berlin: Geist.

17 Vgl. Burnett, S. 58 ff; zu Amsterdam vgl. Verdoorn, S. 226-240.

18 Vgl. Wouters.

19 Vgl. Lofland, S. 61-65.

20 Am schlimmsten dürfte Paris im frühen 19. Jahrhundert gewesen sein; vgl. Cobb, Chevalier.

21 Zu den USA vgl. Boyer, zu England Wohl, zu Frankreich (Paris) Chevalier.

22 In den Städten war die Prostitution augenfälliger und weiter verbreitet; oft diente sie überdies als Nebenerwerb für junge Arbeiterinnen und Immigrantinnen; vgl. Cobb, S. 234-239. Dadurch verschwammen die sichtbaren Unterschiede zwischen »Dirnen« und »ehrbaren« Frauen; vgl. auch Trudgill.

23 Vgl. de Swaan, 1981.

24 Van Daalan, 1987, hat Beschwerden verärgerter Passagiere der Amsterdamer Straßenbahngesellschaft um 1900 analysiert. Außerdem untersuchte sie behördliche Eingaben von Bürgern, die sich durch Nachbarn belästigt fühlten und die Stadtverwaltung zu sanitären und Gesundheitsmaßnahmen veranlaßt haben könnten.

25 McNeill, 1976, S. 261.

26 La Berge, S. 116.

27 Finer, S. 333; Coleman, S. 172.

28 Finer, *ibid.*

29 Aus der Präambel zum Cholera Act 1832, zitiert nach Checkland, S. 3.

30 Dazu Frevert: »Die – für Deutschland noch nicht geschriebene – Geschichte der Cholera ist daher auf weiten Strecken auch eine Geschichte der Klassenbeziehungen in der bürgerlichen Gesellschaft, in der sich die Begüterten zunehmend von den unbemittelten ›kranken‹ Bevölkerungsschichten bedroht fühlten« (S. 128). Und (S. 125): »Sicherlich legte die Metapher von der ›socialen Krankheit‹ zunächst einmal nahe, daß der Pauperismus als eine abnorme Erscheinung galt, die eigentlich nicht in die gesunde bürgerliche Gesellschaft hineinpaßte und gleichsam als Fremdkörper behandelt und ›wegkuriert‹ werden mußte.« Zur Klassenbedeutung der Cholera im Paris von 1832 vgl. auch Delaporte.

31 Vgl. Finer, S. 349: »Die Slumbewohner verloren rasch den Kopf. Manche glaubten sogar, Ärzte hätten die Brunnen vergiftet, um die Bevölkerung auszudünnen – und daß die Inspekteure vor allem eine zu mutwillige Auswahl der Opfer verhindern sollten.« In Glasgow protestierten Leute dagegen, Teppiche aus betroffenen Vierteln zu verbrennen (Checkland, S. 2). Die englischen Armen sahen in der Cholera-Angst von 1832 vor allem einen »Humbug«, den die Ärzte verbreiteten, um ihre Taschen zu füllen; vgl. Morris, S. 96-101 (vgl. S. 108-114, zu Krawallen während der Epidemien). Auch in Deutschland, so Frevert (S. 130-132), verdächtigte man Ärzte, die Krankheit »gemacht« zu haben, »um Geld zu verdienen«; sie wurden bedroht, sogar »thätlich« angegriffen. Da die Armen schon lange unter so vielem litten, ohne daß sich die Behörden darum geschert hätten, reagierten sie fatalistisch auf die neue Krankheit, haßten vor allem das Versammlungs- und Marktverbot, das sie am härtesten traf. Ebenso verhielt es sich, so Rosenberg (S. 33), in den USA: »Ärzte und Polizisten wurden angegriffen und brutal geschlagen.« Chevalier (S. xxi) schreibt über Paris um 1830: »Wenn irgenwelche Pechvögel allein wegen ihres ›bösen Blicks‹ als schuldig galten, die Krankheit verbreitet, Nahrung und Brunnen vergiftet zu haben, brachte man sie auf offener Straße um oder warf sie in die Seine.«

32 Ute Frevert spricht von einem »Selbstschuld-Paradigma«, S. 139. Vgl. Rosenberg, S. 150: »In den Augen vieler Amerikaner ... waren die Slumbewohner selbst schuld an dem Dreck, in dem sie lebten.«

33 Es florierte eine »Cholera-Industrie«, »Apotheker, fliegende Händler und Kaufleute priesen Medikamente und Vorbeugemittel an« (Frevert, S. 130). Mitte des Jahrhunderts behandelte man vor allem mit der *constipantia*-Methode, deren schädliche Nebenwirkungen nur

dadurch ausgeglichen wurden, daß die Reinfektionsgefahr sank, weil die Patienten seltener defäkierten. Vgl. Finer, S. 343.

34 Vgl. die Beiträge zu L. und Ch. Tilly, 1975, und Tilly *et al.*, 1981, über solche »strittigen Versammlungen«.

35 Vgl. Frevert zur »medizinischen Polizei«, S. 66 ff; Rosen, S. 142-158.

36 Die Londoner Metropolitan Police Force wurde 1829 gegründet, vgl. Richter, S. 4 ff.; vgl. auch David Jones, S. 107-113; A. Silver; P. Smith, S. 15-27; und, zu Paris, Cobb. Bayley mit einem vergleichenden historischen Essay.

37 Die einst vielfältigen Bedeutungen dieses Begriffs reduzierten sich zunehmend darauf, Seuchen einzudämmen und sanitäre Anlagen zu überwachen. In diesem eingeschränkten Sinne wurde er während des 19. Jahrhunderts in Großbritannien und in den USA verwandt. Rosen, S. 153. Wohl (1977, S. 111) erwähnt, daß »Sanitärinspekteure« der Gesundheitsämter zur Jahrhundertmitte »manchmal als ›medizinische Polizei‹ verspottet wurden«.

38 »Visiten« von Gesundheitsbeamten »machten die Wohnung etwa so heilig und privat wie eine Werkstatt. Daher beeinflußten sie die Auffassungen von Eigentumsrechten und -pflichten sehr nachhaltig«, Vgl. Wohl, 1977, S. 116. Kalff hat dokumentiert, daß in Paris ab 1848 »Hygienekommissionen« aus angesehenen Bürgern, *notables* und Gelehrten mit der Sanitäraufsicht betraut wurden. Bei ihrem hohen Ansehen beugten sich die Hausbesitzer den Hygienemaßnahmen, obwohl die Stadtverwaltung sie mangels Autorität noch nicht direkt hätte durchsetzen können.

39 Küstenstädte (wie New York) oder solche mit Gezeitenfluß, wie Liverpool, wurden ihre Abwässer besser los als Binnenstädte wie Manchester; vgl. Daunton, S. 255. In Amsterdam trugen die Kanäle den Unrat in die innere Zuidersee. Doch das tiefliegende zentrale Slumviertel Jordaan konnte überhaupt nicht entsorgt werden; vgl. Carasso, van Zon. Das hügelige Paris bereitete große Probleme, da alle Abwässer durch die niedriggelegenen Bezirke geleitet werden mußten; vgl. Dupuy und Knaebel. Überall bestand das Hauptproblem jedoch darin, daß die politischen Grenzen nicht den hydrologisch-demographischen Einheiten entsprachen, aus denen die Sachzwänge des sanitären Systems resultierten.

40 Matthew Arnold, 1869, zitiert nach G. S. Jones, S. 221.

41 G. S. Jones, S. 159: »Im London des 19. Jahrhunderts demolierte und kommerzialisierte man derart willkürlich und planlos, daß dort mehr Menschen umgeschichtet worden sein dürften als beim Umbau von Paris unter Haussman.« Dupuy und Knaebel (S. 36) über Paris zur Jahrhundertmitte: »Als das Zentrum modernisiert wurde, mußten die Armen und Proletarier an den Stadtrand umziehen, denn sie konnten die von den neuen Eigentümern geforderten Mieten nicht bezahlen. Die Spekulation lief auf Hochtouren, ebenso die Umverteilung der Wohnviertel nach Einkommen.« Vgl. Lis, S. 64-73, zu den Slums und Abrissen in Antwerpen.

42 Daunton, S. 12. Diese »Einkapselung« erzwang und erleichterte die Anbindung an die urbane Wasserversorgung, Kanalisation etc.

43 Vgl. Olsen.

44 Wagenaar beschreibt den Übergang von »gemischten« Vierteln zu »getrennten« für Amsterdam um 1870: An der Goldenen Biegung der herrschaftlichen Herengracht stank der Kanal unerträglich, und in den skandalös überbevölkerten Slums wurden die Arbeiter zunehmend rebellisch. Die Herrenhäuser rings um den neuen Vondelpark boten dagegen ein angenehmeres Ambiente und Kanalanschlüsse. Gleichwohl fanden Bruin und Schijf

keine Hinweise darauf, daß die Abwanderung in das neue Parkviertel auf »zunehmende Verrohung« des Stadtkerns zurückging. Allerdings räumen sie ein, daß seine Straßen fortan respektabel wurden.

45 Londoner Arbeiter argwöhnten, die Polizei vernachlässige ihre Viertel; Slums überwache sie bloß so streng, um die angrenzenden Wohnbezirke zu schützen; Miller, S. 92. Zum erbosten Widerstand der englischen Arbeiterklasse gegen polizeiliche Eingriffe in ihr Privatleben und in ihre Freizeit vgl. Storch.

46 Vgl. G. S. Jones, S. 247: Mitte des 19. Jahrhunderts »machte es in London viel böses Blut, daß die Wohlhabenden ärmere Viertel ›desertierten‹.«

47 McKeown, S. 125.

48 McKeown fügt an (S. 153): »Bis 1935, als Sulphonamide kamen, senkten Immunisierung oder Therapie die Sterblichkeitsrate kaum.«

49 Zur medizinische Debatte in England vgl. Pelling, zu der in Frankreich Delaporte.

50 Um 1800 wies Noah Webster Berichte zurück, irische Immigranten hätten das Gelbfieber nach New York eingeschleppt. Das seien eines »wissenschaftlich-philosophischen Jahrhunderts absolut unwürdige Ammenmärchen ... Tadeln möchte ich insbesondere die menschliche Neigung, alle Übel des Lebens fremden Quellen anzulasten, obwohl sie doch im eigenen Land, in den eigenen Wohnungen, den eigenen Herzen liegen.« (Zitiert nach Rosenkrantz, S. 3). In Frankreich lösten Spaniens *cordons sanitaires* entlang der gemeinsamen Grenze – als Schutz vor Gelbfieber – großen Unmut aus. Vgl. La Berge.

51 Vgl. etwa Coleman zur Pionierarbeit von Villermé.

52 Murard und Zylberman, S. 63. Den Autoren zufolge bestehen enge Verbindungen zwischen der französischen »Hygienebewegung« und den frühen sozialtechnischen Ansätzen in Medizin (Pasteur), Soziologie (Durkheim) und Politikwissenschaft (Saint-Simon): »Angestrebt war, alle politischen Fragen auf hygienische Probleme zurückzuführen.« Die Entdeckung des Kontagionsmechanismus verschob den Akzent von der öffentlichen Gesundheit auf persönliche Hygiene, von urbanen Techniken auf die Individualmedizin, was diesen fast grenzenlosen Ehrgeiz zunichte machte. Vgl. auch Starr, S. 100: »Die Geschichte des öffentlichen Gesundheitswesens betrifft weitgehend Kämpfe um die Grenzen seines Auftrages.« S. 196 (zitiert nach Rosenkrantz): »Die ›Scheidelinie‹ zwischen älteren und neueren Ideologien der öffentlichen Gesundheit verlief da, wo man ›jede Verantwortung für Sozialreformen explizit leugnete‹.« Und: »Nichts veranschaulicht vielleicht besser, wie die öffentliche Gesundheit vom Milieu auf das Individuum übegriff, als die zunehmende Praxis individueller Vorsorgeuntersuchungen« (S. 192); vgl. auch Rosenkrantz, S. 73.

53 Diese »historische Ironie« ist jedoch weitgehend scheinhaft – faktisch waren die Positionen in der wissenschaftlichen Debatte sehr viel komplizierter, vgl. Pelling S. 299 und *passim*.

54 Eine ständige Druckwasserversorgung brauchte man auch für die Brandbekämpfung. Sogar in ärmeren Vierteln drohte keine Gefahr, daß die Rohre gestohlen wurden, da Wasser unter hohem Druck als »Polizei in der Leitung« wirkte. Binnie, S. 1.

55 Im Jahr 1854 bewies der britische Arzt John Snow seine Theorie, Cholera werde durch verschmutztes Wasser übertragen. Er führte die Seuche auf organische Erreger in den örtlichen Wasservorräten der berüchtigten »Braod-Street-Pumpe« zurück. »Die große

Leistung der fünfziger Jahre des 19. Jahrhunderts war, Chadwicks diffuse Klage über Unrat aller Art auf menschlichen Kot einzuengen.« Pelling, S. 245. Doch die Kontroverse hielt an, bis Koch den spezifischen Erreger *Vibrio cholerae* nachwies (den Pacini bereits 1854 entdeckt hatte; vgl. Pelling, S. 3.).

56 Noch um 1880 galt in den USA »die Theorie, Wasser reinige sich selbst, wenn sich die Abwässer verdünnten und der Strom weit genug floß.« Rosenkrantz, S. 81.

57 Vgl. Kalff.

58 Gleichmann, 1979b, S. 125; vgl. auch 1979a.

59 Finer (S. 212 f.) schreibt: »Daß die Engländer plötzlich zu sehen und zu riechen begannen und erkannten, daß sie auf einem Misthaufen lebten, ging auf die Industrialisierung zurück.«

60 Corbin, S. 191-193.

61 Elias, 1978b, S. 397-409.

62 George Orwell zitierte den Ausdruck etwa siebzig Jahre später in *The Road to Wigan Pear*, seinerseits ziemlich verlegen über das nagende Gefühl, etwas besseres zu sein, das ihm seine Eltern in der Kindheit eingeimpft hatten.

63 Liernurs Vorschläge für ein Abwassersystem lösten in Amsterdam einen Streit aus, »als hätte er alle Fundamente der Gesellschaft untergraben wollen«, Knuttel, zitiert nach Koot. Wie viele andere vor ihm kämpfte Liernur – aus sanitären wie ökonomischen Gründen – dagegen, menschlichen Kot und sonstige feste Abfälle zusammen mit Schmutz- oder Regenwasser wegzuschwemmen. Statt dessen schlug er vor, feste Abfälle mittels Druckluft über Röhren zu beseitigen und je hunderte Haushalte mit einem zentralen Reservoir zu verbinden. Dort sollte ein »Lokomobil« den Inhalt abpumpen, worauf er in Form getrockneter Düngerkügelchen (»poudrettes«) auf umliegenden Äckern verteilt würde. Nur Amsterdam führte das System im großen Stil ein (bis 1890 waren 100 000 Haushalte angeschlossen), doch die meisten Abfälle kippte man einfach in offene Gewässer. Ab 1900 dominierten Wasserklosetts und ein kombiniertes Abwasser-Transport-System; van Zon, S. 101-129. Erst 1987 wurden die letzten Grachtenvillen an die städtische Kanalisation angeschlossen.

64 »Die Armen werden zwar umgesiedelt, aber nicht entfernt. Man beseitigt sie aus einem Teil der Gemeinde, nur um die stickigen Wohnungen in einem anderen noch mehr zu überfüllen...«, *The Times*, 1861, zitiert nach Wohl, 1977, S. 31.

65 Auch private Sicherheitsdienste können interessante, ja sogar perverse externe Effekte erzeugen: Je mehr Menschen eines Viertels mitbezahlen, desto stärker werden unbewachte Nachbarn krimineller Energie ausgesetzt, so daß sie fast gezwungen sind, sich ebenfalls zu beteiligen; was als eine Möglichkeit für wenige begann, wird so tendenziell für alle notwendig.

66 Der Inhalt von Senkgruben sickerte ins Erdreich und verseuchte den Boden. Wenn Abortpfannen abgeholt, über Treppen und Pflaster geschleift wurden, schwappte die Jauche heraus und verursachte üblen Gestank.

67 Wenngleich Kohleöfen Asche und Rauch abgaben, während Gas viel rückstandsloser verbrennt.

68 »Ein billiges, hygienisches Wasserklosett für Arbeiterwohnungen kam erst im letzten Viertel des 19. Jahrhunderts.« Daunton, S. 256 – mit einer technischen Beschreibung späterer Modelle; vgl. Roy Palmer; D. P. Handlin zu den USA, S. 455-471; Wright, *passim*.

69 Zu Fortschritten und Rückschlägen der Schwemmtechnik in den USA vgl. Armstrong (Hrsg.); zu Großbritannien vgl. Binnie. Roes ovale Röhren senkten die Kosten und verbesserten die Kanalisationsnetze erheblich, weil das in der engeren unteren Hälfte fließende Wasser sogar bei fallendem Stand schnell und tragfähig blieb, während man im oberen Teil nötigenfalls größeren Mengen befördern konnte; vgl. Binnie, S. 5. Kanalrohre aus lasiertem Ton und Wasserleitungen aus Gußeisen leckten und verrotteten nicht so leicht wie die früheren Backsteingewölbe bzw. Wasserleitungen aus aufgebohrtem Holz. Vgl. Armstrong (Hrsg.), S. 232 f. und 401.

70 S. 57; vgl. Gauldie, S. 75: »Wasser ist kein kostenloses Gut.« Vgl. auch S. 75-81 zum verspäteten Anschluß der ärmeren britischen Stadtviertel an Wasserleitungen und Kanalisation; vgl. Wohl, 1983, S. 61 ff. Armstrong (Hrsg.), S. 217-232, mit kurzem historischen Überblick über die Wasserversorgung in Großstädten der USA; vgl. auch Blake. Verdoorn (S. 208-215) zur Wasserversorgung und zu den sanitären Anlagen im Amsterdam des 19. Jahrhunderts. Zu Paris vgl. Dupuy und Knaebel; vgl. Goubert. Zu Berlin vgl. Spree, S. 118-128. Vgl. auch Bullock und Read, S. 87-109 zu Deutschland, S. 342-356 zu Frankreich.

71 Vgl. Wohl, 1983, S. 110-116, zu englischen Kleinstädten.

Kapitel 4: Arbeiterhilfsvereine: Ein Zwischenspiel der Selbstverwaltung

1 Ein bedeutender Unterschied zwischen den alten Gilden und den Arbeiterhilfsvereinen liegt darin, daß Mitgliedschaft in diesen freiwillig war, mit allen daraus resultierenden Konflikten des kollektiven Handelns. Zu Kontinuität und Innovation vom *ancien régime* bis zu den Versicherungsvereinen auf Gegenseitigkeit der republikanischen Ära Frankreichs vgl. Sewell, besonders S. 55-58; Fröhlich vergleicht systematisch zwischen Deutschlands Gilden und Sozialversicherungsanstalten.

2 Die englischen Versorgungsnetze für Wandergesellen und die ihnen entsprechenden *compagnonnages* Frankreichs dienten ebenfalls schon früh der gegenseitigen Hilfe: Örtliche Verbindungshäuser schickten Gesellen durchs Land, ausgestattet mit Empfehlungsschreiben, die ihnen je eine Übernachtung und Mahlzeit sicherten; vgl. Hobsbawm, S. 34-63.

3 Manche Hilfsvereine gründeten »Krankenclubs«, die wöchentliche Beiträge erhoben. Dafür durften sich Mitglieder von Ärzten auf der »Clubliste« behandeln lassen. Mitte des 19. Jahrhunderts herrschte in der Medizin so starker Wettbewerb, daß sich viele Ärzte bei den Club bewarben. Später kam Unmut über die Vorherrschaft von Laien in der medizinischen Praxis auf, was den Widerstand vieler Ärzte des frühen 20. Jahrhunderts gegen die Krankenkassen erklärt; vgl. Peterson, S. 114-118, und Hodgkinson, S. 215-249, zu den »Clubs« und »Vereinsapotheken« in England; Starr zur »Logenpraxis« in den USA, besonders bei den Immigrantengruppen, S. 206-209 und 241 f.; Saint-Jours zur französischen *mutualité*, S. 220-222 und 228 ff.

4 Supple, S. 215: »1851 betrug die Zahl der männlichen Einwohner im Alter von über 15 Jahren etwa 5,7 Millionen.«

5 A. Weber, S. 29. Cottereau (S. 143) zitiert Schätzungen über die Mitgliederzahlen: 1870 etwa 800 000, »meist Arbeiter«. Später ging der Arbeiteranteil zurück. »Es gibt aber keine gründlichen neueren Studien über Versicherungsvereine auf Gegenseitigkeit.«

6 Tennstedt, S. 113.

7 Starr, S. 206-209. Furniss und Tilton (S. 238) schreiben über die USA: »Es gab buchstäblich Hunderte solcher Vereine, deren Kapital oft in die Millionen Dollar ging.« Sie fügen an: »Diese Vereine sind aber weitgehend unerforscht.« Schmidt liefert eine umfassende Liste der »Hilfsverbände«, die oft zugleich oder gar überwiegend als mutualistische Versicherungen fungierten; weiter zitiert er (S. 3) eine Schätzung, wonach sie um 1920 rund dreißig Millionen Mitglieder hatten. Das entspricht fünfzig Prozent der Gesamtbevölkerung, doch davon war bloß ein – unbekannter – Teil auf Gegenseitigkeit versichert.

8 Verdoorn, S. 169.

9 Vgl. D. Collins, S. 252, zu Zweifeln zeitgenössischer Autoren an der Deckungskapazität und Solvenz der Hilfsvereine.

10 Frankreichs *mutualité* trotzte der neuen Sozialversicherung und verwandelte sich in einen kooperativen, freiwilligen Verband für Zusatzversicherungen (und andere Vorsorgemodelle) mit steigender Mitgliederzahl: 1964 waren es 13, 1975 schon gut 20 Millionen, vgl. Lavielle; Saint-Jours, S. 259.

11 Thompson, S. 457 f.

12 Der Ausdruck stammt von Norbert Elias, vgl. 1978b, S. 312-335.

13 Vgl. etwa die Statuten der Lehrlingsgilden (*Knechtsbossen*) im Anhang zu Timmer.

14 Viele mutualistische Vereine Frankreichs verpraßten das am Jahresende verbleibende Geld bei einem großen Mitgliederbankett, Hatzfeld, 1971, S. 200. Vgl. auch Thane, S. 30, zu »Aufteilclubs«, »Anschreibeclubs« oder »Tontinen« der ärmeren englischen Arbeiter: »Der am Ende verbleibende Kassenbetrag wurde an Weihnachten unter allen Mitgliedern aufgeteilt.«

15 Vgl. etwa Gilbert, 1965, S. 553-558.

16 Popkin schildert Versicherungswesen und gegenseitige Hilfe in vietnamesischen Bauernvereinen und zieht ganz ähnliche Schlüsse, da er verwandte Konzepte des kollektiven Handelns anwendet. Bei den traditionellen Bauern herrschte zu großes Mißtrauen, als daß sie irgendwem gemeinsames Geld anvertraut hätten. Infolgedessen gab es Leistungen meist in Naturalien oder als Arbeitsdienst in Krisenzeiten. »Die politische Ökonomie legt nahe, daß dorfweite Versicherungsmodelle wegen mangelnden Vertrauens und Konsenses hoch spezifisch und begrenzt, Fürsorgemodelle extrem restriktiv sein müssen« (S. 47).

17 Vgl. Smelser, S. 360 f. Die Beiträge wurden oft von Kassierern eingesammelt, die auf Gebührenbasis arbeiteten, was ebenfalls zu häufigem Mißbrauch führte; vgl. Gilbert, 1966, S. 308. Vgl. auch Shefter bezüglich der USA.

18 Vgl. Starr, S. 207: »In New Yorks Lower East Side wimmelte es von kleinen Krankenkassen für Juden, die aus den gleichen Städten oder Regionen Osteuropas kamen.« Starr und auch Katz (1986, S. 62 f.) erwähnen viele weitere Beispiele für Arbeiterhilfsvereine mit ethnischer und berufsbezogener Mitgliedschaft.

19 Hatzfeld, 1971, S. 200: Oft bewahrte man die Kasse im örtlichen »cabaret« auf. Gilbert, 1966, S. 308: »Manche Krankenkassen wurden von Arbeitern spezieller Fabriken oder Hütten betrieben... Allzu oft waren Krankenkassen jedoch bloß Anhängsel schlampig geführter Hilfsvereine, meist als »Anschreibeclubs« bezeichnet und von den Stammgästen einer Kneipe organisiert. Schlimmstenfalls förderte sie der Arzt selber.«

20 Vgl. etwa Treble, S. 268 f; de Regt, S. 243.

21 Krankenkassen deutscher Gewerkschaften nahmen aus ideologischen Gründen eigene Mitglieder auch auf, wenn sie »die enge Pforte« der ärztlichen Prüfung für »freie« Kassen nicht passiert hatten; vgl. Schönhoven, S. 181.

22 Zum englischen Friendly Societies' Act von 1875 vgl. Gosden, S. 77 ff.

23 Die Behörden griffen nicht nur aus Sorge um die Solidität der mutualistischen Kassen ein; besonders in Frankreich befürchteten sie vielmehr, diese Arbeitervereine könnten zu einem Nährböden der proletarischen Verschwörung und Aufwiegelung werden – nicht immer ganz grundlos. Anfangs verbot man alle Arbeiterverbände. Nach dem Recht des Second Empire ernannte der Staat alle Vorsitzenden und übte strenge Finanzaufsicht, wobei man angesehene Bürger drängte, als »Ehrenmitglieder« einzutreten. Ein zentraler Ausgleichsfonds sollte die Solvenz der Hilfsvereine verbürgen, aber das fruchtete meist nicht. Als die Arbeiter ihre Kassen aus der Hand verloren, richteten sich die Gewerkschaften allmählich gegen die *mutualiste*-Bewegung. Vgl. Hatzfeld, 1971, S. 195-213; Saint-Jours, S. 195-210.

24 Vgl. Supple, S. 233-235.

25 Vgl. Smelser, S. 369.

26 Vgl. Gauldie, S. 196-207.

27 Hodgkinson (S. 236) schreibt über die englischen Krankenclubs Mitte des 19. Jahrhundert und folgert: »So wurde die Unterschicht von besser bezahlten, ranghöheren Arbeitern abhängig gemacht und mußte deshalb erst auf wachsende Klassensolidarität warten, bevor sie sich selbst helfen konnte.« Die sozial Schwächsten waren nun wieder auf ärztliche Hilfe in den Armenambulanzen angewiesen.

28 Manche Arbeiterhilfsvereine – wie der »Alte Försterorden« – wandelten sich, als sie ihre Vorsorgefunktion an die staatliche Sozialversicherung verloren hatten, in Wohltätigkeitsverbände um. Vgl. zu den holländischen »Höfen« des »Ordens« Hulsink und de Grefte.

29 Vgl. zu England: Yeo, S. 58 ff.

30 Besonders in England wehrten sich die gewöhnlich konservativen Arbeiterhilfsvereine häufig gegen gesetzliche Sozialversicherung und Renten, weil sie befürchteten, überflüssig zu werden: »Ihnen ging es immer zuerst um das eigene Wohl« schreibt Treble, S. 268; vgl. auch Gilbert, 1965, D. Collins, S. 254. Lavielle zeichnet in seiner mehr als freundlichen Darstellung der *mutualiste*-Bewegung ein äußerst rosiges Bild von der Zusammenarbeit zwischen *mutualité* und Staatsversicherung. Fröhlich (S. 268) vermutet, in Deutschland sei die Sozialversicherung gerade deshalb so früh gekommen, weil die starke und anhaltende Gildentradition gegenseitiger Hilfe für einen »fast unmerklichen Übergang« sorgte.

31 Vgl. de Swaan, 1986b.

Kapitel 5: Sozialversicherung als akkumuliertes Transferkapital

1 Heclo, 1974, S. 1.

2 Light (S. 61 ff.) untersucht das detaillierte Wissen über die Sozialversicherung in den USA und folgert: »Die Leute wußten sehr viel über ihre Leistungsansprüche.«

3 Van Stolk und Wouters.

4 Vgl. Feldstein, 1975.

5 Vgl. Atkinson und Harrison, 1978, S. 6: »unveräußerliche Vermögenswerte«.

6 A. Atkinson folgt der British Royal Commission und spricht von »Sozialvermögen«: »Ansprüche auf staatliche Leistungen«; darunter fällt allerdings auch die Aufnahme in Schulen, Krankenhäuser etc. Wilterdink (S. 45) prägte den Begriff »halb-privater Wohlstand« für: »unveräußerliche, persönliche Ansprüche auf wiederkehrende Leistungen aus kollektiven Fonds«. Der hier verwendete Ausdruck »Transfervermögen« betrifft nur rechtlich durchsetzbare Ansprüche auf Sozialleistungen des Staates oder öffentlicher Behörden. Dabei sind Privatversicherungen ebenso ausgeschlossen wie Zugangsrechte oder Ansprüche auf Sachleistungen.

7 Vgl. Feldstein, 1975, S. 78: »Nur aufgrund seines Steuermonpols kann der Staat künftige Ansprüche auf Sozialleistungen erfüllen. *Solange die Wähler das System der Sozialversicherung unterstützen, sind die versprochenen Leistungen gesichert.*« Das gilt nicht nur für Abzugsmodelle oder Umlauffonds, sondern auch für Sammelfonds, da diese nur so lange der Sozialversicherung vorbehalten bleiben wie die Regierung (oder die Wähler) sie nicht für andere Zwecke benutzen, etwa um die Staatsverschuldung abzubauen.

8 Das Wissen über spezielle Zahlungs- und Leistungsbedingungen mag lückenhaft sein; vgl. Furniss und Tilton, S. 175. Wichtig ist das Gesamtbewußtsein. Vergleichende Studien zu diesem Thema gibt es nicht.

9 Hatzfeld, 1971, S. 321. Doch viele vergleichende Studien stützen die Gegenauffassung. Vgl. Kudrle, S. 112: »Das Erstaunliche an den sozialen Entwicklungen Westeuropas und der Vereinigten Staaten ist ihre Vielfalt.« Vgl. auch Higgins, S. 47: »ungeheuer vielfältige Antworten auf anscheinend ähnliche Bedarfszustände...«

10 Die einzige wichtige Ausnahme ist, daß die Vereinigten Staaten keine nationale Krankenversicherung haben.

11 Der Vergleich mit Motor und Bremse stammt von Hatzfeld (1971).

12 Einige voll finanzierte Rentenmodelle (zum Beispiel 1935 in den USA) waren streng genommen in diesem Sinne nicht kollektiv, da die jeweiligen Leistungen den Beiträgen entsprechen sollten – doch das war eher Rhetorik als praktische Politik.

13 Harris, S. 50.

14 Vgl. Hatzfeld, 1971, S. 87 f.

15 Bericht des *Comité du Travail* an die Nationalversammlung, 1849, zitiert nach Ewald, 1986, S. 213.

16 Die Ende des 19. Jahrhunderts von Regierungskommissionen und Expertengruppen durchgeführten Studien zu den Lebensverhältnissen der Arbeiterklasse machte frühere Hoffnungen zunichte, Sanierung allein reiche aus, um Elend und Krankheit zu beseitigen. Vgl. Harris' Darstellung der britischen Sozialforschung jener Zeit, S. 41.

17 Nach Meinung von Zeitgenossen gaben die Arbeiter zu viel Geld für »Luxusgüter« aus. Vgl. George Orwell, *The Road to Wigan Pier*, über die Vorliebe der zwanziger Jahre für kleine »Konsumräusche«. Orwell bemerkte, daß sich Bergleute am Zahltag gewisse Luxusgüter kauften. Hätten sie gewartet, wären sie wahrscheinlich nie in den Genuß gekommen. Nach einem neueren Klischee erwerben die Armen vor allem Farbfernseher: Man kann kaum erwarten, daß sie *nach* allem einen kaufen.

18 Zitiert nach Ewald, S. 331.

19 Vgl. Elias, 1978b, S. 312-335.

20 Vgl. de Regt.

21 Sie übernahmen damit den alten Schlachtruf der Französischen Revolution: »Die Gesellschaft muß sich der Kinder, Alten und Invaliden annehmen.« Vgl. Hatzfeld, 1971, S. 190.

22 Zitiert nach Harris, S. 365.

23 Es gibt gewisse Ausnahmen, etwa wenn man sich mit Pauschalen in Pensionskassen einkaufen kann, oder wenn heimkehrende ausländische Arbeitnehmer für verlorene Sozialversicherungsansprüche abgefunden werden. Bestimmte Sozialleistungen, in erster Linie Invaliden- und Altersrenten, schließen Hinterbliebene ein und sind daher in einem sehr begrenzten Sinne »vererblich«.

24 Vgl. Feldstein, 1974.

25 Vgl. Hatzfeld, 1971, zu Frankreich; Maier sowie die Beiträge in Crossick und Haupt über Großbritannien, Frankreich, Deutschland; Wiebe zu den USA.

26 Hatzfeld hat für Frankreich dokumentiert, daß »rechtslastige« selbständige Kleinbürger die Sozialversicherung am allerstärksten blockierten. Unabhängig davon Castles (Castles und McKinlay, 1979, S. 166) in einer systematisch vergleichenden Studie: »Wir schlagen ein äußerst einfaches Modell vor: Die abhängige Variable ist unser komplexer Index der Sozialfürsorge, als unabhängige wählen wir die Wählerstimmen der größte Rechtspartei.« Vgl. Castles, 1982, S. 71: »Die Stärke der größten Rechtspartei in Parlament und Regierung korreliert direkt mit mindestens einem Element jeder öffentlichen Ausgabenart und mit sämtlichen Fürsorgeleistungen, ist aber auch eng mit den wichtigsten Aspekten des Wandels in der betreffenden Zeit verknüpft.« Die manchmal ziemlich kruden Forschungsmethoden verschleiern jedoch, daß Großindustrielle – die gewöhnlich auch zu Rechtsparteien neigen – vielfach für Sozialversicherungsgesetze eintraten.

27 Vgl. de Swaan, 1988.

28 Mitte des 19. Jahrhunderts wurden die mutualistischen Vereine – besonders in Frankreich – verdächtigt, die Agitation der Arbeiter zu decken, und waren in der Tat oft Zentren des Widerstandes; vgl. Hatzfeld, 1971, S. 195. Unter anderem deshalb traten französische *notables*, darunter Arbeitgeber, als zahlende Ehrenmitglieder in die *sociétés mutuelles* ein, um deren Treiben zu überwachen.

29 So war es auch von Anfang an in Gießereien, da die Arbeiter oft weggingen, ohne sich um die Öfen zu kümmern.

30 Traumatische Ereignisse waren: Die Aniche Company hatte 1872 Arbeiter kurz vor dem Ruhestand entlassen, und die Terrenoire-Mine in Bessège war 1888 in Konkurs gegangen. Beide Male verloren die Betroffenen ihre Renten, für die sie so lange gespart hatten. Vgl. Trempé, S. 106.

31 So scheiterte 1869 der mutualistische Versicherungsverein *La Fraternelle*, der betriebliche Leistungen ergänzte. Vgl. Trempé, S. 108.

32 Vgl. Heclo, 1974, S. 157 ff.

33 Vgl. den Abschnitt »Die Kirchen: Örtliches Monopol und staatliche Unterstützung«, oben.

34 Besonders in Frankreich, wo Erinnerungen an die Pariser Kommune noch lebten.

35 Dieser Wunsch nach unabhängiger Kontrolle von Einrichtungen der Arbeiterklasse beherrschte bis über 1920 hinaus auch die »American Federation of Labor« unter Gompers.

36 Crouch wendet das Argument Olsons besonders auf Gewerkschaften an. Gerade in den USA spielen Sonder- und »Nebenleistungen« allein für Mitglieder eine bedeutene Rolle. In Gewerkschaften befürchtete man, die staatliche Sozialpolitik könne die Arbeiter am Eintreten hindern: So wurden die Rentengesetze rasch akzeptiert, bloß weil man die Alten nicht brauchte. Vgl. Derthick, S. 119; Furniss und Tilton, S. 160 f.

37 Crouch (S. 175) bemerkt, der Gewerkschaftsbasis liege weniger an politischen Zielen als an Lohnerhöhungen – »die organisierte Führung dagegen profitiert *direkt* von der Mitbestimmung, weil sie dadurch ihre Macht und ihren Einfluß ausbauen kann.«

38 Vgl. Tennstedt, S. 223 ff.

39 Wilterdink hat für die Niederlande analysiert, wie sich dieses »halb-private Vermögen« (Transferkapital plus Lebensversicherung) entwickelt: Zwischen 1920 und 1980 wuchs sein Anteil am nationalen Wohlstand von 4 auf 15 Prozent; 1974 übertraf es den Gesamtbetrag des Privatvermögens (S. 119). Viscusi zufolge (S. 95) wurden »die Sozialversicherungsansprüche der USA 1974 auf 2,4 Billionen Dollar geschätzt«, alle anderen privaten Vermögenswerte auf 3,3 Billionen Dollar. Bloß rund zwei Prozent dieser Sozialversicherungsansprüche waren durch Anlagefonds gedeckt; Feldstein, 1975, S. 77.

40 Vgl. Hatzfeld, 1971,; Stearns, S. 53, zu Frankreich: »Durch das Gesetz von 1911 zwangen die Arbeiter ihre Führung, sich mit bloßen Krumen abzufinden, die der Staat hinwarf.«

41 Vgl. Crouch, S. 68 ff.

42 Nachdem quantitative vergleichende Studien das Wachstum der Sozialversicherung eine Zeitlang ökologisch und sozioökonomisch erklärt hatten, lebte das Interesse an der politischen Rolle von Politikern und Experten wieder auf: »Auf die Politik kommt es an.« Vgl. Castles, Skocpol sowie Heclos »kleine Gruppe selbsternannter Sozialreformer innerhalb und außerhalb der Regierung« (1974, S. 155, oder Hatzfelds »*grands commis de l'État*« (1971, S. 269).

43 Vgl. Thane, S. 60; Titmuss, S. 80.

44 Skocpol und Ikenberry.

45 Rosanvallon, S. 165.

46 Marshall, 1965, S. 82 ff.

47 O'Connor (S. 100) nimmt im Sinne der marxistischen Tradition einen engen Zusammenhang an: »Der Sozialstaat neigt zur Expansion, weil die überschüssige Bevölkerung mit relativ geringer eigener Kaufkraft wächst; der Kriegsstaat neigt zur Expansion, weil das überschüssige Kapital wächst und man es intern nicht einsetzen kann (zum Teil, weil die überschüssige Bevölkerung wächst).«

48 Im Sinne von Friedrichs »Gesetz der antizipierten Reaktionen«, S. 199 ff.

49 Natürlich verdienten Anwälte an diesen langwierigen Prozessen. Doch klägerische Anwälte konnte auch jedesmal das geltende Recht anprangern und damit langfristig die Grundlage des ganzen Standes unterhöhlen. Zudem werden die Gesetze nicht von Anwälten gemacht, sondern von Juraprofessoren, Richtern und Gesetzgebern, für die der praktische Kalkül viel weniger ins Gewicht fiel. Das erklärt, warum eine Konstellation, die den Juristen diente, am Ende teils von Juristen selber abgeschafft wurde. Ähnliche Reformen setzten sich in der Ärzteschaft durch.

50 Die Arbeitgeber hatten ein weiteres Interesse, für Reformen einzutreten: Sie verabscheuten »den diffamierenden Grundzug des Gesetzes« (Ewald, S. 247), wonach ihre Fahrlässigkeit gerichtlich zu beweisen war.

51 Vgl. Stearns; Guillemard (Einführung). Alan Walker (S. 144) argumentiert: »Die starke ›Abhängigkeit‹ vieler älterer Menschen beruhte auf ihrer strukturell bedingten sozialen und ökonomischen Benachteiligung gegenüber Erwerbstätigen, wobei die direkte oder indirekte staatliche Sozialpolitik eine zentrale Rolle spielte«. Dieser teilweise berechtigte Ansatz leidet darunter, daß ihm die historische Perspektive fehlt: Die älteren Leute wur-

den in allen vorkapitalistischen Gesellschaften Europas vom Grundbesitz und anderen Existenzmitteln ausgeschlossen sowie von der jüngeren Generation vernachlässigt.

52 Vgl. Stearns, S. 21: »...derart profane Angelegenheiten wie die völlige Zahnlosigkeit mit 45 Jahren. Deshalb mußte jemand – meist die jüngste Tochter, die oft nicht heiratete, um ihre alten Eltern ein Jahrzehnt und länger zu pflegen – feste Nahrung vorschneiden und die Alten mit dem Löffel füttern. Zahnprothesen konnten sich Leute der unteren Schichten erst ab 1850 leisten.«

53 Gelegentlich konnten Staaten ihre Anleihen nicht zurückzahlen, oder sie manipulierten die Bedingungen mittels Inflation, wie in Frankreich und Deutschland nach dem Ersten Weltkrieg geschehen.

54 Eine entsprechend bedeutende Rolle spielte das Engagement für eine politische Zusammenarbeit mit den Kleinunternehmern.

55 Die Krankenversicherung wird immer mehr zu einer zusätzlichen Altersvorsorge: In den Niederlanden verursachen Kinder halb so hohe medizinische Kosten wie Erwachsene mittleren Alters (45 bis 65 Jahre), Alte (über 65) fast das Doppelte, Greise (über 75) fast das Vierfache. Noch drastischer wären die Differenzen, ließe man Unfallfolgen (im Haushalt, bei der Arbeit oder im Verkehr) außer acht. Vgl. *Nota 2000.*

56 In den USA zum Beispiel Medicare für die Alten (1965), in den Niederlanden das Allgemeine Invaliditätsgesetz und das Allgemeine Gesetz über Außergewöhnliche Krankheitskosten.

57 Nur in den USA blieb die Krankenversicherung weitgehend privat und wettbewerbsorientiert; Krankengeld für entgangenen Verdienst zahlten und zahlen gewöhnlich Betriebskassen, wobei Hilfsarbeiter und Angehörige finanzschwacher Unternehmen weitgehend ungeschützt bleiben. Statt eine nationale Versicherung einzuführen, entschied sich die Regierung auch in diesem Fall für ein Sondermodell, um den ausgeschlossenen Teil der Bevölkerung abzusichern: Medicaid (1965).

58 Zu den Einstellungen des späten 19. Jahrhunderts gegenüber der Arbeitslosigkeit vgl. Garraty, Harris.

59 Vgl. Vanthemsche.

60 de Rooy hat die Arbeitsmarktpolitik in Amsterdam und in den Niederlanden sorgfältig untersucht.

61 Strasser (S. 29) erörtert diese Episode unter dem Titel: »Der Sozialstaat als historische Leistung der Sozialdemokratie«. Nach breiter Darstellung von Hegel und Marx sieht er sich gezwungen, die Begründung der Sozialversicherung durch Bismarcks Regime in einen einzigen Nebensatz zu verbannen.

62 Vgl. Tampke, aber auch die Einwände von Ritter, S. 42.

63 Vgl. Hentschel, S. 21-29: »Ihre Leistungen waren nicht existenzerhaltend, sondern als Zuschuß berechnet. Allein, als Zuschuß wozu?«, S. 25. Dagegen Zöllner, S. 97: »Der Fortschritt war sowohl in quantitativer als auch in qualitativer Hinsicht unbestreitbar groß im Vergleich zum vorherigen Zustand.«

64 Vgl. Hentschel, S. 55 f.: »Von einigen nebensächlichen Korrekturen und Reformen abgesehen, ist das im Kaiserreich begründete und fortgebildete System der sozialen Sicherung in der Weimarer Republik mit Not konserviert, im ›Dritten Reich‹ auf seinen hergebrachten Grundlagen im nationalsozialistischen Sinn und zu nationalsozialistischen Zwecken denaturiert und erst in der Bundesrepublik und der DDR substantiell weiterentwickelt worden.«

65 Es gibt zahlreiche Studien über den Einfluß von Bismarcks Gesetzen auf die Sozialpolitik anderer Länder; vgl. die Beiträge von Hennock und Hay in Mommsen und Mock (Hrsg.) sowie Ritters vergleichende historische Untersuchung zu Großbritannien und Deutschland.

66 Vgl. Rothfels, 1938, 1962.

67 Bismarck wollte sich in dieser Hinsicht am Beispiel Napoleons III. orientieren. Ritter, S. 28; vgl. Rimlinger, S. 121, Wehler, S. 136.

68 Vgl. Hentschel, S. 33-39.

69 Vgl. Rimlinger, S. 339; Zöllner, S. 88.

70 Vgl. Rimlinger, S. 112-122 und 339: »Bismarcks erklärtes Ziel war die Loyalität der industriellen Massen gegenüber der Monarchie – als Spitze der bestehenden Ordnung.«

71 Flora (Hrsg.), 1983, Bd. 1 (Einführung).

72 Alber, 1982, S. 131-134.

73 Alber (1982) schwankt, ob er Italien als eine »parlamentarische Demokratie« oder »konstitutionelle Doppelmonarchie« auffassen soll (beide Begriffe sind etwas unglücklich gewählt – haben doch die meisten parlamentarisch-demokratischen Monarchien dualistische Verfassungen). Am autoritären Charakter des Regimes ist jedoch kaum zu zweifeln. Vgl. Ferrera, S. 30: Italien gehörte zu jenen Ländern, die einen »deutschen Weg« zum Sozialstaat einschlugen und »die Sozialversicherung – vor allem im Dienste der nationalen Einigung und der sozialen Überwachung – noch vor politisch und ökonomisch fortgeschritteneren Demokratien wie Frankreich oder England einführten«.

74 Vgl. Gillis, S. 108 und 116; Ritter, S. 19 f; Rimlinger, S. 110.

75 Ullmann, S. 148: »Die Gegner der Arbeiterversicherung waren Besitzer vorwiegend kleiner und mittlerer Betriebe« (S. 148-151). Wehler (S. 134 f.) argumentiert, da die deutsche Mittelschicht ab 1848 im »Aufstiegskampf« mehrfach gegen die Aristokratie und den Feudalstaat unterlag, habe sie sich verstärkt gegen »die Gefahr von unten« gewandt, Haß und Aggression gegen die organisierte Linke gerichtet.

76 Zum Entwurf des Unfallversicherungsgesetzes vgl. Junius und Neuloh.

77 Rimlinger, S. 121.

78 Zu den sozialistischen Positionen vgl. Rimlinger, S. 122-130; Ritter, S. 49-52.

79 Zur Position der Arbeitgeber vgl. Ullmann, besonders S. 154: Die Arbeitgeber verlangten eigene Beiträge der Arbeiter, waren aber auch bereit, sie in die Verwaltungsgremien aufzunehmen; Bismarck dagegen schlug staatliche Beiträge vor.

80 Ullmann: Die Koalition wurde in den späteren Jahren schwächer, weil die Arbeitgeber fürchteten, der Centralverband würde durch die neuen Berufsgenossenschaften unterhöhlt.

81 Tampke, S. 82.

82 In dieser Darstellung folge ich weitgehend Zöllner, S. 92-100.

83 Was sich als sehr gewinnträchtig erwies: Bis 1900 fiel das Zehnfache der jährlichen Auszahlungen an; vgl. Zöllner, S. 100, vgl. S. 54.

84 Vgl. Roberts.

85 Vgl. Fraser, 1981; Thane, 1982.

86 Vgl. Roberts, S. 70 und 110. Fraser (1973, S. 45-50) betont, daß die örtlichen Armenbehörden von der zentralen Kommission unabhängig waren.

87 Zum Beispiel waren Sidney und Beatrice Webb enge Berater Churchills; William Beveridge arbeitete teils als Journalist, teils in der Verwaltung.

»Zur Zeit der wichtigsten Liberalen Sozialgesetze, besonders der Reform des National Insurance Act 1911, waren die akademischen Konzepte der sozialen Schichtung und die politische Antwort der Arbeiterklasse zu Gemeinplätzen der parlamemtarischen Debatten geworden.« Middlemas, S. 34.

88 Lloyd George besuchte Deutschland, um sich vor Ort über die Sozialversicherung zu unterrichten, ebenso verschiedene Gewerkschaftsdelegationen. Vgl. Hennock, Roy.

89 Die Konservativen – traditionell die Partei der vermögenden Mittelschichten und Landwirte – rutschten von ihren fast fünfzig Prozent des Jahres 1900 auf knapp zwanzig Prozent ab, die Liberale Partei verbesserte sich von 27,5 auf fast sechzig, die Labour Party von 0,3 auf 4,3 Prozent. Flora (Hrsg.), 1983, Bd. 1, S. 188.

90 »Einige Historiker betrachten das Programm der Liberal Radicals als einen Versuch, den sozialistischen Flügel der Labour Party und der Independent Labour Party auszustechen sowie der Arbeiterklasse zugleich mittels der Gewerkschaftsbewegung ökonomische und soziale Sicherheit zu verschaffen. Andere argumentieren, die Taktiken und Nachwahlerfolge der Tory-Opposition hätten sie zum Vorpreschen gezwungen.« Unterdessen »beeinträchtigten ihre Reformen, etwa zur Unternehmerhaftung und Arbeitslosenversicherung, die Einheit der Liberalen während ihres langen parlamentarischen Reifungsprozesses und verprellte alte Anhänger.« Middlemas, S. 41.

91 »Drei Parteien vor allem forderten eine ›nationale Politik‹: radikale Gruppen innerhalb der Liberalen Partei, die organisierte Arbeiterbewegung und am stärksten schließlich die Royal Commission on the Poor Laws and Relief of Distress.« Harris, S. 211; vgl. auch Heclo, 1974, S. 84.

92 Gilbert, 1966, S. 226. In der letzten Lesung setzte man das Höchsteinkommen für volle Renten von wöchentlich fünf Schillingen auf 21 Pfund fest; für höhere Löhne, bis zu 31 Pfund, gab es eine Gleitskala. Über die Ansprüche sollten von den Kommunalbehörden ernannte Komitees entscheiden. Empfänger von Armenhilfe wurden ausgeschlossen, Zahlungen der Arbeiterhilfsvereine galten als Einkommen. Bis 1911 hatte Lloyd George die Restriktionen des Gesetzes bereits »erheblich gelockert«. Vgl. Fraser, 1973, S. 143.

93 Thane, S. 83.

94 Gilbert, 1966, S. 226. Vgl. D. Collins, S. 259: Das Gesetz »verfestigte noch die moralistische viktorianische Einstellung gegenüber den Armen«, andererseits machte es aber ein für allemal Schluß damit, Empfängern von Armenhilfe die bürgerlichen Rechte zu verwehren.

Meist wird übersehen, daß Sozialgesetze eine hoch entwickelte Zivilverwaltung erfordern. Das bezeugt Gilberts Darstellung der Rentenzahlungen Irlands (S. 227 f.): »Bis 1865 hatte es in Irland keine amtlichen Geburtenregister gegeben... Daher mußte man Renten oft fast ohne Nachweis gewähren.« So viele über Siebzigjährige wie Empfänger konnte es gar nicht geben.

95 Hay (S. 444) zitiert aus dem *Journal of the Birmingham Chamber of Commerce* von 1905: »Diese Männer sind das Vermögen der Nation, die dafür zu sorgen hat, daß sie nicht verarmen.« Neben den locker verbundenen Handelskammern wurden andere Unternehmer aktiv, meist hinter der Szene, vgl. Middlemas, S. 47: »In engem Einvernehmen verzichteten Industrielle, Zecheninhaber, Eisenbahner, Reeder und Schiffsbauer auf offene Aktionen und traten mittels einer Gruppe gut organisierter, ihnen wohlgesonnener Parlamentarier gegenüber Ministern als Lobbies auf...«

96 Zur anhaltenden »Feindseligkeit der Labor Party gegenüber jeder Form von ›Almosen‹ ohne zuvor begründete Ansprüche« vgl. Marwick, S. 401.

97 Einer damaligen Quelle zufolge waren freiwillige Versicherungen unfair, »weil vorsorgende Arbeiter doppelt bezahlten – einmal für die eigene Versicherung und obendrein noch Abgaben und Steuern für Notleidende«; vgl. Harris, S. 301.

98 Vgl. Gilbert, 1966, S. 349; Bruce, S. 218. Arbeiter, die unter zwei Schillingen wöchentlich verdienten, waren von den Beiträgen befreit.

99 Die Arbeiterhilfsvereine hielten immer an von ihnen bezahlten »Vertragsärzten« fest: Sie identifizierten sich weder übermäßig mit Patienten, noch traten sie vehement für die Fortzahlung des Krankengeldes ein. Bei Ärzten, die verstärkt auf ihre Autonomie pochten, löste die Abhängigkeit große Ressentiments aus: »Freie Arztwahl des Patienten«. Die »Liste« enthielt alle Ärzte, unter denen Patienten wählen durften. Vgl. Gilbert, 1966, S. 309-311 und 400 ff.

100 Harris, S. 211. Solche widrigen externen Nebeneffekte einer relativ großzügigen örtlichen Fürsorgepolitik bezeichnete man als »Poplarismus« – nach dem Bezirk Poplar, wo die Wächter generöser waren als andernorts: Sie unterstützten Angehörige von Insassen des Arbeitshauses auf unbegrenzte Zeit und wurden dafür von den Steuerzahlern beschuldigt, »die Leute zum Faulenzen zu ermutigen und die Unerwünschten, nicht Verwendbaren nach Poplar zu locken.« Zitiert nach Harris, S. 266.

101 Anthony Giddens nennt das »Soziologisierung« der Gesellschaft, wobei sozialwissenschaftliche Ideen in den Alltag eindringen (vgl. S. 379-391). In diesem Fall veränderte die neue Definition später die Realität der Arbeitslosigkeit. So beeinflussen neue Begriffe der Sozialwissenschaften fast unmerklich die Instituionen, und ihr Neuartiges »verliert sich« im gesellschaftlichen Wandel.

102 Harris, S. 302. Auch Versicherungsberater konnten die Risiken mangels verläßlicher Daten zur Altersstruktur der Arbeitslosen nicht berechnen.

103 Vgl. Harris, S. 299-303; Garraty, S. 131 f.

104 Zitiert nach Harris, S. 303 f.

105 »Viele führende Arbeitgeber ... scheinen die Sozialgesetze – wenn nicht im Detail, so doch im Prinzip – unterstützt zu haben. Die Verbandsbasis hingegen dürfte, vielleicht aus Unkenntnis der früheren Debatten und Diskussionen, eher beunruhigt haben, daß die kurzfristige Kosten höher waren als der potentielle Nutzen. Dieser wachsende hinterwäldlerische Unmut ließ die Führung neu nachdenken und förderte Organisationen wie Sir Charles Macaras ›Employers' Parliamentary Association‹, die gegen Sozialreformen eintraten.« Hay, 1977, S. 440. Middlemas (S. 47) schildert die politischen Organisationen der Arbeitgeber.

106 In späteren Jahren wehrten sich Arbeiter aus vielen Branchen dagegen, in das Modell einbezogen zu werden.

107 Diese Institutionen hatte Churchill mit seinem Gesetz von 1909 eingeführt, vgl. Harris, S. 287-295. Zum weiteren Schicksal der Arbeitslosenversicherung – als »dem kühnsten sozialrechtlichen Experiment in der gesamten Ära des Neuen Liberalismus« –, vgl. Gilbert, 1970, S. 52 ff.

108 Harris, S. 333 f., Bruce, S. 196-200.

109 Vgl. Doublet, S. 27.

110 Vgl. Donzelot zur Kommune und ihren Folgen.

111 Napoleon schuf die *Caisse Impériale*, die Bismarck später zu seinen noch grandioseren Modellen anregte.

112 Ewald schildert die Mentalität dieser patriarchalischen Unternehmer sehr treffend.

113 Dieser Mechanismus hatte sehr unterschiedliche Folgen; vgl. Hatzfeld, S. 249: »Mußten sich Liberal-Konservative mit Hinweis auf die radikalen Revolutionäre legitimieren, so rechtfertigten diese sich wiederum mit Klagen über die allzu ›bescheidenen Reformen‹ der bourgeoisen Republik.«

114 Vgl. Hatzfeld, 1971, S. 230, und Rosanvallon, S. 154.

115 Vgl. Hatzfeld, 1971, S. 143.

116 Doublet, S. 22 und 29; Saint-Jours, S. 204.

117 Vgl. Saint-Jours, S. 209.

118 François Ewald begreift den Übergang vom Schuldprinzip zur *risque professionelle* als Schlüsselereignis, das die bürgerlich-individualistischen Gesellschaft zum *État providence* vorantrieb. Gegen Ende des 19. Jahrhunderts wurden jedoch überall derartige Gesetze eingeführt (für die preußischen Eisenbahnen 1838), ohne Zwangsversicherungen nach sich zu ziehen, so auch in Frankreich. Das Erfordernis gerichtlicher Klagen stieß auf starke Ablehnung, da es Unfallopfer in jahrelange Prozesse verwickelte. Doch wie Ewald (S. 247 f.) gezeigt hat, »diffamierten« Gerichtsverfahren, in denen grobe Fahrlässigkeit nachzuweisen war, notwendigerweise auch die Arbeitgeber.

119 *Ibid.*, S. 119.

120 *Ibid.*, S. 130. Das betrifft frühindustrielle Arbeiter, die ihren Arbeitsplatz aufgaben, sobald sie für einige Zeit »genug« verdient hatten und erst zurückkehrten, wenn ihnen das Geld ausgegangen war.

121 Streikende forderten überall, wo es solche Betriebskassen gab, Mitsprache in deren Verwaltung; Hatzfeld, 1971, S. 264.

122 Vgl. Saint-Jours, S. 223; Hatzfeld, S. 134 f.

123 Hatzfeld, 1971, S. 161: »Unter Druck ist sich das *patronat* keineswegs zu fein, staatliche Hilfe zu fordern, doch sobald es derartige Eingriffe für überflüssig hält, schlägt es wieder liberale Töne an.«

124 Vgl. Hatzfeld, 1971, S. 47-55, mit einem Überblick über die Debatte und weiteren Nachweisen.

125 Ein erstes Gesetz wurde 1928 eingebracht, doch bevor es in Kraft treten konnte, war es durch das von 1930 überholt.

126 Zwar wurde freie Arzt- und Therapiewahl sowie eine gewisse Autonomie bei der Beitragsfestsetzung gewährt, aber es folgten endlose Konflikte über die Tarife und ihre Bezahlung. Vgl. Hatzfeld, 1971, S. 289-294; Galant, S. 14-18.

127 Galant, S. 14.

128 vgl. Galant, S. 22.

129 Da die ersten Versicherungsvereine auf Gegenseitigkeit als lokale, berufs- oder unternehmensbezogene bzw. religiöse Verbände entstanden, konnten sie Bewerber beliebig ablehnen, bloß nicht aus Altersgründen. Als Reformen bevorstanden, gründeten alle möglichen Organisationen zahlreiche *néomutuelles*, um unter das neue Gesetz zu fallen; vgl. Hatzfeld, 1971, S. 149. Das veranschaulicht die im Abschnitt »Der Zwang zum Sparen« in Kapitel 4 ansgesprochene »soziologische Regel«.

130 Man hatte fest angenommen, daß sie nur die »hohen Risiken« anlocken würden, und er-

wartete, daß ihre – wenngleich geringeren – Leistungen ihre Mittel bald erschöpfen würden; vgl. Galant, S. 20, auch zu den regionalen Statistiken.

131 Galant, S. 22.

132 Hatzfeld, 1971, S. 148 und 150.

133 *Ibid.*, S. 269 f.

134 Ob die Geburt ein »Risiko« oder Ergebnis von »Familienplanung« ist, hängt selbstverständlich stark von herrschenden Sexual- und Moralvorstellungen ab. Nach katholischer Auffassung könnte man von einem »glücklichen Risiko« sprechen. Ewald zeigt einführend, daß alle »Risiken« gesellschaftlich definiert sind.

135 Für jede Rente bedurfte es einer speziellen Kongreß-Vorlage; vor Wahlen stieg deren Zahl stets deutlich; vgl. Skocpol und Ikenberry.

136 Vielleicht erklärt dieser Aspekt der städtischen Parteipolitik – und organisierten Kriminalität –, warum solche Apparate ähnlich schwer auszumerzen sind wie ländliche Guerilla-Bewegungen.

137 »Es gab buchstäblich Hunderte solcher Vereine, deren Kapital oft in die Millionen Dollar ging.« Furniss und Tilton, S. 155, die in einer Fußnote anmerken: »diese Vereine sind weitgehend unerforscht.«

138 Rimlinger, S. 196; Orloff und Skocpol (S. 734) zitieren Stevens' Schätzung (1907), daß verschiedene freiwillige Vereine auf Gegenseitigkeit bis zu einem Drittel der wahlberechtigten Einwohner (das heißt, volljährige Männer, abzüglich der meisten schwarzen Südstaatler) als Mitglieder hatten.

139 Rimlinger, *ibid.*

140 Die amerikanischen Vereine wehrten sich ebenso heftig gegen geplante staatliche Renten wie die britischen. Diese wollten die Bedürftigen materiell unterstützen, ohne sie jedoch moralisch aufzuwerten.

141 Vgl. Skocpol und Ikenberry, S. 102-113.

142 Zu diesen Daten vgl. Rimlinger, S. 195 f.

143 Ab 1929 wurden fast neunzig Prozent der Krankengelder privat und neun Prozent aus öffentlichen Mitteln bezahlt. Kommerzielle Versicherer spielten bis zu den fünfziger Jahren kaum eine Rolle; Furniss und Tilton, S. 175.

144 Besonders in der American Association for Labor Legislation, die ab 1913 auf eine Reform der Sozialpolitik gemäß den Ideen von J. R. Commons, I. Fisher, I. M. Rubinow und anderen drängte.

145 Skocpol und Ikenberry, S. 107: Die Arbeitgeber mußten sich zwar gegen Unfälle versichern, konnten aber in der Regel die Versicherung frei wählen – »es dominierten nach wie vor private Unternehmen«. Die Gesetze wurden mit einem »bemerkenswert starken Konsens quer durch alle Schichten« angenommen, von der AFL bis zu Geschäftskreisen. Bei Betriebsunfällen trugen die Geschädigten nach wie vor fünfzig bis achtzig Prozent der Lasten; vgl. Rimlinger, S. 196.

146 Orloff und Skocpol, S. 745. Sowohl verletzte Arbeiter als auch mittellose Mütter wurden in Gerichtsverfahren verstrickt, deren Ausgang oft sogar Richtern und anderen Juristen, die später für Reformen einraten, höchst unbefriedigend erschien.

147 »AFL-Funktionäre wehrten sich besonders gegen Vorhaben, mit denen die Regierung um die Loyalität ihrer Mitglieder hätte werben können: Schutz der Tarifverhandlungen, Krankenversicherung ... und Arbeitslosenversicherung. Letzteres Ansinnen drohte zum

Beispiel, die gewerkschaftliche Rolle bei Tarifverhandlungen zu entwerten.« Greenstone, S. 26. Doch nach 1906 »stimmte der Bund – wenn auch halbherzig – Altersrenten zu, weil ihn die Loyalität der Rentner nicht besonders interessierte« (S. 27).

148 Derthick, S. 111. Zur Funktionen der »Freiwilligkeit« bei den internen Machtkämpfen mit den angeschlossenen Gewerkschaften vgl. Rogin.

149 »... Herbert Hoovers Ideal war der ›Wohlfahrtskapitalismus‹ – die Idee, Privatunternehmen könnten den sozialen Sicherheitsbedarf treuer Arbeitnehmer, vom ›begleitenden Staat‹ unterstützt, selbst abdecken, und die Bundesregierung organisierte nur die freiwillige Kooperation zwischen Wirtschaft, Experten und Kommunalbehörden.« Skocpol, 1984/85, S. 12. Beteiligt waren ganz wenige Unternehmen und »die am allerwenigsten hilfsbedürftigen Arbeiter«. Der Begriff des Wohlfahrtskapitalismus erfüllte jedoch während der Hoover-Ära und danach einen wichtigen ideologischen Zweck; vgl. Skocpol und Ikenberry, S. 115.

150 Greenstone, S. 75.

151 Rimlinger, S. 216.

152 Vgl. Skocpol und Ikenberry (S. 128) zur »zwischenstaatlichen Balkanisierung« der Arbeitslosenversicherung. Kurdle stellt auch große Ähnlichkeiten zwischen den USA und Kanada fest, wo die neun Provinzen ebenfalls relativ autonom sind.

153 Der Ausdruck stammt von Leman, zitiert nach Skocpol, 1984/85.

154 »Wirtschaftlich organisierten sich die Industriearbeiter [im CIO] erst, nachdem sie durch ihre mehrheitliche Unterstützung der Demokratischen Partei zur politischen Einheit gefunden hatten.« Ab den zwanziger Jahren gruppierten sich viele Gewerkschaftmitglieder um die Demokratische Partei; Greenstone, S. 37. Der Autor betont die enge Zusammenarbeit zwischen Gewerkschaften und Demokraten in ihrer Bedeutung für die Sozialversicherungsgesetze; vgl. Derthick, S. 110. Rimlinger (S. 223) schreibt: »Organisierte Arbeiter, die anfangs wenig Interesse gezeigt hatten, ... drängten schließlich darauf, die Vorlage zu verabschieden.« Allerdings mißt Skocpol der gewerkschaftlichen Unterstützung wenig Bedeutung bei, da AFL und CIO durch heftige Konflikte gespalten waren.

155 Skocpol und Weir, S. 43.

156 *Ibid.*, S. 8.

157 Die Beiträge entfielen zu gleichen Teilen auf Arbeitgeber und Arbeitnehmer. Staatsbedienstete hatten eigene Kassen; Landarbeiter und Haushaltshilfen waren ebenso ausgeschlossen wie Beschäftigte von Kleinstbetrieben (bis zu acht Arbeitnehmern). Selbständige wurden später zu ziemlich günstigen Bedingungen einbezogen; S. 224.

158 Das heißt, man rechnete alle Lebenseinkünfte zusammen. Für Beiträge über 3 000 (später 2 000) Dollar gab es eine Rente von monatlich 15 Dollar (0,5 Prozent). Für höhere Beiträge (bis zu 24 000 Dollar) kamen monatlich 0,083 Prozent hinzu und darüber weitere 0,041 Prozent, bis zur monatlichen Höchstrente von 85 Dollar. Die Selbständigen zahlten den anderthalbfachen Satz von Arbeitnehmern, jedoch höchstens drei Viertel der Gesamtbeiträge von Arbeitnehmern und Arbeitgebern. Vgl. Rimlinger und Viscusi. Insgesamt begünstigten die Rückverteilungseffekte des Modells zunehmend schlecht verdienende ältere Arbeiter und Selbständige, auf Kosten der jungen Besserverdienenden und der Ledigen.

159 Bis zu den fünfziger Jahren wurden aus diesen Hilfsfonds mehr Renten beansprucht als aus der Hauptbeitragskasse. Skocpol, 1984/85.

160 Rimlinger, S. 224. Ikenberry und Skocpol, S. 131 f.

161 Rimlinger, S. 216. Mindestabgaben und Leistungshöhe blieben offen: »Unter dem wechselseitigen Konkurrenzdruck konnten die Einzelstaaten den geforderten Steuersenkungen kaum widerstehen. Das schwächte die landesweite Arbeitslosenversicherung ernsthaft, weil die Mittel fehlten« (*ibid.*, S. 225). Amenta *et al.* zeigen: »In New York prägte ein programmatisches Bündnis zwischen der organisierten Arbeiterschaft und der Demokratischen Partei ein großzügiges Versicherungswesen«, das auch andere Staaten beeinflußte.

162 Ohio hatte ein Modell mit »Festbeiträgen«, und der staatsweite Versicherungspool gewährte allen, die ihren Arbeitsplatz verloren hatten (ungeachtet der vorausgegangenen Abgaben ihrer Arbeitgeber) einheitliche Leistungen. Noch einflußreicher war das Modell von John R. Commons und Edmund Witte – der später neue Bundesgesetze entscheidend vorbereitete – für Wisconsin: Jedes Unternehmen wurde im Verhältnis zur Anzahl entlassener Arbeiter belastet; aus dieser »Arbeitslosenreserve« entschädigte man gekündigte Arbeitnehmer – »aber nur, bis die Reserve des einzelnen Unternehmens ausgeschöpft war«; Skocpol und Ikenberry, S. 118. Dieses Programm, mit seinen Obertönen von »Wohlfahrtskapitalismus« wurde schließlich gegenüber dem Modell von Ohio und direkteren Eingriffen der Bundesregierung bevorzugt. Vgl. auch Amenta *et al.*

163 Ständig hieß es, das Programm sei nicht mehr und nicht weniger als ein obligatorisches individelles Sparmodell, wobei man seine Umverteilungsaspekte zwischen Mitgliedern sorgsam herunterspielte. Vgl. Viscusi (S. 104) zu diesem »Abzugsmythos«. Furniss und Tilton sprechen von »administrativer Heimlichtuerei«; S. 164 ff. Derthick (S. 8) erwähnt »Ambiguität, Widersprüchlichkeit, Dunkelheit und Paradoxie – Eigenschaften, die weitgehend erklären, warum die Sozialversicherung mit überwältigender Mehrheit und offenbar vorbehaltlos akzeptiert wurde.«

164 Vgl. Heidenheimer, Heclo und Adams, S. 211.

165 Furniss und Tilton, S. 173; vgl. Root, S. 106-108.

166 Vgl. Price.

167 Janowitz, S. 35; vgl. auch Heidenheimer, 1973 und 1981.

168 Vgl. Greenstone (S. 336 ff.) zum engagierten Eintreten der Gewerkschaften für Sozialgesetze ab 1945.

169 Vgl. Weir *et al.*, S. 30: »Die Koalitionen zugunsten einer neuen Sozialpolitik waren jederzeit vorläufig, zerbrechlich und nicht fest institutionalisierbar – wurden bald durch konservative Rückschläge zunichte gemacht, beschleunigt durch Widerstände der Kommunen, der Wirtschaft und anderer Gruppen gegen eine verstärkte Staatsmacht der Vereinigten Staaten.«

170 Die Niederlande hinkte nicht rettungslos hinterher, sondern nahmen bei den vier Hauptformen der Sozialversicherung unter 15 europäischen Ländern mittlere Ränge ein (vier bis neun); vgl. Alber, 1982, S. 28.

171 Vgl. Hoefnagels, S. 91; Kossmann, S. 361.

172 Vgl. P. E. de Heen.

173 Vgl. Lijphart.

174 Vgl. de Swaan, 1973, S. 205-226. Zur einzigen bedeutsamen Unterbrechung kam es, als das neutrale Land im Ersten Weltkrieg eine liberal orientierte Regierung hatte.

175 Zu diesen kreuz und quer verlaufenden Rissen vgl. Stuurman, S. 319 f.: »Der Gegensatz zwischen den bürgerlichen Parteien und den Sozialdemokraten fiel schwerer ins Gewicht

als die Antithese [so der historische Ausdruck] zwischen konfessionellen und nicht-konfessionellen, diese wiederum schwerer als der Kontrast zwischen Protestanten und Katholiken... So kann man die Versäulung als das unbeabsichtigte, unvorhergesehene Resultat des synchronen Wirkens dieser drei Gegensätze betrachten.«

176 Die großen katholischen und sozialdemokratischen Verbände wurden 1976 verschmolzen.

177 Vgl. Hoefnagels, S. 119; de Vries, S. 463.

178 de Vries, S. 461; es war die erklärte Absicht der Regierung, zusammen mit der Unfallversicherung ein Krankenversicherungsgesetz zu erlassen, und ihr Versagen wurde weithin kritisiert.

179 Sie war die größte »Rückversicherungs«-Agentur, wickelte die Anträge für Arbeitgeber ab, erstattete Gelder zurück, die durch Sicherheitsmaßnahmen eingespart wurden, und arbeitete insgesamt kostengünstiger als die Staatsbank; persönliche Mitteilung von J. Mannoury.

180 »Der Kampf um das Entschädigungsgesetz zeigt deutlich, wie sozialpolitische Strömungen aufeinander und auf dieses Gesetz reagierten ...«; van Oenen *et al.* II., S. 356.

181 Vgl. Mannoury, S. 29; Witert van Hogland, S. 108.

182 Ein Jahr zuvor war das allgemeine Wahlrecht eingeführt worden, und die Zahl der Gewerkschaftsmitglieder hatte sich zwischen 1915 und 1920 mehr als verdreifacht; vgl. Kossmann, S. 692, Stuurman, S. 183.

183 Die Prämien waren von den Arbeitgebern zu bezahlen, und die »Betriebsräte« sollten das Gesetz ausführen. Altersrenten gab es ab dem 65. Lebensjahr. Selbständige konnten freiwillig beitreten bzw. erhielten beitragsfreie Leistungen, wenn sie bereits über 65 waren.

184 Vgl. Mannoury, S. 32 f; van Oenen (Hrsg.), S. 360 ff., Veldkamp I., S. 77.

185 Mannoury, 1985, S. 197; als das Arbeiterentschädigungsgesetz 1901 die *Rijksverzekeringsbank* exklusiv bevollmächtigte, Ärzte zu beauftragen, hatte die Ärzteschaft nicht derart protestiert. Zu den Sozialgesetzen in den besetzten Niederlanden vgl. Asselberghs.

186 »In unserem kleinen Land, das seinerzeit strikt neutral war, kämpfte man zwar erbittert um die Formalien der Anwendung – um wesentliche neue Gesetze aber kaum ...«, Mannoury, S. 33.

187 Pompe (S. 22) zitiert das Zentrale Amt für Statistik: Bis 1930 sank der Anteil von »Unternehmensleitern« (*bedrijfshoofden*) unter den Erwerbstätigen von 26 auf 21,5, bis 1960 auf 17 und bis 1971 auf 11,8 Prozent. Umgekehrt stieg der »Arbeitnehmeranteil« (ohne »Arbeiter«) zwischen 1899 und 1971 von 9,6 auf 37,8 Prozent.

188 Die *Noodwet Ouderdomsvoorzieningen* von 1947, verbündet mit dem führenden Sozialdemokraten Drees.

189 Dieses Recht wurde 1976 um ein Allgemeines Invalidengesetz für alle Bürger ergänzt. Das Allgemeine Gesetz für Außergewöhnliche Krankheitskosten von 1968 schloß lange Krankenhausaufenthalte und andere kostspielige medizinische Behandlungen ein.

190 »Daher ist das holländische Invalidensystem sowohl umfassend als auch großzügig ... Danach werden mindestens achtzig Prozent der verlorenen Einkünfte ersetzt – bereits ab einem relativ geringen Grad ›realer‹ Erwerbsunfähigkeit. Das schuf gravierende Probleme für den Arbeitsmarkt und ließ die Kosten rapide anwachsen.« Und: »In der Regel wird fehlende Erwerbsmöglichkeit auf die Behinderung zurückgeführt, solange nicht das Gegenteil bewiesen ist.« Haveman *et al.*, S. 63 und 65. Daraus folgt: »Man darf anneh-

men, daß sich Lohnabhängige bei drohender Erwerbslosigkeit wegen verfallender Wirtschaftslage ihrer Unternehmen hinter Krankheit und Invalidität verstecken werden«, S. 434; vgl. auch S. 399-443, wo Auswirkungen und Folgen des Gesetzes detailliert beschrieben sind.

191 Vgl. Pompe, S. 86 ff.

192 Castles und McKinlay zeigen, daß diese Erdgaseinnahmen wenig erklären, da man sie auch anders hätte verwenden können.

193 Wilensky (1982, S. 354) meint: »Herrscht zwischen Katholiken und Linken starke Konkurrenz, bei häufig unterbrochener linker Herrschaft, eskalieren die Sozialausgaben.« Genau das war in den Niederlanden der Fall.

194 Vgl. Wilterdink.

195 Vgl. Huppes, besonders S. 3 f, mit internationalen Vergleichszahlen.

Schluß: Die Kollektivierung und ihre Folgen

1 Titmuss, S. 22.

2 Heclo, 1982, S. 390 und 193.

3 Vgl. Middlemas, S. 266; seine Bemerkungen über Großbritannien (S. 300) gelten auch für andere Länder: »Zwischen 1940 und 1945 hatte die Gewerkschaftsbewegung aus Regierungssicht ihr Hauptziel erreicht: Parität mit den Arbeitgebern. Diese retteten gegen alle Umstände und den Trend der Wahlpolitik weitgehend ihre politische Vorkriegsmacht, indem sie sich geschickt auf die veränderte Lage einstellten. Doch keine von beiden Seiten versuchte, die im Krieg enorm gewachsenen Kompetenzen der Regierung anzugreifen. Vielmehr boten beide (wie 1916 bis 1918) ihre Dienste an, weil sie meinten, dadurch das System der Dreierkooperation zu stärken – was sich in den Jahren unmittalbar nach dem Krieg bestätigte.«

4 Seit den Massenmobilisierungen der Napoleonischen Kriege hatte die moderne Kriegführung große, stehende Heere erfordert, woraus sich die Fürsorge für Veteranen, Kriegswitwen und -waisen ergab. Als später die Flächenbombardierung aufkam, wurde zunehmend die Bevölkerung mit in den »totalen Krieg« einbezogen, und der Staat mußte in entsprechendem Maße für Zivilisten sorgen: wahrhaft eine »Demostrategie«, so Cyril Falls, zitiert nach Titmuss, S. 82. Vgl. auch Marshall, S. 82-95.

5 Vielleicht war das der erste Versuch überhaupt, solche internen Unruhen durch internationale Maßnahmen einzudämmen: Der Marshall-Plan sollte helfen, den Kommunismus in Europa zu bekämpfen. Gewiß trug er auch mit dazu bei, die Sozialpolitik zu finanzieren; vgl. Pinker, 1979, S. 64.

6 Albert (1982, S. 152) hat für 13 europäische Länder errechnet: Der Anteil von sozialversicherten Erwerbstätigen stieg zwischen 1935 und 1940 von durchschnittlich 41 auf 51 Prozent, bis 1950 auf 60, bis 1955 auf 65 und bis 1975 auf 82 Prozent. Zwischen 1930 und 1950 wuchs der durchschnittliche Anteil aller Sozialleistungen am Bruttosozialprodukt von 2,8 auf 4,9 Prozent, bis 1955 auf 5,8 und bis 1975 auf 13 Prozent; vgl. S. 60.

7 Heclo, 1981, S. 397, vgl. auch S. 395: Die 25 bis 30 Jahre vor 1980 »prägte ein äußerst geradliniges Wirtschaftswachstum«.

8 Dahl (S. 90-123) hat die »starken Minderheiten« in klassischer Form dargestellt. Luce und Raiffa (S. 233 ff.) sowie Buchanan und Tullock (S. 171-231) analysieren die formalen

Bedingungen, unter denen solche Mehrheitskoalitionen entstehen und ihre Verteilung der Kosten und Leistungen durchsetzen können, obwohl sie nicht »Pareto-optimal« ist.

9 Zu den USA vgl. Pattersons Bericht: Nach Einführung von Medicare und Medicaid, Lebensmittelmarken, erhöhter Hilfe für kinderreiche Familien und anderer Sozialleistungen, besonders für Ältere, seien »die Zahl der Armen enorm gesunkenen« und »die sozialen Maßnahmen verblüffend ausgebaut« worden (S. 157 ff.). In den Niederlanden traten seinerzeit das Allgemeine Fürsorgegesetz (*ABW* 1965) und das Gesetz über Dauerinvalidität (*WAO* 1976) in Kraft; die Alters- und Witwenrenten wurden erhöht (*AOW, AWW* 1972), das Invalidengesetz auf alle Einwohner ausgedeht (*AAW* 1976); vgl. *Waarborgen*, S. 74 f. Zur damaligen Reform des deutschen Sozialversicherungswesens vgl. Hentschel, S. 150-214, besonders die Tabellen auf S. 206 f.

10 In dieser Phase waren die USA in den Vietnam-Krieg verstrickt, der die Sozialgesetze ähnlich stark beeinflußt haben dürfte wie die »begrenzten« Kriege der frühen fünfziger Jahre. Gouldner beharrt auf den »organischen« Verbindungen zwischen Sozialstaat und »Kriegsstaat«, um diesen Zusammenhang zu unterstreichen; vgl. 1974, S. 573 und 582.

11 Piven und Cloward (1982) argumentieren, die Sozialreform sei – besonders in den USA – vor allem durch öffentliche Proteste und Wählerdruck beschleunigt worden. Vgl. S. 118: »Kurz: Der durch die Unruhen der dreißiger Jahre erzwungene Fürsorgerahmen wurde durch die Unruhen der sechziger Jahre ausgebaut und erweitert.« Skocpol und Amenta meinen, die verfügbaren Belege »stützen allenfalls eine indirekte Anwendung der These« (S. 139). Vermutlich wirken solche öffentlichen Proteste viel mittelbarer, indem sie Schlagzeilen für die Massenmedien liefern – dann machen sich Intellektuelle an ihre Deutung und definieren »soziale Probleme« um. In der Folge bilden die neuen Ideen den Brennpunkt für Koalitionen politischer Eliten und regen sie an, die Reformpolitik eines aktivistischen Regimes zu unterstützen.

12 Vgl. Patterson (S. 179) zu den Anwälten des Office of Economic Opportunity; vgl. auch Katz (1986, S. 263 f.) zur Rechtshilfe und zu den Gesundheitszentren: »Der Kampf um erfolgreiche Strategien der Armen, institutionelle Veränderungen herbeizuführen und die Leistungen für Bedürftige zu verbessern«.

13 Zu den »Reformkoalitionen« zwischen Sozialwissenschaftlern und Politikern in Frankreich, Deutschland und Italien vgl. Wagner.

14 In der Bundesrepublik Deutschland etwa erhielten 1980 rund 27 Prozent der Wahlberechtigten irgendwelche Sozialleistungen; die meisten dieser Menschen waren Rentner mit hoher Wahlbeteiligung (85 Prozent); vgl. Alber, 1984, S. 232.

15 Vgl. Kesselman, S. 318.

16 Zum Beispiel Weir *et al.* zu dem USA: »In den achtziger Jahren, als es angeblich an der Tagesordnung war, die Sozialausgaben zu kürzen, machten faktisch viele konservative Kongreßabgeordnete ihren liberalsten Kollegen den Rang streitig, als die härtesten Verfechter der Sozialversicherung zu gelten« (S. 12).

17 Vgl. Wilensky, S. 369: »Je schärfer die Konkurrenz zwischen katholischen und Linksparteien, desto mehr geben linksorientierte Regierungen aus.« Erhöhte Sozialausgaben gehen aber weniger auf »linke Machthaber« als auf die »häufig unterbrochenen« Amtszeiten linker Parteien zurück. Das bestätigen Kohls Resultate im selben Band (S. 327): »Am stärksten neigen konservativ-sozialistische Regimes dazu, die Gesamtausgaben zu erhöhen: In ihnen verbindet sich das sozialistische Streben, staatliche Maßnahmen immer weiter auszudehnen, mit den Zwängen der Koalitionsbildung.«

18 Zu den Niederlanden vgl. *Waarborgen*, S. 27: Zwischen 1975 und 1983 haben sich die Sozialleistungen mehr als verdoppelt, wuchsen damit von 18,5 auf 23,4 Prozent des Nettosozialprodukts. Havemann *et al.* (1986, S. 173) zufolge stiegen die Ausgaben für Gesundheit, soziale Dienste, soziale Sicherheit, sozialen Wohnungsbau zwischen 1970 und 1980 von 31,8 auf 38,5 Prozent des Bruttosozialprodukts, nur übertroffen von Schweden (Anstieg von 23,1 auf 39,6 Prozent). Italiens »ängstliche Sparmaßnahmen« zwischen 1978 und 1983 wurden (so Ferrera, S. 240) »durch mehrere ausufernde Leistungen zunichte gemacht«. Skandinavien erlebte von 1970 bis 1980, als liberale und sozialdemokratische Kabinette wechselten, *»ein drastisches reales Wachstum der Sozialversicherungsausgaben«*; Johansen, S. 140. Dafür stimmten vor allem die Beschäftigten des öffentlichen Dienstes, »als in sich größte Wählergruppe von Arbeitnehmern«; Opposition übten die Selbständigen und Landwirte (S. 145-147).

19 Hasenfeld zeigt, daß die Gesundheits- und Sozialausgaben in den USA bis 1984 stetig, jedoch immer langsamer stiegen (S. 72). Meyer (S. 69) folgert: »Inflationsbereinigt erhielten die Begünstigten mit niedrigen Einkommen 1980 etwa gleich hohe Leistungen wie ein Jahrzehnt zuvor.« Doch spezielle Gruppen, etwa die erwerbstätigen Armen, schnitten erheblich schlechter ab; vgl. S. 86. Katz (1986, S. 285-289) kommt zu ganz ähnlichen Resultaten; vgl. auch Hill. In einem Resümee stellen Danziger und Smolensky fest, zwar hätten sich die Kürzungen spürbar ausgewirkt, aber »ökonomische Abläufe spielten bisher eine weitaus wichtigere Rolle als programmatische Veränderungen«. Und »in Großbritannien, in den Vereinigten Staaten und den Niederlanden sind die Armen eindeutig schlechter gestellt als sie es bei einer vernünftigen Fortführung der früheren Politik gewesen wären. In der Schweiz und in Italien kürzte man nicht; in Frankreich entschied man programmatisch für mehr Sozialausgaben – bis zur Trendwende« (S. 261). Zu den gekürzten Sozialausgaben in Großbritannien vgl. Loney, S. 87. Alber (1982, S. 67 f.) zitiert zwar Zahlen für rückläufige Sozialausgaben in manchen Ländern des Gemeinsamen Marktes, erklärt die Stagnation aber damit, daß fast eine vollständige Sättigung erreicht war – so daß kein Raum für weitere Sozialversicherungssysteme blieb, sondern alles für eine Umkehrung des historischen Trends sprach, die Sozialvorsorge zu auszubauen.

20 Weir *et al.* (S. 14 f.) zufolge »gabelt« sich die amerikanische Sozialpolitik in Maßnahmen für fest Beschäftigte, zum Beispiel die Sozialversicherung, und eher beiläufige Projekte für jene außerhalb des Arbeitsmarktes. Als die »politisch Schwächsten« sind letztere besonders anfällig für Haushaltskürzungen.

21 Weir *et al.* argumentieren, für die »Armutspolitik« seien viel weniger angesehene Experten – Soziologen und Arbeitsökonomen – zuständig gewesen als für die Richtlinien der makroökonomischen Politik; S. 6.

22 Vgl. Offe, S. 152: »Der Sozialstaat ist in gewissem Sinne zu einer irreversiblen Struktur geworden, deren Beseitigung nichts weniger erfordern würde, als die politische Demokratie und die Gewerkschaften abzuschaffen sowie das Parteiensystem grundlegend zu verändern.« Heclo (1986, S. 56) schreibt zu den USA: »Umfragen haben gezeigt, daß die weitreichenden Sozialprogramme des Bundes – umfassende Modelle wie Medicare und die Sozialversicherung – ganz durchgängig massiv unterstützt werden, eher mäßig dagegen solche, die sich vermeintlich auf kleinere Interessengruppen beschränken.« Vgl. Alber (1984) zu den europäischen Sozialstaaten: »Strukturelle Ansatzpunkte für eine Widerstandsbewegung gegen den Sozialstaat sind daher kaum vorhanden« (S. 223).

23 Interessanterweise gelang es Reagan nicht, die Leistungen bei Invalidität zu streichen. Vgl. Patterson, S. 213; Krieger (1986) kommt in seinem umfassenden Vergleich zwischen »Reaganismus« und »Thatcherismus« zu einem anderen Schluß, vgl. S. 199: »Der Begriff ›Sozialstaat‹ beschrieb nie die strukturellen Merkmale gegebener Nationalstaaten oder Regierungen.« Entsprechend S. 200: »Es gibt keinen Sozialstaat, bloß eine Reihe von Sozialgesetzen.« Reagans und Thatchers Regimes machten der integrativen »keynesianischen« Sozialpolitik endgültig den Garaus; vgl. auch Krieger, 1987.

24 Vgl. Haveman *et al.*, S. 148: »Zwar sprechen Politiker in den Niederlanden, Schweden und Großbritannien viel von ›Sozialabbau‹ im Interesse der Wirtschaft, aber bislang läßt sich relativ wenig ›Abbau‹ feststellen.«

25 Vgl. etwa die Beiträge in J. L. Palmer (Hrsg.), worin beklagt wird, daß ein klares Zukunftsprogramm für den Sozialstaat fehle; vgl. Krieger zur Gespaltenheit der britischen und amerikanischen Opposition.

26 Ich habe einmal spaßeshalber den Begriff »Subsideologen« für jene vorgeschlagen, die ideologisch argumentieren, um im eigenen Interesse staatliche Beihilfe zu fordern, fand ihn später jedoch – allerdings mit der Schreibweise »Subsidiologen« – allen Ernstes in Stellenanzeigen von Unternehmen wieder.

27 Zu diesem Übergang von der »alten« zur »neuen« Mittelschicht oder zur »professionellen Managerschicht« (»PMC«) vgl. Gouldner, 1980, sowie B. und J. Ehrenreich.

28 Alber, 1984, S. 244 f.: Der bundesrepublikanische Sozialstaat orientiert sich »stärker am Ziel der Statussicherung als an dem der Umverteilung«.

29 Im Kern besagt die historische Argumentation Esping-Andersens und Korpis: Wo ehemals städtische *petit bourgeois* und selbständige Landwirte zugunsten privater Akkumulation koalierten, tritt heute ein Bündnis zwischen neuer Angestelltenschicht und Arbeiterklasse für kollektive Maßnahmen ein.

30 Vgl. Gouldner (1974, S. 81-92) über den Umgang mit »Nutzlosen«.

31 Baier, 1984.

32 Freidson (1984) gibt einen kurzen, einsichtsvollen Überblick über terminologische Aspekte von »Beruf« und »Beschäftigung« und neuere Kritiken. Die Merkmale sind – in steigender Rangordnung – Spezialistentum, Ansehen und relative Autonomie. Zur Rolle des Staates bei der Professionalisierung vgl. Freidson, 1970.

33 Alber (1984, S. 232) zeigt, daß Sozialleistungsempfänger in der Bundesrepublik Deutschland als die am schnellsten wachsende Gruppe 1980 rund 27 Prozent der Wahlberechtigten stellten: Besonders die Alten unter ihnen gehen massenhaft (mit etwa 85 Prozent) wählen. Dennoch (vgl. S. 245) halten Sozialleistungsempfänger ihren Status für vorläufig und »nehmen einander vermutlich nicht als ›relevante Andere‹ wahr«.

34 Zur Herkunft der französischen Elementarschullehrer um 1900 vgl. Muel-Dreyfus, S. 25: Mehr als die Hälfte stammten aus der Mittelschicht; bei der Hälfte davon waren die Väter selbständig (Landwirte inklusive); fast ein Viertel der männlichen Lehrer waren Arbeiterkinder. Vgl. auch Day.

35 Vgl. Flora: 1870 stellten Lehrer in Frankreich die Hälfte und 1975 – bei einer zehnmal so hohen Gesamtzahl – noch immer 37,8 Prozent aller Staatsbediensteten (S. 210 f.) In den Niederlanden waren es 1889 bereits 37,7 Prozent und 1960, bei versechsfachter Gesamtzahl der Bediensteten, noch immer 32,9 Prozent (S. 223).

36 Vgl. Flora mit genauen Zahlen; vgl. auch Fischer und Lundgreen.

37 Im Progressive Movement bevorzugten viele »amtliche Eingriffe« und »Inspektionen«, was sich zum Teil durch die Karriereinteressen der Mittelschicht erklärt; Skocpol und Ikenberry, S. 31. Etwa zur gleichen Zeit besetzte der sozialdemokratische Kader die Stellen im Bismarckschen Sozialversicherungswesen. Tennstedt, S. 233.

38 Vgl. Kelsall zu Großbritannien; etwa S. 3: »Im 19. Jahrhundert drang die Mittelschicht, vor und nach der Reform des Staatsdienstes, in die einstige Domäne des Adels ein und revolutionierte das ganze Gefüge.«

39 Vgl. »De valse schaduw«, in: de Swaan, 1983, S. 115-118.

40 Die weitaus häufigsten Betrugsformen sind Steuerhinterziehung und erschlichene Ansprüche. Zwar veruntreuen Verwaltungsbeamte ab und zu Sozialversicherungsgelder, aber das kommt relativ selten vor. Offenbar sind private Motive und institutionelle Interessen in der staatlichen Verwaltung sauber getrennt. Vorbeugend wirken auch die hochentwickelten Techniken der Buchprüfung, Überwachung und Inspektion in modernen Bürokratien. Korruptionsskandale treten allerdings meist schubweise auf, überwiegend in wirtschaftlichen Krisenzeiten, wenn Wagnisse, die einst aussichtsreich und lohnend erschienen, plötzlich fehlschlagen: Im Licht der Öffentlichkeit werden Schumpeters »pfiffige Erfinder neuer Kombinationen« als Schwindler entlarvt.

41 Katz (1986, S. 163 ff.) schildert die Professionalisierung solcher »städtischen Experten« in den USA.

42 Vgl. Peterson (S. 30 ff.) zum englischen Medical Act von 1858; Waddington, S. 53-134. Zum niederländischen Gesetz von 1865 vgl. Jaspers, S. 10. Berlant (S. 235) beschreibt die Medical Practice Restriction Acts der USA 1880 bis 1893 und erklärt sie damit, daß der Staat den örtlichen Handel vor Übergriffen nationaler Konzerne schützen wollte, S. 238-242.

43 Vgl. Eckstein, S. 106. Vgl. auch Gilbert (1970, 7. Kapitel) zur British Medical Association und zum Gesetz von 1911. Zu den USA vgl. Starr, S. 192 ff., und Rozen. Zu Frankreich vgl. Goguel, S. 269-271, und Hatzfeld, 1963, *passim*.

44 Vgl. Peterson (S. 200 f., 233 und 243) zum relativ geringen Prestige und Einkommen der Ärzte im viktorianischen England. Vgl. Eckstein (S. 75-78) zum Einkommensgefälle bei praktischen Ärzten und zur Situation des ärztlichen Nachwuchses zwischen den Kriegen. Neuere Zeitreihen zum ärztlichen Einkommen in den USA finden sich bei Waitzkin, S. 38.

45 Aufgrund dieser Erfahrung lehnten britische Ärzte, auch wenn sie für Reformen eintraten, Kontrollen der Kommunalbehörden oder privater Stellen ab und zogen die staatliche Verwaltung vor; vgl. Eckstein, S. 129. Es ging auch um soziale Verachtung gegenüber den Gesundheitsbeamten. Zu Frankreich vgl. Hatzfeld, 1971, S. 291-293.

46 Vgl. Ecksteins Analyse der Basisstimmung in der British Medical Association nach 1945, S. 143-155.

47 Vgl. Hatzfeld (1963), der England, Frankreich und Deutschland vergleicht, S. 36-45; Berlant zu England und zu den USA; Starr hat die Lage in den USA ausgezeichnet geschildert.

48 Viele marxistisch orientierte Autoren, besonders in den USA, halten solche Autonomie für scheinhaft: Sie werde bestenfalls mit der herrschenden Klasse geteilt; vgl. B. und J. Ehrenreich; Brown; und Navarro. Freidson, 1986, erörtert die berufliche Autonomie in den USA sehr ausführlich.

49 Vgl. Heidenheimer, 1973, S. 333.

50 Vgl. de Swaan, 1989.

51 Vgl. Peterson (S. 244-282) zu umtriebigen spätviktorianischen Ärzten, die sich der Standespolitik widersetzten, indem sie neue Heilmittel ersannen und Spezialkliniken gründeten.

52 »Wenn sich Organisation und Zusammensetzung der Berufsstände wandeln, können daher ›Missionare‹ auftreten und neues Terrain abstecken oder aufgegebene ökologische Nischen rekolonisieren.« P. Atkinson, S. 240.

53 Zur Funktion der Ärzte als »Türhüter« der sozialen Zuteilung knapper Ressourcen vgl. Stone, 1979b; vgl. auch Freidson (1986) zu Rollenkonflikten, die das für Experten in der Bürokratie mit sich bringt.

54 D. Stone (1979a, S. 519) schreibt: »Zwar erweiterten alle diese Verteilungsprogramme die ärztlichen Kompetenzen, aber die Ärzte usurpierten damit keine Macht; zumindest in diesem Bereich scheint eher das Gegenteil zuzutreffen. Mediziner setzen ihre Standesmacht selten ein, um neuartige Programme zu fördern, die auf ärztlichen Bescheinigungen basieren...« Vgl. auch Stone, 1979b.

55 Vgl. Waitzkin, S. 41: »Definiert man gesellschaftliche Probleme medizinisch, dann dient die Medizin der sozialen Kontrolle ... und praktische Ärzte neigen dazu, diese Probleme als mögliche Anlässe für organisiertes politisches Handeln zu beseitigen.«

56 Vgl. de Swaan, 1989.

57 Die These über den »medizinischen Imperialismus«, unter anderen von Waitzkin und Waterman vertreten (besonders S. 86-89), besagt dagegen, daß medizinische Institutionen ihrem Wesen nach expansiv sind. Zu einer kritischen Auseinandersetzung mit dieser Position vgl. Strong; auch Eisenberg und Kleinmann.

58 Vgl. Crawford zu politischen Implikationen dieses medizinischen Interesses an persönlichen Lebensgewohnheiten.

59 Nach Meinungsumfragen halten immer mehr Holländer – 1986 waren es 52 Prozent – die »Gesundheit« für wichtiger als alles andere im Leben, vor Einkommen, Familie, Ehe, Arbeit und Religion; *Sociaal en cultureel rapport*, 1986, S. 349.

60 Oder auch: »Routinemäßige Gesundheitsvorsorge ist bei hoher Lebenserwartung ›vernünftiger‹ als bei geringer... Die sozialen Voraussetzungen für regelmäßige persönliche Gesundheitsvorsorge sind mit denen der Sparsamkeit vergeichbar.« Goudsblom, 1986, S. 185.

61 Das erklärt, warum »Informationskanäle« oder »Datenbanken« meist wenig bringen: Wirklich hilfreich ist in der Regel bloß zu wissen, wovon andere nichts ahnen oder was prinzipiell zweifelhaft bleibt; zum Beispiel lohnt es nur, von einem Badeort mit günstigen Zimmerpreisen und leeren Stränden oder von einem Stellenangebot zu wissen, sofern wenig andere davon Kenntnis haben. Kaum interessant ist, Zollvorschriften für die Einfuhr von Alkohol zu kennen, sehr interessant dagegen zu wissen, wie wahrscheinlich man kontrolliert wird. Entscheidend sind also knappe, zweifelhafte und ungewisse Informationen.

62 Vgl. »The Psychotherapy Trade«, in: de Swaan, 1989; vgl. auch Oosterbaan und Zeldenrust zu Mustern der Hilfsuche bei frisch Geschiedenen.

63 Elias, 1978b, S. 417 ff.; vgl auch 1978a.

64 Elias, 1978b, S. 409-433.

65 *Ibid.*, S. 340; vgl. jedoch auch Elias und Scotson.

66 Elias schreibt: 1978b, S. 338: »die ganze Richtung der Verhaltensänderung, der ›Trend‹ der Zivilisationsbewegung ist überall der gleiche. Immer drängt die Veränderung zu einer mehr oder weniger automatischen Selbstüberwachung, zur Unterordnung kurzfristiger Regungen unter das Gebot einer gewohnheitsmäßigen Langsicht, zur Ausbildung einer differenzierteren und festeren ›Über-ich‹-Apparatur. Und gleich ist auch – im Großen gesehen – die Art, wie diese Notwendigkeit, augenblickliche Affekte fernerliegenden Zwecken unterzuordnen, sich ausbreitet: Überall werden zunächst kleinere Spitzenschichten, dann immer breitere Schichten der abendländischen Gesellschaft von ihr erfaßt.«

67 Baker behauptet, diese »sozialpolitische These des sozialen Gewissens« herrsche besonders in englischen Lehrbüchern für Sozialverwaltungskurse vor (1976).

68 Kritisch hierzu de Swaan, »Politics of Agoraphobia«, 1981, und die anschließende Diskussion.

69 Mayer erörtert die Probleme kritisch aus der Innenperspektive sozialer Kontrolle.

70 Muel-Dreyfus (S. 53) zitiert den Ratschlag eines Ausbilders an junge Lehrer (Frankreich 1881): »stehend sollte der Körper gerade gehalten werden, ebenso der Kopf, die Augen leicht gesenkt, da es impertinent und beleidigend wäre, jemanden anzustarren. Die Hände können seitlich herunterhängen, einander in Hüfthöhe stützen oder gefaltet auf der Brust liegen, sollten aber weder in den Taschen stecken noch auf die Hüften gestemmt sein noch ständig ins Gesicht oder an den Kopf geführt werden.« Und so fort.

71 Als Freud die traumatische Bedeutung der Primärszene entdeckte – das Kind erlebt den Beischlaf seiner Eltern mit –, veränderten sich gerade die Voraussetzungen, da sogar Familien der unteren Mittelschicht und der Arbeiterklasse zunehmend in Wohnungen mit separaten Schlafzimmern für Eltern und Kinder zogen; vgl. *Aus der Geschichte einer infantilen Neurose (»Der Wolfsmann«)* (1914).

72 Elias, 1978b, S. 397

73 Vgl. Lenhardt und Offe, S. 101.

74 Elias, 1978b, S. 340 f.

75 Der Ausdruck stammt von Goudsblom, vgl. 1979, S. 51 ff.

76 1. Korinther 15, 10.

77 Vgl. de Swaan, 1986.

78 Haskell, S. 342.

79 *Ibid.*, S. 550 f.

80 *Ibid.*, S. 548.

81 *Ibid.*

82 *Ibid.*, S. 358 (meine Hervorhebung).

83 *Ibid.*, S. 555.

84 Vgl. aber Goodin zum neuen moralischen Eintreten für mehr »Selbstvertrauen«.

85 Haskell, S. 359.

86 Vgl. jedoch de Swaan, 1992.

Literatur

Abbiateci, A., »Les Incendiaires dans la France du XVIIIe siécle; Essai de Typologie Criminelle«, *Annales ESC*, 1970, S. 229-248.

Abel, W., *Massenarmut und Hungerkrisen im vorindustriellen Deutschland*, Göttingen 1972.

Alber, Jens, *Vom Armenhaus zum Wohlfahrtsstaat; Analysen zur Entwicklung der Sozialversicherung in Westeuropa*, Frankfurt/New York 1972.

Ders., »Versorgungsklassen im Wohlfahrtsstaat; Überlegungen und Daten zur Situation in der Bundesrepublik«, *Kölner Zeitschrift für Soziologie und Sozialpsychologie* 36, 1, 1984, S. 225-251.

Allain, E., *L'Oeuvre scolaire de la Révolution, 1789-1802, études critiques et documents inédits*, Paris 1891, Nachdruck New York 1969.

Amenta, Edwin et al., »The Political Origins of Unemployment Insurance in Five American States«, *Studies in American Political Development: An Annual*, Bd. 2, New Haven 1987.

Anderson, Eugene N., »The Prussian *Volksschule* in the Nineteenth Century«, in: G. A. Ritter (Hrsg.), *Entstehung und Wandel der modernen Gesellschaft. Festschrift für Hans Rosenberg zum 65. Geburtstag*, Berlin 1970, S. 261-279.

Anderson, Michael, »Urban Migration in Victorian Britain: Problems of Assimilation«, in: Étienne François (Hrsg.), *Immigration et Société Urbaine en Europe Occidentale, XVIe-XXe Siècle*, Paris 1985, S. 79-91.

Anderson, Robert D., *Education in France 1848-1870*, Oxford 1975.

Ariès, Philippe, »Problèmes de l'Éducation«, in: *La France et les français. Encyclopédie de la Pléiade*, Bd. 32, Paris 1972, S. 871-961.

Armstrong, Ellis L. (Hrsg.), *History of Public Works in the United States, 1776-1976*, Chicago 1976.

Asselberghs, Karel, »De sociale verzekering tijdens de bezetting«, *(Amsterdams) Sociologisch Tijdschrift* 9, 1, Mai 1982, S. 5-40.

Atkinson, Anthony B. (Hrsg.), *Wealth, Income, and Inequality*, 2. Aufl., Oxford 1980.

Atkinson, Paul, »The Reproduction of the Professional Community«, in: R. Dingwall und P. Lewis (Hrsg.), *The Sociology of the Professions: Lawyers, Doctors and Others*, London 1983, S. 224-241.

Aumüller, Ursula, »Industrieschule und ursprüngliche Akkumulation in Deutschland. Die Qualifizierung der Arbeitskraft im Übergang von der feudalen zur kapitalistischen Produktionsweise«, in: *Schule und Staat im 18. und 19. Jahrhundert. Zur Sozialgeschichte der Schule in Deutschland*, Frankfurt am Main 1974, S. 9-145.

AXELROD, Robert, *The Evolution of Cooperation*, New York 1984.
AYDELOTTE, Frank, *Elizabethan Rogues and Vagabonds*, London 1967.
BAIER, Horst, »Herrschaft im Sozialstaat. Auf der Suche nach einem soziologischen Paradigma der Sozialpolitik«, in Chr. v. Ferber und F.-X. Kaufmann (Hrsg.), *Soziologie und Sozialpsychologie*, KZfSS, Sonderheft 19, 1977, S. 128-142.
BAILYN, Bernard, *Education in the Forming of American Society: Needs and Opportunities for Study*, New York 1960.
BAKER, John, »Social Conscience and Social Policy«, *Journal of Social Policy* 8, 2, April 1979, S. 177-206.
BANKS, J. A., »The Contagion of Numbers«, in: H. J. Dyos und Michael Wolff (Hrsg.), *The Victorian City: Images and Realities*, 2 Bde., London und Boston 1973, Bd. 1, S. 105-122.
BANTON, Michael, »Voluntary Associations, 1: Anthropological Aspects«, *International Encyclopaedia of the Social Sciences* 16, New York und London 1968, S. 360 f.
BARKER, Ernest, *The Development of Public Services in Western Europe, 1660-1930*, London und New York 1944.
BARNARD, Howard Clive, *A Short History of English Education from 1760 to 1944*, London 1947.
BAUER, Otto, *Kapitalismus und Sozialismus nach dem Weltkrieg*, I: *Rationalisierung-Fehlrationalisierung*, Wien 1931.
BAUMOL, William J., *Welfare Economics and the Theory of the State*, 2. Aufl., London 1965.
BAYLEY, David H., »The Police and Political Development in Europe«, in: Ch. Tilly (Hrsg.), *The Formation of National States in Western Europe*, Princeton, N. J., 1975.
BEIER, A. L., »Vagrants and the Social Order in Elizabethan England«, *Past and Present* 64, August 1974, S. 3-29.
BELOFF, Max, *Public Order and Popular Disturbances, 1660-1714* (1938), London 1963.
BERGMANN, Klaus, »Überleben im Abwasserkanal: Ein Sittenbild aus dem Wien der Jahrhundertwende«, *Journal für Geschichte* 4, Juli/August 1985, S. 47-51.
BERLANSTEIN, Lenard R., *The Working People of Paris, 1871-1914*, Baltimore und London 1984.
BERLANT, Jeffrey L., *Profession and Monopoly: A Study of Medicine in the United States and Great Britain*, Berkeley 1975.
BERNSTEIN, Basil, *Soziale Struktur und Sprachverhalten. Aufsätze 1958-1970*, Amsterdam 1970.
BERROL, Selma, »Public Schools and Immigrants: the New York City Experience«, in: Bernard J. Weiss (Hrsg.), *American Education and the European Immigrant: 1840-1940*, Urbana, Ill., 1982, S. 31-43.
BINNIE, G. M., *Early Victorian Water Engineers*, London 1981.
Blake, Nelson M., *Water for the Cities. A History of the Urban Water Supply Problem in the United States*, New York 1956.
BLOCH, Camille, *L'Assistance et l'état en France à la veille de la Révolution (Généralités de Paris, Rouen, Alençon, Orléans, Châlons, Soissons, Amiens), 1764-1790*, Paris 1908.
BLOCH, Marc, *Die Feudalgesellschaft* (1939), Frankfurt am Main, Berlin, Wien 1982.
BLOCKMANS, W. P. und W. PREVENIER, »Armoede in de Nederlanden van de 14e tot het midden van de 16e eeuw: Bronnen en problemen«, *Tijdschrift voor geschiedenis* 88, 1975, S. 501-535.
BLUM, Jerome, »The Internal Structure and Polity of the European Village Community from the Fifteenth to the Nineteenth Century«, *Journal of Modern History* 43, 1971, S. 541-576.
BONENFANT, Paul, *Hôpitaux et bienfaisance publique dans les anciens Pays-Bas des origines à la fin du XVIIIe siècle*, Annales de la Société Belge d'Histoire des Hôpitaux III, 1965.

BOORMAN, Scott A. und Paul R. LEVITT, *The Genetics of Altruism*, New York 1980.

BOWLES, Samuel und Herbert GINTIS, *Pädagogik und Widersprüche der Ökonomie. Das Beispiel USA,* Frankfurt am Main 1978.

BOWMAN, John R., »The Logic of Capitalist Collective Action«, *Social Science Information* 21, 1982, S. 571-604.

BOYER Paul, *Urban Masses and Moral Order in America, 1820-1920*, Cambridge, Mass., 1978.

Brinkgreve, Christi, Jan Onland und Abram de Swaan, *De opkomst van het psychotherapeutisch bedrijf (Sociologie van de psychotherapie, dl. 1)*, De Meern/Antwerpen 1979.

BRIOD, Alice, *L'Assistance des pauvres au Moyen Age dans le pays de Vaud* (1926), Lausanne 1976.

BROWN, E. Richard, *Rockefeller Medicine Men: Medicine and Capitalism in America*, Berkeley 1979.

BRUCE, Maurice, *The Coming of the Welfare State*, London (1961) 1968.

BRUIN, Kees und Huibert SCHIJF, »De Eerste Bewoners in een Deftige Straat«, in: Michiel Jonker *et al.* (Hrsg.), *Van stadskern tot stadsgewest: Stedebouwkundige geschiedenis van Amsterdam*, Amsterdam 1984, S. 133-156.

BUCHANAN, James M. und Gordon TULLOK, *The Calculus of Consens; Logical Foundations of Constitutional Democracy*, Ann Arbor 1962.

Bullock, Nicholas and James Read, *The Movement for Housing Reform in Germany and France 1840-1914*, Cambridge 1985.

BURG, B. R., *Sodomy and the Perception of Evil: English Sea Rovers in the Sebenteenth-century Caribbean*, New York 1983.

BURNETT, John, *A Social History of Housing, 1815-1970*, London 1978.

BUSSHOFF, Heinrich, »Die preußische Volksschule als soziales Gebilde und politischer Bildungsfaktor in der ersten Hälfte des 19. Jahrhunderts. Ein Bericht«, *Geschichte in Wissenschaft und Unterricht* 22, 7, Juli 1971, S. 385-395.

BUTLER, Rémy und Patrice NOISETTE, *De la cité ouvrière au grand ensemble: La politique capitaliste du logement social 1815-1975*, Paris 1977.

BUTTS, R. Freeman, *A Cultural History of Western Education: Its Social and Intellectual Foundations*, 2. Aufl., New York 1955.

CARASSO, Dedalo, »Op Weg naar het Begin; Reiniging en Stadsreiniging in de 19e Eeuw«, *Ons Amsterdam* 29, 1977, S. 255-271.

CASTLES, Frances G. (Hrsg.), *The Impact of Parties: Politics and Policies in Democratic Capitalist States*, London/Beverly Hills, Kal., 1982.

Ders. und R. D. MCKINLAY, »Does Politics Matter? Public Welfare Commitment in Advanced Democratic States«, *European Journal of Political Research* 7, 1979.

CHARTIER, Roger, Dominique JULIA und Marie-Madeleine COMPÈRE, *L'Éducation en France du XVIe au XVIIIe siècle*, Paris 1976.

CHECKLAND, Olive, »Local Government and the Health Environment«, in: Olive Checkland und Margaret Lamb (Hrsg.), *Health Care as Social History: The Glasgow Case*, Aberdeen 1982, S. 1-15.

CHEVALIER, Louis, *Classes labourieuses et classes dangereuses à Paris pendant la première moitié du XIXe siècle*, Paris 1958.

CHISICK, Harvey, *The Limits of Reform in the Enlightenment: Attitudes towards the Education of the Lower Classes in Eighteenth-Century France*, Princeton, N. J., 1981.

COBB, Richard, *The Police and the People: French Popular Protest 1789-1820*, Oxford 1970.

COHEN, Marcel, *Histoire d'une langue: le français*, Paris 1947.

COLEMAN, William, *Death is a Social Disease; Public Health and Political Economy in Early Industrial France*, Madison, Wisc., 1982.

COLL, Blanche D., »Public Assistance in the United States: Colonial Times to 1860«, in: E. W. Martin (Hrsg.), *Comparative Development in Social Welfare*, London 1972, S. 128-158.

COLLINS, Doreen, »The Introduction of Old Age Pensions in Great Britain«, *Historical Journal* 8, 1965,S. 246-259.

COLLINS, Randall, *The Credential Society: A Historical Sociology of Education and Stratification*, New York 1979.

CORBIN, Alain, *Pesthauch und Blütenduft. Eine Geschichte des Geruchs*, Berlin 1984.

COTTERAU, Alain, »The Distinctiveness of Working-Class Cultures in France, 1848-1900«, in: I. Katznelson und A. R. Zolberg, *Working-Class Formation: Nineteenth-Century Patterns in Western Europe and the United States*, Princeton, N. J., 1986, S. 111-165.

CRAWFORD, Robert, »Healthism and the Medicalization of Everyday Life«, *International Journal of Health Services* 10, 3, 1980, S. 365-388.

CREMIN, Lawrence A., *American Education: The National Experience 1783-1876*, New York 1980.

Ders., *Traditions of American Education*, New York 1977.

CRESSY, David, »Levels of Illiteracy in England 1530-1730«, in: Harvey J. Graff (Hrsg.), *Literacy and Social Development in the West: A Reader*, Cambridge 1981, S. 105-124.

CROSSICK, Geoffrey und Heinz-Gerhard HAUPT (Hrsg.), *Shopkeepers and Master Artisans in Nineteenth-Century Europe*, London 1984.

CROUCH, C., *Trade Unions: The Logic of Collective Action*, London 1981.

CRUSON, Cees, »Van Elite-taal tot nationale taal«, *Symposium*, Bd. 2.1: *Nationale integratie en sociale differentiatie*, 1980.

DAHL, Robert A., *A Preface to Democratic Theory*, Chicago 1956.

DANZIGER, Sheldon und Eugene SMOLENSKY, »Income Transfer Policies and the Poor: A Cross-National Perspective«, *Journal of Social Policy* 14, 3, 1985, S. 257-262.

DASBERG, L. und J. W. G. JANSING, *Meer Kennis Meer Kans; Het Nederlands Onderwijs* 1843-1914, Haarlem 1978.

DAUNTON, Martin J., *House and Home in the Victorian City: Working Class Housing, 1850-1914*, London 1983.

DAWKINS, Richard, *Das egoistische Gen*, Berlin, Heidelberg, New York 1978.

DAY, C. R., »The Rustic Man: The Rural Schoolmaster in Nineteenth-Century France«, *Comparative Studies in Society and History* 25, 1, Januar 1983, S. 26-49.

DE HEN, P. E., »De Industrialisatie van Nederland«, in: F. L. van Holthoon (Hrsg.), *De Nederlandse samenleving sinds 1815: Wording en samenhang*, Assen/Maastricht 1985, S. 3-18.

DE REGT, Ali, *Arbeidersgezinnen en beschavingsarbeid: Ontwikkelingen in Nederland 1870-1940: Een historisch-sociologische studie* (Diss. mit Zusammenfassung auf Englisch), Amsterdam/Meppel 1984.

DE ROOY, Piet, *Werklozenzorg en werkloosheidsbestrijding 1917-1940: Landelijk en Amsterdams beleid* (mit Zusammenfassung auf Englisch), Amsterdam 1979.

DERTHICK, Martha, *Policymaking for Social Security*, Washington, D. C., 1979.

DE SWAAN, Abram, »Armenzorg als collectieve actie: Naar een sociogenetisch paradigma van het collectiviseringsproces«, in: P. K. Keizer und J. Soeters (Hrsg.), *Economie, sociologie en psychologie: Visies op integratie*, Assen/Maastricht 1987a, S. 103-132.

Ders., »From Charitable Feeling to Social Consciousness«, in: (A.) Guus J. M. van Weers (Hrsg.), *L'État-providence: Un débat philosophique/The Welfare State: A Philosophical Debate*, Maastricht 1986a, S. 131-146.

Ders., *Coalition Theories and Cabinet Formations: A Study of Formal Theories of Coalition Formation Applied to Nine European Parliaments after 1918*, Amsterdam/London/New York 1973.

Ders., »The Emerging World Language System. Introduction« und »The Evolving European Language System: A theory of communication potential and language competition«, beide in: *International Political Science Review* (Sonderheft »Political Sociology of Language Conflict«, hrsg. von A. de Swaan) 14.3, Juli 1993.

Ders., *Halverwege de Heilstaat: Essays*, Amsterdam 1983.

Ders., »Jealousy as a Class Phenomenon: The Petite Bourgeoisie and Social Security«, in: *International Sociology* 4.3, September 1989, S. 259-272 (wiederabgedruckt in de Swaan, 1990).

Ders., *The Management of Normality; Critical Essays on Health and Welfare*, London/New York 1989.

Ders., »De Mens is de Mens een Zorg«, in: *De mens is de mens een zorg: Essays 1971-1981*, Amsterdam 1982.

Ders., »Nood en Deugd; Over Altruisïsme en Collective Actie«, *De gids* (Amsterdam) 147, 3, 1984, S. 139-151.

Ders., »Vom Befehlsprinzip zum Verhandlungsprinzip. Über neuere Verschiebungen im Gefühlshaushalt der Menschen«, in: Helmut Kuzmics und Ingo Mörth (Hrsg.), *Der unendliche Prozeß der Zivilisation. Zur Kultursoziologie der Moderne nach Norbert Elias*, Frankfurt/New York 1991, S. 173-198.

Ders., »Workers' and Clients' Mutualism Compared: Perspectives from the Past in the Development of the Welfare State«, *Government and Opposition* 21, 1, Winter 1986b, S. 36-55.

Ders., »Perspektiven einer transnationalen Sozialpolitik«, in: *Journal für Sozialforschung* 31, 1, 1992, S. 3-18.

De Vries Wzn., Willem, *De Invloed van werkgevers en werknemers op de totstandkoming van de eerste sociale verzekeringswet in Nederland* (De Ongevallewet 1901) (Diss. mit Zusammenfassung auf Englisch), Deventer 1970.

De Wit, C. H. E., *De strijd tussen aristocratie en democratie in Nederland 1780-1848*, Heerlen 1965.

Deacon, Alan und Jonathan Bradshaw, *Reserved for the Poor: The Means Test in British Social Policy*, Oxford 1983.

Delaporte, François, *Disease and Civilization: The Cholera in Paris 1832*, Cambridge, Mass./London 1986.

Depauw, Jacques, »Pauvres, Pauvres Mendiants, Mendiants Valides ou Vagabonds? Les Hésitations de la Législation Royale«, *Revue d'histoire moderne et contemporaine* 21, 1974, S. 401-418.

Deutsch, Karl, *Nationalism and Social Communication: An Inquiry into the Foundations of Nationality*, Cambridge, Mass., 1953.

Digby, Anne und Peter Searby, *Children, School and Society in Nineteenth-Century England*, London 1981.

Dodde, N. L., *Geschiedenis van het Nederlandse schoolwezen: een historisch-onderwijskundige studie van het Nederlandse onderwijs gedurende de 19de en 20ste eeuw*, Purmerend 1981.

DONZELOT, Jacques, *L'Intervention du social: essai sur le déclin des passions politiques*, Paris 1984.

DORIAN, Nancy C., *Language Death: The Life Cycle of a Scottish Gaelic Dialect*, Philadelphia 1981.

DORWART, Reinhold A., *The Prussian Welfare State Before 1740*, Cambridge, Mass., 1971.

DOUBLET, Jacques, *Sécurité sociale*, 5. Aufl., Paris 1972 (frühere Auflagen zusammen mit Georges Lavau).

DRUCKER, Peter F., »The Educational Revolution«, in: A. H. Halsey, J. Floud und C. A. Anderson (Hrsg.), *Education, Economy and Society: A Reader in the Sociology of Education*, New York 1961, S. 15-21.

DUBY, Georges, *L'Économie rurale et la vie des campagnes dans l'occident médiéval*, Bd. 2: *France, Angleterre, Empire, IXe-XVe siècles*, Paris 1977.

DUPEUX, George, *French Society 1789-1970*, London/New York 1976.

DUPUY, Gabriel und George KNAEBEL, »Choix techniques et assainissement urbain en France de 1800 à 1977« (Mimeo), Paris 1979.

DYOS, H. J., *Exploring the Urban Past: Essays in Urban History* (hrsg. von David Cannadine und David Reeder), Cambridge 1982.

ECKSTEIN, Harry, *The English Health Service: Its Origins, Structure, and Achievements*, Cambridge, Mass., 1958.

EHRENREICH, Barbara und John, »The Professional-Managerial Class«, *Radical America* 11, März-April 1977, S. 1-31.

EISENBERG, Leon und Arthur KLEINMAN, »Clinical Social Science«, in: L. Eisenberg und A. Kleinman (Hrsg.), *The Relevance of Social Science for Medecine*, Dordrecht 1981, S. 1-26.

EISENSTEIN, Elizabeth L., »Some Conjectures about the Impact of Printing on Western Society and Thought: A Preliminary Report«, *Journal of Modern History* 40, 1968, S. 7-29; wiederabgedruckt in: H. J. Graff (Hrsg.), *Literacy and Social Development in the West: A Reader*, Cambridge 1981, S. 53-68.

ELIAS, Norbert, *Der Prozeß der Zivilisation* (1939), Erster Band: *Wandlungen des Verhaltens in den weltlichen Oberschichten des Abendlandes*, Frankfurt am Main 1978a. Zweiter Band: *Wandlungen der Gesellschaft. Entwurf zu einer Theorie der Zivilisation*, Frankfurt am Main 1978b.

Ders. und John L. SCOTSON, *The Establishment and the Outsiders: A Sociological Enquiry into Community Problems*, London 1965.

Ders., *Was ist Soziologie?*, München 1970.

ELSTER, Jon, *Making Sense of Marx*, Cambridge 1985.

Ders., »Marxism, Functionalism, and Game Theory: The Case for Methodological Individualism«, *Theory and Society* 11, 1982, S. 453-482. »Reply to Comments«, *ibid.* 12, 1983, S. 111-120.

Ders., *Subversion und Rationalität*, Frankfurt/New York 1987.

ENDRES, Rudolf, »Das Armenproblem im Zeitalter des Absolutismus«, in: F. Kopitzsch (Hrsg.), *Aufklärung, Absolutismus und Bürgertum in Deutschland*, München 1976, S. 220-241.

ENGEL, Josef (Hrsg.), *Großer historischer Weltatlas*, Bd. II: *Mittelalter*, München 1970.

ESPING-ANDERSEN, Gösta und Walter KORPI, »Social Policy as Class Politics in Post-War Capitalism: Scandinavia, Austria, and Germany«, in: John H. Goldthorpe (Hrsg.), *Order and Conflict in Contemporary Capitalism: Studies in the Political Economy of West European Nations*, Oxford 1984, S. 179-208.

ESSER, Hartmut, »Figurationssoziologie und methodologischer Individualismus: Zur Methodologie des Ansatzes von Norbert Elias«, *Kölner Zeitschrift für Soziologie und Sozialpsychologie* 36, 4, 1984, S. 667-702.

EVANS, Peter, Dietrich RÜSCHEMEYER und Theda SKOCPOL (Hrsg.), *Bringing the State Back In*, Cambridge 1988.

EWALD, François, *L'État providence*, Paris 1986.

FELDSTEIN, Martin, »Social Security, Induced Retirement, and Aggregate Capital Accumulation«, *Journal of Political Economy* 82, 5, September/Oktober 1974, S. 905-926.

Ders., »Toward a Reform of Social Security«, *Political Interest* 40, 1975, S. 75-95.

FERRERA, Maurizio, *Il Welfare State in Italia: sviluppo e crisi in prospettiva comparata*, Bologna 1984.

FINER, S. E., *The Life and Times of Sir Edwin Chadwick*, New York/London 1952.

FISCHER, Thomas, *Städtische Armut und Armenfürsorge im 15. und 16. Jahrhundert: Sozialgeschichtliche Untersuchungen am Beispiel der Städte Basel, Freiburg i. Br. und Straßburg*, Göttingen 1979.

FISCHER, Wolfram und Peter LUNDGREEN, »The Recruitment and Training of Administrative and Technical Personnel«, in: Charles Tilly (Hrsg.), *The Formation of National States in Europe*, Princeton, N. J., 1975.

FLORA, Peter und Arnold J. HEIDENHEIMER (Hrsg.), *The Development of Welfare States in Europe and America*, New Brunswick und London 1981.

FLORA, Peter (Hrsg.), *State, Economy, and Society in Western Europe 1815-1975: A Data Handbook*, Bd. 1: *The Growth of Mass Democracies in Welfare States*, Frankfurt am Main 1983.

FOUCAULT, M., *Wahnsinn und Gesellschaft. Eine Geschichte des Wahns im Zeitalter der Vernunft*, Frankfurt am Main 1969.

Ders., *Überwachen und Strafen. Die Geburt des Gefängnisses*, Frankfurt am Main 1977.

FRASER, Derek, *The Evolution of the British Welfare State: A History of Social Policy since the Industrial Revolution*, London 1973.

Ders., »The English Poor Law and the Origins of the British Welfare State«, in: Wolfgang J. Mommsen und W. Mock (Hrsg.), *The Emergence of the Welfare State in Britain and Germany 1850-1950*, London 1981, S. 9-31.

FREIDSON, ELIOT, *The Profession of Medicine. A Study of Sociology of Applied Knowledge*, New York 1970.

Ders., »Are Professions Necessary?«, in: Thomas L. Haskell (Hrsg.), *The Authority of Experts: Studies in History and Theory*, Bloomington, Ind., 1984, S. 3-27.

Ders., *Professional Powers: A Study of the Industrialization of Formal Knowledge*, Chicago und London 1986.

FREUD, Sigmund, »Aus der Geschichte einer infantilen Neurose« (»Der Wolfsmann«) (1914), in: *Gesammelte Werke*, Frankfurt am Main 1967, Bd. XII, S. 29-157.

FREVERT, Ute, *Krankheit als politisches Problem 1770-1889. Soziale Unterschichten in Preußen zwischen medizinischer Polizei und staatlicher Sozialversucherung*, Göttingen 1984.

FRIEDRICH, Carl. J., *Man and his Government: An Empirical Theory of Politics*, New York 1963.

FRIJHOFF, Willem, »Van Onderwijs naar Opvoedend Onderwijs; Ontwikkelingslijnen van Opvoeding en Onderwijs in Noord-Nederland in de Achttiende Eeuw«, in: *Onderwijs en Opvoeding in de achttiende eeuw*, Amsterdam/Maarssen 1983, S. 3-39.

FRÖHLICH, Sigrid, *Die soziale Sicherung bei Zünften und Gesellenverbänden: Darstellung, Analyse, Vergleich*, Berlin 1976.

FURET, François und Jacques OZOUF, *Lire et écrire; l'alphabétisation de français de Calvin à Jules Ferry*, Bd. 1, Paris 1977.

FURET, François, »Pour und Définition des Classes Inférieures à l'Époque Moderne«, *Annales ESC* 18, 1963, S. 59-474.

FURNISS, Norman und Timothy TILTON, *The Case for the Welfare State: From Social Security to Social Equality*, Bloomington, Ind., 1977.

GALANT, HENRI G., *Histoire politique de la sécurité sociale française 1945-1952*, PARIS 1955.

GARRATY, John. A., *Unemployment in History: Economic Thought and Public Policy*, New York 1979.

GAULDIE, Enid, *Cruel Habitations: A History of Working-Class Housing 1780-1918*, London 1974.

GEIST, Johann Friedrich und Klaus KUERVERS, *Das Berliner Mietshaus*, Bd. II: *1862-1945: Eine dokumentarische Geschichte*, München 1980.

GERBOD, Paul, »De l'influence du catholicisme sur les stratégies educatives des régimes politiques français de 1806 à 1906«, in: Frijhoff, Willem (Hrsg.), *L'Offre de l'école/The Supply of Schooling: Contributions to a Contemparative Study of Educational Policies in the XIXth Century*, Paris 1983, S. 233-243.

GEREMEK, Bronislaw, »Criminalité, Vagabondage, Paupérisme: La Marginalité à l'Aube des Temps Modernes«, *Revue d'histoire moderne et contemporaine* 21, 1974, S. 337-375.

Ders., *Les Marginaux parisiens aus XIVe et XVe siècles*, Paris 1976.

GIDDENS, Anthony, *Die Konstitution der Gesellschaft. Grundzüge einer Theorie of Strukturierung*, Frankfurt/New York 1988.

GIEZEN, A. M. VAN DER, *De eerste fase van de schoolstrijd in Nederland (1795-1806)*, ASSEN 1937.

GILBERT, Bentley P., *British Social Policy, 1914-1939*, Ithaka, N. Y./London 1970.

Ders., »The Decay of Nineteenth-Century Provident Institutions and the Coming of Old Age Pensions in Great Britain«, *Economic History Review* (2. Serie) 17, 3, 1965, S. 551-563.

Ders., *The Evolution of National Insurance in Great Britain: The Origins of the Welfare State*, London 1966.

GILLIS, John R., »Aristocracy and Bureaucracy in Nineteenth-Century Prussia«, *Past and Present* 41, 1968, S. 105-115.

GLASS, David V., »Education and Social Change in Modern England«, in: A. H. Halsey, J. Floud und C. A. Anderson (Hrsg.), *Education, Economy and Society: A Reader in the Sociology of Education*, New York & London 1961, S. 391-413.

GLEICHMANN, Peter R., »Die Verhäuslichung körperlicher Verrichtungen«, in: P. R. Gleichmann, J. Goudsblom und H. Korte (Hrsg.), *Materialien zu Norbert Elias' Zivilisationstheorie*, Frankfurt am Main 1979a, S. 254-278.

Ders., »Städte reinigen und geruchlos machen: Menschliche Körperentleerungen, ihre Geräte und ihre Verhäuslichung«, in: Hermann Sturm (Hrsg.), *Ästhetik und Umwelt*, Tübingen 1979b.

GLÜCK, Helmut, *Die preußisch-polnische Sprachenpolitik: Eine Studie zur Theorie und Methodologie der Forschung über Sprachenpolitik, Sprachbewußtsein und Sozialgeschichte am Beispiel der preußisch-deutschen Politik gegenüber der polnischen Minderheit vor 1914*, (Diss.) Osnabrück 1979.

GODECHOT, Jacques, *Les Institutions de la France sous la Révolution er l'Empire*, Paris 1951.

GOGLIN, Jean-Louis, *Les Misérables dans l'occident médiéval*, Paris 1976.

GOGUEL, François, *La Politique des partis sous la IIIe République*, Paris 1946.

GONTARD, Maurice, *L'Enseignement primaire en France de la Révolution à la loi Guizot (1789-1833)*, Paris 1959.

GONTHIER, Nicole, *Lyon et ses pauvres au moyen âge (1350-1500)*, Lyon 1978.

GOODIN, Robert E., »Self-Reliance versus the Welfare State«, Journal of Social Policy 14, 1985, S. 25-47.

GOODY, Jack, *The Logic of Writing and the Organization of Society*, Cambridge 1986.

GOSDEN, P. H. J. H., *Self-Help: Voluntary Associations in the 19th Century*, London 1973.

GOUBERT, Jean-Pierre, *The Conquest of Water*, Cambridge 1991.

GOUDSBLOM, Johan, »Het algemeen beschaafd Nederlands«, *Sociologische gids* 11, 1964, S. 106-124, wiederabgedruckt in: Sj. Groenman und H. de Jager (Hrsg.), *Staalkaart der Nederlandse Sociologie*, Assen 1970, S. 108-126.

Ders., »Public Health and the Civilizing Process«, *Milbank Quarterly* 62, 2, 1986, S. 161-188.

Ders., *Soziologie auf der Waagschale*, Frankfurt am Main 1979.

GOULDNER, Alvin W., *Die westliche Soziologie in der Krise*, Reinbek bei Hamburg 1974.

Ders., *Die Intelligenz als neue Klasse. 16 Thesen zur Zukunft der Intellektuellen und der technischen Intelligenz*, Frankfurt am Main 1980.

Ders., *For Sociology; Renewal and Critique in Sociology Today*, London 1973.

GRAFF, Harvey J. (Hrsg.), *Literacy and Social Development in the West: A Reader*, Cambridge 1981.

GRAUS, Frantisek, »Au Bas Moyen Age: Pauvres des Villes et Pauvres des Campagnes«, *Annales ESC* 16, 6, November-Dezember 1961, S. 1053-1065.

GREENBERG, Joseph H., »The Measurement of Linguistic Diversity«, *Language* 32, 1, 1956, S. 109-115.

GREENSTONE, J. David, *Labor in American Politics* (2. Aufl.), Chicago 1977.

GUILLEMARD, Anne-Marie (Hrsg.), *Old Age and the Welfare State*, London/Beverly Hills, Kal., 1983.

GUTTON, Jean-Pierre, *La Société et les pauvres. L'Exemple de la généralité de Lyon (1534-1789)*, Paris 1971.

DERS., *La société et les pauvres en Europe (xvie-viiie siècles)*, PARIS 1974.

HANDLIN, David P., *The American Home: Architecture and Society, 1815-1915*, Boston/Toronto 1979.

HANDLIN, Oscar, *Boston's Immigrants: A Study in Acculturation* (1941), Cambridge, Mass./London (überarbeitete und erweiterte Fassung) 1979.

Ders., »Education and the European Immigrant, 1820-1920«, in: Bernard J. Weiss (Hrsg.), *American Education and the European Immigrant 1840-1940*, Urbana, Chicago, London 1982, S. 3-16.

HARRIGAN, Patrick J., »The Social Origins, Ambitions, and Occupations of Secundary Students in France during the Second Empire«, in: Lawrence Stone (Hrsg.), *Schooling and Society, Studies in the History of Education*, Baltimore 1976, S. 206-235.

HARRIS, José, *Unemployment and Politics: A Study in English Social Policy 1886-1914*, Oxford 1972.

HARTMANN, R. F. Nijssen und H. WALDEYER (Hrsg.), *Schule und Staat im 18. und 19. Jahrhundert*, Frankfurt/M. 1974.

HASENFELD, Yeheskel, »The Administration of Human Services«, in: Y. Hasenfeld und Mayer N. Zald (Hrsg.), *The Welfare State in America: Trends and Prospects*, Beverly Hills, Kal. (*Annals of the American Academy of Political and Social Science*) 479, Mai 1985, S. 67-81.

HASKELL, Thomas L., »Capitalism and the Origins of the Humanitarian Sensibility«, 1. und 2. Teil, *American Historical Review* 90, 2, 1985, S. 339-361; 90, 3, 1985, S. 547-566.

HATZFELD, Henri, *Du pauperisme à la sécurité sociale: essai sur les origines de la sécurité sociale en France, 1850-1940*, Paris 1971.

Ders., *Le Grand Tournant de la médecine libérale*, Paris 1963.

HAVEMAN, Robert H., Barbara WOLFE und Victor HALBERSTADT, »The European Welfare State in Transition«, in: John L. Palmer (Hrsg.), *Perspectives on the Reagan Years*, Washington, D. C., 1986, S. 147-174.

HAVEMAN, Robert H., Victor HALBERSTADT und Richard V. BURKHAUSER, *Public Policy toward Disabled Workers: Cross-National Analyses of Economic Impacts*, Ithaca und London 1984.

HAY, Roy, »Employers and Social Policy in Britain: The Evolution of Social Welfare Legislation, 1905-1914«, *Social History* 4, Januar 1977, S. 435-455.

HEATH, Shirley Brice und Richard LAPRADE, »Castilian Colonization and Indigenous Languages: The Cases of Quechua and Aymara«, in: Robert L. Cooper (Hrsg.), *Language Spread: Studies in Diffusion and Social Change*, Bloomington, Ind., 1982, S. 118-148.

HECHTER, Michael, *Internal Colonialism: The Celtic fringe in British national development, 1536-1966*, London 1975.

HECLO, Hugh, »Reaganism and the Search for a Public Philosophy«, in: John L. Palmer (Hrsg.), *Perspectives on the Reagan Years*, Washington, D. C., 1986, S. 31-64.

Ders., »Toward a New Welfare State?«, in: Peter Flora und Arnold J. Heidenheimer (Hrsg.), *The Development of Welfare States in Europe and America*, New Brunswick und London 1981, S. 383-406.

Ders., *Modern Social Politics in Britain and Sweden: From Relief to Income Maintenance*, New Haven 1974.

HEIDENHEIMER, Arnold J., »Education and School Security Entitlements in Europe and America«, in: Peter Flora und Arnold J. Heidenheimer (Hrsg.), *The Development of Welfare States in Europe and America*, New Brunswick und London 1981, S. 269-304.

Ders., »The Politics of Public Education, Health and Welfare in the USA and Western Europe: How Growth and Reform Potentials Have Differed«, *British Journal of Political Science* 3, 1973, S. 313-340.

Ders., Hugh HECLO und Carolyn TEICH ADAMS, *Comparative Public Policy: The Politics of Social Choice in Europe and America*, London 1976, 2. Aufl. 1983.

HEINEMANN, Manfred, *Schule im Vorfeld der Verwaltung: die Entwicklung der preußischen Unterrichtsverwaltung von 1771-1800*, Göttingen 1974.

HENNOCK, E. Peter, »The Origins of British National Insurance and the German Precedent, 1880-1914«, in: Wolfgang J. Mommsen und W. Mock (Hrsg.), *The Emergence of the Welfare State in Britain and Germany 1850-1950*, London 1981, S. 84-106.

HENTSCHEL, Volker, *Geschichte der deutschen Sozialpolitik (1880-1980): Soziale Sicherung und kollektives Arbeitsrecht*, Frankfurt am Main 1983.

HIGGINS, Joan, *States of Welfare: Comparative Analysis in Social Policy*, Oxford 1981.

HILL, Martha S., »The Changing Nature of Poverty«, in: Y. Hasenfeld und Mayer N. Zald (Hrsg.), *The Welfare State in America: Trends and Prospects*, Beverly Hills, Col., (*Annals of the American Academy of Political and Social Science* 479), Mai 1985, S. 31-47.

HOBSBAWM, Eric J., *Labouring Men: Studies in the History of Labour*, London 1964.

Ders. und Terence RANGER (Hrsg.), *The Invention of Tradition*, Cambridge 1983.

HODGKINSON, Ruth G., *The Origins of the National Health Service: The Medical Services of the New Poor Law*, London 1967.

HOEFNAGELS, H., *Een eeuw sociale problematiek: De Nederlandse sociale ontwikkeling van 1850 tot 1940*, Alphen aan de Rijn 1977.

HUFTON, Olwen H., *The Poor of Eighteenth Century France, 1750-1789*, Oxford 1974.

HULSINK, Wim und Guido DE GREFTE, »Ancient Order of Foresters« (unpublizierte Magisterarbeit), Amsterdam 1986.

HUPPES T., *Inkomensverdeling en institutionele structuur; De invloed van institutionele veranderingen op de ontwikkeling van de inkomensongelijkheid*, Leiden 1977.

HURT, John S., *Education in Evolution: Church, State, Society and Popular Education 1800-1870*, London 1972.

Ders., *Elementary Schooling and the Working Classes 1860-1918*, London 1979.

IGNATIEFF, Michael, *A Just Measure of Pain; The Penitentiary in the Industrial Revolution, 1750-1850*, New York 1978.

JANOWITZ, Morris, *Social Control of the Welfare State*, New York 1976.

JASPERS, J. B., *Het medische circuit; En sociologische studie van de ontwikkeling van het netwerk van afhankelijkheid tussen cliënten, artsen, centrale overheid, ziekenfondsen en ziekenhuizen in Nederland (1865-1980)*, Diss., Utrecht/Antwerpen 1985.

JEFFERSON, Carter, »Worker Education in England and France, 1800-1914«, *Comparative Studies in Society and History* 6, 1963/64, S. 353-366.

JOHANSEN, Lars Nörby, »Welfare State Regression in Scandinavia? The Development of Scandinavian Welfare States from 1970 to 1980«, in: Else Öyen (Hrsg.), *Comparing Welfare States and their Futures*, Aldershot 1986, S. 129-151.

JOHNSON, Richard, »Educational Policy and Social Control in Early Victoran England«, *Past and Present* 49, November 1970, S. 96-119.

JONES, Colin, *Charity and Bienfaisance: The Treatment of the Poor in the Montpellier Region, 1740-1815*, Cambridge 1982.

JONES, David J. V., *Crime, Protest, Community, and Police in Nineteenth-Century Britain*, London 1982.

JONES, Gareth Stedman, *Outcast London: A Study in the Relationship between Classes in Victorian Society*, New York/London 1971.

JORDAN, Wilbur K., *Philanthropy in England, 1480-1660: A Study of the Changing Pattern of English Aspirations*, London 1959.

JOYCE, James, *Ulysses* (1922), Frankfurt am Main 1987.

JUNIUS, Wolfgang und Otto NEULOH, »Soziale Innovation als Folge sozialer Konflikte, dargestellt am Beispiel der Bismarckschen Sozialgesetzgebung (Unfallversicherung)«, in: Otto Neuloh (Hrsg.), *Soziale Innovation und sozialer Konflikt*, Göttingen 1977, S. 146-181.

KAESTLE, Carl F., »Between the Scylla of Brutal Ignorance and the Charybdis of a Literary Education: Elite Attitudes toward Mass Schooling in Early Industrial England and America«, in: Lawrence Stone (Hrsg.), *Schooling and Society: Studies in the History of Education*, Baltimore 1976, S. 177-191.

Ders., *The Evolution of an Urban School System: New York City, 1750-1850*, Cambridge, Mass., 1973.

KALFF, Elsbeth, »La Sensibilisation à l'Hygiène, Paris 1850-1880: La Loi sur les logements insalubres«, *Annales de la recherche urbaine* 33, März/April 1987, S. 97-104.

KAPLOW, J., *The Names of Kings: The Parisian Laboring Poor in the Eighteenth Century*, New York 1972.

KATZ, Michael B., *The Irony of Early School Reform*, Cambridge 1968.

Ders., »The Origins of Public Education: a Reassessment«, *History of Education Quarterly* 16, Winter 1976, S. 381-407.

Ders. (Hrsg.), *School Reform: Past and Present: Readings*, Boston 1971.

Ders., *In the Shadow of the Poorhouse: A Social History of Welfare in America*, New York 1986.

KELSALL, R. K., *Higher Civil Servants in Britain from 1870 to the Present*, New York 1955.

KESSELMAN, Mark, »Conclusion«, in: ders. (Hrsg.), *The French Workers' Movement: Economic Crisis and Political Change*, London 1984, S. 311-322.

KINGDON, Robert M., »Social Welfare in Calvin's Geneva«, *American Historical Review* 76, 1, Februar 1971, S. 50-69.

KLEEREKOPER, S., *Vergelijkend leerboek der bedrijfseconomie*, 2 Bde., Groningen 1956.

KNIPPENBERG, Hans, *Deelname aan het lager onderwijs in Nederland gedurende de negentiende eeuw: Een Analyse van de landelijke ontwikkeling en regionale verschillen*, Diss., Amsterdam 1986.

KOCH, K., »Staatsvorming en Conjunctuurontwikkeling«, *Acta Politica* 13, Juli 1978, S. 331-353.

KOCH, Lotte, *Wandlungen der Wohlfahrtspflege im Zeitalter der Aufklärung*, Erlangen 1933.

KÖHLER, Peter A., Hans F. ZACHER und Martin PARRINGTON (Hrsg.), *Ein Jahrhundert Sozialversicherung in der Bundesrepublik Deutschland, Frankreich, Großbritannien und der Schweiz*, Berlin 1981.

KOHL, Jürgen, »Trends and Problems in Postwar Public Expenditure Development in Western Europe and North America«, in: Peter Flora und Arnold J. Heidenheimer (Hrsg.), *The Development of Welfare State in Europe and America*, New Brunswick und London 1981, S. 307-344.

KOOT, A. C. J., »Charles T. Liernur, Oud Kapitein-Ingenieur (Amerika)«, *H20* 2, 26, 1969, S. 682-686.

KOSELLECK, Reinhart, *Preußen zwischen Reform und Revolution: Allgemeines Landrecht, Verwaltung und soziale Bewegung von 1791 bis 1848* (Industrielle Welt, Bd. 7), Stuttgart 1967.

KOSSMANN, E. H., *The Low Contries 1780-1940*, Oxford 1978.

KOSSMANN-PUTTO, J. A., »Armen- en Ziekenzorg in de Noordelijke Nederlanden«, *Algemene Geschiedenis der Nederlanden*, Bd. 2, Haarlem 1982, S. 254-267.

KRIEGER, Joel, *Reagan, Thatcher, and the Politics of Decline*, Oxford/New York 1986.

KRIEGER, Joel, »Social Policy in the Age of Reagan and Thatcher«, in: Ralph Milliband *et al.* (Hrsg.), *Socialist Register* 1987, London 1987, S. 177-198.

KUDRLE, Robert T. und Theodore R. MARMOR, »The Development of Welfare States in North America«, in: Peter Flora und Arnold J. Heidenheimer (Hrsg.), *The Development of Welfare States in Europe and America*, New Brunswick und London 1981, S. 81-121.

KÜTHER, Carsten, *Räuber und Gauner in Deutschland: Das organisierte Bandenwesen im 18. und frühen 19. Jahrhundert*, Göttingen 1976.

LA BERGE, A. E. Fowler, *Public Health in France and the French Public Health Movement, 1815-1848*, Diss., Tennessee 1974.

LAMPARD, Eric E., »The Urbanizing World«, in: H. J. Dyos und Michael Wolff, *The Victorian City: Images and Realities*, 2 Bde., London und Boston 1973, Bd. 1, S. 3-57.

LAQUEUR, Thomas W., »English and French Education in the Nineteenth Century«, *History of Education Quarterly* 13, 1973, S. 53-60.

Ders., *Religion and Respectability; Sunday Schools and Working Class Culture, 1780-1850*, New Haven 1976.

LASLETT, Peter, *The World We Have Lost: England before the Industrial Age*, New York 1971.

LAVIELLE, Romain, *Histoire de la mutualité: sa place dans le régime français de la sécurité sociale*, Paris 1964.

LAWSON, John und Harold SILVER, *A Social History of Education in England*, London 1973.

LE GOFF, Jacques, *La Civilisation de l'occident médiéval* (1964), Paris 1982.

LENHARDT, Gero und Claus OFFE, »Staatstheorie und Sozialpolitik. Politisch-soziologische Erklärungsansätze für Funktionen und Innovationsprozesse der Sozialpolitik«, in: Chr. von Ferber und F.-X. Kaufmann (Hrsg.), *Soziologie und Sozialpolitik; Kölner Zeitschrift für Soziologie und Sozialpsychologie* (Sonderheft) 19, 1977, S. 98-127.

LEROY LADURIE, Emannuel, »Alphabétisation et Stature: Un Tableau Comparé«, *Annales ESC* 35, 1980; wiederabgedr. in: ders., *Parmi les historiens*, Paris 1983, S. 156-159.

LIEBERSON, Stanley, »An Extension of Greenberg's Linguistic Diversity Measures« (1964), in: Anwar S. Dil (Hrsg.), *Language Diversity and Language Contact: Essays by Stanley Lieberson*, Stanford, Kal., 1981, S. 304-313.

Ders., *A Piece of the Pie; Blacks and White Immigants Since 1880*, Berkeley etc., 1980.

LIGHT, Paul, *Artful Work: The Politics of Social Security Reform*, New York 1985.

LIJPHART, Arend, *The Politics of Accomodation: Pluralism and Democracy in the Netherlands*, Berkeley, Kal., 1968.

LIS, Catharina und Hugo SOLY, *Poverty and Capitalism in Pre-industrial Europe*, Brighton 1979.

Dies., *Social Change and the Labouring Poor; Antwerp, 1770-1860*, New Haven und London 1986.

LOCKRIDGE, Kenneth A., »Literacy in Early America, 1650-1800«, in: Harvey J. Graff (Hrsg.), *Literacy and Social Development in the West: A Reader*, Cambridge 1981, S. 183-200.

LOFLAND, Lyn H., *A World of Strangers: Order and Action in Urban Public Space*, New York 1973.

LONEY, Martin, *The Politics of Greed: The New Right and the Welfare State*, London 1986.

LUCE, R. Duncan und Howard RAIFFA, *Games and Decisions: Introduction and Critical Survey*, New York 1957.

LUNDGREEN, Peter, »Educational Expansion and Economic Growth in Nineteenth Century Germany: A Quantitative Study«, in: Lawrence Stone (Hrsg.), *Schooling and Society: Studies in the History of Education*, Baltimore 1976, S. 20-66.

MACHUGH, P., *Prostitution and Victorian Social Reform*, London 1979.

MACKAY, John Patrick, *Tramways and Trolleys; The Rise of Urban Mass Transport in Europe*, Princeton, N. J., 1976.

MCKEON, Thomas, *The Modern Rise of Population*, London 1976.

MCNEILL, William H., *Plagues and Peoples*, Garden City, N. Y., 1976.

Ders., *The Pursuit of Power*, Chicago 1982.

MAGRAW, Roger, »The Conflict in the Villages. Popular Anticlericalism in the Isère (1852-70)«, in: Theodore Zeldin (Hrsg.), *Conflicts in French Society*, London 1970, S. 169-227.

MAIER, Charles S., *Recasting Bourgeois Europe; Stabilization in France, Germany, and Italy in the Decade after World War I.*, Princeton, N. J., 1975.

MANDEVILLE, Bernard de, *Die Bienenfabel oder Private Laster, öffentliche Vorteile* (1714), Frankfurt am Main 1980.

MANNOURY, J., »De Ontwikkeling van het sociale verzekeringsstelsel«, in: F. L. van Holthoon (Hrsg.), *De Nederlandse Samenleving sind 1815; Wording en Samenhang*, Assen/Maastricht 1985, S. 187-202.

MARSDEN, W. F., »Diffusion and Regional Variation in Elementary Education in England and Wales 1800-1870«, *History of Education* 11, 3, September 1982, S. 173-194.

MARSHALL, T. H., *Social Policy in the Twentieth Century*, 4. rev. Aufl., London 1975.

MARTIN, E. W., »From Parish to Union: Poor Law Administration, 1601-1685«, in: ders. (Hrsg.), *Comparative Development in Social Welfare*, London 1972, S. 25-56.

MARWICK, Arthur, »The Labour Party and the Welfare State in Britain, 1900-1948«, *American Historical Review* 73, 1967, S. 380-403.

MAYER, John A., »Notes Towards a Working Definition of Social Control in Historical Analysis«, in: Stanley Cohen und Andrew T. Scull (Hrsg.), *Social Control and the State: Historical and Comparative Essays*, Oxford 1983, S. 17-38.

MAYEUR, François, *L'Éducation des filles en France en XIXe siècle*, Paris 1979.

MAYNES, Mary Jo, *Schooling in Western Europe. A Social History*, Albany, N. Y., 1985.

Dies., »The Virtues of Anarchism: The Political Economy of Schooling in Europe, 1750-1850«, *Comparative Studies of Society and History* 21, 1979, S. 611-625.

MELIEF, P. B. A., *De Strijd om de Armenzorg in Nederland, 1715-1854*, Groningen 1955.

MERTON, Robert K., *Social Theory and Social Structure*, New York 1968.

MEYER, Jack A., »Social Programs and Social Policy«, in: John L. Palmer (Hrsg.), *Perspectives on the Reagan Years*, Washington, D. C., 1986.

MIALARET, Gaston und Jean VIAL (Hrsg.), *Histoire mondiale de l'éducation*, 3. Bd., Paris 1981.

MIDDLEMAS, Keith, *Politics in Industrial Society: The Experience of the British System since 1911*, London 1979.

MIDWINTER, E. C., »Victorian Social Provision: Central and Local Administration«, in: E. W. Martin, *Comparative Development in Social Welfare*, London 1972, S. 191-218.

MILLER, Wilbur R., »Police Authority in London and New York City 1839-1870«, *Journal of Social History* 8, Winter 1975, S. 81-95.

MOLLAT, Michel, *Les Pauvres au moyen âge: étude sociale*, Paris 1978.

MOMMSEN, Wolfgang J. und W. MOCK (Hrsg.), *Die Entstehung des Wohlfahrsstaates in Großbritannien und Deutschland 1850-1950*, Stuttgart 1982.

MONROE, Paul, *Founding of the American School System; A History of Education in the United States*, Bd. 1: *From the Early Settlements to the Close of the Civil War Period*, New York 1940.

MORGAN, Prys, »From a Death to a View: The Hunt for a Welsh Past in the Romantic Period«, in: E. Hobsbawm und T. Ranger (Hrsg.), *The Invention of Tradition*, Cambridge 1983, S. 43-100.

MORGAN, Kenneth O., *Rebirth of a Nation: Wales 1880-1980*, Oxford 1981.

MORRIS, Robert J., *Cholera, 1832: The Social Response to an Epidemic*, London 1976.

MUEL-DREYFUS, Francine, *Le métier d'éducateur: les instituteurs de 1900, des éducateurs specialisés de 1968*, Paris 1983.

MÜLLER, Detlef K., *Sozialstruktur und Schulsystem: Aspekte zum Strukturwandel des Schulwesens im 19. Jahrhundert*, Göttingen 1977.

MURARD, Lion und Patrick ZYLBERMAN, »La Raison de l'expert, ou l'hygiène comme science sociale appliquée«, *Archives européennes de sociologie* 26, 1, 1985, S. 58-89.

MUSGRAVE, P. W., *Society and Education in England since 1800*, London 1968.

MUSGROVE, Frank, »Middle-Class Families and Schools 1780-1880: Interaction and Exchange of Function Between Institutions«, in: P. W. Musgrave (Hrsg.), *Sociology, History and Education: A Reader*, London 1968, S. 117-125.

NAVARRO, Vincente, *Crisis, Health, and Medicine; A Social Critique*, London/New York 1986.

Nota 2000, Tweede Kamer der Staten Generaal, 1985/86, 19500, 1-2.

O'CONNOR, James, *The Fiscal Crisis of the State*, London 1984.

OFFE, Claus, *Contradictions of the Welfare State*, London 1984.

Ders., K. HINRICHS, H. WIESENTHAL (Hrsg.), *Arbeitszeitpolitik. Formen und Folgen einer Neuverteilung der Arbeitszeit*, Frankfurt/New York 1983.

OLDEWELT, W. F. H., »De Zelfkant van de Amsterdamse samenleving en de groei der bevolking (1578-1795)«, *Tijdschrift voor Geschiendenis* 77, 1, 1964, S. 39-56.

OLSEN, Donald J., *The City as a Work of Art: London, Paris, Vienna*, New Haven und London 1986.

OLSON, Mancur, *The Logic of Collective Action: Public Goods and the Theory of Groups*, Cambridge, Mass., und London 1965.

OOSTERBAAN, Henny und Winkie ZELDENRUST, *Gescheiden wegen; Sociale netwerken, protoprofessionalisering, psychische problemen en hulpzoekend gedrag bij gescheiden mensen* (Hilfsuche unter Geschiedenen), mit einem Vorwort von A. de Swaan, Utrecht 1985.

ORLOFF, Ann Shola und Theda SKOCPOL, »Why not Equal Protection? Explaining the Politics of Public Spending in Britain, 1900-1911, und the United States, 1880s-1920«, *American Sociological Review* 49, Dezember 1984, S. 726-750.

ORWELL, George, *The Road to Wigan Pier* (1937), Harmondsworth/New York 1962.

OXLEY, Geoffry W., *Poor Relief in England and Wales, 1601-1834*, Newton Abbot 1974.

PALMER, John L. (Hrsg.), *Perspectives on the Reagan Years*, Washington, D. C., 1986.

PALMER, Roy, *The Water Closet: A New History*, Newton Abbot 1973.

PARKER, Samuel Chester, *The History of Modern Elementary Education* (1912), Totowna, N. J., 1970.

PARSONS, Talcott, »The School Class as a Social System: Some of its Functions in American Society«, *Harvard Ecucational Review* 29; wiederabgedruckt in: A. H. Halsey, J. Floud und C. A. Anderson (Hrsg.), *Education, Economy and Society; A Reader in the Sociology of Education*, New York 1961, S. 434-455.

PATTERSON, James T., *America's Struggle against Poverty 1900-1985*, Cambridge, Mass., 1985.

PELLING, Margaret, *Cholera, Fever and English Medecine, 1825-1865*, Oxford 1978.

PETERSON, M. Jeanne, *The Medical Profession in Mid-Victorian London*, Berkeley, Kal., 1978.

PINKER, Robert, *The Idea of Welfare*, London 1979.

PIVEN, Frances Fox und Richard A. CLOWARD, *The New Class War; Reagan's Attack on the Welfare State and its Consequences*, New York 1982.

Dies., *Regulating the Poor: The Functions of Public Welfare*, London 1972.

POMPE, Johannes H., »De kleine middenstand in Nederland: Een vergelijkende studie over de oude en de nieuwe middenstand«, Diss. mit englischer Zusammenfassung, Groningen 1980.

POPKIN, Samuel L., *The Rational Peasant: The Political Economy of Rural Society in Vietnam*, Berkeley, Kal., 1979.

POUTET, Yves, »L'Enseignement des Pauvres dans la France du XVIIe Siècle«, *XVIIe siècle* 90, 1, 1971, S. 87-110.

PRICE, Daniel N., »Cash Benefits for Short-Term Sickness: Thirty-Five Years of Data, 1948-83«, *Social Security Bulletin* 49, 5, Mai 1986, S. 5-19.

PROST, Antoine, *Histoire de l'enseignement en France, 1800-1967*, Paris 1968.

RAEFF, Marc, »The Well-Ordered Police State and the Development of Modernity in Seventeenth- and Eighteenth-Century Europe: An Attempt at a Comparative Approach«, *American Historical Review* 80, 1975, S. 1221-1243.

RAPOPORT, Anatol, *N-Person Game Theory: Concepts and Applications*, Ann Arbor 1970.

RICHTER, Donald C., *Riotous Victorians*, Athen und London 1981.

Rijksverzekeringsbank 1901-1941 (Gedenkboek opgedragen an Dr. H. L. van Duyl), Haarlem 1941.

RIMLINGER, Gaston V., *Welfare Policy and Industrialization in Europe, America and Russia*, New York 1971.

RITTER, Gerhard A., *Sozialversicherung in Deutschland und England: Entstehung und Grundzüge im Vergleich*, München 1983.

ROBERTS, David, *Victorian Origins of the British Welfare State*, New Haven 1969.

ROESSLER, Wilhelm, *Die Entstehung des modernen Erziehungswesens in Deutschland*, Stuttgart 1961.

ROGIN, Michael, »Voluntarism: The Political Functions of an Antipolitical Doctrine«, *Industrial and Labor Relations Review* 15, 1962, S. 521-535.

RÖLING, H. Q., »Onderwijs in Nederland«, in: B. Kruithof, J. Noordman und P. de Rooy (Hrsg.), *Geschiedenis van Opvoeding en Onderwijs; Inleiding, Bronnen, Onderzoek*, Nijmegen 1982, S. 66-87.

ROOT, Lawrence S., »Employee Benefits and Social Welfare: Complement and Conflict«, in: Y. Hasenfeld und Mayer N. Zald (Hrsg.), *The Welfare State in America: Trends and Prospects*, Beverly Hills, Kal. (*Annals of the American Academy of Political and Social Science*), 479, Mai 1985, S. 101-118.

ROSANVALLON, Pierre, *La crise de l'état-providence*, Paris 1981.

ROSEN, George, *From Medical Police to Social Medicine: Essays on the History of Health Care*, New York 1974.

ROSENBERG, Charles E., *The Cholera Years: The United States in 1832, 1849, and 1866*, Chicago und London 1962.

ROSENKRANTZ, Barbara Gutmann, *Public Health and the State: Changing Views in Massachusetts, 1842-1936*, Cambridge 1972.

ROTHFELS, Hans, »Bismarcks Social Policy and the Problem of State Socialism in Germany«, *Sociological Review* 30, 1938, S. 81-94 und 288-302.

Ders., »Prinzipienfragen der Bismarckschen Sozialpolitik« (1927), in Hans Rothfels, *Bismarck, der Osten und das Reich*, Darmstadt 1962, S. 165-181.

ROTHMAN, David J., *The Discovery of the Asylum: Social Order and Disorder in the New Republic*, Boston 1971.

RUSCHE, Georg und Otto KIRCHHEIMER, *Punishment and Social Structure*, New York 1939.

SACHSSE, Christoph und Florian TENNSTEDT, *Geschichte der Armenfürsorge in Deutschland. Vom Spätmittelalter bis zum 1. Weltkrieg*, Stuttgart, Berlin, Köln, Mainz 1980.

SAHLINS, Marshall, *Stone Age Economics*, London 1974.

SAINT-JOURS, Y., »Landesbericht Frankreich«, in: Peter A. Köhler, Hans F. Zacher und Partin Parrington (Hrsg.), *Ein Jahrhundert Sozialversicherung in der Bundesrepublik Deutschland, Frankreich, Großbritannien und der Schweiz*, Berlin 1981, S. 181-268.

SALGADO, Gamini, *The Elizabethan Underworld*, London 1977.

SCHAMA, Simon, *Patriots and Liberators: Revolution in the Netherlands 1780-1813*, London 1977.

Ders., »Schools and Politics in the Netherlands 1796-1814«, *Historical Journal* 13, 4, 1970, S. 589-610.

SCHELLING, Thomas C., *The Strategy of Conflict*, New York 1963.

SCHMAL, H. (Hrsg.), *Patterns of European Urbanisation since 1500*, London 1981.

SCHMIDT, Alvin J., *Fraternal Organizations* (The Greenwood Encyclopedia of American Institutions), Westport, Conn., 1980.

SCHOENWALD, Richard L., »Training Urban Man: A Hypothesis about the Sanitary Movement«, in: H. J. Dyos und M. Wolff, *The Victorian City: Images and Realities*, 2 Bde., London und Boston 1973, Bd. 2, S. 669-692.

SCHOFIELD, R. S., »Dimensions of Illiteracy, 1750-1850«, *Explorations in Economic History* 10, 1973, S. 437-454; wiederabgedruckt in Harvey J. Graff (Hrsg.), *Literacy and Social Development in the West: A Reader*, Cambridge 1981, S. 201-213.

SCHÖNHOVEN, Klaus, »Selbsthilfe als Form von Solidarität: Das gewerkschaftliche Unterstützungswesen im Deutschen Kaisserreich bis 1914«, *Archiv für Sozialgeschichte* 20, 1980, S. 147-193.

SENNETT, Richard, *Families against the City: Middle Class Homes of Industrial Chicago, 1872-1890*, Cambridge, Mass., 1970.

SEWELL, William H., »Property, Labor, and the Emergence of Socialism in France, 1789-1848«, in: J. M. Merriman (Hrsg.), *Consciousness and Class-Experience in Nineteenth-Century Europe*, New York und London 1979, S. 45-64.

SHEFTER, Martin, »Trade Unions and Political Machines: The Organization and Disorganization of the American Working Class in the Late Nineteenth-Century«, in: I. Katznelson und A. R. Zolberg, *Working-class Formation:Nineteenth-Century Patterns in Western Europe and the United States*, Princeton, N. J., 1986, S. 197-278.

SIGUAN, Miquel, »Language and Education and Catalonia«, *Quarterly Review of Education* (Unesco) 14, 1, 1984, S. 107-119.

SILVER, Allan, »The Demand for Order in Civil Society: A Review of some Themes in the History of Urban Crime, Police and Riot«, in: David J. Bordua (Hrsg.), *The Police: Six Sociological Essays*, New York 1967, S. 1-24.

SILVER, Harold, *The Concept of Popular Education: A Study of Ideas and Social Movements in the Early Nineteenth Century*, London 1977.

Ders., *English Education and the Radicals, 1780-1850*, London 1975.

SIMON, Brian, *The Two Nations and the Educational Structure 1780-1870*, London 1960.

SKOCPOL, Theda, »Social Security without the State: The Politics of Public Social Provisions in the United States« (unpubliziertes Manuskript), Russell Sage Foundation 1984/85.

Dies. und Edwin AMENTA, »States and Social Policies«, *American Review of Sociology* 12, 1986, S. 131-157.

Dies. und John IKENBERRY, »The Political Formation of the American Welfare State in Historical and Comparative Perspective«, *Comparative Social Research* 6, 1983, S. 87-148.

Dies. und Margaret WEIR, »State Structures and the Possibilities for >Keynesian< Responses to the Great Depression in Sweden, Britain, and the United States«, in: Peter Evans, Dietrich Rüschenmeyer und Theda Skocpol (Hrsg.), *Bringing the State Back In*, Cambridge 1988.

SMELSER, Neil J., *Social Change in the Industrial Revolution: An Application of Theory to the Lancashire Cotton Industry, 1770-1840*, London 1959.

SMITH, Adam, *The Wealth of Nations* (1776); deutsch: *Der Wohlstand der Nationen*, München 1978.

SMITH, Philip Thurmond, *Policing Victorian London: Political Policing, Public Order, and the London Metropolitan Police*, Westport, Conn., und London 1984.

Sociaal en cultureel rapport, 1986 (Sociaal en Cultureel Planbureau), 's-Gravenhage 1986.

SOLTOW, Lee und Edward STEVENS, *The Rise of Literacy and the Common School in the United States: A Socio-Economic Analysis to 1870*, Chicago 1981.

SPREE, Reinhard, *Soziale Ungleichheit vor Krankheit und Tod: Zur Sozialgeschichte des Gesundheitsbereichs im deutschen Kaiserreich*, Göttingen 1981.

STARR, Paul, *The Social Transformation of American Medicine*, New York 1982.

Statistical Yearbook 1984, Unesco, Paris 1984.

STEARNS, Peter N., *Old Age in European Society: The Case of France*, London 1977.

STEKL, Hannes, *Österreichs Zucht- und Arbeitshäuser 1671-1920*, München 1978.

STEPHENS, Meic, *Linguistic Minorities in Western Europe*, Llandysul 1976.

STONE, Deborah A., »Diagnosis and the Dole: The Function of Illness in American Distributive Politics«, *Journal of Health Politics, Policy and Law* 4, 3, Herbst 1979a, S. 507-521.

Dies., »Physicians as Gatekeepers: Illness Certification as a Rationing Device«, *Public Policy* 27, 2 Frühjahr 1979b, S. 227-254.

STONE, Lawrence S., »Literacy and Education in England, 1640-1900«, *Past and Present* 42, 1969, S. 69-139.

STORCH, R. D., »The Policeman as Domestic Missionary: Urban Discipline and Popular Culture in Nortern England, 1850-1880«, *Journal of Social History* 9, 1975/76.

STRASSER, Jahanno, *Grenzen des Sozialstaats? Soziale Sicherung in der Wachstumskrise*, Köln/Frankfurt am Main 1979.

STRAUSS, Gerald, »Techniques of Indictrination: the German Reformation«, in: J. Harvey Graff (Hrsg.), *Literacy and Social Development in the West: A Reader*, Cambridge 1981, S. 96-105.

STRONG, P. M., »Sociological Imperialism and the Profession of Medicine: A Critical Examination of the Thesis of Medical Imperialism«, *Social Science and Medicine* 13A, 1979, S. 199-215.

STUURMAN, Siep, *Verzuiling, kapitalisme en patriarchaat: aspecten van de ontwikkeling van de moderne staat in Nederland*, Nijmegen 1983.

SUPPLE, Barry, »Legislation and Virtue: An Essay on Working-Class Self-Help and the State in the Early Nineteenth Century«, in: N. McKendrick (Hrsg.), *Historical Perspectives: Studies in English Thought and Society in Honour of J. H. Plumb*, London 1974, S. 210-254.

SUTHERLAND, Gillian, *Elementary Education in the Nineteenth Century*, London 1971.

TAMPKE, Jürgen, »Bismarcks Sozialgesetzgebung: Ein wirklicher Durchbruch?« in: Mommsen, Wolfgang J. und W. Mock (Hrsg.), *Die Entstehung des Wohlfahrsstaates in Großbritannien und Deutschland 1850-1950*, Stuttgart 1982, S. 79-91.

TATE, W. E., *The English Village Community and the Enclosure Movements*, London 1967.

TAYLOR, James S., »The Unreformed Workhouse, 1776-1834«, in: E. W. Martin (Hrsg.), *Comparative Development in Social Welfare*, London 1972, S. 57-84.

TAYLOR, Michael, *Anarchy and Cooperation*, New York 1976.

TENNSTEDT, Florian, *Sozialgeschichte der Sozialpolitik in Deutschland: Vom 18. Jahrhundert bis zum Ersten Weltkrieg*, Göttingen 1981.

THANE, Pat, *Foundations of the Welfare State*, London und New York 1982.

THERNSTROM, Stephen (Hrsg.), *Harvard Encyclopedia of American Ethnic Groups*, Cambridge, Mass., 1980.

THOMPSON, E. P., *The Making of the English Working Class*, Harmondsworth 1980.

TILLY, Charles, »Food Supply and Public Order in Modern Europe«, in: ders. (Hrsg.), *The Formation of National States in Western Europe*, Princeton, N. J., 1975, S. 380-455.

Ders., Louise und Richard TILLY, *The Rebellious Century, 1830-1930*, Cambridge, Mass., 1975.

Ders. und Louise TILLY (Hrsg.), *Class Conflict and Collective Action*, Beverly Hills und London 1981.

TIMMER, E. M. A., *Knechtsgilden en knechtsbossen in Nederland: Arbeidersverzekering in vroeger tijden* (Diss.), Haarlem 1913.

TITMUSS, Richard M., *Essays on »The Welfare State«*, London 1958, 2. Aufl. 1963.

TRATTNER, Walter I., *From Poor Law to Welfare State; A History of Social Welfare in America*, New York/London 1974.

TREBLE, James H., »The Attitudes of Friendly Societies Towards the Movement in Great Britain for State Pensions, 1878-1908«, *International Review of Social History* 15, 1970, S. 266-299.

TREMPÉ, Rolande, »The Struggle of the French Miners for the Creation of Retirement Funds in the 19th Century«, in: A.-M. Guillemard (Hrsg.), *Old Age and the Welfare State*, London/Beverly Hills, Kal., 1983.

TROELTSCH, Ernst, *Die Soziallehren der christlichen Kirchen und Gruppen*, Tübingen 1912.

TRUDGILL, ERIC, »Prostitution und Paterfamilias«, in J. Dyos und Michael Wolff (Hrsg.), *The Victorian City*. Images and Realities, 2 Bde., London 1973.

TYACK, David B., *The One Best System: a History of American Urban Education*, Cambridge, Mass., 1974.

ULLMANN, Hans-Peter, »Deutsche Unternehmer und Bismarcks Sozialversicherungssystem«, in: Mommsen, Wolfgang J. und W. Mock (Hrsg.), *Die Entstehung des Wohlfahrsstaates in Großbritannien und Deutschland 1850-1950*, Stuttgart 1982, S. 142-158.

VAN DAALEN, Rineke, *Klaagbrieven en gemeentelijk ingrijpen: Amsterdam, 1865-1920* (Diss. mit Zusammenfassung auf Englisch), Amsterdam 1987.

VAN DEN EERENBEEMT, H. F. J. M., *Armoede en arbeidsdwang: Werkinrichingen voor »Onnutte« Nederlanders in de republiek 1760-1795: Een mentaliteitsgeschiedenis*, 's-Gravenhage 1977.

Ders., *In het spanningsveld der armoede: agressief pauperisme en reactie in Staats-Brabant*, Tilburg 1968.

VAN DER GIEZEN, A. M., *De eerste fase van de schoolstrijd in Nederland (1795-1806)*, Assen 1937.

VAN DER PLANK, Pieter H., *Taalassimilatie van Europese taalminderheden: Een inventariserende en hypothesevormende studie naar assimilatieverschijnselen onder Europese taalgroepen*, Diss., Rotterdam 1971.

VAN LOO, Frank, *»Den arme gegeven...«: Een beschrijving van armoede, armenzorg en sociale zekerheid in Nederland, 1784-1965*, Meppel, Amsterdam 1981.

VAN OENEN, G. J. (Hrsg.), *Staat en klassen in het interbellum: De arbeidersbeweging in een periode van aanpassing en ordening in Nederland 1918-1940*, 2 Bde., Amsterdam 1982.

VAN STOLK, Bram und Cas WOUTERS, *Frauen im Zwiespalt. Beziehungsprobleme im Wohlfahrtsstaat. Eine Modellstudie*, Frankfurt am Main 1987.

VANTHEMSCHE, Guy, »De Oorsprong van de werkloosheidsverzekering in België: Vakbondskassen en gemeentelijke fondsen (1890-1914)«, *Tijdschrift voor sociale geschiedenis* 11, 2, Mai 1985, S. 130-164.

VAN TIJN, Th., *Schoolstrijd en partijvorming in Nederland*, Amsterdam 1967.

VAN ZON, Henk, *Een zeer onfrisse geschiedenis: Studies over niet-industriële vervuiling in Nederland, 1850-1920*, Diss., Groningen 1986.

VAUGHAN, Michalina und Margaret SCOTFORD ARCHER, *Social Conflict and Educational Change in England and France 1789-1848*, Cambridge 1971.

VELDKAMP, G. M. J., *Inleiding tot de sociale zekerheid en de toepassing ervan in Nederland en België*, I. Band: *Karakter en geschiedenis*, Deventer 1978.

VERBERNE, L. G. J., *Geschiedenis van Nederland*, Bd. 7: *Nieuwste geschiedenis*, Amsterdam 1938.

VERDOORN, J. A., *Het gezondheidswezen te Amsterdam in de 19e eeuw*, Nijmegen 1981.

VISCUSI, W. Kip, *Welfare of the Elderly: An Economic Analysis and Policy Prescription*, New York 1979.

VOSSLER, Otto, »Bismarcks Sozialpolitik«, in: *Geist und Geschichte: Von der Reformation bis zur Gegenwart. Gesammelte Aufsätze*, München 1964, S. 215-234.

Waarborgen voor zekerheid: Een nieuw stelsel van sociale zekerheid in hoofdlijnen, 's-Gravenhage 1985.

WADDINGTON, Ivan, *The Medical Profession in the Industrial Revolution*, Dublin 1984.

WAGENAAR, Michiel, »Van >gemegde< naar >gelede< wijken: Amsterdamse stadsuitbreidingen in het laatste kwart van de negentiende eeuw«, in: M. Jonker *et al.* (Hrsg.), *Van stadskern naar stadsgewest: Stedebouwkundige geschiedenis van Amsterdam*, Amsterdam 1984, S. 157-182.

WAGNER, Peter, »Social Sciences and Political Projects: Reform Coalitions between Social Scientists and Policy-Makers in France, Italy, and West Germany«, in: S. Blume et al. (Hrsg.), *The Social Direction of the Public Sciences: Sociology of the Sciences - A Yearbook*, Bd. 11, Dordrecht 1987.

WAITZKIN, Howard B., *The Second Sickness; Contrdictions of Capitalist Health Care*, London/New York 1983.

Ders. und Barbara WATERMAN, *The Exploitation of Illness in Capitalist Society*, Indianapolis/New York 1974.

WALDEYER, Hans, »Zur Entstehung der Realschulen in Preußen im 18. Jahrhundert bis zu den dreißiger Jahren des 19. Jahrhunderts«, in: *Schule und Staat im 18. und 19. Jahrhundert. Zur Sozialgeschichte der Schule in Deutschland*, Frankfurt am Main 1974, S. 146-171.

WALKER, Alan, »Social Policy and Elderly People in Great Britain: The Construction of Dependent Social and Economic Status in Old Age«, in: Anne-Marie Guillemard (Hrsg.), *Old Age and the Welfare State*, London/Beverly Hills 1983, S. 143-167.

WALLERSTEIN, Immanuel, *The Modern World-System: Capitalist Agriculture and the Origins of the European World-Economy in the Sixteenth Century*, New York 1974.

WARDLE, David, *English Popular Education, 1780-1975*, Cambridge 1970.

WEBER, Anatole, *A Travers la mutualité: Étude critique sur les sociétés de secours mutuels*, Paris 1908.

WEBER, Eugen, *Peasants into Frenchmen: The Modernization of Rural France 1870-1914*, Stanford, Kal., 1976.

WEHLER, Hans-Ulrich, *Das Deutsche Kaiserreich, 1871-1918*, Göttingen 1973.

WEIR, Margaret, Ann Shola ORLOFF und Theda SKOCPOL, »The Future of Social Policy in the United States: Political Constraints and Possibilities«, in: dies. (Hrsg.), *The Politics of Social Policy in the United States*, Princeton, N. J., 1988.

WEISS, Bernard J., *American Education and the European Immigrant: 1840-1940*, Urbana, Ill., 1982.

WIEBE, Robert H., *The Search for Order, 1877-1920*, New York 1967.

WILENSKY, Harold L., »Leftism, Catholicism, and Democratic Corporatism: The Role of Political Parties in Recent Welfare State Development«, in: Peter Flora und Arnold J. Heidenheimer (Hrsg.), *The Development of Welfare States in Europe and America*, New Brunswick und London 1981, S. 345-382.

WILSON, Edward O., *Sociobiology: The New Synthesis*, Cambridge, Mass., und London 1975.

WILTERDINK, Nico, *Vermogensverhoudingen in Nederland: Ontwikkelingen sinds de negentiende eeuw* (Diss. mit Resümee auf Englisch), Amsterdam 1984.

WITHRINGTON, Donald J., »Scots in Education: A Historical Retrospekt«, in: ders. *et al.* (Hrsg.), *The Scots Language in Education*, Aberdeen 1974, S. 9-16.

WITTERT VAN HOOGLAND, E. B. F. F., *De parlementaire geschiedenis der sociale verzekering*, Haarlem 1930.

WOHL, Anthony S., *Endangered Lives: Public Health in Victorian Britain*, London 1983.

Ders., *The Eternal Slum: Housing and Social Policy in Victorian London*, London 1977.

WOUTERS, Cas, »Onderhandelen met De Swaan«, *De Gids* 142, 1979, S. 510-521.

WRIGHT, Lawrence, *Clean and Decent: The Fascinating History of the Bathroom and the Water Closet etc.*, London 1960.

WRIGHTSON, Keith und David LEVINE, *Poverty and Piety in an English Village: Terling, 1525-1700*, New York 1979.

YEO, Stephen, »Working-Class Association, Private Capital, Welfare and the State in the Late Nineteenth and Twentieth Centuries«, in: Noel Parry, Michael Rustin und Carole Satyamurti (Hrsg.), *Social Work, Welfare and the State*, London 1979, S. 48-71.

ZELDIN, Theodore (Hrsg.), *Conflicts in French Society: Anticlericalism, Education and Morals in the Nineteenth Century: Essays*, London 1970.

ZÖLLNER, Detlev, »Landesbericht Deutschland«, in: Peter A. Köhler, Hans F. Zacher und Martin Parrington (Hrsg.), *Ein Jahrhundert Sozialversicherung in der Bundesrepublik Deutschland, Frankreich, Großbritannien und der Schweiz*, Berlin 1981, S. 45-180.

Wittert van Hoogland, E. B. F. F., *De parlementaire geschiedenis der sociale verzekering*, Haarlem 1930.

Wohl, Anthony S., *Endangered Lives: Public Health in Victorian Britain*, London 1983.

Ders., *The Eternal Slum: Housing and Social Policy in Victorian London*, London 1977.

Wouters, Cas, »Onderhandelen met De Swaan«, *De Gids* 142, 1979, S. 510-521.

Wright, Lawrence, *Clean and Decent: The Fascinating History of the Bathroom and the Water Closet etc.*, London 1960.

Wrightson, Keith und David Levine, *Poverty and Piety in an English Village: Terling, 1525-1700*, New York 1979.

Yeo, Stephen, »Working-Class Association, Private Capital, Welfare and the State in the Late Nineteenth and Twentieth Centuries«, in: Noel Parry, Michael Rustin und Carole Satyamurti (Hrsg.), *Social Work, Welfare and the State*, London 1979, S. 48-71.

Zeldin, Theodore (Hrsg.), *Conflicts in French Society: Anticlericalism, Education and Morals in the Nineteenth Century: Essays*, London 1970.

Zöllner, Detlev, »Landesbericht Deutschland«, in: Peter A. Köhler, Hans F. Zacher und Martin Parrington (Hrsg.), *Ein Jahrhundert Sozialversicherung in der Bundesrepublik Deutschland, Frankreich, Großbritannien und der Schweiz*, Berlin 1981, S. 45-180.

Wolfgang Merkel

Ende der Sozialdemokratie

Machtressourcen und Regierungspolitik im westeuropäischen Vergleich

Reihe »Theorie und Gesellschaft« Band 30
1993. Ca. 400 Seiten

Ralf Dahrendorf sprach schon vom »Ende des sozialdemokratischen Zeitalters«. Die Entstehung neuer sozialer Schichten, Milieus und Lebensstile, die fortschreitende Individualisierung und Eigensinnigkeit gesellschaftlicher Subsysteme haben ebenso wie die Globalisierung der Kapital- und Gütermärkte traditionelle Handlungsmuster entwertet. Doch reicht dieser Befund schon aus, um vom Niedergang der Sozialdemokratie zu sprechen? Wolfgang Merkel zeigt auf breiter empirischer Basis anhand der Wähler- und Machtentwicklung sowie der konkreten Regierungspolitik sozialdemokratischer Parteien, daß vieles gegen diese Prognose spricht. In seiner vergleichenden Studie, die erstmals nord- und südeuropäische Länder mit einschließt, macht er sehr unterschiedliche Aufstiegs- und Niedergangsmuster innerhalb der europäischen Sozialdemokratie aus.